Das Marktmanipulationsverbot gem. § 20a WpHG

Schriften zum Gesellschafts-, Bilanz- und Unternehmensteuerrecht

Herausgegeben von Joachim Hennrichs

Band 7

PETER LANG

Frankfurt am Main · Berlin · Bern · Bruxelles · New York · Oxford · Wien

Björn Karst

Das Marktmanipulationsverbot gem. § 20a WpHG

Unter besonderer Berücksichtigung der „Safe-Harbor"-Regelung

PETER LANG
Internationaler Verlag der Wissenschaften

Bibliografische Information der Deutschen Nationalbibliothek
Die Deutsche Nationalbibliothek verzeichnet diese Publikation in der Deutschen Nationalbibliografie; detaillierte bibliografische Daten sind im Internet über http://dnb.d-nb.de abrufbar.

Zugl.: Köln, Univ., Diss., 2011

Umschlaggestaltung:
Olaf Glöckler, Atelier Platen, Friedberg

Gedruckt auf alterungsbeständigem,
säurefreiem Papier.

D 38
ISSN 1867-500X
ISBN 978-3-631-61839-4

www.peterlang.de

Meiner Familie

Vorwort

Diese Arbeit lag im Wintersemester 2010 dem Fachbereich Rechtswissenschaften der Universität zu Köln als Dissertation vor. Die bis Anfang 2010 erschienene Literatur konnte berücksichtigt werden.

Herzlich bedanken möchte ich mich bei meiner Doktermutter, Frau Prof. Dr. Barbara Grunewald, für eine optimale und verständnisvolle Betreuung. Für seine wertvollen Hinweise gilt mein besonderer Dank auch meinem Zweitkorrektor Prof. Dr. Michael Schlitt.

Herrn Prof. Dr. Joachim Hennrichs danke ich für die freundliche Aufnahme meiner Arbeit in seine Schriftenreihe.

An Cassia richtet sich mein besonderer Dank für die Hilfe bei der mühevollen Korrektur des Manuskripts.

Zum Schluss danke ich meiner Familie von ganzem Herzen. Sie hat mich immer und uneingeschränkt unterstützt und damit diese Arbeit erst ermöglicht.

Köln, im März 2011 Björn Karst

Inhaltsverzeichnis

Abkürzungsverzeichnis

a.A.	andere Ansicht
a.F.	alte Fassung
ABGB	Allgemeines Gesetzbuch (Österreich)
ABl.	Amtsblatt
ADHGB	Allgemeines deutsches Handelsgesetzbuch
ADR	American Depositary Receipts
AEUV	Vertrag über die Arbeitsweise der Europäischen Union
AG	Aktiengesellschaft (Zeitung)
AktG	Aktiengesetz
Alt.	Alternative
AnSVG	Anlegerschutzverbesserungsgesetz
Art.	Artikel
ATS	Alternative Trading System
Aufl.	Auflage
BaFin	Bundesanstalt für Finanzdienstleistungsaufsicht
BB	Betriebs-Berater
Bd.	Band
Begr.	Begründung
BGB	Bürgerliches Gesetzbuch
BGBl.	Bundesgesetzblatt
BGE	Entscheidungen des (schweizer) Bundesgerichts
BGH	Bundesgerichtshof
BGHSt	Entscheidungen des Bundesgerichtshofs in Strafsachen
BGHZ	Entscheidungen des Bundesgerichtshofs in Zivilsachen
BKR	Zeitschrift für Bank- und Kapitalmarktrecht
BörsG	Börsengesetz
BörseG	Bundesgesetz vom 8. November 1989 über die Wertpapier- und allgemeinen Warenbörsen und über die Abänderung des Börsesensale-Gesetzes 1949 und der Börsegesetz-Novelle 1903 (österreich)
BörsO-FBW	Börsenordnung der Frankfurter Wertpapierbörse
BRD	Bundesrepublik Deutschland
BT-Drucks.	Bundestagsdrucksache

BR-Drucks.	Bundesratsdrucksache
bspw.	beispielsweise
BVerfGE	Entscheidung des Bundesverfassungsgerichts
bzgl.	bezüglich
bzw.	beziehungsweise
CESR	Committee of European Securities Regulators
CRSP	Center for Research in Security Prices
DB	Der Betrieb
d.h.	das heißt
ders.	derselbe
dies.	dieselbe(n)
diesbzgl.	diesbezüglich
DJT	Deutscher Juristentag
EBOR	European Business Organisation Law Review
ect.	et cetera
EER	European Economic Review
EG	Europäische Gemeinschaft
Einf.	Einführung
EU	Europäische Union
ESC	European Securities Committee
EWR	Europäischer Wirtschaftsraum
FESCO	Forum of European Securities Commissions
f., ff.	folgend(e)
FG	Freundesgabe
FIEA	Financial Instruments and Exchange Act
FinAnV	Verordnung über die Analyse von Finanzinstrumenten bzw. Finanzanalyseverordnung
FMA	Finanzmarktaufsicht
FMFG	Finanzmarktförderungsgesetz
FRUG	Finanzmarktrichtlinie-Umsetzungsgesetz
FS	Festschrift
FSA	Financial Services Authority
FSMA 2000	Financial Services and Markets Act 2000
FWB	Frankfurter Wertpapierbörse
gem.	gemäß
ggf.	gegebenenfalls
Hinw.	Hinweis
Hndb.	Handbuch
Hrsg.	Herausgeber
HGB	Handelsgesetzbuch

GmbHG	Gesetz betreffend die Gesellschaften mit beschränkter Haftung (GmbH-Gesetz)
i.d.S.	in diesem Sinne
i.E.	im Ergebnis
i.R.v.	im Rahmen von
i.S.d.	im Sinne der / des
i.S.v.	im Sinne von
i.V.m.	in Verbindung mit
IPO	Initial Public Offering
J. Econ.	Journal of Enonomics
J. Fin. Econ.	Journal of Financial Economics
J. Fin. & Quant. Anal.	Journal of Financial and Quantitative Analysis
KG	Kammergericht
Komm.	Kommentar
KuMaKV	Verordnung zur Konkretisierung der Kurs- und Marktpreismanipulation
LG	Landgericht
lit.	litera
Lit.	Literatur
MaKon	Verordnung zur Konkretisierung des Verbotes der Marktmanipulation
m.a.W.	mit anderen Worten
m.w.N.	mit weiteren Nennungen
Mio.	Millionen
MiFiD	Finanzmarktrichtlinie
MMR	Marktmanipulationsrichtlinie
n.F.	neue Fassung
Nachw.	Nachweis(e)
NJW	Neue Juristische Wochenschrift
Nr.	Nummer
NStZ	Neue Zeitschrift für Strafrecht
Nw.U.L.Rev.	Northwestern University Law Review
NZG	Neue Zeitschrift für Gesellschaftsrecht
o.	oben
OLG	Oberlandesgericht
OWiG	Gesetz über Ordnungswidrigkeiten
Quart. J. Econ.	Quarterly Journal of Economics
RegE	Regierungsentwurf
Rev. Fin. Stud.	Review of Financial Studies

Rn.	Randnummer
S.	Seite
s.	siehe
s.a.	siehe auch
s.o.	siehe oben
SEA	Securities Exchange Act
SEC	U.S. Securities & Exchange Comission
SESC	Securities and Exchange Surveillance Commision
Slg.	Sammlung
sog.	sogenannte(r/s)
SPO	Secondary Public Offering
StGB	Strafgesetzbuch
StPO	Strafprozessordnung
Systh.	Systemtheorie
u.	unten
u.U.	unter Umständen
v.	versus, von
v.a.	vor allem
VDAX	DAX-Volatilitätsindex
VerfR	Verfassungsrecht
vgl.	vergleiche
VIX	Chicago Board Options Exchange Volatility Index
VO	Verordnung
Vol.	Volume
VorstAG	Gesetz zur Angemessenheit der Vorstandsvergütung
VwVfG	Verwaltungsverfahrensgesetz
WiKG	Gesetz zur Bekämpfung der Wirtschaftkriminalität
Wistra	Zeitschrift für Wirtschafts- und Steuerstrafrecht
WM	Wertpapier-Mitteilungen
WpAIV	Wertpapierhandelsanzeige- und Insiderverzeichnisverordnung
WpHG	Wertpapierhandelsgesetz
WpÜG	Wertpapierübernahmegesetz
z.B.	zum Beispiel
z.T.	zum Teil
ZBB	Zeitschrift für Bankrecht und Bankwirtschaft
Zfbf	Zeitschrift für betriebswirtschaftliche Forschung
ZGR	Zeitschrift für Unternehmens- und Gesellschaftsrecht
ZHR	Zeitschrift für das gesamte Handelsrecht und Wirtschaftsrecht

ZIP	Zeitschrift für Wirtschaftsrecht
ZJapanR	Zeitschrift für Japanisches Recht
ZStW	Zeitschrift für die gesamte Strafrechtswissenschaft
zw.	zwischen

Einführung

Marktmanipulationen sind seit jeher bekannt[1], rückten aber in den vergangenen Jahren verstärkt in den Fokus des Gesetzgebers. Die Hauptgründe hierfür sind in der fortschreitenden Vernetzung der Kapitalmärkte und der Zunahme privater Anleger zu suchen.[2] So stellt die Integrität eines Kapitalmarktes nicht nur einen Wettbewerbsfaktor dar, sondern stärkt auch das Anlegervertrauen, das wiederum Voraussetzung einer erfolgreichen Unternehmensfinanzierung ist.[3]

Vor diesem Hintergrund soll das Marktmanipulationsrecht einen Ordnungsrahmen für die an den Kapitalmärkten stattfindenden Preisbildungsprozesse setzen. Die Ausgestaltung dieses Rahmens wirft viele Fragen auf. Rechtspolitisch ist etwa zu erörtern, wie weit der Anwendungsbereich zu ziehen ist und welche Ausnahmen zuzulassen sind. Auch ist zu überlegen, wie die Regelung, die aufgrund ihres komplexen ökonomischen Hintergrundes abstrakt gefasst sein muss, trotzdem funktional gestaltet werden kann, ohne mit dem verfassungsrechtlich garantierten Schutzbedürfnis der Beteiligten zu kollidieren. Dazu zählt insb. die nötige Bestimmtheit der Materie, welche die notwendige Rechtssicherheit vermittelt. Eine solche kann v.a. auch durch sog. Safe Harbors gesteigert werden, in welchen die Marktteilnehmer jedenfalls vom Verbot ausgenommen sind.

Die vorliegende Arbeit wurde in drei Teile gegliedert. Im ersten Teil werden die Hintergründe des Marktmanipulationsrechts dargestellt. Dazu sollen zunächst im ersten Kapitel der Begriff der Marktmanipulation näher beleuchtet und auf die historische Entwicklung des Marktmanipulationsrechts eingegangen werden. Es folgt ein rechtsvergleichender Überblick, der sich auf die wichtigsten Volkswirtschaften und darauf beschränkt, Gemeinsamkeiten mit der nationalen Regelung aufzuzeigen.

---

1 *Avgouleas* S. 3; *Flothen* S. 19 ff.; *Vogel* in *Assmann/Uwe H. Schneider* Vor § 20a WpHG Rn. 1 ff.; zu der historischen Entwicklung auch sogleich S. 6 ff.

2 Zur Entwicklung der Aktionärszahlen im Zeitraum von 1988 bis 2005 *Eichelberger* S. 5 f., Fn. 29.

3 In der Sache ist damit die Kapitalaufbringungsfunktion des Kapitalmarktes angesprochen, dazu S. 36; zu diesem Zusammenhang auch *Avgouleas* S. 4 f.; *Eichelberger* S. 4 f.

Schließlich wird ein Blick auf die praktische Umsetzung des Marktmanipulationsverbots geworfen. Im zweiten Kapitel wird das Marktmanipulationsverbot in seinem Kontext erörtert. Dabei wird das Verbot als Schnittstelle von verschiedenen Rechtsgebieten auf der einen und der ökonomischen Kapitalmarkttheorie auf der anderen Seite darstellt.

In einem zweiten Teil, der das dritte Kapitel umfasst, wird die Verbotsmaterie dargestellt und erörtert. Da das Marktmanipulationsrecht aus einem verwobenen Konglomerat nationaler und europäischer Regelungen jeder Hierarchiestufe besteht, steht jede Darstellung in einem Konflikt zwischen Komplexität und Übersichtlichkeit. Um beidem gerecht zu werden, orientiert sich die Darstellung eng am gesetzlichen Aufbau, enthält aber an den jeweils notwendigen Stellen systematische Verweise.

Schließlich werden in einem dritten Teil die Bereichsausnahmen vom Verbotstatbestand erörtert. Dazu werden im vierten Kapitel zunächst die teleologischen Grundlagen besprochen und einzelne Ausnahmen voneinander abgegrenzt. Dem fünften Kapitel bleibt die Darstellung der zulässigen Marktpraxis und ihres Anerkennungsverfahrens vorbehalten. Daraufhin werden in den beiden darauffolgenden Kapiteln zunächst die Bereichsausnahme für Rückkaufprogramme und anschließend für Stabilisierungsmaßnahmen besprochen. Zuletzt wird die Frage nach der Möglichkeit der Schaffung weiterer Safe Harbors in Kapitel acht aufgeworfen.

Erster Teil: Hintergründe des Marktmanipulationsrechts

Kapitel 1: Entwicklung des Marktmanipulationsrechts

A. Begriff und Erscheinungsformen der Marktmanipulation

Manipulation bedeutet nach dem natürlichen Begriffsverständnis ein bewusster und gezielter Einfluss auf Menschen ohne deren Wissen bzw. eine absichtliche Verfälschung von Informationen.[4] Abstrakter gefasst, handelt es sich um eine gezielte Einflussnahme auf ein soziales, biologisches oder technisches System mit dem Ziel einen künstlichen Zustand hervorzurufen. Eine Marktmanipulation hat demnach die Zielsetzung durch eine Beeinflussung der Kursfeststellung oder der bewertungsrelevanten Begebenheiten den am Markt vorgefundenen Gleichgewichtspreis zu erhöhen, zu senken oder auf einem Niveau zu halten. Als Ansatzpunkt einer Marktmanipulation kommt folglich sowohl der Preisfindungsmechanismus, als auch Angebot und Nachfrage in Betracht.[5]

Aufgrund der fortschreitenden Technisierung wird es jedoch bspw. einem Skontroführer nahezu unmöglich sein, den Preisfindungsmechanismus unbemerkt zu manipulieren, da sein Verhalten jederzeit von den Handelsüberwachungsstellen nachvollzogen werden kann.[6] Schwerpunkt der Untersuchung ist demnach nicht die Manipulation der Ermittlung eines Gleichgewichtspreises aus Angebot und Nachfrage, sondern die Beeinflussung dieser beiden Größen selbst mit dem Ziel ein künstliches Preisniveau (sog. *Artificial Price*) zu kreieren.

Da Marktmanipulationen mit dem Innovationsprozess des Marktes eng verwoben sind, unterliegen diese jedoch einer ständigen Neuerung.[7] Dies und die Frage wann ein Preisniveau künstlich ist, wirft vielfältige

---

4 Vgl. Duden, Das Fremdwörterbuch S. 471, Stichwort „Manipulation"; zu weiteren alltagssprachlichen Begriffsdefinition, vgl. *Eichelberger* S. 11 f.

5 *Eichelberger* S. 12.

6 *Eichelberger* S. 12.

7 Dazu *Mock/Stoll/Eufinger* in KölnKommWpHG § 20a Rn. 5 mit einem Verweis auf eine Äußerung des *Court of Appeals* (8th Circuit): „The methods and techniques of manipulation are limited only by the ingenuity of man."

Definitionsprobleme auf. Zum einen muss eine solche Definition so abstrakt gefasst sein, dass die verbotenen Tathandlungen vollständig erfasst werden, ohne jedoch dabei die Tauglichkeit für den Rechtsanwender einzubüßen oder sich dem Vorwurf der Unbestimmtheit auszusetzen.[8] Zum anderen muss vor dem Hintergrund des Marktmechanismusses bzw. der Funktionsweise des Finanzinstrumentes erörtert werden, wann ein manipulierter Preis, also ein künstliches Preisniveau vorliegt.[9]

Gerade diese Frage hat den Gesetzgeber bisher davon abgehalten eine abstrakte Definition der Marktmanipulation zu formulieren, da die Feststellung eines manipulierten Preises die Analyse eines „Soll-" und „Ist-Zustandes" verlangt. Während der Ist-Zustand einfach in der aktuellen Kursbewertung abgelesen werden kann, ergeben sich erhebliche Probleme bei der Ermittlung des Sollzustandes, da die zur Lösung dieses Problems erforderlichen wirtschaftswissenschaftlichen Grundlagen selbst umstritten sind.[10] So kann je nach dem, ob den strengen Annahmen der neoklassischen Finanzmarkttheorie oder neueren Ansätzen, wie der Verhaltensökonomie gefolgt wird, entweder nur der unbeeinflusste tatsächliche Marktpreis des Wertpapiers oder auch der „wahre", „innere" oder „intrinsische" Wert in Betracht kommen.[11] Akzeptiert man mit dem realitätsnäheren neueren Ansätzen eine mögliche Divergenz zwischen innerem Wert und tatsächlichen Marktwert, stellt sich allerdings aus juristischer Sicht die Frage, auf welchen Wert zu rekurieren ist.[12] Mag auch intuitiv vieles für den inneren Wert sprechen, da dieser den fairen bzw. „richtigen" Preis des Wertpapiers darstellt, ist allerdings zu beachten, dass sich dieser Wert zum einen nicht mit absoluter mathematischer Gewissheit bestimmen lässt.[13] Zum anderen würde ein Rückgriff auf diesen Referenzwert dazu führen, dass eine Manipulation in einem etwa durch allgemeine Euphorie überbewerteten Wertpapier, welches nach diesen Grundsätzen ja bereits ein künstliches Kursniveau aufweisen würde, keine Manipulation durch Leerverkäufe möglich wäre, wenn hierdurch der innere Wert erreicht würde. Gleichwohl würde ein solches Vorgehen das Anlegervertrauen und damit auch die Funktion des Kapitalmarktes ne-

8 Hierzu *Fleischer*, Gutachten F 119; *Mock/Stoll/Eufinger* in KölnKommWpHG § 20a Rn. 5.

9 *Mock/Stoll/Eufinger* in KölnKommWpHG § 20a Rn. 5

10 Vgl. dazu unten S. 56 ff.

11 Grundlegend zum inneren Wert eines Wertpapiers (sog. *Intrinsic Value*) *Graham/Dodd* S. 16, 404 f. zum Verhältnis zwischen Marktpreis und innerem Wert *dies.* S. 27 ff.

12 Dazu eingehend *Eichelberger* S. 13 f., 293 ff.

13 *Mock/Stoll/Eufinger* in KölnKommWpHG § 20a Rn. 5; *Graham/Dodd* S. 409 f.; *Avgouleas* S. 109 ff.

gativ beeinträchtigen und damit – unabhängig von der dadurch erreichten ökonomisch korrekten Bewertung – dem Sinn und Zweck des Marktmanipulationsverbotes entgegenlaufen. Somit spricht vieles dafür auf den unbeeinflussten, am Markt vorgefundenen Gleichgewichtspreis abzustellen.[14]

Eine Hilfestellung zur Beantwortung der aufgeworfenen Definitionsfrage lässt sich jedoch aus der ökonomischen Literatur ableiten.[15] So hat diese ausgehend von der Manipulationshandlung eine *Definitions-Trias* entwickelt, die alle vorkommenden Manipulationshandlungen als „informationsgestützte" (*Information Based*), „handelsgestützte" (*Trade Based*) und „handlungsgestützte" (*Action Based*) Handlungen beschreibt.[16]

Als informationsgestützt wird eine Manipulation bezeichnet, die mittels falscher oder irreführender Angaben vollzogen wird. Als Informationsträger kommen vor allem Geschäfts- und Lageberichte, Bilanzen, ad hoc Mitteilungen (§ 15 WpHG), Prospekte und Pressemitteilungen in Betracht.[17] Dabei gewinnt das Internet immer mehr an Bedeutung.

Handelsgestützt ist eine Manipulation, wenn fiktive oder effektive Geschäfte vorgenommen werden und hierdurch falsche oder irreführende Signale gesendet werden.[18] Bei der Vornahme fiktiver Geschäfte werden meist nicht existenter Umsatz oder sonstige Marktbewegungen vorgetäuscht, die andere Marktteilnehmer in ihrer Investitionsentscheidung berücksichtigen. Da der Manipulator bei der Vornahme effektiver Geschäfte, wie jeder andere Marktteilnehmer auch, das Marktrisiko trägt, bestehen besondere Abgrenzungsschwierigkeiten zu erlaubten Transaktionen.[19] Den Grenzfall stellen hier Stabilisierungsmaßnahmen dar, die gerade darauf abzielen den Marktpreis zu beeinflussen.

Die letzte Kategorie, handlungsgestützte Manipulationen, sind in der Praxis selten zu beobachtenden. Durch sie beeinflusst der Manipulator den inneren Wert des in Frage stehenden Finanzinstrumentes. Dabei wird deutlich, warum es auch wirtschaftlich sinnvoll ist, nicht auf den inneren, sondern den tatsächlichen Wert abzustellen. Wäre der innere

---

14 *Fleischer* in Fuchs WpHG § 20a Rn. 48, *Eichelberger* S. 13 f., 294 f.; *Altenhain* BB 2002, 1874, 1874; *Lenzen* S. 3, 9.

15 Näher dazu unten S. 42 ff.

16 *Fleischer* in Fuchs WpHG Vor § 20a Rn. 4; *Vogel* in *Assmann/Uwe H. Schneider* § 20a WpHG Rn. 32.

17 *Vogel* in *Assmann/Uwe H. Schneider* § 20a WpHG Rn. 33.

18 *Fleischer* in Fuchs WpHG Vor § 20a Rn. 4.; *Vogel* in *Assmann/Uwe H. Schneider* § 20a WpHG Rn. 32, 35 ff.

19 Vgl. schon v. *Ilberg/Neises* WM 2002, 635, 647; dazu eingehend S. 110 ff.

Wert der Bezugspunkt, so wäre die handlungsgestützte Manipulation schon dann nicht als Marktmanipulation einzuordnen, wenn nach der Manipulationshandlung der innere Wert mit dem Marktwert übereinstimmt, so etwa wenn der Kurs eines Pharma-Unternehmens nach Bekanntwerden der Vergiftung von Medikamenten durch den Manipulator auf den „wahren" Wert herabsinkt. Dies ist freilich eher von theoretischer Bedeutung, da Überschneidungen mit informationsgestützten Marktmanipulationen bestehen. Wenn der Manipulator bei der öffentlichen Bekanntmachung signalisiert, dass unternehmensinterne und vom Unternehmensmanagement zu verantwortende Vorgänge zu der Veränderung des inneren Wertes geführt haben, kann hierin im Hinblick auf den Verursacherunterschied eine investitionsrelevante Fehlinformation erblickt werden.

Anstatt eine einheitliche Definition zu formulieren, ist es deshalb mittlerweile zum Standard geworden, in Anlehnung an die in der ökonomischen Literatur entwickelte Kategorisierung, die einzelnen Verhaltensweisen manipulativen Verhaltens zu verbieten und zu sanktionieren.[20] Die oftmals abstrakte Formulierung dieser Verbotstatbestände wird anschließend durch untergesetzliches Recht konkretisiert.[21]

B. Geschichtliche Entwicklung

Zum besseren Verständnis des aktuellen Rechtsrahmens, soll im folgenden ein Überblick über die historische Entwicklung des nationalen und europäischen Marktmanipulationsrechts gegeben werden.

I. Nationale Entwicklung

1. Erste Ansätze und rechtshistorische Kritik

Marktmanipulationen gibt es schon ebenso lange, wie es marktpreisfähige Veranstaltungen gibt.[22] Die erste Rechtssetzung in diesem Kontext erfolgte in Deutschland auf Anraten des 17. Deutschen Juristentages bereits im Jahre 1884, wo der Gesetzgeber in Art. 249d ADHGB den Kursbetrug

---

20 Zum Sanktionsrahmen im deutschen Recht S. 141; zu den möglichen Sanktionen in anderen Ländern s. S. 11 ff.

21 Zur Gesetzgebungstechnik im Rechtsvergleich, s.a. S. 11 ff., 17.

22 Hierzu das Bsp. bei *Eichelberger* S.1.

unter Strafe stellte.[23] Die Regelung wurde in modifizierter Form 1886 in das BörsG als § 75 Abs. 1 übernommen. Zuletzt grundlegend geändert durch das zweite Gesetz zur Bekämpfung der Wirtschaftskriminalität von 1986, blieb die Regelung ab 1908[24] dem Gesetz als § 88 BörsG[25] bis zum 01.07.2002 treu.

Die lange Tradition der Vorschrift, vermag jedoch nicht über ihre Erfolglosigkeit hinwegzutäuschen.[26] Ihre praktische Bedeutung war vor allem deshalb gering, weil sich die bis 1986 geforderte Kursbeeinflussungsabsicht im Regelfall nicht nachweisen ließ.[27] Kritisiert wurde auch, dass die Regelung mit ihrer überindividuellen Schutzrichtung den Anlegerschutz vernachlässigte und in der Formulierung ihrer Generalklausel konturlos abstrakt und folglich für die tatsächliche Rechtsanwendung zu unbestimmt war.

2. *Das vierte Finanzmarktförderungsgesetz*

All dies führte zu einem Reformbedarf.[28] Vor dem Hintergrund des Zusammenbruchs des Neuen Marktes und des damit einhergehenden Vertrauensverlustes unterzog der deutsche Gesetzgeber das Marktmanipulationsrecht am 01.07.2002 einer grundlegenden Reform, obwohl bereits eine europarechtliche Regelung absehbar war. Als Umsetzung von Art. 2 Nr. 13 des vierten Finanzmarktförderungsgesetzes (4. FFG) wurde die Regelung, entgegen der Einwendungen des Bundesrates[29], aus dem BörsG genommen und in den §§ 20a, 38, 39 WpHG neu gefasst.

---

23 Strafbar machte sich der, der „in betrügerischer Absicht auf Täuschung berechnete Mittel anwendet, um auf den Kurs von Aktien einzuwirken", vgl. *Vogel* in Assmann/Uwe H. Schneider WpHG Vor § 20a Rn. 1; *Mock/Stoll/Eufinger* in KölnKommWpHG § 20a Rn. 25.

24 RGB1. S. 215, 235f.; § 88 Abs. l S. 1 BörsG in dieser Fassung lautete: „Wer in betrügerischer Absicht auf Täuschung berechnete Mittel anwendet, um auf den Börsen- oder Marktpreis von Waren oder Wertpapieren einzuwirken, wird mit Gefängnis und zugleich mit Geldstrafe bis zu 15.000- DM bestraft."; dazu *Fleischer* in Fuchs WpHG Vor § 20a Rn. 13 Fn. 55 m.w.N.

25 Abgedruckt bei *Vogel* in Assmann/Uwe H. Schneider WpHG Vor § 20a Rn. 1.

26 Nach *Ziouvas*, ZGR 2003, 113, 114 befand sich die Vorschrift im „Dornröschenschlaf"; *Lenzen* ZBB 2002, 279, 280 „totes Recht"; *Mock/Stoll/Eufinger* in KölnKommWpHG § 20a Rn. 25 m.w.N.

27 *Mock/Stoll/Eufinger* in KölnKommWpHG § 20a Rn. 25.

28 *Fleischer* in Fuchs WpHG Vor § 20a Rn. 15; *Mock/Stoll/Eufinger* in KölnKommWpHG § 20a Rn. 27.

29 Vgl. BT-Drucks. 14/8017, S. 160 mit der Entgegnung der Bundesregierung in BT-Drucks. 14/8017, S. 179 f.

Das Ergebnis wurde als „Meilenstein" bezeichnet.[30] Diese Einschätzung beruht aus gesetzestechnischer Sicht vor allem darauf, dass dem abstrakten Verbotstatbestand in § 20a Abs. 2 WpHG a.F. zur Konkretisierung eine Verordnungsermächtigung beigefügt wurde, von der das Bundesfinanzministerium mit der Verordnung zur Konkretisierung der Kurs- und Marktpreismanipulation (KuMaKV) vom 18.11.2003 Gebrauch machte. Zudem wurde zur besseren Handhabung der Generalklausel der „sonstigen Täuschungshandlungen", als subjektives Merkmal, die Absicht einer Preiseinwirkung beibehalten.[31] Schließlich wurde die Bundesanstalt für Finanzdienstleistungsaufsicht mit der Aufgabe der Überwachung des Marktmanipulationsverbotes betraut (§ 20b Abs. 1 WpHG a.F.[32]).

3. Das Gesetz zur Verbesserung des Anlegerschutzes

Die Umsetzung europarechtlicher Vorgaben erforderte bereits weniger als zwei Jahre später am 28. 10. 2004 eine erneute „Reform der Reform" durch das Anlegerschutzverbesserungsgesetz (AnSVG).[33] Dabei wurde zunächst § 20a WpHG umbenannt.[34] Weiterhin wurde die Preiseinwirkungsabsicht wieder aus der Generalklausel entfernt und die Möglichkeit der Anerkennung legitimer Marktpraktiken in § 20a Abs. 2 WpHG geregelt.[35] Zudem wurden Rückkaufprogramme und Stabilisierungsmaßnahmen europarechtskonform in § 20a Abs. 3 WpHG normiert. Berufliche Besonderheiten fanden in § 20a Abs. 6 WpHG Eingang. Schließlich ging auch die spezielle Zuständigkeitsregelung der BaFin (§ 20b Abs. 1 WpHG a.F) in der allgemeinen Zuständigkeitsregelung gemäß § 4 Abs. 2 WpHG auf. Auf Verordnungsebene wurde die KuMaKV am 10.3.2005 durch die Verordnung zur Konkretisierung des Verbotes der Marktma-

30 *Fleischer*, NJW 2002, 2977, 2978.

31 Vgl. die Änderung in der Beschlussempfehlung des Finanzausschusses (7. Ausschuss) BT-Drucks. 14/8600, S. 59; *Mock/Stoll/Eufinger* in KölnKommWpHG § 20a Rn. 28.

32 Nunmehr § 4 Abs. 2 WpHG. Die Konzentration der Verwaltungszuständigkeit bei einer Stelle steht im Einklang mit den späteren europarechtlichen Vorgaben, vgl. Art. 11 MMR und Erwägungsgrund (36) der MMR.

33 Kritisch dazu: *Vogel* in *Assmann/Uwe H. Schneider* WpHG Vor § 20a Rn. 7 „Reformstakkato"; s.a. *Streinz/Ohler*, WM 2004, 1309, 1317 die bemerken, dass zu eiliges Umsetzen auf Kosten der Rechtssicherheit und des Ansehens des Standorts geht.

34 Die amtliche Überschrift lautet nun „Überwachung des Verbots der Marktmanipulation" (vorher: „Überwachung des Verbots der Kurs- und Marktpreismanipulation").

35 *Mock/Stoll/Eufinger* in KölnKommWpHG § 20a Rn. 29; *Fleischer* in Fuchs WpHG Vor § 20a Rn. 16.

nipulation (MaKonV)[36] ersetzt. Diese orientiert sich wie das Parlamentsrecht auch an den europarechtlichen Vorgaben.

Auch wenn es in der Folgezeit zu keinen weiteren grundlegenden Änderungen des Marktmanipulationsrechtes kam, hatten allerdings die Finanzmarktrichtlinie (MiFID)[37] und deren deutsches Finanzmarktrichtlinie- Umsetzungsgesetz (FRUG)[38] mittelbare Auswirkungen.[39] Zum einen wurden der amtliche und der geregelte Markt zum einheitlichen regulierten Markt zusammengefasst.[40] Zum anderen wirken sich erhöhte Informations- und Transparenzpflichten auf das Offenlegungsgebot nach § 20a Abs. 1 S. 1 Nr. 1 WpHG aus.

II. Entwicklungen auf europäischer Ebene

Auf europäischer Ebene ist es bereits seit längerer Zeit ein Ziel, Marktmanipulation zu verhindern. Vor diesem Hintergrund hatte die Kommission der Europäischen Gemeinschaft schon am 11.05.1999 in ihrem Aktionsplan für Finanzdienstleistungen mitgeteilt, dass sie der Marktmanipulation durch den Erlass einer Richtlinie entgegentreten wolle.[41] Kurz darauf wurde vom Rat ein Ausschuss der Weisen über die Regulierung der europäischen Wertpapiermärkte eingesetzt. Dessen Ergebnisse wurden in Form eines Schlussberichtes (sog. *Lamfalussy-Bericht*) zusammengefasst, in dem vorgeschlagen wurde, Regelungen durch Richtlinien und im Wege des Komitologieverfahrens[42] Durchsetzungsmaßnahmen zu erlassen.[43] Mit Kommissionsbeschluss vom 06.06.2001 wurde zudem das *Forum of European Securities Commissions* (FESCO) durch das *Committee of*

---

36 BGBl. I 2005, 515; zu dieser eingehend S. 147 ff.

37 Richtlinie 2004/39/EG des Europäischen Parlaments und des Rates vom 21.04.2004 über Märkte für Finanzinstrumente.

38 BGBl. I 2007, 1130.

39 Dazu *Vogel* in *Assmann/Uwe H. Schneider* Vor § 20a WpHG Rn. 6.

40 Die Änderung erfolgte zum 01.11.2007; dazu ReGE FRUG BT-Drucks. 16/4028; s.a. die Übergangsregelung in § 52 Abs. 7 BörsG.

41 Vgl. Mitteilung vom 11.05.1999 „Umsetzung des Finanzmarktrahmens: Aktionsplan", KOM (1999) 232 endg.; *Mock/Stoll/Eufinger* in KölnKommWpHG § 20a Rn. 31.

42 Hierbei handelt es sich um Verwaltungs- und Expertenausschüsse, die für den Erlass von EU-Rechtsakten verantwortlich sind und die Mitgliedstaaten bei der Durchführung unterstützen. Ihre Regelungsgrundlagen finden die Ausschüsse im sog. Komitologie-Beschluss (1999/468/EG).

43 Der Bericht kann unter: http://europa.eu.int/comm/internal_market/en/finances/general/lamfalussy.htm abgerufen werden; dazu auch *Mock/Stoll/Eufinger* in KölnKommWpHG § 20a Rn. 32.

European Securities Regulators (CESR)[44] abgelöst.[45] Das CESR wird ergänzt durch das *European Securities Committee* (ESC).[46]

Um markteinheitliche Rahmenbedingungen[47] zu schaffen wurde am 28.01.2003 die sog. Marktmissbrauchsrichtlinie (MMR)[48] erlassen und um Durchführungsmaßnahmen ergänzt. Unter dem Oberbegriff des Marktmissbrauchs fasst die Richtlinie sowohl Marktmanipulationen als auch Insidergeschäfte zusammen und stellt somit einen bedeutenden Beitrag zur Vereinheitlichung der europäischen Rechtsentwicklung auf dem Gebiet des Marktmanipulationsrechtes dar.[49] Die Regelungen der Marktmissbrauchsrichtlinie waren gem. Art. 18 S. 1 der Richtlinie bis zum 12.10.2004 umzusetzen. Diese Umsetzung erfolgte in Deutschland maßgeblich durch das AnSVG[50], wobei der deutsche Gesetzgeber z.T. über die europäischen Regelungen hinausging (sog. *überschießende Richtlinienumsetzung*).[51] Da die MMR als Rahmenrichtlinie erlassen wurde, wird sie von Durchführungsmaßnahmen, bestehend aus drei Durchführungsrichtlinien[52] und einer Durchführungsverordnung[53], ergänzt.[54]

---

44 Sog. Ausschuss der europäischen Wertpapierregulierungsbehörden. Mit seiner Hauptaufgabe die Kommission bei der Erstellung von Durchführungsregelungen zu beraten, fördert der Ausschuss die Integration der europäischen Wertpapiermärkte und sorgt damit für eine bessere Anpassungsfähigkeit an sich verändernde Umweltbedingungen; *Dreyling/Döhmel* in Assmann/Uwe H. Schneider WpHG § 7 Rn. 8.

45 *Dreyling/Döhmel* in Assmann/Uwe H. Schneider WpHG § 7 Rn. 8; *Vogel* in *Assmann/Uwe H. Schneider* WpHG Vor § 20a Rn. 11.

46 Sog. Europäischer Wertpapierausschuss (EWA); *Vogel* in *Assmann/Uwe H. Schneider* WpHG Vor § 20a Rn. 11.

47 Bei den Vorarbeiten der CESR und ESC fiel auf, dass auf europäischer Ebene im Hinblick auf das Verbot der Marktmanipulation sehr heterogene Regelungssysteme existierten. Dies ging so weit, dass manche Mitgliedsstaaten auf eine Ahndung völlig verzichteten, *Vogel* in Assmann/Uwe H. Schneider WpHG Vor § 20a Rn. 11; *Fleischer* in Fuchs WpHG Vor § 20a Rn. 30.

48 Richtlinie 2003/6/EG des Europäischen Parlaments und des Rates vom 28.02.2003 über Insidergeschäfte und Marktmanipulation (Marktmissbrauch); ABl. EU Nr. L 96 vom 12.04.2003, S.16.

49 Zu den europäischen Vorgaben vgl. S. 68 ff.

50 S.o. S. 8 f.

51 *Mock/Stoll/Eufinger* in KölnKommWpHG § 20a Rn. 39; *Vogel* in Assmann/Uwe H. Schneider WpHG Vor § 20a Rn. 17; dazu auch unten S. 21 f.

52 Durchführungsrichtlinien 2003/124/EG, 2003/125/EG, 2004/72/EG.

53 Durchführungs-Verordnung (EG) Nr.2273/2003; Abl. EU Nr. L 336 vom 23.12.2003, S.33.

54 Vgl. dazu S. 77 ff.

C. Internationale Entwicklung

Der folgende Abschnitt zeigt einige Regelungsmuster im internationalen Rechtsvergleich auf. Die Darstellung beschränkt sich auf einen Überblick über die Verbotstatbestände und die Sanktionfolgen. Abschließend werden wiederkehrende Regelungsmuster destilliert und die eigene, nationale Regelung verortet.

I. Der Common-Law Rechtskreis

1. USA

Die Marktmanipulation hat in den Vereinigten Staaten von Amerika[55] eine lange Tradition und lässt sich bis in die Mitte des 19. Jahrhunderts zurückverfolgen.[56] Als Reaktion auf die Manipulationen in den späten Zwanzigern und dreißiger Jahren des vergangenen Jahrhunderts, welche auch ihren Beitrag zur großen Depression leisteten, wurde auf Bundesebene 1934 der Securities Exchange Act (SEA) erlassen. Bei der Betrachtung der Rechtslage in den Vereinigten Staaten von Amerika ist zwischen der bundesstaatlichen und der einzelstaatlichen Ebene zu differenzieren. Bundesstaatlich, ist das Marktmanipulationsverbot v.a. in sec. 17 SEA (15 U.S.C. § 77q) und sec. 9 SEA (15 U.S.C. § 78i) geregelt.[57] Des weiteren sieht sec. 10 (b) SEA, der sec. 9 SEA ergänzt, die Möglichkeit für die *Securities and Exchange Commission* (SEC) vor im öffentlichen Interesse oder zum Anlegerschutz durch sog. *Rules* oder *Regulations* Ge- und Verbote zu erlassen und damit das Marktmanipulationsverbot zu konkretisieren.

Im einzelnen verbietet sec. 9 (a) (1) SEA fiktive Geschäfte insb. sog. *Wash Sales* zu tätigen.[58] Sec. 9 (a) (2) SEA verbietet, allein oder gemeinsam mit anderen Personen Transaktionen zu tätigen, um durch die hierdurch entstehende, tatsächliche oder vermeintliche, Handelsaktivität andere

---

55 Einführungen in dieses Thema finden sich auch bei: *Eichelberger* S. 84 ff.; *Mock/Stoll/Eufinger* in KölnKommWpHG § 20a Rn. 61 ff.

56 Als einer der ersten Nachweise wird der berühmt gewordene „First Harlem Railroad Corner“ genannt, bei dem der Mehrheitsgesellschafter *Cornelius Vanderbilt* 1862 Leerverkäufer durch eigene Aktienaufkäufe derart in die Enge trieb, dass am Ende noch 27.000 der 137.000 leer verkauften Aktien ausstanden, eingehend zu diesem und anderen Corners *Teweles/Bradley* 1998 S. 332 ff.

57 Dazu *Vogel* in Assmann/Uwe H. Schneider WpHG Vor § 20a Rn. 23; *Mock/Stoll/Eufinger* in KölnKommWpHG § 20a Rn. 61 f., *Eichelberger* S. 33.

58 Dazu S. 52; s.a. *Mock/Stoll/Eufinger* in KölnKommWpHG § 20a Rn. 62.

zum Kauf oder Verkauf von Wertpapieren zu bewegen. Gleiches gilt für Preissteigerungen und -senkungen in Wertpapieren (sog. *Pumping and Dumping*).[59] Weiterhin erfasst sec. 9 (a) (3)-(5) SEA eine Reihe informationsgestützter Manipulationspraktiken. So verbietet es sec. 9 (a) (3) SEA den dort genannten Berufsgruppen wie z.B. Händlern und Maklern unter bestimmten Voraussetzungen Informationen zu streuen oder in Verkehr zu bringen („circulation or dissemination"). Gleiches gilt gem. sec. 9 (a) (5) SEA für Informationen, die aufgrund eines Entgeltes, welches von den in sec. 9 (a) (3) SEA genannten Berufsgruppen gezahlt wurde, gestreut oder in Verkehr gebracht werden. Sec. 9 (a) (4) SEA verbietet, falsche oder irreführende Aussagen zu tätigen, die als solche erkannt wurden oder bei denen Hinweise gegeben waren, welche die Aussage als falsch oder irreführend erkennen ließen. Weiterhin erfasst sec. 9 (a) (6) SEA Stabilisierungsmaßnahmen („pegging, fixing, or stabilizing"), sofern diese nicht der Rechtslage, also dem in Regulation M Rule 104 formulierten Safe Harbor für Stabilisationsmaßnahmen, entsprechen.[60] Häufig wird auch die Generalklausel in sec. 10 (b) SEA (sog. *Catch all-Regelung*) genutzt.[61] Einen weiteren Safe Harbor für den Rückkauf eigener Aktien sieht Rule 10b-18 vor.[62]

Der für die Ahndung von Marktmanipulationen berufenen SEC steht ein flexibler Handlungsrahmen zur Verfügung. Zum einen kann sie Geldbußen (*Civil Penalties*) bis zu 100.000 $ für natürliche Personen oder 500.000 $ für die juristische Personen pro Verstoß erlassen[63], Anordnungen oder Unterlassungserklärungen abgeben (sog. *Cease-and-Desist-Orders*)[64] oder vorläufige oder dauerhafte Berufsverbote für Vorstände oder leitende Angestellte erwirken. Zum anderen kann die Staatsanwaltschaft (*Department of Justice*) vorsätzliche Verstöße gem. sec. 32 SEA verfolgen, wobei der Strafrahmen für natürliche Personen von Geldstrafe bis zu 5 Mio. $ (bzw. 25 Mio. $ für juristische Personen) bis zu Freiheitsstrafe

---

59 Zu dieser Technik s. S. 50.

60 Vgl. dazu *Fleischer* ZIP 2003, 2045, 2048 f; *Mock/Stoll/Eufinger* in KölnKommWpHG § 20a Rn. 64; s.a. S. 166.

61 *Vogel* in Assmann/Uwe H. Schneider WpHG Vor § 20a Rn. 23; *Mock/Stoll/Eufinger* in KölnKommWpHG § 20a Rn. 62 weisen darauf hin, dass dies mit den erhöhten Beweisanforderungen i.R.v. Sec. 9 (a) SEA zusammenhängt.

62 In Übernahmesituationen ist zudem Rule 13e-1 zu beachten, die weitgehende Publizitätsanforderungen vorsieht, dazu *Bartos* S. 175; *Mock/Stoll/Eufinger* in KölnKommWpHG § 20a Rn. 64.

63 Vgl. sec. 21 (d) (3) (B) (1-3) SEA, dazu *Eichelberger* S. 84.

64 Diese betreffen i.d.R. die Einziehung des Manipulationsgewinns (sog. *Disgorgement*), sec. 21C (e) SEA. Die Maßnahmen der *SEC* sind voll justiziabel, vgl. sec. 21C (d) (2).

von bis zu 20 Jahren reicht. Schließlich stehen geschädigten Anlegern auch zivilrechtliche Möglichkeiten offen.[65] Daneben besteht die Möglichkeit eines auf sec. 9 (e) SEA gestützen, zivilrechtlichen Schadensersatzanspruchs.[66]

2. *Vereinigtes Königreich*

Wie auch in Amerika ist auch die Geschichte des englischen Marktmanipulationsrechts keine solche der jüngeren Vergangenheit. Bereits 1814 sorgte das Urteil in der Rechtssache *Rex v. de Berenger*[67] für Aufsehen, in welchem es das Gericht als Betrug (*fraud*) ansah, dass Börsenteilnehmer die Kriegswirren und die damalige, kriegsbedingte, Informationssituation ausnutzten, um durch Gerüchte Spekulationsgewinne zu erzielen.[68] Das Gericht hielt es dabei nicht für notwendig, dass die Berechnung eines Schadens möglich sein oder die Schädigung von Anlegern nachgewiesen werden müsse.[69] Damit war die Marktmanipulation bereits vom *Common Law* erfasst.

Auch im *Statute Law* ist der Marktmissbrauch geregelt. So erfasst sec. 118 (1), (2) Financial Services and Markets Act 2000 (FSMA 2000) als Marktmanipulationen zu bewertende Geschäfte, irreführendes Verhalten und informationsgestützte Irreführung des Anlegerpublikums. Sec. 119 (1) FSMA 2000 gibt der *Financial Services Authority* (FSA) auf, einen Kodex zu erlassen, der den Marktteilnehmern bei der Beurteilung, ob ein Verhalten als Marktmissbrauch zu bewerten ist, als Richtlinie dienen kann. Nähere Bestimmungen zum Inhalt dieses Kodexes enthalten sec. 119 ff. FSMA 2000. Die FSA ist dieser Verpflichtung durch die Erstellung des *Code of Market Conduct* nachgekommen (v.a. MAR 1 1.2, 1.6-1-9), welcher

---

65 Dazu eingehend *Eichelberger* S. 86 f.; *Mock/Stoll/Eufinger* in KölnKommWpHG § 20a Rn. 65.

66 *Fleischer* in Fuchs WpHG Vor 20a Rn. 22, dieser Anspruch setzt Vorsatz des Manipulators voraus, vgl. auch *Mock/Stoll/Eufinger* in KölnKommWpHG § 20a Rn. 65.

67 105 Eng. Rep. 536 King's Bench 1814, dazu *Loss/Seligman* S. 1121; *Fleischer* in Fuchs WpHG Vor § 20a Rn. 18 m.w.N.

68 In dem bekannten Fall verbreiteten Uniformierte die Nachricht eines Sieges der alliierten Streitkräfte, welcher zur Einnahme von Paris und zum Tode von Napoleon geführt haben sollte. Die Spekulanten, welche sich im Vorfeld mit Aktien eingedeckt hatten verzeichneten hohe Gewinne, vgl. *Fleischer* in Fuchs WpHG Vor § 20a Rn. 18.

69 Betrugsobjekt war damit der Markt als solcher („conspiracy to rig the market"). Mit den Worten *Lord Ellenboroughs*: „...it is fraud levelled against all the public.", vgl. 105 Eng. Rep. 536, 538 King's Bench 1814, *Fleischer* in Fuchs WpHG Vor 20a Rn. 18 Fn. 71.

integraler Bestandteil des *„FSA-Handbook“*[70] ist. Auch auf der Sanktionsseite ist die FSA aufgrund einer Ermächtigung in sec. 124 f. FMSA 2000 tätig geworden und hat ein *Statement of Policy* erlassen, auf dessen Grundlage sie (Verwaltungs-)Strafen (*Penalties*) i.R.v. sec. 123 FSMA 2000 ausspricht. Die Reaktionsmöglichkeiten reichen von der Verhängung eines Ordnungsgeldes, über die Bekanntmachung des Verhaltens, bis hin zur Beantragung gerichtlichen Einziehung des Manipulationsgewinns.[71] Eine strafrechtliche Erfassung marktmanipulativen Verhaltens findet sich in sec. 397 FSMA 2000.

II. Japan

Auch in Japan wird Marktmissbrauch (相場操縦, *sōbasōjū*) gesetzlich bekämpft. Die Rechtsgrundlage hierfür wird durch den *Financial Instruments and Exchange Act* (FIEA)[72] (金融商品取引法 *kinyū shōhin torihiki-hō*) in Art. 158 f. bereitet. Demnach werden die in Art. 159 (1) (i)-(iii) FIEA genannten, fiktiven Geschäfte untersagt.[73] Gleiches gilt für die in Art. 159 (1) (iv)-(viii) FIEA Formen des *Circular Tradings*.[74] Art. 159 (2) (i) FIEA erfasst handelsgestützte, Art. 158, 159 (2) (ii), (iii) FIEA informationsgestützte Manipulationen. Schließlich verbietet Art. 159 (3) FIEA nicht vom Gesetz gedeckte Stabilisierungsmaßnahmen.

Verstöße gegen das Marktmanipulationsverbot werden sowohl straf-, als auch verwaltungsrechtlich sanktioniert. Auf der Verwaltungsebene handelt der *Comissioner* der *Financial Services Agency* (FSA)[75] durch gem. Art. 194-7 (1) i.V.m.173 f. i.V.m. 158 bzw. 159 (2) FIEA auf diesen vom *Prime Minister* übertragenen Befugnisse und verhängt nach dem in Art. 173 f. FIEA beschriebenen Verfahren Ordnungsgelder. Sie kann zudem gem. Art. 162-2 FIEA Verordnungen erlassen, um die Marktgerechtigkeit im börslichen und außerbörslichen Handel sicherzustellen. Der in den Organisationsbereich der *FSA* fallenden *Securities and Exchange Sur-*

70 Eine jeweils aktualisierte Fassung ist unter http://fsahandbook.info/FSA/html/handbook/MAR abrufbar; (Stand: 28.04.2010).

71 Dazu *Mock/Stoll/Eufinger* in KölnKommWpHG § 20a Rn. 60 m.w.N.

72 Act No. 25 of 1948; häufig auch als Financial Instruments and Exchange Law (FIEL) bezeichnet; zur Historie *Yoneda/Ikeda/Nishikori/Fokuda* in Campbell S. 167 f.

73 Bei den dort genannten Transaktionen fehlt der rechtliche oder wirtschaftliche Herrschaftswechsel. Zu solchen *Wash Sales* s. S. 52.

74 Zum *Circular Trading*, S. 52.

75 金融庁, kinyūchō.

veillance Commision (SESC)[76] wird zudem per Subdelegation gem. Art. 194-7 (2) (viii) i.V.m. 177 i.V.m.173 f. i.V.m. 158 bzw. 159 (2) FIEA aufgetragen, die FSA durch Zeugenbefragungen und Durchsuchungen in ihrer Verwaltungstätigkeit zu unterstützen. Strafrechtliche Sanktionen sieht Art. 197 (1) (v) FIEA mit einer Höchststrafe von 10 Jahren und/oder einer Geldstrafe von 10 Mio. ¥ vor. Dieser Strafrahmen wird in Art. 197 (2) FIEA für rechtswidrige Stabilisierungsmaßnahmen hinsichtlich der Geldstrafe auf 30 Mio. ¥ verschärft. Zudem kann der Gesellschaft, für die der Manipulator gearbeitet hat, gem. Art. 207 (1) (i) i.V.m. 197 FIEA eine Geldbuße von bis zu 700 Mio. ¥ auferlegt werden. Schließlich ist zu beachten, dass Marktmanipulationen nach Art. 160 (1) FIEA zivilrechtliche Schadensersatzansprüche nach sich ziehen können, wobei diese Ansprüche jedoch gem. Art. 160 (2) FIEA in einem Jahr ab Kenntniserlangung oder in drei Jahren vom Tatzeitpunkt an verjähren.

III. Österreich

Das Marktmanipulationsrecht in Österreich ist mit der Novelle des Börsengesetzes zum 01.01.2005, insbesondere zum Zwecke der Umsetzung der Vorgaben der MMR, reformiert worden. Eine der europarechtlichen Definition des Machtmissbrauchs entsprechende Formulierung findet sich in § 48a Abs. 1 Nr. 2 BörseG.[77] Einige Beispiele marktmanipulativen Verhaltens finden sich in § 48a Abs. 2 BörseG. Eine Sonderregelung für die Berufsausübung von Journalisten wird in § 48a Abs. 1 Nr. 2 lit. c) S. 2 BörseG formuliert.[78] Zuständig für die Überwachung des Marktmanipulationsverbotes ist die *Finanzmarktaufsicht* (*FMA*) gem. § 48q Abs. 1 S. 1 BörseG. Ihr wird in § 48a Abs. 3 BörseG die Möglichkeit eröffnet, eine zulässige Marktpraxis durch Verordnung zu definieren.[79] Sofern Aktienrückkäufe und Stabilisierungsmaßnahmen i.R.d. Verordnung (EG) Nr. 2273/2003 getätigt werden, sind diese gem. § 48e Abs. 6 BörseG vom Manipulationsverbot ausgenommen.

---

76 証券取引等監視委員会, shōken torihiki tō kanshi īn kai.

77 BGBl. Nr. 1989/555; dazu auch *Mock/Stoll/Eufinger* in KölnKommWpHG § 20a Rn. 54 f.; *Vogel* in Assmann/Uwe H. Schneider WpHG Vor § 20a Rn. 20; *Fleischer* in Fuchs WpHG Vor § 20a Rn. 27 f.

78 Für die Bewertung wird eine analoge Anwendung des § 29 MedienG vorgeschlagen, vgl. *Mock/Stoll/Eufinger* in KölnKommWpHG § 20a Rn. 55; eine Orientierung an berufsständischen Regelungen wird auch in Deutschland vorgenommen, vgl. S. 127 ff.

79 *Mock/Stoll/Eufinger* in KölnKommWpHG § 20a Rn. 55; dies entspricht der deutschen Regelungssystematik, vgl. S. 147 ff.

Auf der Sanktionsseite folgt die österreichische Regelung insofern einem eigenen Weg, als sie für Marktmanipulationen nur verwaltungsrechtliche, nicht jedoch strafrechtliche Sanktionen vorsieht.[80] So kann die *FMA* eine Geldbuße von bis zu 75.000 € festsetzen, § 48c BörseG. Zudem steht die Möglichkeit offen, den Handel von mit Marktmanipulation betroffenen Finanzinstrumenten auszusetzen und für die Dauer des Verfahrens ein Berufsverbot für dringend Tatverdächtige zu verhängen. Da das Marktmanipulationsverbot nach überwiegender Ansicht ein Schutzgesetz i.S.v. § 1311 S. 2 ABGB ist[81], lassen sich auch zivilrechtliche Schadensersatzansprüche ableiten.[82]

IV. Schweiz

Die Schweiz hat sich im Bezug auf Marktmanipulationen für ein rein strafrechtliches Sanktionsmodell entschieden.[83] Seine beiden Grundpfeiler bilden zum einen das Kursmanipulationsverbot in Art. 161bis StGB und zum anderen der allgemeine Betrugstatbestand gem. Art. 146 StGB. Der 1995 eingefügte Art. 161bis StGB[84] erfasst in seiner ersten Alternative die Verbreitung irreführender Informationen, in seiner zweiten Alternative fiktive Geschäfte (*Wash Sales, Matched Orders*). Ziel der Regelung ist es, eine unverfälschte Kursbildung sicherzustellen. Die im Hinblick auf effektive bestehende Schutzlücke versucht das *Bundesgericht* (BGer) über den Betrugstatbestand zu schließen, indem es, wie bereits das *House of Lords*[85], annimmt, dass ein Betrug auch gegenüber dem Markt möglich sei.[86] Bei volkswirtschaftlich sinnvollen Stabilisierungsmaßnahmen fehlt

---

80 *Fleischer* in Fuchs WpHG Vor § 20a Rn. 28; dies ist insofern richtlinienkonform, als Art. 14 MMR nur verwaltungsrechtliche Sanktionen fordert, die „verhältnismäßig und abschreckend" sein müssen.

81 *Altendorfer* in Aichner/Kalss/Oppitz S. 207, 234 f.; *Kalss/Puck* in Aichner/Kalss/Oppitz S. 319, 354; *Fleischer* in Fuchs WpHG Vor § 20a Rn. 28 m.w.N.

82 *Fleischer* in Fuchs WpHG Vor § 20a Rn. 28; *Mock/Stoll/Eufinger* in KölnKommWpHG § 20a Rn. 55 m.w.N.

83 Dazu *Altendorfer* in Aichner/Kalss/Oppitz S. 207, 242 ff.; *Mock/Stoll/Eufinger* in KölnKommWpHG § 20a Rn. 56 f.; *Vogel* in Assmann/Uwe H. Schneider WpHG Vor § 20a Rn. 20; *Fleischer* in Fuchs WpHG Vor § 20a Rn. 24 ff.

84 Eingefügt durch Art. 46 des Börsengesetzes vom 24. März 1995, in Kraft seit 1. Febr. 1997.

85 S. o. S. 13.

86 *BGHE* 122 II 422 ff.; *Fleischer* in Fuchs WpHG Vor § 20a Rn. 24; *Mock/Stoll/Eufinger* in KölnKommWpHG § 20a Rn. 57 m.w.N.

die Absicht sich einen *unrechtmäßigen* Vermögensvorteil zu verschaffen.[87] Im Ergebnis können damit Marktmanipulationen nicht nur mit einer Geld-, sondern auch mit einer Freiheitsstrafe geahndet werden, wobei der Strafrahmen im Falle des Verstoßes gegen Art. 161bis StGB bis zu drei Jahren, bzw. bei einem Verstoß gegen Art. 146 StGB bis zu 10 Jahren reicht.

V. Typische Regelungsmuster

Vergleicht man die bisher betrachteten Regelungsmodelle zur Bekämpfung von Marktmanipulation, so sind drei Regelungsmuster zu erkennen.

Zunächst kann das Marktmanipulationsverbot nur strafrechtlich erfasst werden, wie es zur Zeit des § 88 BörsG a.F. in Deutschland der Fall war und so heute noch in der Schweiz gehandhabt wird.[88] Dieses Regelungsmodell hat den Vorteil einer hohen generalpräventiven Wirkung. Die für Parlamentsgesetze typisch abstrakten Formulierungen haben zwar einen weiten Anwendungsbereich[89], weisen jedoch eine geringe Regelungsdichte auf, die zur Verbreitung von Richterrecht und Rechtsunsicherheit führt.[90] Zudem ist zu beachten, dass schwerfällige Gesetzgebungsverfahren der Anpassungsfähigkeit der Verbotsnormen an neue Manipulationstechniken im Wege stehen.[91]

Eine zweite Methode zur Bekämpfung von Marktmanipulationen ist rein verwaltungsrechtlicher Art. Diese haben die entgegengesetzten Vor- und Nachteile rein strafrechtlicher Regelungen.

Schließlich gibt es Mischregelungen, wie sie sich in den meisten großen Volkswirtschaften (USA, Japan, England, Deutschland) durchgesetzt haben. Dabei wird der strafrechtliche Teil durch Parlamentsgesetz gere-

---

87 *Fleischer* in Fuchs WpHG Vor § 20a Rn. 25 m.w.N.

88 Gleiches gilt auch für Italien und Frankreich, vgl. *Vogel* in Assmann/Uwe H. Schneider Vor § 20a Rn. 24.

89 Dieser weite Anwendungsbereich ist vor dem Hintergrund der ständigen Fortentwicklung der Manipulationspraktiken erforderlich, s.a. S. 23 f.; vgl. zudem den auf diesen Zusammenhang hinweisenden Erwägungsgrund (34) der MMR.

90 Dem kann jedoch u.U. entgegengehalten werden, dass auf bekannte Rechtsprechungsregeln zurückgegriffen wird und die „neueren" Regelungsmodelle selbst Bestimmtheitsprobleme aufweisen, vgl. etwa *Mock/Stoll/Eufinger* in KölnKommWpHG § 20a Rn. 55; zur Bestimmtheitsproblematik S. 25 ff.

91 Diesen Missstand hat auch der deutsche Gesetzgeber erkannt. Eine umfassende gesetzliche Regelung sei aufgrund der Vielzahl der Manipulationstechniken nicht möglich, vgl. Begr. RegE 4. FMFG, BT-Drucks. 14/8017, S. 90.

gelt (nulla poena sine lege parlamentaria), der verwaltungsrechtliche Teil hingegen dergestalt aufgebaut, dass die begrifflichen Vorgaben des Parlamentsgesetzes durch weitere Verordnungen und Richtlinien konkretisiert werden und deren Einhaltung durch die Aufsichtsbehörden überwacht wird.[92] Diese weisen zwar hohe bürokratische Anforderungen auf, vereinen aber die Vorteile der beiden erstgenannten Modelle, was die Entwicklung hin zu diesem Modell erklärt.[93]

D. Behördenpraxis der Bundesanstalt für Finanzdienstleistungsaufsicht

Ein Gradmesser für die praktische Relevanz des Marktmanipulationsrechts sind u.a. dessen Überwachungsergebnisse durch die BaFin. Diese informiert die Kapitalmarktöffentlichkeit in ihrem *Emittentenleitfaden*, ihren *Jahresberichten* und weiteren *Veröffentlichungen* über den Stand ihrer Untersuchungen und Ergebnisse.[94]

Danach stieg die Zahl der neuen Untersuchungen auf einem zahlenmäßig geringen Niveau stetig an. So kam es im Jahr 2005 zu 53 Untersuchungen, wohingegen 2008 bereits 77 neue Untersuchungen eröffnet wurden, was einen Anstieg um mehr als 45 % bedeutet.[95] Diese Entwicklung sollte jedoch nicht darüber hinwegtäuschen, dass nur sehr wenige Fälle in Verurteilungen münden[96] und die betrachteten Verfahren gemessen am Wert und der Komplexität eher unbedeutende Sachverhalte betreffen.

So wird bspw. die Wiederbelebung einer börsennotierten Gesellschaft (sog. *Cold IPO*) angekündigt und die Mitteilung nach einem Kursanstieg

---

92 *Vogel* in Assmann/Uwe H. Schneider Vor § 20a Rn. 24; ausführlich zur deutschen Regelung S. 84 ff. (Parlamentsrecht), S. 147 ff. (Verordnungsrecht).

93 *Vogel* in Assmann/Uwe H. Schneider Vor § 20a Rn. 24 spricht von einem „Trend".

94 Die Dokumente sind im Downloadbereich auf der Webseite der BaFin (www.bafin.de) abrufbar.

95 Die Einzelzahlen der neu aufgenommenen Untersuchung lauten wie folgt: 2005:53; 2006:60; 2007:61; 2008:77; vgl. Jahresberichte der BaFin 2008 S. 161; 2007 S. 180 ff.; *Vogel* in Assmann/Uwe H. Schneider WpHG Vor § 20a Rn. 43.

96 Vgl. dazu etwa die Aufzählung bei *Vogel* in Assmann/Uwe H. Schneider WpHG Vor § 20a Rn. 43, so kam es 2008 (2007) zu 5 (4) Verurteilungen, vgl. Jahresberichte der BaFin 2008 S. 163 Tabelle 24.

revidiert[97] oder manipulative Spam Mails versendet.[98] Einen Schwerpunkt der Untersuchungen betrifft auch das sog. Scalping.[99]

Es geht im Regelfall aber um das Vortäuschen von Aktivität und an zweiter Stelle um informationsgestützte Manipulationsstrategien.[100] Die Manipulation betreffen insb. den Freiverkehr, was sich mit der Einschätzung deckt, dass Manipulationen meist tendentiell illiquide Finanztitel treffen.[101]

Hieraus lässt sich der Schluss ziehen, dass die abstrakten Regelungen des Marktmanipulationsverbots entweder an die Grenzen einer praktischen Umsetzbarkeit stoßen oder die Regelung als Ordnungsrahmen akzeptiert wird und eine entsprechende Präventionswirkung ausstrahlt.[102]

E. Stellungnahme

Obwohl Marktmanipulationen eine lange Rechtspraxis haben und sich länderübergreifend gemeinsame Standards entwickeln, ist die tatsächliche Verfolgung von Marktmanipulationen bis heute ein steiniger Weg. So scheint es zwar, als sei das deutsche Marktmanipulationsrecht aus seinem „Dornröschenschlaf" erwacht, jedoch sollten die geringen Verfolgungs- und Verurteilungszahlen Anlass zur Hinterfragung der Effizienz seiner Durchsetzung und seiner strukturellen Mängel geben.

---

97 Jahresbericht der BaFin 2007 S. 181 f.; *Vogel* in Assmann/Uwe H. Schneider WpHG Vor § 20a Rn. 44.

98 Letztere Entwicklung ist indes rückläufig, vgl. Jahresbericht der BaFin 2008 S. 156.

99 Jahresbericht der BaFin 2008 S. 161; zum Scalping auch S. 43.

100 Jahresbericht der BaFin 2008 S. 156, Grafik 17.

101 Jahresbericht der BaFin 2008 S. 157, Grafik 18; *Putniņš* S. 64; *Vogel* in Assmann/Uwe H. Schneider WpHG Vor § 20a Rn. 44; *Fleischer* in Fuchs Vor § 20a Rn. 10; a.A. *Fischel/Ross*, Harvard Law Review 105 (1991), 503, 518 die meinen, dass sich die Manipulation in illiquiden Papieren aufgrund der größeren *Bid-Ask-Spreads* nicht lohne. Dies verkennt jedoch, dass Manipulationen in solchen Werten aufgrund der einfacheren Kausalverläufe (dazu unten S. 54 ff.) und der geringeren Marktkapitalisierung leichter zu Preiseinwirkungen führen und damit Herdenverhalten auslösen können, was solche Kosten schnell überkompensiert.

102 *Sorgenfrei* in Park §§ 20a, 38 II, 39 I Nr. 1-2, II Nr. 11, IV WpHG Rn. 18; *Vogel* in Assmann/Uwe H. Schneider WpHG Vor § 20a Rn. 43; eingehend dazu *Hienzsch* HRRS 2006, 144 ff. der davon ausgeht, dass die geringe Verfolgung auf eine (qualitative und quantitative) Überforderungssituation bei den Staatsanwaltschaften zurückgeht. Er schlägt deshalb die Bildung von *Kapitalmarktschwerpunktstaatsanwaltschaften* vor (S. 148 ff.).

Zum einen lässt die geringe Zahl der Verfahrenseröffnungen den Schluss zu, dass die Kapitalmarktwirklichkeit der Marktmanipulationstechniken und deren Komplexität schlichtweg das Sachniveau der Verfolgungsorgane übersteigt. Zum anderen lässt gerade die zahlenmäßige Diskrepanz zwischen den Verfahrenseröffnungen durch die BaFin und den tatsächlichen Verurteilungen den Eindruck entstehen, dass auch die Rechtsanwendung mit Unsicherheiten belastet ist.

Eine Lösung könnte hier die von *Hienzsch* vorgeschlagene Bildung von Schwerpunktstaatsanwaltschaften sein. Obwohl Deutschland über ein im internationalen Vergleich innovatives und flexibles Marktmanipulationsrecht verfügt, ist es allerdings darüber hinaus erforderlich, die gesetzlichen Regelungen für den Rechtsanwender weiter zu konkretisieren und dadurch *funktionaler* zu machen.

Kapitel 2: Marktmanipulationsrecht im Kontext

Bevor im zweiten Teil der Untersuchung die Rechtsmaterie des Marktmanipulationsrechts im einzelnen dargestellt wird, soll es im Zusammenhang mit anderen Rechtsbereichen und wissenschaftlichen Disziplinen beleuchtet werden. Dafür wird das nationale Marktmanipulationsverbot in der Normenhierachie verortet und dessen vertikale und horizontale Rechtsverflechtungen skizziert.

A. Anknüpfungspunkt verschiedener Rechtsgebiete

I. Überblick

An der Nahtstelle des Marktmanipulationsverbotes treffen verschiedene Rechtsgebiete aufeinander. So stellen sich i.R.d. Marktmanipulationsrechts etwa gesellschaftsrechtliche Fragestellungen. Zu nennen wäre etwa der Rückkauf eigener Aktien i.R.v. § 20a Abs. 3 WpHG, der auch die Voraussetzungen der §§ 71 AktG erfüllen muss.[103] Aber auch innerhalb des Kapitalmarktrechts kommt es zu Überschneidungen. So können manche Sachverhalte sowohl dem Insiderrecht als auch dem Marktmanipulationsrecht zuzuordnen sein.[104] Das größte Spannungsfeld tut sich je-

103 Dazu Kapitel 6; s.a. *Mock/Stoll/Eufinger* in KölnKomm.WpHG § 20a Rn. 77, 289 ff.
104 *Mock/Stoll/Eufinger* in KölnKomm.WpHG § 20a Rn. 74, Anh. I § 4 MaKonV Rn. 24 ff.

doch zwischen Kapitalmarkt- und Strafrecht auf, die mit verschiedenen Herangehensweisen, Traditionen und Zielsetzungen aufeinanderprallen.

II. Normenhierarchien im Marktmissbrauchsrecht

Auf europäischer Ebene gibt zunächst die Marktmissbrauchsrichtlinie (MMR) die Rahmenbedingungen vor.[105] Diese wird durch die Durchführungsrichtlinien 2003/124/EG, 2003/125/EG und 2004/72/EG und die Durchführungsverordnung 2273/2003/EG weiter ausgestaltet.[106] Da europarechtliche Verordnungen dem nationalen Recht in ihrem Regelungsbereich vorgehen (sog. *Anwendungsvorrang*[107], Art. 288 Abs. 2 S. 2 AEUV[108]), ist die Durchführungsverordnung 2273/2003/EG unmittelbar auf mitgliedstaatlicher Ebene geltendes Recht. Der damit durch das Europarecht vorgegebene Rechtsrahmen, wird auf nationaler Ebene zunächst durch § 20a WpHG umgesetzt und ergänzt.[109] Die Regelung enthält die zentralen Vorgaben der MMR, wiederholt in § 20a Abs. 3 WpHG die Materie der Durchführungsverordnung 2273/2003/EG in deklaratorischer Weise (sog. *statische Verweisung*) und enthält weiterhin in § 20a Abs. 5 WpHG eine Verordnungsermächtigung. Auf dieser beruht die MaKonV, welche zur Konkretisierung des Parlamentsrechts und zur weitergehenden Umsetzung der europäischen Durchführungsmaßnahmen dient.[110]

1. Überschießende Umsetzung

Europäisches und nationales Recht sind jedoch nicht durchgängig kongruent. So hat der deutsche Gesetzgeber i.R.d. Umsetzung des europäi-

---

105 Dazu im einzelnen, S. 71 ff.

106 Dazu im einzelnen, S. 77 ff.

107 D.h., dass die nationale Regelung anders als beim Geltungsvorrang (Art. 31 GG, vgl. dazu *BVerfGE* 36, 365; *Risse* in Seifert/Hömig GG Art. 31 Rn. 2) nicht nichtig ist, sondern in Kraft bleibt und nur nicht auf Kollisionssachverhalte angewendet wird, vgl. BVerfGE 75, 223, 224; Besonderheiten gelten freilich für kollidierendes nationales Verfassungsrecht, vgl. BVerfGE 73, 339, 387 (Solange II); BVerfGE 89, 155, 175 (Maastricht); BVerfGE 102, 147 (Bananenmarkt).

108 Vormals Art. 249 Abs. 2 S. 2 EGV. Der sog. Vertrag über die Arbeitsweise der Europäischen Union ersetzte den EGV mit Inkrafttreten des Lissabon-Vertrages am 01.12.2009.

109 Vgl. RegE AnSVG BT-Drucks. 15/3174 S. 37; dazu auch die Beschlussempfehlung und Bericht des Finanzausschusses BT-Drucks. 15/3493 S. 1, 47.

110 Dazu die Begründung der MaKonV BR-Drucks. 18/05, S. 2.

schen Rechts auch eigene, weiterführende Regelungsinhalte aufgenommen (sog. *überschießende Richtlinienumsetzung*).[111]

Dies führt zu einer Erweiterung des gegenständlichen Anwendungsbereichs. So werden gegenüber Art. 9 und 1 Nr. 3 neunter Spiegelstrich MMR in § 20a Abs. 1 S. 2 Nr. 1 WpHG auch Finanzinstrumente erfasst, die in den dort genannten Marktsegmenten nur *einbezogen* sind.[112] Darüber hinaus ist der Verbotstatbestand bereits bei einer *Ankündigung* des Antrags auf Zulassung oder Einbeziehung eröffnet, vgl. § 20a Abs. 1 S. 3 WpHG.[113] Zudem wird das Verbot auf nationaler Ebene dadurch ausgeweitet, dass nicht nur, wie es die MMR in Art. 1 Nr. 3 achter Spiegelstrich vorsieht, Warenderivate erfasst sind, sondern auch die Waren selbst Gegenstand des Anwendungsbereichs werden, vgl. § 20a Abs. 4 WpHG. Gleiches gilt im Hinblick auf ausländische Zahlungsmittel.[114]

Das Verbot wird auch hinsichtlich der Tathandlung ausgedehnt. § 20a Abs. 1 S. 1 Nr. 2 WpHG lässt als abstrakt-konkretes Gefährdungsdelikt die Eignung, ein künstliches Preisniveau herbeizuführen, ausreichen, während die MMR in Art. 1 Nr. 2 lit. a) zweiter Spiegelstrich diesbezüglich einen Erfolg fordert.[115]

Konsequenterweise erweitert der deutsche Gesetzgeber auch die in § 20a Abs. 3 S. 1 WpHG genannten Safe Harbors auf Finanzinstrumente, die in den Freiverkehr oder in den regulierten Markt einbezogen sind, vgl. § 20a Abs. 3 S. 2 WpHG.[116]

---

111 *Mock/Stoll/Eufinger* in KölnKommWpHG § 20a Rn. 39 ff.; Assmann/Uwe H. Schneider WpHG Vor § 20a Rn. 17.

112 Eingehend *Mock/Stoll/Eufinger* in KölnKommWpHG § 20a Rn. 41 ff.

113 Vgl. Art. 9 und 1 Nr. 3 insb. erster und neunter Spiegelstrich MMR; s.a. *Mock/Stoll/Eufinger* in KölnKommWpHG § 20a Rn. 44.

114 Nach Art. 1 Nr. 3 sechster und siebter Spiegelstrich MMR sind nur Devisenswaps und Devisenoptionen erfasst.

115 *Mock/Stoll/Eufinger* in KölnKommWpHG § 20a Rn. 45; *Vogel* in Assmann/ Uwe H. Schneider WpHG Vor § 20a Rn. 17. Dies wird zu Recht nicht unkritisch gesehen *Feuring/Berrar* in Habersack/Mülbert/Schlitt § 34 Rn. 63; *Meyer* AG 2004,289,299 (für Stabilisierungsmaßnahmen); *Handelsrechtsausschuss des DAV* NZG 2004,703,705; dazu auch unten S. 114 ff.

116 Dies dürfte i.R.d. europarechtlich gegebenen Gestaltungsspielraums liegen, vgl. dazu die Begründung zur MaKonV BR-Drucks. 18/05 S. 18 (zu § 6 MaKonV); *Vogel* in Assmann/Uwe H. Schneider WpHG § 20a Rn. 247; *Mock/Stoll/Eufinger* in KölnKommWpHG § 20a Rn. 273 ff.

2. *Auswirkungen auf die Auslegung und den Rechtsschutz*

Der strukturelle Aufbau des Marktmanipulationsrechts hat insbesondere Auswirkungen bei der Auslegung der nationalen Vorschriften. In dem Bereich, in dem der deutsche Gesetzgeber europäische Vorgaben umsetzt, ist der Rechtsanwender zu richtlinienkonformer Auslegung verpflichtet.[117] Zu dieser gehören nicht nur die einzelnen Regelungen der Richtlinien, sondern auch die Erwägungsgründe.[118]

In den Bereichen, in denen der nationale Gesetzgeber über die europäische Materie hinausgegangen ist, ist im Grundsatz keine richtlinienkonforme Auslegung vonnöten.[119] Allerdings bietet sich aus Gründen der Rechtseinheitlichkeit und der Rechtssicherheit eine einheitliche Auslegung an.[120]

Entsprechend zu dem zur Auslegung Gesagten, unterliegt grds. nur die europarechtlich vorgegebene nationale Rechtsmaterie der Vorlagepflicht gem. Art. 267 AEUV. Eine Vorlage bleibt gleichwohl möglich.[121]

III. Kapitalmarktrecht und Strafrecht

1. *Das Spannungsfeld*

Das Kapitalmarktrecht ist in besonderer Weise dem Ziel funktionaler Kapitalmärkte verpflichtet. Um seine Ziele zu erreichen, muss es in einem besonders dynamischen Umfeld agieren, mithin in besonderer Weise funktional, flexibel und praxistauglich sein.[122] Dies wird unmittelbar einsichtig, wenn man bedenkt, dass die Märkte einem permanenten Wandel unterliegen und folglich auch die Marktmanipulationsstrategien ständig angepasst werden. Um diese Flexibilität zu erreichen, zeichnet sich das Kapitalmarktrecht deshalb auch durch praxisnahe Rechtsetzungprozesse aus. Zu nennen ist bspw. das Komitologieverfahren und

117 Dies ergibt sich aus dem Effizienzgebot (nunmehr Art. 4 Abs. 3 EUV bzw. speziell für Richtlinien Art. 288 Abs. 3 AEUV), dazu EuGH Slg. 1986, 1651, 1690 (*Johnston*); Slg. 1994, I-3325, 3356 f. (*Faccini Dori*); Slg. 2004, I-8835, 8917 f. (DRK); *Frenz* § 2 Rn. 83.

118 *Vogel* in Assmann/Uwe H. Schneider WpHG § 20a Rn. 24.

119 *Vogel* in Assmann/Uwe H. Schneider WpHG Vor § 20a Rn. 17; *Mock/Stoll/Eufinger* in KölnKomm.WpHG § 20a Rn. 47 mit Hinweis auf EuGH Rs. C-264/96 Slg. 1998, 4695 ff.

120 Assmann/Uwe H. Schneider WpHG Vor § 20a Rn. 17; *Mock/Stoll/Eufinger* in KölnKommWpHG § 20a Rn. 48.

121 *Vogel* in Assmann/Uwe H. Schneider WpHG Vor § 20a Rn. 17 f.; *Mock/Stoll/Eufinger* in KölnKommWpHG § 20a Rn. 49 (beide noch zu Art. 234 EG).

122 *Vogel* in Assmann/Uwe H. Schneider WpHG Vor § 20a Rn. 25.

die Beteiligung der Marktteilnehmer bei der Anerkennung von zulässigen Marktpraktiken.[123]

Demgegenüber zeichnet sich das Strafrecht durch eine besonders strikte Dogmatik aus, wie etwa die verfassungsrechtlich vorgegebenen Anforderungen an das Bestimmtheitsgebot oder das Demokratieprinzip.[124]

2. Konsequenzen und Lösungsansätze

In der Literatur wird diskutiert, ob sich diese Probleme teilweise durch eine sog. *Normspaltung* mindern lassen.[125] Hierbei wird die Norm, die Gegenstand mehrerer Rechtsgebiete ist, nach den jeweiligen Grundsätzen des in Rede stehenden Rechtsgebiets ausgelegt. Das würde im vorliegenden Fall bedeuten, dass das Marktmanipulationsverbot in einem strafrechtlichen Kontext aufgrund der dort vorherrschenden restriktiven Grundsätze enger auszulegen ist, als es bspw. bei rein kapitalmarktrechtlichen Sachverhalten, wie der Überwachungstätigkeit der BaFin (§§ 4 ff. WpHG) oder zivilrechtlichen Fragestellungen der Fall wäre. Eine unterschiedliche Auslegung verneint die h.M. richtigerweise mit einem Verweis auf Rechtseinheitlichkeit und Rechtssicherheit.[126] Damit muss im Ergebnis eine einheitliche (restriktive) Auslegung angewendet werden. Dies mag man als „Strafrechtsimperialismus" empfinden, der sich jedoch solange nicht vermeiden lässt, wie sich das Kapitalmarktrecht den alten Grundsätzen der Strafrechts als Sanktions- und Präventionsmittel bedient.[127]

Eine Annährung der beiden Rechtsgebiete kann nach *Vogel* über die Rechtsgüterlehre im Strafrecht und einen starken teleologischen Bezug in der Auslegung erreicht werden.[128] Dadurch wird es möglich, ausgehend von gemeinsamen Anknüpfungspunkten, wie etwa der volkswirtschaftlichen Rechtfertigung des Marktmanipulationsverbots, zu einem funk-

---

123 Vgl. etwa § 9 MaKonV, dazu auch S. 187 f.

124 Zu den verfassungsrechtlichen Problemen s.a. S. 25 ff.

125 *Eichelberger* S. 198 f.; *Vogel* in Assmann/Uwe H. Schneider WpHG § 20a Rn. 6; zur Normspaltung *Enderle* S. 208 ff.; *Tiedemann* S. 186 f., 197 f.

126 *BGH* BB 1978, 1487; *Bergmann* AG 1987, 57, 67; *Fischer* ZGR 1978, 235, 238 f.; *Raisch* Teil IV 6.5.2; *Eichelberger* S. 198 f.; *Vogel* in Assmann/Uwe H. Schneider WpHG § 20a Rn. 6.

127 *Vogel* in Assmann/Uwe H. Schneider WpHG § 20a Rn. 25, 207 am Bsp. von § 20a Abs. 1 S.1 Nr. 3 WpHG.

128 *Vogel* in Assmann/Uwe H. Schneider WpHG Vor § 20a Rn. 25.

tionaleren Umgang des Strafrechts mit dem Kapitalmarktrecht zu gelangen und etwa unbestimmte Rechtsbegriffe greifbarer zu machen.[129]

IV. Verfassungsrechtliche Problemfelder

Die Anknüpfungen des Kapitalmarktrecht an andere Rechtsgebiete haben bisweilen zu verfassungsrechtlichen Fragestellungen geführt.

Dies betrifft zunächst die bereits genannten Methodendifferenzen zwischen Strafrecht und Kapitalmarktrecht. So wurde die Weite und der Abstraktionsgrad des Verbotstatbestandes vor dem Hintergrund des Bestimmtheitsgebots kritisiert. Dabei haben alle Varianten des § 20a Abs. 1 S. 1 WpHG Kritik erfahren.[130]

So soll das Merkmal der Bewertungserheblichkeit i.S.v. § 20a Abs. 1 S. 1 Nr. 1 WpHG vor dem Hintergrund von Art. 103 Abs. 2 GG zu vage sein.[131] Das Merkmal ist sicherlich weit gefasst, die Kritik lässt sich jedoch mit einem Seitenblick auf andere Straftatbestände mit demselben Begriff entkräften.[132] Zudem hat der BGH indirekt die Bestimmbarkeit von § 20a Abs. 1 S. 1 Nr. 1 WpHG bestätigt. [133]

Weiterhin soll § 20a Abs. 1 S. 1 Nr. 2 WpHG etwa deshalb „ans Unsinnige" grenzen, weil jedes Geschäft bzw. jedes Angebot ein preisrelevantes Signal sendet und es weder „richtige" noch „falsche" Signale gibt.[134] Auch die Bestimmbarkeit des Merkmals „künstliches Kursniveau" ist infrage gestellt worden.[135] Letztlich hält die h.L. die Merkmale jedoch insbesondere im Hinblick auf die konkretisierende MaKonV für bestimm-

---

129 Als Bsp. kann hier die Auslegung der Begriffe „falsche oder irreführende Signale" oder das „künstlichen Kursniveaus" i.R.v. § 20a Abs. 1 S. 1 Nr. 2 WpHG angeführt werden, vgl. dazu eingehend S. 116 ff.

130 Vgl. etwa *Schmitz*, ZStW 115 (2003), 501, 528; *Sorgenfrei* wistra 2002, 321, 325; *Moosmayer*, wistra 2002, 161, 167ff.; *Tripmaker*, wistra 2002, 288, 292; *Streinz/Ohler*, WM 2004, 1309, 1314 ff.

131 *Kutzner*, WM 2005, 1401, 1402; *Sorgenfrei* wistra 2002, 321, 323ff.

132 LG München I NJW 2003, 2328, 2330; *Fleischer* in Fuchs WphG § 20a Rn. 130 mit einem Verweis auf §§ 264a, 265b StGB, 399 Abs. 1, 400 Abs. 2 AktG; *Arlt* S. 162.

133 BGH NJW 2005, 445, 450 *Vogel* in Assmann/Uwe H. Schneider WpHG Vor § 20a Rn. 30.

134 *Vogel* in Assmann/Uwe H. Schneider WpHG § 20a Rn. 150.

135 *Mock/Stoll/Eufinger* in KölnKommWpHG § 20a Rn. 194: „Derartige Begrifflichkeiten belassen den Rechtsanwender nah an der Grenze zu unauflöslichen Zirkelschlüssen."; *Sorgenfrei* in Park, §§ 20a, 38 H, 39 I Nr. l, 2, H Nr. 11, IV WpHG Rn. 90: „weder kapitalmarkttheoretisch noch wirtschaftswissenschaftlich zutreffend".

bar, wobei ein restriktiver Umgang mit den hochabstrakten Begriffen angemahnt wird.[136]

Schließlich ist auch § 20a Abs. 1 S. 1 Nr. 3 WpHG hinsichtlich des Merkmals der „sonstigen Täuschungshandlungen" als zu unbestimmt kritisiert worden.[137] Dem ist der *BGH* in seiner Scalping-Entscheidung nicht gefolgt, mit der Begründung, dass sich die Regelung im Normzusammenhang mit § 20a Abs. 1 S. 1 Nr. 1 WpHG und anderen Tatbeständen, die ebenfalls auf eine Täuschung abstellen, bestimmen lasse.[138] Dem folgt die h.L. zu Recht.[139]

Aber auch die Konkretisierung durch die MaKonV ist kritisiert worden. Hier wird insb. das Demokratieprinzip (Art. 20 Abs. 1 GG) und das Gewaltenteilungsprinzip (Art. 20 Abs. 2 S. 2 GG) vor dem Hintergrund des Blankettcharakters der Verbotsnorm in Gefahr gesehen[140] und teilw. die Einhaltung der Voraussetzungen in Art. 80 Abs. l, 104 Abs. l S. l GG als nicht gegeben angesehen.[141] Die verfassungsgerichtliche Rechtsprechung geht allerdings von der Zulässigkeit solcher Blankette aus, solange durch die Verordnung nur gewisse Konkretisierungen erfolgen und ansonsten weitgehende (Straf-) Kataloge aufzustellen wären.[142] § 20a Abs. 1 S. 1 WpHG gibt einen bestimmbaren Rechtsrahmen vor, der anhand von Beispielen, Manipulationsmustern und Einzeldefinitionen in der MaKonV näher spezifiziert wird. Insofern geht die h.L. zu Recht von der

---

136 *Vogel* in Assmann/Uwe H. Schneider WpHG § 20a Rn. 143 und Vor § 20a Rn. 31, 150; *Mock/Stoll/Eufinger* in KölnKommWpHG § 20a Rn. 194; kritisch *Kutzer*, WM 2005, 1401, 1403 f. (es werde ein unbstimmter Rechtsbegriff durch den nächsten ersetzt); *Bisson/Kunz*, BKR 2005, 186, 187.

137 *Streinz/Ohler*, WM 2004, 1309, 1315; *Moosmayer*, wistra 2002, 161, 167; *Gaede/Mühlbauer*, wistra 2005, 9, 13ff.; *Schmitz*, ZStW 115 (2003) 501, 528; *Tripmaker*, wistra 2002, 288, 291 f.; zur früheren Rechtslage bereits *Joecks*, wistra 1986, 142, 149.

138 BGH NJW 2004, 302, 304 f.; *Fleischer* in Fuchs WpHG § 20a Rn. 72; dazu auch *Vogel*, NStZ 2004, 252, 256.

139 *Ziouvas/Walter*, WM 2002, 1483, 1486 f.; *Eichelberger* S. 181; Arlt, S. 179; *Mock/Stoll/ Eufinger* in KölnKommWpHG § 20a Rn. 88, 200; *Vogel in Assmann/Uwe H. Schneider* Vor § 20a WpHG Rn. 30; *Fleischer* in Fuchs WpHG § 20a Rn. 72.

140 Dazu *Eichelberger* S. 163 ff, 165; allgemein zum Demokratieprinzip *Frenz* Rn. 156; zum Gewaltenteilungsprinzip *Benda* in Hndb. VerfR § 17 Rn. 38 ff.

141 *Kutzner* WM 2005, 1401, 1406; *Altenhain* BB 2002, 1874, 1846; *Park* BB 2003, 1513, 1516; *Pfüller/Anders* WM 2003, 2445, 2447 f.; *Streinz/Ohler* WM 2004, 1309, 1315; *Gaede/Mühlbauer*, wistra 2005, 9, 13; *Moosmayer* wistra 2002, 161, 167 ff; *Schmitz* ZStW 115 (2003) 501, 528; *Sorgenfrei* wistra 2002, 321, 325.

142 *BVerfGE* 14, 174, 185 ff.; 14, 245, 252; 75, 329, 342; 78, 374, 382; dazu auch *Kunig* in *v. Manch/Kunig* GG Art. 103 Rn. 22f., Art. 104 Rn. 9.

Zulässigkeit der in Rede stehenden Regelungstechnik aus[143], wobei berechtigterweise darauf hingewiesen wird, dass der Umfang der Verordnungsermächtigung eingehalten werden muss.[144] Schließlich wurde auch die Möglichkeit der Subdelegation an die BaFin kritisiert.[145] Mangels Umsetzung fehlt dieser Kritik jedoch bis heute die Praxisrelevanz.

Neben dem nationalen Recht wurden auch Regelungen und Vorgehensweisen auf europäischer Ebene bemängelt. So sehen einige Stimmen die *Unschuldsvermutung* (Art. 6 Abs. 2 EMRK) aufgrund der Formulierung in Art. 1 Nr. 2 lit. a) MMR verletzt.[146] Dem ist jedoch entgegenzuhalten, dass keine strafrechtliche Beweislastumkehr implementiert wurde. Zudem hat der deutsche Gesetzgeber die problematische Formulierung in § 20a Abs. 2 S. 1 WpHG nicht übernommen, vielmehr gilt der allgemeine Amtsermittlungsgrundsatz.[147] Die europäische Rechtsetzung mittels Komitologieverfahren im Marktmanipulationsrecht, wurde auch vor dem Hintergrund der Aushöhlung des Demokratieprinzips kritisiert.[148]

Letztlich wird die Rechtsweggarantie (Art. 19 Abs. 4 GG) im Hinblick auf den Rechtsschutz gegen Anerkennungsentscheidungen i.R.v. § 20a Abs. 2 WpHG in Gefahr gesehen.[149]

B. Ökonomischer Hintergrund des Marktmanipulationsrechts

Das Marktmanipulationsrecht, hat eine Schnittmenge mit wirtschaftswissenschaftlichen Disziplinen, insb. mit der Kapitalmarkttheorie. Es wird in

---

143 *Möller* WM 2000, 309, 314; *Fleischer* DB 2004, 51, 54; *Lenzen* ZBB 2002, 279, 286; *Mock/Stoll/Eufinger* in KölnKommWpHG § 20a Rn. 93 f; *Vogel* in *Assmann/Uwe H. Schneider* Vor § 20a WpHG Rn. 26 ff, 28; *Fleischer* in Fuchs WpHG Rn. 138.

144 *Fleischer* in Fuchs WpHG Rn. 138; *Vogel* in *Assmann/Uwe H. Schneider* Vor § 20a WpHG Rn. 31; problematisch ist dies v.a. bei § 4 Abs. 3 Nr. 1 MaKonV, dazu S. 167 ff.

145 *Kutzner* WM 2005, 1401, 1406; *Bisson/Kunz* BKR 2005, 186, 188.

146 Danach gelten die dort genannten Transaktionen als Marktmanipulation, „es sei denn die Person, welche die Geschäfte abgeschlossen oder die Aufträge erteilt hat, weist nach, dass sie legitime Gründe dafür hatte"; vgl. die Kritik bei *Kutzner* WM 2005, 1401, 1404; *Spindler* NJW 2004, 3449, 3453. Handelsrechtsausschuss des DAV NZG 2004, 703, 705; dazu auch *Vogel* in Assmann/Uwe H. Schneider WpHG § 20a Rn. 143.

147 *Fleischer* in Fuchs WpHG § 20a Rn. 77, der zudem darauf hinweist , dass der EGMR im Zusammenhang mit Art. 6 EMRK widerlegbare Beweisvermutungen zugelassen hat; s.a. S. 182.

148 *Schmitz* ZStW 115 2003, 501, 517.

149 Dazu näher S. 195 f.; s.a. *Vogel* in Assmann/Uwe H. Schneider WpHG § 20a Rn. 193 f.

diesem Bereich folglich zum interdisziplinären Ansatz. Diese Schnittmenge lässt sich wiederum in zwei Teilbereiche untergliedern.

Zum einen ist das Marktmanipulations*recht* selbst Objekt einer ökonomischen Analyse. Dabei wird aus ökonomischer Sicht die Legitimation eines (strafbewehrten) Marktmanipulationsverbotes erörtert. Es wird die Frage aufgeworfen, ob es dem Manipulator überhaupt möglich ist, Gewinne zu erzielen, welche Auswirkungen sein Verhalten auf den Kapitalmarkt hat und ob sich die Implementierung eines Verbotes im Vergleich zu den Opportunitätskosten rentiert. Schließlich sind Regelungsempfehlungen aus ökonomischer Sicht formuliert worden.

In dem anderen Schnittmengenbereich kommt der Wirtschaftswissenschaft aus juristischer Sicht eine Hilfsfunktion zu. So kann auf ökonomische Erklärungsansätze zur Marktmanipulation selbst oder andere wirtschaftswissenschaftliche Erkenntnisse zur Klärung von Vorfragen zurückgegriffen werden. Die ökonomische Interpretation marktmanipulativen Verhaltens hat zum einen Kategorien hervorgebracht, an denen sich auch die Gesetzgeber orientiert haben. Zum anderen werden bei der Auslegung ökonomische Vorfragen, wie etwa bei der Definition der Marktmanipulation[150] oder der Beurteilung des Schutzgesetzcharakters von § 20a WpHG[151] aufgeworfen. Diese Fragen werden meist vor dem Hintergrund kapitalmarkttheoretischer Erkenntnisse zur Preisbildung an den Börsen erörtert.

Freilich können auch die Ergebnisse der ökonomischen Analyse des Marktmanipulationsrechts selbst, also des ersten Schnittmengenbreichs, als wirtschaftswissenschaftliche Erkenntnisse wiederum zur Klärung von rechtlichen Vorfragen herangezogen werden. Dies ist bspw. bei der Klärung der Frage, ob und in welchem Ausmaß ein Manipulationserfolg eingetreten ist, von Bedeutung.

I. Ökonomische Analyse des Marktmanipulationsrechts

Bei der Frage, ob es aus ökonomischer Sicht sinnvoll ist, die Marktmanipulation einem Verbot zu unterwerfen, wird zunächst überlegt, ob das Verhalten eines Manipulators rational ist, so dass Nachahmereffekte zu erwarten sind. Dies ist dann der Fall, wenn es möglich ist, durch Markt-

150 Dazu schon oben S. 3 ff.

151 Vgl. S. 142 ff.

manipulation einen Gewinn zu erzielen.[152] Zur Erleichterung der Analyse lässt sich die bereits eingangs erwähnte Unterteilung in informations-, handlungs-, und handelsgestützte Manipulationen heranziehen.[153]

1. *Gewinnmöglichkeit*

Sowohl theoretisch[154], als auch empirisch[155] ist eine solche Gewinnmöglichkeit für informations- und handlungsgestützte Manipulationen nachgewiesen worden. Umstritten ist allerdings, ob durch handelsgestützte Aktivitäten ein Manipulationsgewinn erzielt werden kann.[156]

Zweifel ergeben sich in zweierlei Hinsicht. Eine Gewinnmöglichkeit wird zunächst mit dem Argument bestritten, dass selbst unter der Annahme kurssteigernder (-senkender) Effekte eines manipulativen Kaufs (Verkaufs) dem Gewinnanliegen durch diese Effekte selbst der Boden unter den Füßen entzogen würde.[157] Dem lässt sich jedoch entgegenhalten, dass der Manipulator durch die von ihm ausgelöste Kursschwankung einen *Informationsimpuls* setzt[158], den andere Anleger aufgrund der bestehenden *Informationsasymmetrie*[159] als Kauf- bzw. Verkaufssignal fehlinterpretieren können, so dass es dem Manipulator möglich wird, die trendverstärkende Wirkung dieser Transaktionen gewinnbringend auszunutzen.[160] Aber selbst wenn andere Marktteilnehmer die Ziele des Manipulators zutreffend bewerten, handeln sie vor dem Hintergrund der Erkenntnisse der *Behavioral Finance* zum Herdenverhalten (sog. *Herding*) nicht irrational, wenn sie den vom Manipulator gesetzten Markttrend

---

152 Vgl. etwa die umfangreichen Analysen bei *Kumar/Seppi*, 47 J. Fin.47 (1992), 1485; *Allen/Gale* Review of Financial Studies 5 (1992) 503, 507 ff.; *Aggarwal/Wu* Journal of Business 79 (2006) 1915; *Vila*, Economics Letters 29 (1989) 21; *Bagnoli/Lipman*, RAND J. Econ. 27 (1996) 124; *Langevoort*, Nw.U.L.Rev. 97 (2002),135, 160f.; dazu auch *Lenzen*, S. 41 ff.

153 Vgl. dazu auch S. 42 ff.

154 *Vila*, Econ. Letters, 29 (1989), S. 21 ff.; *Benabou/Laroque* Quar. J. Econ. 107 (1992), 921 ff.

155 *Schröder* S. 61 ff.

156 *Mock/Stoll/Eufinger* in KölnKommWpHG § 20a Rn. 17 ff., 22; *Eichelberger* S. 72 ff.; *Fleischer* in Fuchs WpHG Vor § 20a Rn. 9 m.w.N.

157 Diese Argumentation geht von einer Art „Nullsummensiel" aus, da Käufe (Verkäufe) den Preis proportional zum Investment des Manipulators erhöhen (senken), so dass kein Gewinn zu erzielen ist; dazu *Fischel/Ross*, Harvard Law Review 105 (1991), 503, 518 f. („self-deterring"); *Allen/Gale* Rev. Fin. Stud. 5 (1992), 503, 506; *Mock/Stoll/Eufinger* in KölnKommWpHG § 20a Rn. 22.

158 Zur Bedeutung von Börsenkursen für die Investitionsentscheidung vgl. S. 57 ff.

159 Dazu *Allen/Gale* Rev. Fin. Stud. 5 (1992), S. 512 ff.; *Eichelberger* S. 74.

160 *Avgouleas*, S. 219 f.; *Eichelberger* S. 74.

unterstützen und diesen damit verstärken[161], so dass sich die Gewinne des Manipulators erhöhen. Zudem können auch Manipulationen im Basiswert eines Derivats (sog. *Underlying*) über die Hebelwirkung (sog. *Leverage-Effect*) zu Gewinnen führen.[162] Es lässt sich damit festhalten, dass der o.g. Einwand nur unter der sehr restriktiven Annahme keiner durch die Transaktion ausgelösten *Folgeeffekte* Gültigkeit beanspruchen kann.

Realitätsnäher gestaltet sich der Einwand, dass die Vorstellung einer immer gleichbleibenden, deterministischen Einwirkung der einzelnen Transaktionen auf das Kursniveau den Preisbildungsprozess zu vereinfacht darstellt und das Ausmaß der Kurseinwirkung insb. von der jeweils vorherrschenden Preiselastizität[163] von Angebot und Nachfrage abhängt.[164] Dieser an sich berechtigte Einwand lässt jedoch die Schutzrichtung[165] des Marktmanipulationsverbotes unberücksichtigt und konzentriert sich nur auf den *Wirkungsgrad*, der vom Manipulator vorgenommenen Handlung. Zudem bestreitet die Ansicht nicht die generelle Preiseinwirkungsmöglichkeit. Nur für den Fall einer völligen Unelastizität ließe sich eine solche Aussage treffen.[166] Die Preiselastizität wird damit zum Instrument zur Beantwortung der Frage, ob und in welchem Um-

161 *Fleischer* in Fuchs WpHG 20a Rn. 26; Zum Herdenverhalten bei informationsgestützter Manipulation: *Böhme/Holz* S. 3: „If one believes that many people follow such dubious investment advices then jumping on the bandwagon is not irrational, since virtually everybody could profit from speculative gains in the resulting bubble."; *Fleischer*, ZBB 2008, 137 ff.; zu verhaltensökonomischen Ansätzen beim sog. *Noise Trading*, bei welchem Spekulanten versuchen aus neu verfügbaren, jedoch nicht fundamentalen Information („Gerüchte") Gewinne zu erzielen: *Avgouleas*, S. 215 ff.

162 *Kumar/Seppi*, 47 J. Fin.47 (1992), 1485 ff.; *Jarrow*, J. Fin. & Quant. Anal. 29 (1994) 241, 249 ff.; *Eichelberger* S. 74; *Vogel* in *Assmann/Uwe H. Schneider* Vor § 20a WpHG Rn. 39.

163 Die Preiselastizität von Angebot und Nachfrage stellt die relative Änderung dieser Größen auf eine relative Änderung des Preises dar. Formal wird folglich die prozentuale Änderung der o.g. Größen durch die prozentuale Änderung des Preises dividiert, vergleiche dazu die Darstellung bei *Feess* S. 206 ff, 212 ff.. Versucht der Manipulator den Preis durch Käufe positiv zu beeinflussen, ist auf die Angebotselastizität abzustellen, da hierdurch veranschaulicht wird, wie viel mehr ein Käufer zahlen muss, damit die Anbieter die nachgefragte Menge zur Verfügung stellen, vgl. *Fischel/Ross*, Harvard Law Review 105 (1991), 503, 513 Fn. 38, spiegelbildlich verhält es sich bei Leerverkäufen. Ein Ergebis zwischen „Null" und „Eins" wird dann als unelastisch, ein solches über „Eins" als elastisch interpretiert.

164 *Fishel/Ross*, 105 (1991) Harvard Law Review, 503, 513, 518 f.; *Asquith/Mullins* J. Fin. Econ. 15 (1986), S. 61 ff.; vgl dazu *Eichelberger* S. 73 mit einem Verweis auf eine Erhebung, nach welcher 47 % der von der Studie erfassten Blocktransaktionen (sog. Block Trades) ohne Markteinwirkung blieben.

165 S. S. 142.

166 S. zu diesem Fall *Feess* S. 214 Abb. 9.7.

fang ein Manipulationserfolg hinsichtlich des jeweiligen Wertpapiers möglich ist.[167] Sie kann damit einen wesentlichen Beitrag zum Verständnis des Taterfolges leisten.[168] Gleichwohl wird dadurch auch deutlich, dass Manipulationen in Aktien von Unternehmen mit hoher Marktkapitalisierung einen immensen Kapitalbedarf bedeuten, um geringe Preisreaktionen hervorzurufen und sich der Manipulator mit diesen Mitteln dem Marktrisiko aussetzt.[169] Aber auch geringe Preisreaktionen können über Hebelprodukte zu beachtlichen Gewinnen führen.

Schließlich wird vor dem Gedankengerüst der *Portfoliotheorie*[170] bezweifelt, dass handelsgestützte Manipulationen zu signifikanten Kurseinwirkungen (sog. *Market Impact*) führen können, da das einzelne Wertpapier nach vorgenannter Theorie im Gesamtmarkt durch eine, für den Investor einzig relevante, Rendite-Risiko-Struktur gekennzeichnet ist.[171] Diese kann jedoch auch durch andere Finanzinstrumente ersetzt werden, so dass dem Investor im Ergebnis in einer Zeitreihenbetrachtung die gleichen Cash Flows zur Verfügung stehen (sog. *Substitution Hypothesis*).[172] Damit verliert die einzelne Transaktion an Kursrelevanz.[173] Hiergegen lässt sich jedoch vorbringen, dass es in der Praxis häufig mit großen Schwierigkeiten verbunden ist, eine vergleichbare Rendite-Risiko-Struktur zu konzipieren oder vorzufinden, was die Substituierbarkeit einschränkt.[174]

---

167 Ökonomische Analysen zeigen in die Richtung, dass die Elastizitäten handlungsgestützte Manipulationen begünstigen, da (Informationsasymmetrie unterstellt) Käufe stärker auf Informationsvorsprünge hindeuten als Verkäufe, dazu *Allen/Gorton* EER 36 (1992), 624, 624 f.; dazu auch mit anderm Ansatz *Aggarwal/Wu* Journal of Business 79 (2006), 1915, 1919 ff., 1921 ff.

168 Je nachdem, ob eine tatsächliche Kurseinwirkung stattgefunden hat, ist Straf- oder Ordnungsrecht anzuwenden, vgl. dazu S. 125 ff.; zudem kann eine Geringfügigkeit i.R.v. §§ 153 ff. StPO berücksichtigt werden.

169 So muss der Manipulator bei einer Angebotselastzität von „Eins" mind. ein Prozent der Anteile erwerben, um einen einprozentigen Preisanstieg zu erreichen, vgl. dazu *Fischel/Ross*, Harvard Law Review 105 (1991), 503, 519.

170 Zur Portfoliotheorie, *Jaunich* S. 19 ff.; *Kasperzak* S. 124 ff.; *Steiner/Uhlir* S. 137 ff. dazu auch im Überblick S. 60 ff.

171 *Steiner/Uhlir* S. 124 ff., allgemein für verschiedene Kapitalmarktmodelle *Opfer* S. 14 ff.

172 Grundlegend *Scholes* Journal of Business 45 (1972) 179, 181 f.; *Fischel/Ross*, Harvard Law Review 105 (1991), 503, 514; *Schleifer* S. 8 f.

173 Vgl dazu *Eichelberger* S. 73; *Fischel/Ross*, Harvard Law Review 105 (1991), 503, 514.

174 *Avgouleas*, S. 135; *Eichelberger* S. 73.

2. *Wirkungen der Marktmanipulation*

Zur Beantwortung der Frage, ob Marktmanipulationen ökonomisch verbotswürdig erscheinen, sollen im folgenden die Wirkungen einer Marktmanipulation untersucht werden. Dazu werden zunächst die Auswirkungen auf die einzelnen Marktbeteiligten auf einer *Mikroebene* untersucht und diese Erkenntnisse, unter Berücksichtigung der Funktionen des Kapitalmarktes, auf einer *Makroebene* aggregiert.

a. Auswirkungen auf ausgewählte Akteure

Zunächst wird auf einer *Mikroebene* zwischen den verschiedenen Akteuren differenziert, die unmittelbar oder mittelbar mit den Handlungen des Manipulators in Berührung kommen. Dabei werden sowohl positive, als auch negative Effekt berücksichtigt.

aa Vertragspartner des Manipulators

Marktteilnehmern, die mit dem Manipulator kontrahieren und damit zu einem Kurs, der nicht dem unbeeinflussten Marktpreis entspricht, abschließen, entsteht ein direkter Vermögensschaden, da sie zu teuer einoder zu billig verkaufen.[175] Dies wird insb. dann deutlich, wenn der Preis des Wertpapiers wieder zum Kursniveau vor der Markteinführung zurückkehrt.[176] Zudem trifft den Anleger ein möglicher Verlust hinsichtlich der Opportunitätskosten. Diese Kosten können sowohl im Hinblick auf die Unterlassensalternative, als auch vor dem Hintergrund von Erträgen aus alternativ möglichen Investitionen entstehen.[177]

bb. Fernwirkung auf andere Marktteilnehmer und Dritte

(1) Negative Wirkungen

Darüber hinaus können auch Marktteilnehmer geschädigt werden, die nicht selbst Vertragspartner des Manipulators sind. Durch die Herbeiführung eines künstlichen Kursniveaus können alle diejenigen geschädigt

175 *Vogel* in *Assmann/Uwe H. Schneider* Vor § 20a WpHG Rn. 40.

176 *Lenzen*, S. 52; *Eichelberger* S. 75.

177 Bei der Unterlassensalternative entsprechen die Opportunitätskosten dem manipulationsbedingten Verlust.

werden, für die der manipulierte Preis des Wertpapiers einen Referenzwert darstellt (sog. *Fernwirkung*). Systemimmanent ist dies für Derivate, für die das manipulierte Instrument den Basiswert darstellt, wobei aber auch Anteilsinhaber von Investmentfonds, in deren Portfolio sich der manipulationsbeeinflusste Wert befindet, betroffen sind.[178]

Fernwirkungen können aber auch weitere Kreise ziehen. Zu denken wäre bspw. an Vergütungsvereinbarungen mit der Unternehmensleitung einer Aktiengesellschaft, die den Kurs dieser Gesellschaft zu einem gewissen Termin als Referenzwert bestimmen.[179] Andere, nicht minder schwere Verwerfungen können den Emittenten des Wertpapiers betreffen.[180] Wertpapiere, die von Marktmanipulationen betroffen sind, sind häufig auch Kapitalflucht ausgesetzt, da Investoren diese meiden.[181] Dies führt dazu, dass der Emittent – um seinen Finanzbedarf zu decken – Eigenkapital durch Fremdkapital substituieren muss. Folge ist, dass sich dessen Verschuldungsgrad erhöht und sich tendenziell die Kreditaufnahme verteuert.[182] Finden sich keine Fremdkapitalgeber, so kann aus dem Unvermögen, Eigenkapital durch Ausgabe von Anteilen zu generieren, die Streichung von Investitionen folgen.

(2) Positive Wirkungen

Zu beachten ist allerdings, dass Marktmanipulationen manchen Marktteilnehmern auch zum Gewinn gereichen können.[183] Zunächst gewinnen alle Anleger, die bereits zum Zeitpunkt der Manipulation in dem betreffenden Wertpapier investiert sind und auf der Marktseite des Manipula-

---

178 *Eichelberger* S. 46, 75.

179 *Eichelberger* S. 79. Die Problematik kann dann abgemildert werden, wenn gem. § 87 Abs. 1 S. 3 AktG i.d.F. des VorstAG vom 31.07.2009 die Vorstandsvergütung vor dem Hintergrund einer nachhaltigen Unternehmensentwicklung auf eine mehrjährige Grundlage gestellt wird. Werden bspw. mehrere, zeitlich verschiedene Referenzkurse herangezogen, so egalisiert sich die Wirkung eines manipulierten Kurses.

180 *Eichelberger* S. 78.

181 Zwar ließe sich vor dem neoklassischen Kapitalmarktmodell argumentieren, dass rationale Investoren die Marktverwerfung erkennen und für Arbitragegeschäfte nutzen müssten. Dagegen spricht jedoch, dass Arbitragetransaktionen teuer sind (vgl. S. 67) und die Dauer der Manipulation und die Finanzstärke des Manipulators schlecht absehbar ist, so dass der Einwand nur langfristig Gültigkeit beanspruchen kann.

182 Dies deshalb, weil sich das Finanzstrukturrisiko sog. *Financial Leverage* erhöht. Allerdings gibt es keinen allgemeinen optimalen Verschuldungsgrad. Der Fremdkapitalgeber orientiert sich bei der Zinsermittlung an ensprechenden Kennzahlen ggf. im Branchenvergleich, dazu *Coenenberg/Haller/Schultze* S. 1054 ff., 1062 ff.

183 *Eichelberger* S. 76; *Vogel* in *Assmann/Uwe H. Schneider* Vor § 20a WpHG Rn. 40.

tors stehen. Diese unmittelbare Wirkung lässt sich auf die Beispiele der o.g. Fernwirkungen erweitern. So profitieren Inhaber von Derivaten, wenn sich der Basiswert manipulationsbedingt in die von der Derivatstruktur begünstigte Richtung entwickelt[184]; Referenzwerte bei Vergütungsvereinbarungen können erst durch die Manipulation erreicht werden. Diesen passiven positiven Fernwirkungen können aber auch aktive Spekulationsstrategien in von Manipulationen betroffenen Werten oder Märkten gegenübergestellt werden. So können Anleger, die den Verdacht einer Manipulation haben, in den betroffenen Wert investieren und den Trend „ausreiten".[185] Zudem erhöhen Manipulationen die Volatilität[186], so dass durch die geschickte Kombination von Finanzinstrumenten, Gewinne erzielt werden können.[187]

Weiterhin wird die Frage erörtert, ob sich durch die Möglichkeit von Marktmanipulationen ein Managementanreiz setzen lässt, der Anteilsinhaber und Unternehmensleitung in einer einheitlichen Zielsetzung verbindet und die Markteffizienz erhöht.[188] Dabei wird auf die Paralleldiskussion zum Insiderhandel verwiesen.[189]

Unabhängig davon, wie der Streit im Bezug auf Insiderinformationen zu entscheiden ist, stellt sich deshalb die Frage, ob aus ökonomischer Sicht nicht auch positive Effekte aufgrund von Marktmanipulationen durch das Management für das Unternehmen und die Markteffizienz denkbar sind, wenn die manipulationsbedingten Gewinnchancen als Leistungsanreiz der Unternehmensleitung betrachtet werden. Theoretischen Hintergrund bilden die Arbeiten von *Schumpeter* zur Rolle von Unternehmern in der Volkswirtschaft[190] und *Jensen/Meckling* mit deren

---

184 Für den Halter eines Puts muss der Basiswert (bedingt etwa durch massive Leerverkäufe) folglich fallen, für den Halter eines Calls steigen.

185 Damit verhalten sie sich nach den Erkenntnissen der Verhaltensökonomie nicht irrational, vgl. *Böhme/Holz* S. 3.

186 *Aggarwal/Wu* Journal of Business 79 (2006), 1915, 1917; *Eom/Lee/Park* working paper series (2009), S. 7.

187 So etwa durch den Aufbau eines *Long-Straddles* (oder *Long-Strangles*), d.h. eines Kaufs einer Call- und Put-Option des betreffenden Wertes zum gleichen (unterschiedlichen) Basispreis und/oder Verfallsdatum, dazu *Büschgen* S. 474 f.; *Feingold/Lang* S. 138 ff.; Auf Marktebene kann ein Volatilitätsindex bspw. der *VDAX-New* oder der *VIX* nachgebildet werden (dazu *Voit* S. 94 ff, 99), wenn der manipulierte Wert zum Index gehört oder von marktweiten Manipulationen ausgegangen wird.

188 Vgl. *Eichelberger* S. 79 f.

189 *Manne* S. 131 ff.; *Carlton/Fischel* Stan. L. Rev.35 (1983), 857; dazu auch *Eichelberger* S. 79 f.

190 Vgl. *Eichelberger* S. 79 Fn. 136.

Vorstellungen über das Verhältnis von Anteilsinhabern zu der von ihnen eingesetzten Unternehmensleitung. *Schumpeter* sieht den Unternehmer als Innovationsmotor einer Volkswirtschaft.[191] Mit der Teilung von Eigentum und Kontrolle, die in der modernen Unternehmenswelt üblich ist, erlangt das Management eine unternehmergleiche Entscheidungsmacht. Dies macht es erforderlich, der Unternehmensleitung im Interesse der Anteilsinhaber Leistungsanreize zu setzen, um diese zu einem übervertraglichen Einsatz und damit zu Pionierleistungen zu bewegen, die auch volkswirtschaftlich betrachtet für den Innovationsprozess elementar sind.[192] Hier setzt die von *Jensen/Meckling* entwickelte *Agengy-Theory*[193] an. Ausgehend von eigenennutzenoptimierenden Akteuren soll trotz möglicherweise bestehender Informationsasymmetrien, unterschiedlicher Risikoneigungen und der Gefahr des *Moral Hazard* eine Zielkongruenz zwischen Unternehmensleitung (Agenten) und Unternehmenseigentümern (Prinzipale) hergestellt werden.

Fraglich ist, ob eine solche Zielkongruenz auch im Hinblick auf Marktmanipulationen denkbar ist. Dies wird mit der Begründung verneint, dass der unbeeinflusste Marktpreis grds. nahe des „inneren" Wertes notiere, eine Manipulation einer „fairen" Bewertung folglich zuwiderlaufe und Manipulationen getrennt von Management*leistungen,* welche Auswirkungen auf den „wahren" Unternehmenswert haben, zu betrachten sind.[194] Diese Argumentation ist allerdings fraglich, da der intrinsische Wert einer Aktie nicht nur unerheblich von ihrem Kursniveau abweichen kann. In diesem Fall führt nicht erst die Manipulation zu einem abweichenden Kurs. Zudem stellt sich die Frage, ob Marktmanipulationen tatsächlich unabhängig von der Managementleistung und von den Auswirkungen auf den Unternehmenswert sind. Dies soll vor dem Hintergrund von Stabilisationsmaßnahmen, die von § 20a Abs. 3 WpHG nicht erfasst werden, erörtert werden.

Aufgabe des Managements ist es, durch Planung, Steuerung und Kontrolle die Unternehmensziele zu verfolgen.[195] Vorrangiges Unter-

---

191 *Schumpeter* S. 110 ff.

192 *Carlton/Fischel* Stan. L. Rev. 35 (1983), 857; *Manne* S. 131 ff.;

193 Die *Agency-Theory* (auch *Principal-Agent-Theory*) ist heute ein wesentlicher Teil der neuen *Institutionenökonomik,* grundlegend Jensen/Meckling J. Fin. Econ. Band 3, 1976, Nr. 4; zur Gestaltung von Anreizsystemen unter unternehmensethischen Gesichtspunkten, vgl. *Roiger* S. 62 ff., 135 ff.

194 *Eichelberger* S. 80, der deshalb annimmt, dass ein manipulierter Kurs höchstens zufällig mit dem „wahren" Wert übereinstimmen kann.

195 Zu den Funktionen der Unternehmensführung *Hugenberg/Wulf* S. 24 ff. m.w.N.

nehmensziel ist die Beibehaltung des finanziellen Gleichgewichts, da bei dessen Störung ein Ausscheiden aus dem Marktprozess droht.[196] Notiert bspw. der Börsenkurs eines Unternehmens für eine längere Zeit unter dessen Buchwert, entstehen diverse Probleme für das Unternehmen, die das Eingreifen des Managements erfordern. So erhöhen sich bspw. die Kapitalkosten oder das Unternehmen kann zum Ziel von Übernahmeversuchen werden.[197] Kauft das Management nun Anteile des eigenen Unternehmens zurück und führt dadurch einen Kursanstieg unter Verletzung des Verbots nach § 20a Abs. 1 S. 1 Nr. 2 WpHG herbei, so hat dessen manipulative Handlung fundamentale Auswirkungen.[198] Dabei ist es ökonomisch ohne Belang, ob das Management auch das Ziel verfolgte, durch den gestiegenen Kurs vertraglich vereinbarte Referenzwerte für Bonuszahlungen zu erreichen oder außervertragliche Optionsgewinne zu realisieren. Die o.g. Ansicht übersieht demnach, dass eine Interdependenz zwischen Börsenkurs und Unternehmenswert existiert und auch eine Handlung, die nach vorherrschendem Recht als Marktmanipulation zu bewerten ist, mit den Zielen der Anteilseigner übereinstimmen kann.[199]

b. Volkswirtschaftliche Schäden durch Marktmanipulation

Der Schwerpunkt der Schadensanalyse hinsichtlich marktmanipulativen Verhaltens betrifft überindividuelle Ziele. Deshalb soll in diesem Abschnitt eine volkswirtschaftliche Sichtweise eingenommen und manipulationsbedingte Auswirkungen auf den Kapitalmarkt als Institution analysiert werden. Dabei werden v.a. drei negative Effekte diskutiert: Die

---

196 Dies bedeutet nur, dass die Zahlungsmitteldeckung immer größer sein muss, das der Liquiditätsbedarf. Freie, unverzinste, Liquiditätsreserven sind, so weit es geht, zu vermeiden; zum Ganzen schon *Gutenberg* S. 114 f.

197 Dabei besteht für das Unternehmen die Gefahr zerteilt zu werden, so dass dessen Sparten oder Assets mit Gewinn weiterveräußert werden können (sog. *Corporate Raiding*), vgl. *Windolf* S. 47; die meist mittels *LBOs* durchgeführte Praxis hatte ihren Höhepunkt in den 1980ger Jahren, dazu *Wankel* Vol. 1 S. 19 f.

198 Dies betrifft viele Bereiche: so hat die Kurssteigerung zum einen Signalwirkung wodurch sich der Kurs stabilisieren kann (S. 116 f., 199). Hierdurch können die Kapitalkosten sinken, das Unternehmen wirkt stabiler und zieht u.U. qualifizierteres Personal an, ect.

199 Freilich muss auch aus ökonomischer Sicht vor dem Hintergrund der *Agency-Theory* sichergestellt werden, dass das Management keine *Baisse-Manipulation* betreibt oder ungerechtfertigte Kurssteigerungen vornimmt, da in diesem Fall wiederum Zielkonflikte mit den Anteilseignern auftreten würden.

Beeinträchtigung der Allokationsfunktion, der Kapitalaufbringungsfunktion und der Kapitalbewertungsfunktion.[200]

aa. Die Kapitalaufbringungsfunktion

Primäre Funktion des Kapitalmarktes ist dessen Kapitalaufbringungsfunktion. In dieser Rolle kommt dem Kapitalmarkt eine Brückenfunktion zwischen Sparern, die bereit sind ihr Geld zu investieren, auf der einen Seite und der Realwirtschaft, die große Kapitalia zur Güterproduktion benötigt, auf der anderen Seite zu.[201] Wie bereits dargestellt, können Marktmanipulationen zu Anlegerschäden führen.[202] Treten solche Schäden kumuliert auf, so werden Anleger auf breiter Basis nicht mehr oder nicht mehr im ursprünglichen Umfang willens sein, Finanzmittel i.R.v. Investitionen in den Primär- oder Sekundärmarkt einzubringen. Dies ist gerade für Kapitalmärkte, deren Aufgabe das Sammeln und zur Verfügungstellen von Kapital zu volkswirtschaftlichem Nutzen ist, verheerend. Im Extremfall kann dies dazu führen, dass kapitalintensive, aber volkswirtschaftlich wünschenswerte Projekte nur unter deutlich schwierigeren Bedingungen zu realisieren sind.[203] Von diesem schädigenden Charakter kann anders als bei der Kapitalallokationsfunktion keine der drei genannten Manipulationsmöglichkeiten ausgenommen werden, da es für den Anleger irrelevant ist, durch welches Verhalten er geschädigt wird. Zudem ist zu berücksichtigen, dass eine Abwanderung der Anleger in Folge des Vertrauensverlustes zu geringerer Liquidität am Markt führt, was wiederum weiteren Manipulationen Vorschub leistet.[204]

bb. Die Kapitalbewertungsfunktion

Um die Kapitalaufbringungsfunktion zu gewährleisten, ist es notwendig, den investitionsbereiten Sparern Informationen über die Ertragskraft ih-

---

200 *Vogel* in Assmann/Uwe H. Schneider WpHG Vor § 20a Rn. 40; *Eichelberger* S. 52 ff., 77 f.. *Mock/Stoll/Eufinger* in KölnKommWpHG § 20a Rn. 15 f.

201 Zu diesem Kreislauf *Mankiw* S. 25 f; *Woll* S. 81 ff.

202 S.o. S. 32 ff.

203 *Eichelberger* S. 64 ff., 77; *Meißner* S. 49 f.; *Mock/Stoll/Eufinger* in KölnKommWpHG § 20a Rn. 16.

204 Marktmanipulationen finden meist in wenig liquiden Titeln statt, vgl. *Aggarwal/Wu*, Journal of Business 79, 1915, 1917, 1934 ff.; dazu bereits oben Fn. 101; Grund dafür sind die geordneteren Kausalverhältnisse in der Preisbildung (vgl. S. 54 ff.) und die meist geringere Marktkapitalisierung der Unternehmen.

rer potentiellen Anlage zu vermitteln. Unter der idealtypischen Annahme eines vollständig informationseffizienten Marktes[205] sind alle zur Verfügung stehenden Informationen unter rationaler Erwartungsbildung in die Bewertung eingeflossen, so dass dem Kurs selbst die Funktion eines wichtigen Informationssignals zuteil wird (sog *Bewertungs- und Informationsfunktion*). Verursacht der Manipulator etwa durch die Verbreitung von irreführenden Signalen[206] ein künstliches Kursniveau, so wird diese wichtige Informations- und Bewertungsfunktion beeinträchtig. Der Kurs gibt nicht mehr den wahren Wert des Wertpapiers wieder.

Ergebnis ist eine Verunsicherung am Markt, die Rückwirkungen auf die anderen Kapitalmarktfunktionen haben kann. So kann die Kapitalaufbringungsfunktion dadurch beeinflusst sein, dass potentielle Investoren den Kursen nicht mehr „trauen" und sich gegen einen Mitteleinsatz am Kapitalmarkt entscheiden. Gleichsam wird die Allokationsfunktion beeinträchtigt, wenn Marktteilnehmer, die am Markt verbleiben, zu psychologischen Bewertungsverfahren übergehen.[207]

cc. Die Kapitalallokationsfunktion

Eng mit der Kapitalinformations- und Bewertungsfunktion verknüpft ist auch die Kapitalallokationsfunktion. Durch diese Funktion des Kapitalmarkts soll sichergestellt werden, dass das dem Markt zur Verfügung stehende Investitionskapital über den Preismechanismus dem rentabelsten Unternehmen zugeleitet wird.[208] Marktmanipulationen sind in der Lage diese Funktion zu beeinträchtigen.[209]

---

205 Ein effizienter Markt ist ein der neoklassischen Finanztheorie entspringender Begriff. Hierbei wird von einem strengen Prämissenkranz ausgegangen, um in diesem Modellrahmen Sollanforderungen an die Marktakteure abzuleiten. Eine dieser Prämissen ist die Informationseffizienz, d.h., dass jedem Marktteilnehmer die gleichen Informationen zur Verfügung stehen. Zum Konstrukt des effizienten Marktes und dessen Prämissen vgl. S. 57 ff.

206 Dies erfast sowohl handels-, als auch informationsgestützte Manipulationspraktiken. Ziel ist allein die Übermittlung eines irreführenden Signals, vgl. zur handelsgestützten Manipulation *Yadlin*, Berkeley Program in Law and Economics, Working Paper Series (1999), S. 1, 4: „Manipulators do not trade for investment purposes but rather they place bids in the market for the purpose of sending a signal, a means to convey information to the market."

207 *Lenzen* S. 54; *Eichelberger* S. 78; dazu auch die folgenden Ausführungen bei der Kapitalallokationsfunktion.

208 Der Allokationsfunktion liegt folglich ein evolutionärer Gedanke zugrunde, da durch die Verteilung der Kapitalressourcen an das „fitteste" Unternehmen diesen Unterneh-

Zur Verdeutlichung sollen ausgehend von einem unbeeinflussten effizienten Markt die Wirkungen informations-, handels- und handlungsgestützter Manipulationen beleuchtet werden. Unter dieser Modellannahme sind alle bewertungsrelevanten Informationen allen Marktteilnehmern zugänglich. Verbreitet nun der Manipulator im Wege der informationsbasierenden Marktmanipulation Fehlinformationen und werden diese nicht als solche erkannt, so fließen die Informationen in den Bewertungsprozess der Marktteilnehmer ein. Aufgrund der neuen Information und einer unterstellten rationalen Erwartungsbildung[210], passen die Akteure ihre Anlageentscheidungen an. Als Folge wird Kapital, ohne fundamentale Rechtfertigung umgeleitet und damit fehlallokiert.[211]

Versteht man den Preis i.S.d. Informations- und Bewertungsfunktion als ein alle Informationen beinhaltendes *Signal*[212], so wird auch für die handelsgestützte Manipulation deutlich, dass diese ein ungerechtfertigtes Fundamentalniveau simuliert und damit ebenfalls die Kapitalallokation stört. Diese unmittelbaren Effekte, werden durch mittelbare, dynamische Defekte ergänzt. Marktteilnehmer, die sich nicht von den Marktverwerfungen abschrecken lassen, verlassen immer mehr den Boden der neoklassischen, also auf reinen Rationalitätsgesichtspunkten aufbauenden Kapitalmarkttheorie und orientieren sich verstärkt an verhaltensökonomischen Ansätzen[213], um weiterhin Renditen zu erzielen. Eine solche Gewinnerzielung führt aber volkswirtschaftlich gesehen zu einem suboptimalen, d.h. ineffizienten Kapitaleinsatz.

Anderes muss jedoch für die handlungsbasierende Manipulation gelten, da in diesem Fall der innere Wert selbst beeinträchtigt wird und folglich die fundamentale Bewertung zutrifft, ein Kapitalab- oder -zu-

---

men wirtschaftliche Weiterentwicklungspotenziale eingeräumt werden, während solche Potenziale unrentablen Unternehmen vorenthalten werden.

209 *Eichelberger* S. 77 f.

210 Die Erwartungsnutzentheorie ist Ausfluss der neoklassischen Kapitalmarkttheorie und erklärt die Einbeziehung neuer Informationen vor dem Hintergrund effizienter Märkte, eingehend *Jaunich* S. 15 ff.; dazu auch S. 58 f.

211 Dies kann je nach Information einen Kapitalzu- oder -abfluss in den betrachteten Werten darstellen.

212 Damit ist auf die Marktprozesstheorie angespielt. Nach dieser ist die Preisbildung ein permanenter Kommunikationsvorgang, bei dem der Preis den aktuellen Stand des Marktdiskurses wiederspiegelt und die Marktteilnehmer in ihrer Entscheidungsfindung (informatorisch) lenkt, vgl. *Wohlgemuth* in Priddat/Seele S. 34 ff.; *Blum/Müller/Weiske* S. 118 ff..

213 *Lenzen* S. 54, *Eichelberger* S. 78.

fluss ja gerade volkswirtschaftlich geboten erscheint.[214] Dies stellt keinen Widerspruch zu der Definition der Manipulation als künstliches Kursniveau dar, bei welcher nicht auf den inneren Wert, sondern auf das manipulierte Kursniveau rekurriert wird, da dieser Bezugspunkt mit den Reaktionen der Anleger und dem Anlegerschutz begründet wurde. Die Allokationsfunktion beschreibt aber einen überindividuellen, volkswirtschaftlichen (Zuteilungs-) Vorgang, bei welchem es gerade auf die „richtige“ Bewertung, also den intrinsischen Wert ankommt.

dd. Volkswirtschaftliche Fernwirkungen

Erhöhen sich durch Manipulationen die Eigenkapitalkosten bei vielen Unternehmen, so aggregiert sich diese Wirkung zu einem volkswirtschaftlichen Effekt. Die durch die Substitution von Eigen- durch Fremdkapital ausgelöste steigende Nachfrage nach Fremdkapitalia führt etwa zu einem anziehenden Kreditzins und erneut zu einer Verteuerung der Kapitalkosten. Damit geht ein Rückgang der Investitionsquote einher, was diverse Rückwirkungen auf die Realwirtschaft aufgrund sinkender Einstellungen und Steuereinnahmen hat.

3. Kosten-Nutzen-Analyse

Wie in vielen Bereichen des Rechts, wird auch im Marktmanipulationsrecht eine klassische ökonomische Analyse dergestalt durchgeführt, dass nach der Kosten-Nutzen Relation (sog. *Cost-Benefit-Analysis*)[215] der Regelung gefragt wird. Aufgrund der weitreichenden negativen Wirkungen bis hin zu einem drohenden Marktversagen wird ein Verbot ganz überwiegend befürwortet.[216] Aufgrund der geringen Verfolgungs- und Verurteilungszahlen[217] wird man den Nutzen der Reglung allerdings v.a. im präventiven Bereichs, als wirksamen Ordnungsrahmen zu suchen haben. Auf der anderen Seite muss eine Überregulierung vermieden werden,

---

214 Diese Differenzierung wird soweit ersichtlich nicht vorgenommen, vgl. etwa *Vogel* in Assmann/Uwe H. Schneider WpHG Vor § 20a Rn. 49; *Mock/Stoll/Eufinger* in KölnKommWpHG § 20a Rn. 16; *Eichelberger* S. 77 f.

215 *Vogel* in Assmann/Uwe H. Schneider WpHG Vor § 20a Rn. 41; *Fishel/Ross*, 105 (1991) Harvard Law Review, 503, 522; *Lenzen* S. 58 ff.

216 *Vogel* in Assmann/Uwe H. Schneider WpHG Vor § 20a Rn. 41; *Fleischer* in Fuchs Vor § 20a Rn. 9; *Mock/Stoll/Eufinger* in KölnKommWpHG § 20a Rn. 16 f.; *Eichelberger* S. 82.

217 Vgl. S. 18.

um die Kosten für alle Beteiligten zu begrenzen.[218] Dies gilt v.a. im Hinblick auf Regelungen, die der handelsgestützten Manipulation entgegentreten wollen, da es gerade hier durch übertriebene Abschreckung zur Behinderung oder Vereitelung von nützlichen Transaktionen kommen kann.[219] Solche Transaktionshindernisse behindern ihrerseits wieder die Funktionen des Kapitalmarktes und können für den jeweiligen Finanzplatz zum Wettbewerbsnachteil werden. Letztlich ist auch vor fiskalischem Hintergrund zu fordern, dass sich die Kosten für Durchführung und Überwachung in einem angemessenen Rahmen bewegen.

4. Ökonomisch abgeleitete Handlungsempfehlungen

Die ökonomische Analyse hat über die Frage, „ob" eine Marktregulierung notwendig ist, auch in beschränktem Umfang Handlungsempfehlungen zum „wie" ausgesprochen, also sich rechtspolitischen Fragestellungen zugewendet.[220] So ist die Markt-Mikrostrukturtheorie[221] zu der Erkenntnis gelangt, dass eine Kapitalmarktregulierung am effizientesten durch präventive Maßnahmen, wie eine Verbesserung von Informationseffizienz und Liquidität am Markt erfolgen soll.[222] Diese These stützen empirische Befunde, nach welchen Marktmanipulationen v.a. in ineffizienten Märkten und illiquiden Titeln stattfinden.[223]

---

218 Das betrifft nicht nur die tatsächlich anfallenden Kosten des Staates für die Überwachung und Verfolgung, sowie die Kosten der Marktteilnehmer für Rechtsberatung, Personal ect., sondern insb. auch die Opportunitätskosten durch in diesen Bereichen gebundene Kapitalia; vgl. dazu auch *Fishel/Ross*, 105 (1991) Harvard Law Review, 503, 522.

219 *Vogel* in Assmann/Uwe H. Schneider WpHG Vor § 20a Rn. 41.

220 Vgl. dazu auch die Nachw. bei *Fleischer* in Fuchs Vor § 20a Rn. 12.

221 Die Markt-Mikrostrukturanalyse befasst sich aus theoretischer und empirischer Sicht mit der Interaktion von Marktorganisationen und Marktteilnehmenn. Zielsetzung ist die Ableitung von Aussagen über die Effizienz von Organisationsstrukturen, dazu *Hartmuth* S. 58 ff.; *Heun* S. 108 ff.

222 *Varnholt*, Finanzmarkt und Portfolio Management 7 (1993) 459, 470 f.; *Fleischer* Gutachten F für den 64. DJT, F 122; *Fleischer* in Fuchs WpHG Rn. 12. Dies deckt sich mit den allgemeinen Zielformulierungen der Markt- Mikrostrukturtheorie, vgl. *Heun* S. 109 f.

223 Vgl. *Aggarwal/Wu*, 79 Journal of Business, 1915, 1917, 1934 ff., 1947 f.; *Putniņš* S. 64; vgl. auch den Jahresbericht der BaFin 2008 S. 157, Grafik 18 wonach hauptsächlich Freiverkehrswerte betroffen sind; *Vogel* in Assmann/Uwe H. Schneider WpHG Vor § 20a Rn. 44; *Fleischer* in Fuchs Vor § 20a Rn. 10; eine Rangfolge der effizientsten Märkte findet sich bei *Aitken/Siow* HP Handbook (2003) S 49 ff.

5. *Zwischenergebnis*

Marktmanipulationen weisen durch die Beeinflussung der Kapitalmarktfunktionen ein Schadenspotenzial auf, das im Extremfall systemgefährdend ist. Ökonomisch betrachtet ist deshalb ein rechtlich wirksames Marktmanipulationsverbot erforderlich.[224] Dies gilt umso mehr, als sich nur durch eine effiziente Umsetzung des Verbots im Präventionsbereich die haftungsrechtlich bedingte Lenkungsfunktion des Rechts entfaltet[225] und somit ein stabiler Ordnungsrahmen für das Finanzsystem gesetzt wird. Allerdings müssen gerade im Bereich der handelsgestützten Manipulationen einige Besonderheiten beachtet werden. So muss sehr genau darauf geachtet werden, ob aufgrund der vorliegenden Elastizitäten überhaupt eine Marktmanipulation möglich ist. Schließlich dürfen auch die (Opportunitäts-) Kosten der Regulierung nicht deren Nutzen übersteigen.

II. *Wirtschaftswissenschaftliche Ansätze als Hilfsfunktion*

Schließlich kommt den Wirtschaftswissenschaften aus kapitalmarktrechtlicher Sicht eine Hilfsfunktion zu. An Bedeutung gewonnen hat v.a. die ökonomische Kategorisierung marktmanipulativen Verhaltens in informations-, handels- und handlungsgestützte Erscheinungen, an welchen sich nicht nur die Gesetzgeber orientiert haben, sondern die auch die Erfassung neuer Manipulationstechniken erleichtern. Desweiteren gilt es i.R.d. Gesetzesauslegung immer wieder ökonomische Vorfragen zu beantworten. Aus diesem Grund soll im Folgenden zunächst die o.g. Kategorisierung marktmanipulativen Verhaltens erörtert werden. In diesem Kontext werden zudem die gängigsten Manipulationstechniken verortet.[226] Es wird gezeigt, dass der Manipulator die kognitiven Beschränkungen des menschlichen Geistes ausnutzt.[227] Anschließend wird ein

---

224 *Eichelberger* S. 82; *Avgouleas* S. 210 ff.; *Lenzen* S. 55ff.; *Meißner* S. 47 ff.; *Vogel* in Assmann/Uwe H. Schneider WpHG Vor § 20a Rn. 41; *Fleischer* in Fuchs Vor § 20a Rn. 9; *Mock/Stoll/Eufinger* in KölnKommWpHG § 20a Rn. 16 f.; a.A. *Fischel/Ross* Harv. L.Rev. 105 (1991) 503, 512 ff.

225 Zu dieser Präventionsfunktion der Haftung *Scheel*, S.19.

226 Vgl. die Darstellungen bei *Eichelberger* S. 16 ff.; *Fleicher* in Fuchs WpHG Vor § 20a Rn. 3 ff.; *Vogel* in Assmann/Uwe H. Schneider WpHG Vor § 20a Rn. 32 ff.

227 Dabei kann der Manipulator den gesamten Prozess der Signalwahrnehmung, -verarbeitung und -bewertung als Ansatzpunkt wählen; zu den einzelnen Prozessstufen S. 118 f.

Überblick über die verschiedenen Ansätze der Kapitalmarkttheorie zur Preisbildung gegeben.

1. *Kategorisierung*

a. Informationsgestützte Manipulation

Von *informationsbasierender* Manipulation wird gesprochen, wenn unrichtige oder irreführende Informationen mit positivem oder negativem Inhalt mit genau dem Ziel verbreitet werden, den Kurs oder Marktpreis in die gewünschte Richtung zu beeinflussen.[228] Der inhaltliche Gegenstand der Information kann jede beeinflussende Größe sein, wobei Fundamentaldaten und die Unternehmensstruktur betreffende Gerüchte besonders geeignet sind.[229] Als Transmissionsmedium werden vor allem Massenmedien eingesetzt, da der Täter über das Erreichen eines breiten Anlegerkreises am besten auf den Preisbildungsmechanismus einwirken kann. Besonders herauszuheben ist dabei das Internet, das dem Manipulator zudem den Vorteil der Anonymität gewährt.[230] Um andere Personen im Sinne des Täters zu beeinflussen, muss dieser mit einer besonderen Überzeugungskraft ausgestattet sein. Das bedeutet, dass er entweder aufgrund seiner Funktion als besonders gut informiert oder selbst als besonders fachkundig eingeschätzt werden muss.[231] Es reicht allerdings auch aus, wenn er diese Eigenschaften suggeriert. Auch die Nichtverbreitung entgegen einer Veröffentlichungspflicht wird als informationsgestützte Manipulation eingeschätzt.[232]

aa. Scalping

In die Kategorie der informationsgestützten Manipulation fällt das sog. *Scalping*. Die Methode nutzt die Effekte der sog. *Self Fulfilling Prophecy*[233]

---

228 *Vogel* in Assmann/Uwe H. Schneider WpHG Vor § 20a Rn. 33; *Mock/Stoll/Eufinger* in KölnKommWpHG § 20a Rn. 7 f.; *Fleischer* in Fuchs Vor § 20a Rn. 4.

229 Vgl. *Eichelberger* S. 19 m.w.N. und dem Hinweis auf Übernahmeangebote.

230 Vgl. etwa *Fleischer* in Fuchs Vor § 20a Rn. 4; *Vogel* in Assmann/Uwe H. Schneider WpHG § 20a Rn. 234; die Gefahr moderner Informationsmittel erkennt auch der europäische Gesetzgeber, vgl. dazu die Erwägungsgründe (10) und (25).

231 *Vogel* in Assmann/Uwe H. Schneider WpHG § 20a Rn. 234; *Mock/Stoll/Eufinger* in KölnKommWpHG § 20a Rn. 210 (beide für Scalping-Sachverhalte).

232 Dazu oben S. 109 ff.

233 Die selbsterfüllende Prophezeiung tritt u.a. deswegen ein, weil die Marktteilnehmer im Wege einer selektiven Wahrnehmung, bevorzugt solche Informationen in der Erwar-

und des *Herdings*, indem eine Person mit hoher Meinungsmacht und entsprechendem Anhängerkreis wahre oder falsche Nachrichten verbreitet, hierdurch die Kurse beeinflusst und diesen Effekt wiederum als eigene Leistung proklamiert, um weitere Anhänger zu gewinnen.[234] Dabei nutzt der Manipulator gezielt das *Hot-Hands-Phämomen*, als Unterfall der *Representativitätsheuristik*.[235] Danach neigen Markteilnehmer dazu, vermeintlich erkannte Mustern als Orientierungshilfe zu nutzen. Als Bsp. hierfür lässt sich eine Reihe von Prognoseerfolgen eines Analysten nennen.

bb. Frontrunning

Im Gegensatz zum Scalping hat der Täter beim Frontrunning Kenntnisse über bevorstehende Transaktionen und positioniert sich vor Ausführung dieser Transaktionen gewinnbringend.[236] Es handelt sich folglich nicht um einen Fall der Marktmanipulation, sondern um einen Verstoß gegen die Verwendung von Insiderinformationen.[237]

cc. Falsche ad hoc-Mitteilungen

Im Rahmen der Veröffentlichungspflicht nach § 15 Abs. 1 S. 1 WpHG kam es häufig zur Verbreitung fehlerhafter Informationen, z.B. die falsche Veröffentlichung von Unternehmenszahlen.[238] In diesem Zusammenhang lässt sich etwa die Verbreitung vorläufiger Gewinnmeldungen am neuen Markt anführen.[239] Durch die Veröffentlichung von vermeintlich neuen Detailkenntnissen simuliert der Manipulator einen kurzfristigen Informationsvorsprung, der bei dem betreffenden Marktteilnehmer

tungsbildung berücksichtigen, die eigenen Erwartungen entsprechen (sog. *Confirmation Bias*) bzw. ausschließlich solche Informationen wahrnehmen, die getroffene Entscheidungen bestätigen (sog. *Spreading-Appart-Effect*), vgl. dazu auch S. 61 ff.

234 *Eichelberger* S. 21 f.

235 Zur Representativitätsheuristik aus ökonomischer Sicht *Jaunich* S. 32 f.; vgl. dazu auch allgemein S. 65 f.

236 Vgl. Erwägungsgrund (19) der MMR: „Eigengeschäfte in Kenntnis von Kundenaufträgen".

237 *Eichelberger* WM 2003, 2121, 2124; *ders.* S. 23; *Mock/Stoll/Eufinger* in KölnKommWpHG § 20a Rn. 23.

238 *Eichelberger* S. 23 f.

239 *Eichelberger* S. 23 mit einem Hinweis auf den Fall Comroad, dazu *LG München* wistra 2003, 277 ff.; unter dem Gesichtspunkt des Stichtagsprinzips *Vogel* in Assmann/Uwe H. Schneider WpHG § 20a Rn. 63.

zu einer informativen Selbstüberschätzung führt.[240] Verstärkend kommt hierbei die *Verfügbarkeitsheuristik* zum tragen, bei welcher aktuelle, verständliche und auffällige Informationen mit einer überhöhten Wahrscheinlichkeit in die Erwartungsbildung eingehen.[241]

b. Handelsgestützte Manipulation

Bei der *handelsgestützten* Manipulation basiert das manipulative Verhalten auf Handelsaktivitäten. Dabei wird noch einmal zwischen fiktiven Handelsaktivitäten und effektiven Geschäften unterschieden.[242] Bei handlungsgestützten Manipulationen nutzt der Täter zum einen die direkte Einwirkung auf den Preisbildungsprozess, indem er durch Transaktionen selbst Angebot oder Nachfrage erzeugt, zum anderen signalisiert er anderen Marktteilnehmern über den so veränderten Preis investitionsrelevante Informationen.[243]

aa. Effektive Geschäfte

Bei effektiven Geschäften nimmt der Manipulator wie jeder andere Marktteilnehmer auch am Marktgeschehen teil und trägt folglich auch das Anlegerrisiko. Hierdurch ergeben sich besondere Abgrenzungsprobleme zum regelkonformen Marktverhalten, da eine objektive Unterscheidung nur unter Bezugnahme von Indizien, die auf eine Manipulationsabsicht schließen lassen, möglich ist.[244] Vom Vorliegen einer solchen Absicht ist auszugehen, wenn das objektive Handeln des Täters den Schluss zulässt, dass der Täter beabsichtigt auf die Preise einzuwirken, um andere zum Kauf oder Verkauf des jeweiligen Wertpapiers zu bewegen.[245] Eine Schädigungsabsicht ist nicht erforderlich. Im folgenden wer-

---

240 Dabei handelt es sich nach verhaltensökonomischen Ansätzen um eine Kontrollillusion vor dem Hintergrund einer sog. *Overconfidence*, vgl *Jaunich* S. 39.

241 Dadurch kommt es leicht (wie vom Manipulator gewünscht) zu Überreaktionen, vgl. *De Bondt/Thaler* Journal of Finance 42 (1987) S. 557; *Jaunich* S. 31; zur Erwartungsbildung nach neoklassichem Vorstellungsbild S. 56 f.

242 *Vogel* in Assmann/Uwe H. Schneider WpHG Vor § 20a Rn. 32, 35 ff.; *Fleischer* in Fuchs Vor § 20a Rn. 5 f.; *Mock/Stoll/Eufinger* in KölnKommWpHG § 20a Rn. 9 f.; *Eichelberger* S. 24 ff.

243 Dabei nutzt er den Preis als Signal i.S.d. Marktprozesstheorie, dazu S. 116 f.

244 Ein Absichtserfordernis ist nach der geltenden Rechtslage nicht mehr erforderlich. Gleichwohl muss zur Abgrenzung von den objektiven Tatsachen auf eine Manipulationsstrategie geschlossen werden, vgl. dazu eingehend unten S. 114 ff.

245 Vgl. dazu *Eichelberger* S. 28 f.; *Meißner* S. 124; *Lenzen* S. 24 f.

den gängige Transaktionen genannt, die effektive Geschäfte beinhalten, welche als marktmanipulativ einzustufen sind.

(1) Leerverkäufe

Bei einem Leerverkauf, werden Anteile verkauft, ohne dass der Verkäufer diese im Eigentum hält oder zur Veräußerung ermächtigt ist. Zur Erfüllung seiner Verpflichtung aus dem Kaufvertrag, muss der Verkäufer entweder Aktien am Markt zum Erfüllungszeitpunkt erwerben (sog. *Naked Short*) oder sich zuvor solche als Wertpapierdarlehen besorgen (sog. *Covered Short*).[246] Einen Gewinn realisiert der Leerverkäufer (sog. *Short Seller*), wenn der Kurs zwischen Verkaufszeitpunkt und Erfüllungszeitpunkt gesunken ist. Der Leerverkauf ist damit das Spiegelbild des Erwerbs einer *Long-Position* und als solcher von Natur aus nicht als Manipulation einzustufen.

Allerdings sind Bären-Manipulationen (sog. *Bear Raids*), deren Ziel es ist, eine Verkaufspanik auszulösen, denkbar und auch seit den Beginnen des Aktienhandels bekannt.[247] Gerade in unsicheren Zeiten gewinnt diese Manipulationsform an Bedeutung.[248] Damit spricht der Manipulator verhaltensökonomisch betrachtet den *Priming-Effekt* und das *Mood-Congruent-Call-Phänomen* an.[249] Danach sind Informationen bei den Marktteilnehmern dann verfügbarer, wenn in dem gleichen Zusammenhang ein Gedächnisinhalt bereits abgerufen wurde. Hat bspw. der Marktteilnehmer bereits fallende Kurse miterlebt, wird er diese Information abrufen und in Kombination mit einer negativen Stimmung überreagieren. Aggregiert betrachtet kommt es zu Herdenverhalten, welches wiederum die vorgenannten Effekte verstärkt.

---

246 Vgl. *Qureshi/Heiden* S. 131; *Sernc* S. 12 ff.; Jahresbericht der BaFin 2008 S. 147; *Vogel* in Assmann/Uwe H. Schneider WpHG Vor § 20a Rn. 36.

247 So berichten *Allen/Gale* Rev. Fin. Stud. 5 (1992), 503, 503 f. von solchen *Bear Raids* an der Amsterdamer Börse zu Beginn des 17.Jhd.

248 I.R.d. Finanzkrise haben deshalb viele Staaten Leerverkaufsverbote für Finanztitel erlassen, vgl. dazu *Sernc* S. 20 ff, 50 ff. Durch auf § 4 Abs. 1 WpHG gestützte Allgemeinverfügungen untersagte auch die BaFin Naked Short Sales und schuf Transparenzplichten vgl. die Allgemeinverfügungen der BaFin vom 19. und 21.09.2008, sowie vom 17.12.2008, 30.03.2009, 29.05.2009 und 04.03.2010; dazu auch der Jahresbericht der BaFin 2008 S. 147 f.; inzwischen hat auch der Gesetzgeber reagiert und in §§ 30h ff. WpHG n.F. ein Leerverkaufsverbot mit Transparenzpflichten implementiert.

249 Vgl. dazu S. 65.

(2) Corners

Einige der ersten legendären Marktmanipulationen in den Vereinigten Staaten von Amerika wurden im Wege von sog. *Corners* herbeigeführt.[250] Dabei werden Leerverkäufer dadurch in die Ecke getrieben, indem möglichst viele Anteile am Markt erworben werden, so dass sich die Leerverkäufer, um ihre Verpflichtung aus dem Kaufvertrag zu erfüllen, zu weit über dem ursprünglichen Verkaufspreis liegenden Preisen eindecken müssen.[251] Leerverkäufe gestalten sich deshalb in marktengen Werten als besonders riskant.[252] Es ist allerdings zu beachten, dass nicht jede von einem Akteur ausgelöste Marktenge einen Manipulationshintergrund hat.

(3) Abusive Squeezes

Eine Spielart des *Cornerings* sind sog. *Abusive Squeezes*.[253] Dabei wird ein Nachfrageüberhang dadurch herbeigeführt, dass bei einer bereits vorherrschenden Knappheit auf dem Kassamarkt Terminkäufe getätigt werden. Die Verkäufer der Termingeschäfte (sog. *Stillhalter*) werden, wenn sie nicht auf das tatsächliche Angebot auf dem Kassamarkt geachtet haben[254] oder sich zur Sicherung bereits mit dem Basiswert eingedeckt haben, in die Enge getrieben, wenn der Inhaber des *Calls* auf eine Reallieferung besteht. In diesem Fall ist der Stillhalter, wie auch der Leerverkäufer

---

250 Dazu auch *Eichelberger* S. 32 ff. u. oben S. 11.

251 Bei dem bereits erwähnten *First Harlem Railroad Corner* überstieg die Anzahl der leer verkauften Aktien die noch am Markt verfügbaren um 27.000 Anteile, so dass ein Vergleich zu 179 $ pro Stück geschlossen wurde und *Vanderbilt* einen Gewinn von fünf Mio. $ machte, *Eichelberger* S. 33, zu weiteren Bsp. vgl. *Teweles/Bradley* 1998 S. 332 ff.; *Allen/Gale* Rev. Fin. Stud. 5 (1992), 503, 504.

252 So gerieten Hedge-Fonds und andere Marktteilnehmer, die Mitte 2008 VW-Anteile leerverkauft hatten in eine corner-ähnliche Situation, als die Porsche SE verlautbarte, dass sie zu ihren bereits an VW gehaltenen Anteilen über Cash-Settled-Options (die als Kaufoptionen aber im Regelfall gehedged sind, *Vogel* in Assmann/Uwe H. Schneider WpHG § 20a Rn. 260) schon etwa 74 % der VW-Anteile besaß. Unter Berücksichtung der von Niedersachsen gehaltenem 20 %, verblieb nur ein Free Flow von etwa 5 %. Die verzweifelten Deckungsgeschgäfte machten die VW-AG kurzfristig zum wertvollsten Unternehmen der Welt, dazu etwa *Economist* (30.10.2008) „Squeezy Money".

253 Teilweise werden die Begriffe auch synonym verwendet, vgl. *Eichelberger* S. 33.

254 Dies kann v.a. deshalb der Fall sein, weil Termingeschäfte häufig nur zu Kurssicherungsgeschäften getätigt werden und deshalb i.d.R. per Cash Settlement und nicht durch tatsächliche Lieferung der Papiere glattgestellt werden, vgl. *Eichelberger* S. 33 Fn. 116.

zu einer außermarktlichen und i.d.R. deutlich teureren Verhandlung mit dem Manipulator gezwungen.

(4) Designated Sponsoring

In den Definitionsbereich der Marktmanipulation kann auch das sog. *Designated Sponsoring* fallen, wenn nicht die notwendige Transparenz gewährleistet wird.[255] Dabei wird bestimmten Wertpapieren ein Sponsor zugeordnet, um die Marktliquidität durch Käufe und Verkäufe des Sponsors zu gewährleisten.[256]

(5) Parking und Warehousing

Beim sog. *Parking und Warehousing* versucht der Manipulator wiederum eine Angebotsverknappung herbeizuführen. Dies geschieht dadurch, dass der Manipulator entweder bereits bestehende Positionen, auf welche er Zugriff hat, auf andere Depots auslagert und damit immobilisiert (sog. *Parking*) oder mit ihm verbundene Dritte zum Kauf massiver Wertpapierbestände nutzt (sog. *Warehousing*).[257] Diese Verhaltensweisen können auch zur Verschleierung des Aufbaus einer wesentlichen Beteiligung an einer Gesellschaft verwendet werden, um etwa die Meldepflichten gem. §§ 21 ff. WpHG zu umgehen.[258]

(6) Kurspflege

Im Rahmen der handelsgestützten Manipulation werden auch Kurspflege- bzw. Stabilisierungsmaßnahmen außerhalb von § 20a Abs. 3 WpHG erörtert.[259] Da hierbei gezielt durch effektive Geschäfte auf den Kurs von Finanzinstrumenten eingewirkt wird, sind diese Transaktionen potenziell vom Anwendungsbereich des § 20a Abs. 1 S. 1 Nr. 2 WpHG erfasst. Dies

---

255 Dazu *Eichelberger* S. 37; *Mock/Stoll/Eufinger* in KölnKommWpHG § 20a Anh. I § 3 MaKonV Rn. 14.

256 Da Designated Sponsors positive Effekte auf die Markteffizienz haben, wird die Anerkennung über eine zulässige Marktpraxis nach § 20a Abs. 2 WpHG diskutiert, vgl. *Fleischer* in Fuchs § 20a Rn. 88; *Mock/Stoll/Eufinger* in KölnKommWpHG § 20a Rn. 255.

257 *Vogel* in Assmann/Uwe H. Schneider WpHG Vor § 20a Rn. 35; *Eichelberger* S. 34 f.

258 *Eichelberger* S. 35; *Lenzen* S. 25 ff.; dabei ist aber insb. die Zurechnung nach §§ 22 , 25 WpHG zu beachten; zur Erfassung von Equity-Linked-Instrumenten *Schlitt/Schäfer* AG 2007, 227, 233 f.

259 *Mock/Stoll/Eufinger* in KölnKommWpHG § 20a Rn. 11; *Eichelberger* S. 36; dazu auch Kapitel 8, S. 233.

bedeutet jedoch nicht, dass jede Stabilisierungsmaßnahme eine Marktmanipulation darstellt.[260]

(7) Pools

Sog. Pools werden seit den 1920er/1930er Jahren mit Marktmanipulationen in Verbindung gebracht.[261] Bei ihnen schließen sich mehrere Personen mit dem Ziel der Beeinflussung von börsennotierten Wertpapieren zusammen.[262] Dabei ist es nicht erforderlich, dass alle Beteiligten aktiv an der Manipulation mitwirken. Vielmehr wird auch von sog. *Blind Pools* berichtet, bei denen ein Großteil der Beteiligten nur in den Pool einzahlt und ohne genaue Kenntnis der Anlageentscheidungen an dessen Gewinnen partizipiert.[263] Die Bildung von Pools als solche ist keine eigene Manipulationstechnik. Durch sie werden erst die Voraussetzung etwa in Form von finanziellen Mitteln oder Sonderwissen für die spätere Manipulation geschaffen oder deren konspirative Natur zur Anwendung einer Manipulationstechnik wie etwa von *Circular Trades*[264] genutzt.

(8) Painting the Tape

Der Begriff *Painting the Tape* bezieht sich darauf, dass die Kurse und Umsätze früher auf einer Anzeigetafel im Börsensaal abgebildet wurden.[265] Der Begriff beschreibt folglich, wie die zur Manipulation eingesetzte Informationen übertragen wird. Nicht beschrieben wird allerdings die Einflussnahme auf das Kursniveau.[266] Der Begriff ist deshalb immer mit anderen Manipulationstechniken, wie etwa Circular Trades oder Wash Sales zu verbinden.[267]

260 Dazu eingehend Kapitel 7, S. 208 ff.

261 *Geisst* S. 210 ff.; *Eichelberger* S. 41; *Hopt* S. 492 f.; umfassende Untersuchung bei *Jiang/Mahoney/Mei* J. Fin. Econ. 77 (2005), 147 ff.

262 *Allen/Gale* Rev. Fin. Stud. 5 (1992), 503, 505; kritisch dazu *Fischel/Ross*, Harvard Law Review 105 (1991), 503, 536 f.

263 *Eichelberger* S. 42; diese Form der Anlage ist auch im Venture Capital-Bereich unter der Verwendung von Dachfonds bekannt, dazu *Hagemann* S. 353.

264 Dazu S. 52.

265 *Eichelberger* S. 39.

266 Vgl. *Eichelberger* S. 39 f,. der deshalb diese Manipulationsform als eigenständige Manipulationstechnik darstellt.

267 Dazu S. 52.

(9) Marking the Close

Ebenfalls keine eigene Manipulationstechnik, wohl aber eine Manipulationsstrategie ist das Beeinflussen von Schlusskursen (sog. *Marking the Close*).[268] Schlusskurse sind deshalb beliebte Manipulationsziele, da sie häufig Referenzwerte darstellen.[269] So wird etwa der Kursverlauf nach Schlusskursen gezeichnet oder der Wert von Investmentfondanteilen nach diesen Kursen bestimmt. Ansatzpunkt der Manipulation ist damit die bei Marktteilnehmern anzutreffende *Verankerungsheuristik*, bei welcher Anleger einen Wert als Ausgangsgröße wählen und diesen Wert erst später, unter Verwendung weiterer Informationen, anpassen.[270] Ergebnis ist eine verzerrte Erwartungsbildung.

(10) Pumping and Dumping

Unter der Bezeichnung *Pumping and Dumping* wird eine Manipulationsstrategie verstanden, bei welcher der Kurs durch manipulative Eingriffe schrittweise in die Höhe getrieben wird, um anschließend das Wertpapier mit Gewinn abzustoßen.[271] Der Begriff sagt über die verwendete Manipulationstechnik nichts aus. Es können sowohl effiziente als auch fiktive Geschäfte zugrunde liegen. Dabei lässt sich die Strategie mit anderen Manipulationsstrategien wie beispielsweise dem *Marking the Close* verbinden. Hierbei wird unter verhaltensökonomischen Gesichtspunkten das Herdenverhalten der Anleger ausgenutzt.

(11) Ausnutzen von Orderzusätzen

Eine weitere Manipulationsstrategie stellt das sog. *Stop-Loss-* bzw. *Stop-Buy-Order Fishing* dar.[272] Hierbei versucht der Manipulator je nach gewünschter Kursrichtung auf einen Kurs bedingte Kauf- oder Verkaufs-

---

268 S.a. § 3 Abs. 2 Nr. 1 MaKonV, dazu unten S. 160 f.; umfassend dazu aus ökonomischer Sicht *Putniņš* S. 27 ff, 66 ff.

269 Referenzwerte bilden einen Ausgangspunkt historischer (Kurs-)Analyse, deshalb ist es Ziel des Manipulators einen kausal-empirischen Zusammenhang mit einer zukünftigen Kursentwicklung zu suggerieren, der jedoch de facto nicht gegeben ist; generell zu diesem Bewertungsfehler *Jaunich* S. 33.

270 Zu dieser Heuristik in der Informationsverarbeitung vgl. S. 65; dazu auch *Jaunich* S. 32.

271 *Mock/Stoll/Eufinger* in KölnKommWpHG § 20a Anh. I § 3 MaKonV Rn. 32; *Eichelberger* S. 41; formales Model bei *Mei/Wu/Zhou* Working Paper Series 2004.

272 *Eichelberger* S. 40 f.

aufträge auszulösen und dabei die Funktionsweise der o.g. Orderzusätze auszunutzen. Wird bei einer *Stop-Buy-Order* eine Höchstkursmarke erreicht, wird der Kaufauftrag zum nächstmöglichen Kurs *billigst,* d.h. unlimitiert zum billigsten Kurs, ausgeführt.[273] Bei Verwendung einer *Stop-Loss-Order* wird bei Unterschreiten einer Kursuntergrenze der Verkaufsautrag zum nächsten handelbaren Kurs *bestens,* d.h. unlimitiert zum höchsten erzielbaren Kurs, vollzogen.[274] Damit entwickelt sich eine dem Manipulator gelegene Kursentwicklung, die im Extremfall zu einem Lawineneffekt führt. Diese Manipulationsstrategie wird dadurch begünstigt, dass Marktteilnehmer markante Kurswerte bei der Auswahl der Orderzusätze (wie etwa ganze Zahlen oder charttechnische Marken) wählen.[275]

bb. Fiktive Geschäfte

Neben effektiven Geschäften werden der handelsgestützten Manipulation auch fiktive Geschäfte zugeordnet.[276] Das Attribut „fiktiv" bezieht sich dabei nicht auf das Geschäft, sondern auf die Person des Manipulators. Während das Geschäft tatsächlich durch Kauf- und Verkaufaufträge i.R.d. Preisbildung wirtschaftliche Relevanz erlangt, treffen seine wirtschaftlichen Folgen jedoch nicht den Manipulator.[277] Ziel dieser Manipulationsformen ist die Weitergabe von Informationen durch den Preis selbst.[278] So kann der Manipulator etwa einen Handel mit sich selbst oder einem wirtschaftlich verbundenen Dritten zu einem überhöhten oder einem deutlich unter dem aktuellen Kursniveau liegenden Preis abschließen und so Kurssprünge in die gewünschte Richtung erzeugen. Weiterhin kann der Manipulator durch fiktive Geschäfte anderen Marktteilnehmern eine Liquidität und Aktivität in dem betreffenden Papier suggerieren, die nicht vorhanden ist. Hierdurch verleitet er diese dazu „auf den fahrenden Zug aufzuspringen", um später seine bereits im Vorfeld

---

273 *Downes/Goodman* S. 251, 847; *Eichelberger* S. 40.

274 *Stark* S. 354, *Eichelberger* S. 40; *Arlt* S. 320 ff.; *Vogel* in Assmann/Uwe H. Schneider WpHG § 20a Rn. 159.

275 Vereinfachendes Verhalten ist als Filtersystematik in der Informationswahrnehmung im Hinblick auf irrationales Anlegerverhalten bekannt, vgl. *Jaunich* S. 30; dazu auch S. 62 ff.

276 *Lenzen* S. 9 ff; *Eichelberger* S. 25 ff.

277 *Mock/Stoll/Eufinger* in KölnKommWpHG § 20a Rn. 184; *Vogel* in Assmann/Uwe H. Schneider WpHG Vor § 20a Rn. 162.

278 Zur Informationsfunktion von Börsenkursen, vgl. S. 37 f.

aufgebaute Position gewinnbringend zu liquidieren oder dem Basiswert betreffende Derivate auszunutzen. Im folgenden sollen die bekanntesten fiktiven Geschäfte erörtert werden.

(1) Matched Orders und Circular Trades

Unter der Manipulation durch *Matched Orders* (auch *Prearranged Trades*) wird eine schwer zu erkennende Manipulationsform verstanden, bei der der Manipulator mit einem Dritten entgegengesetzte, aber sich preislich entsprechende Aufträge in den Markt gibt.[279] Im Ergebnis werden die Papiere folglich nur hin und her geschoben.[280] Vielfach wird die Zusammenarbeit dadurch verschleiert, dass die Transaktionssumme gestückelt wird.[281] Wird die Manipulation auf mehr als zwei Personen erweitert, so wird von *Circular Trades* gesprochen.[282] Ausgangs- und Endpunkt einer solchen Manipulation ist häufig ein und dieselbe Person, so dass die Wertpapiere „im Kreis wandern".

(2) Wash Sales

Bei *Wash Sales* (auch *Crossing, Cross Trades*) geht der Manipulator wirtschaftlich betrachtet mit sich selbst ein Geschäft ein.[283] Dies bedeutet, dass er entweder aufgrund seiner rechtlichen oder tatsächlichen Identität oder über die Einschaltung von mit ihm verbundenen Dritten, wirtschaftlich betrachtet, sowohl Erwerber als auch Veräußerer der betreffenden Papiere ist.[284] Zur Erreichung dieses Ziels müssen sich die Orders in Volumen, Preis und zeitlicher Hinsicht decken. Zudem muss der Manipulator, um nicht erkannt zu werden, die fiktive Natur des Geschäfts durch Vortäuschung einer personalen Divergenz verschleiern.

---

279 *Großmann/Nikoleyczik* DB 2002, 2031, 2034; *Schwark* in FS Kümpel 2003 S. 490 f.; *Lenzen* Finanz Betrieb 2001, 603, 604; *Mock/Stoll/Eufinger* in KölnKommWpHG § 20a Rn. 9.

280 Es sind aber auch andere Preisgestaltung denkbar, *Lenzen* S. 11, *Eichelberger* S. 27.

281 *Hopt* S. 492; *Eichelberger* S. 27 f.

282 *Vogel* in Assmann/Uwe H. Schneider WpHG § 20a Rn. 162; *Fleischer* in Fuchs § 20a Rn.53; *Eichelberger* S. 28.

283 *Fleischer* in Fuchs § 20a Rn.53; *Eichelberger* S. 26 f.; vgl. dazu auch die Regelung in § 29 der Bedingungen für Geschäfte an der FWB i.d.F. v. 08.03.2010, abrufbar unter www.deutsche-boerse.com.

284 *Möller* WM 2002, 309, 313, der darauf hinweist, dass auch Transaktionen zwischen verbundenen Unternehmen erfasst sind.

c. Handlungsbasierende Manipulation

Allgemein wird unter dieser Manipulationsform die Einwirkung des Handelnden auf den inneren Wert des Finanzinstruments verstanden, so dass die fundamentale Bewertung ein anderes Kursniveau bzw. eine andere fundamentale Bewertung rechtfertigt.[285] Dem Wert eines Unternehmens lassen sich sowohl materielle als auch immaterielle Vermögenswerte zu rechnen. Zu Letzterem zählt auch die Kultur eines Unternehmens, so dass es auch denkbar ist, dass durch Verbreitung von Gerüchten auf den Unternehmenswert eingewirkt wird.[286] Insofern können sich Überschneidungen zwischen informationsgestützter und handlungsgestützter Marktmanipulation ergeben, wobei der handlungsgestützten Form immer auch eine fundamentale Wirkung zukommen muss.[287]

d. Abgrenzung zu anderem Marktverhalten

Die Marktmanipulation ist insb. von Spekulationen und dem Insiderhandel, abzugrenzen.[288] Maßgebliches Abgrenzungskriterium ist in beiden Fällen, ob gezielt auf den Preisbildungsmechanismus eingewirkt wird, um Gewinne zu realisieren oder ob sich der Marktteilnehmer passiv verhält. So nutzt der Insider lediglich eine bestehende Informationsineffizienz aus, während der Manipulator eine solche selbst kreiert. Allerdings ist ein Schnittmenge zwischen beiden Bereichen denkbar.[289]

Dem Spekulant geht es zwar wie dem Manipulator nicht um eine längerfristige Investition in das Finanzinstrument, er agiert aber auf der Grundlage allgemein verfügbarer Informationen, wie jeder andere Marktteilnehmer auch.[290] Demgegenüber schafft der Manipulator über seine Manipulationsstrategie eine Informationsasymmetrie, die er ge-

---

285 *Vogel* in Assmann/Uwe H. Schneider WpHG Vor § 20a Rn. 32, 38 mit dem Hinweis auf die American Steel and Wire Company, bei der die Geschäftsführung Leervekäufe tätigte und dann die Walzwerke des Unternehmens schloss; s.a. *Mock/Stoll/Eufinger* in KölnKommWpHG § 20a Rn. 6, 12; *Eichelberger* S. 37 ff. mit Bezugnahme auf einen Fall bei dem der Manipulator Produkte eines Pharmaunternehmens vergiftete, um gewinnbringend Put-Optionen auszuüben.

286 Vgl. *Eichelberger* S. 38 f.

287 *Eichelberger* S. 39 mit dem Bsp., dass negative Gerüchte Auswirkungen auf die Kreditfähigkeit des Emittenten haben können.

288 *Eichelberger* S. 14 ff.; *Mock/Stoll/Eufinger* in KölnKommWpHG § 20a Rn. 13 f.

289 *Mock/Stoll/Eufinger* in KölnKommWpHG § 20a Rn. 14; *Eichelberger* S. 16; *Lenzen* S. 4 a.A. *Ziouvas* ZGR 2003, 113, 130 (Exklusivitätsverhältnis).

290 *Mock/Stoll/Eufinger* in KölnKommWpHG § 20a Rn. 13; *Eichelberger* S. 14 f.

winnbringend ausnutzt. Obwohl der Spekulation teilweise ein negativer Mitklang anhängt[291], wird sie ganz überwiegend als förderlich betrachtet, um etwa die Markteffizienz zu erhöhen.[292]

2. *Theoriebereitstellung*

Bei der Auslegung manipulationsrechtlicher Sachverhalte werden häufig Fragen zur Preisbildung vor einem kapitalmarkttheoretischen Hintergrund aufgeworfen. Deshalb sollen im folgenden Abschnitt ein Überblick über die verschiedenen Ansätze der Kapitalmarkttheorie zur Preisbildung gegeben werden. Dabei werden Preisbildungsprozesse in *Preisbildungsmethoden* und *Preisbildungsmodelle* unterteilt.[293] Preisbildungsmethoden sind in der Praxis verwendete Verfahren, mit denen Wertpapieranalysten versuchen, (Unternehmens-) Bewertungen vorzunehmen und zukünftige Marktentwicklungen zu analysieren. Preisbildungsmodelle sind demgegenüber normativer Natur und versuchen, ausgehend von einem übergeordneten Theoriengerüst Aussagen über die Preisentwicklung zu machen. Sie lassen sich weitergehend in Preisbildungsmodelle i.e.S. und solche i.w.S. unterteilen, je nachdem ob sie nur allgemeingültige Aussagen treffen (i.e.S.) oder auch die Ableitung konkreter Preise möglich ist (i.w.S.).[294] Die folgenden Darstellungen machen deutlich, dass auch der ökonomische Unterbau nicht nur eine hohe Komplexität aufweist, sondern auch von dem Wettstreit verschiedener Ansätze geprägt ist.

a. *Eigenschaften moderner Kapitalmärkte*

Bevor kapitalmarkttheoretische Preisbildungsprozesse besprochen werden, soll zunächst ein Blick auf deren Untersuchungsgegenstand, den Kapitalmarkt und dessen Besonderheiten geworfen werden.

---

291 *Aschinger* S. 18 ff.; *Eichelberger* S. 14.

292 *Hopt/Baum* in Hopt/Rudolf/Baum S. 439; *Eichelberger* S. 15; *Meißner* S. 37 f.

293 Die Kategorisierung in der ökonomischen Literatur ist äußerst heterogen, wenn sie vorgenommen wird. Die vorgenommene Einteilung ist an die von *Kasparzak* S. 23 f. und *Möller* Zfbf 37 (1985) S. 501 angelehnt.

294 Preisbildungsmodelle i.w.S. haben deshalb häufig das gleiche Ziel wie Preisbildungsmethoden, unterscheiden sich jedoch in ihrer Konzeption.

Über den Kapitalmarkt, als Teilbereich des Finanzmarktes[295], wird der Preis für Finanzkapital durch Angebot und Nachfrage bestimmt.[296] Eine Besonderheit von Kapitalmärkten ist allerdings, dass eine Vielzahl weiterer Faktoren die informationsbedingte Preisbildung beeinflusst. Der Kapitalmarkt stellt sich damit als komplexes System i.S.d. *Systemtheorie* dar[297], d.h. das einfache deterministische Kausalzusammenhänge im Regelfall nur bedingt Geltung beanspruchen können.[298] Dies wird umgehend verständlich, wenn man berücksichtigt, dass anders als etwa auf Gütermärkten, am Aktienmarkt eine weitaus größere Zahl von Individuen in einer kürzeren Zeitfolge auf den Preis einwirkt.[299] Zudem besteht ein interdependentes Beziehungsgeflecht zwischen marktinternen, ökonomischen Faktoren auf der einen Seite und außerökonomischen Axiomen auf der anderen Seite.[300] Diese Größen unterliegen einem permanenten Wechselspiel, haben aber einen direkten Einfluss auf die Unternehmensergebnisse und damit die Marktpreise der Wertpapiere.[301]

Weiterhin ist zu berücksichtigen, dass Märkte zukunftsbezogen, also antizipativer Natur sind.[302] Dies rührt daher, dass sich Investoren auf eingeschränkt informationseffizienten Märkten einer unsicheren Erwartungsbildung ausgesetzt sehen. Unter diesen Voraussetzungen versuchen die Marktteilnehmer die Entwicklung zu antizipieren und sich aus ihrer subjektiven Erwartungsbildung heraus gewinnbringend zu platzieren.

---

295 Zur Systematik des Finanzmarktes und dessen Gliederung insb. hinsichtlich der Laufzeit, vgl. *Tolkmitt* S. 20 ff.; *Büschgen* S. 187 ff.; *Schlitt* in Grunewald/Schlitt § 1 I 1.

296 Dabei wird der Kapitalmarkt grds. in den Primärmarkt (Emissionsmarkt) und den Sekundärmarkt (Zirkulationsmarkt) unterteilt, dazu *Schlitt* in Grunewald/Schlitt § 1 II 1; *Thommen/Achleitner* S. 408; *Huchzermeier* S. 11 f.

297 So auch *Kasperzak* S. 88; allgemein zu sozialen Systemen *Luhmann* Einf. Systh. S. 41 ff., 167 *ders.* S 15 ff. (aus soziologischer Sicht), *v. Hayek* S. 13 ff.

298 Zwar lassen sich mit Hilfe der Systemtheorie abstrakte Input-Output-Beziehungen i.R.e. Black-Box-Analyse aufzeichnen, der eigentliche Transformationsprozess, insb. hinsichtlich der Erwartungsbildung der Marktteilnehmer (dazu *Kasperzak* S. 16, 88), wird damit aber gerade nicht quantifizierbar, vgl. allgemein *Luhmann* Einf. Systh. S. 49 ff.; *ders.* S. 215 ff., der zudem darauf hinweist, dass die Input-Output-Darstellung für die Soziologie nur begrenzt dienlich war.

299 Durch die Unterscheidung in *Bestands-* (Aktienmärkte) und *Strommärke* (Gütermärkte) lässt sich zudem erkennen, dass Aktienkurse über eine höheren *Freiheitsgrad* verfügen und damit in stärkerem Maße von der Massenpsychologie und der Erwartungsbildung beeinflusst sind, *Kasperzak* S. 24 f.

300 Als solche Axiome sind beispielsweise gesetzliche, (währungs-) politische, psychologische oder gesellschaftliche Parameter zu benennen.

301 *Kasperzak* S. 27.

302 *Jaunich* S. 15; *Kasperzak* S. 27 f.

Der am Kapitalmarkt stattfindende Handel beschränkt sich daher auf zukünftige Vorteile. Indem die Erwartung künftiger Werte Einfluss auf heutige Größen ausübt, wird ein Axiom kausaler Zusammenhänge, nämlich, dass das zeitlich frühere Ereignis das zeitlich spätere prädestiniert, ad absurdum geführt.[303]

Komplexitätserhöhend wirkt zudem, dass, anders als in reinen naturwissenschaftlichen Szenarien, ein Wechselverhältnis zwischen der Kapitalmarktrealität und kapitalmarkttheoretischen Ansätze existiert.[304] Die Erklärungsansätze von Theoretikern werden zu Handlungsansätzen der Praktiker. Die sich so ergebene Wirklichkeit, ist allerdings selbst wieder Gegenstand der theoretischen Analyse.

Es lässt sich damit festhalten, dass die hier betrachteten sozio-ökonomischen Zusammenhänge derart viele Variablen aufweisen, dass eine einfache theoretisch-mathematische Modellierung jener Zusammenhänge nur eine extreme Vereinfachung darstellen kann.[305] In der Realität kann diese Komplexität selbstverständlich in Bezug auf die einzelnen Finanzinstrumente und deren Eigenschaften stark schwanken. So sind insb. die Preisbildungsprozesse wenig liquider Wertpapiere auf ineffizienten Märkten einfacher nachzuvollziehen, was deren Manipulationsanfälligkeit erhöht.[306]

b. Grundpositionen der Kapitalmarkttheorie

Vor dem Hintergrund der soeben erörterten Probleme haben sich zwei theoretische Ansätze entwickelt, deren Ziel es ist, das Geschehen an den Kapitalmärkten und insb. deren Preisbildung zu erklären. Zum einen versucht die *neoklassische Kapitalmarkttheorie* durch vereinfachende Annahmen das Geschehen auf Kapitalmärkten mathematisch zu modellieren und damit zu umfassenden, i.R.d. festgelegten Annahmen, konsistenten Aussagen zu gelangen. Dem hohen Abstraktionsniveau und dem damit einhergehenden Informationsverlust sind unter dem Oberbegriff der *Behavioral Finance* zusammengefasste Ansätze entgegengetreten.

---

303 *Kasperzak* S. 28 m.w.N.

304 *Kasperzak* S. 29.

305 *v. Hayek* S.13 kommt deshalb im Vergleich zu naturwissenschaftlichen Phänomenen allgemein zu dem Ergebnis, dass nicht-physikalischen Phänomene komplexer sind.

306 *Putniņš* S. 64; *Vogel* in Assmann/Uwe H. Schneider WpHG Vor § 20a Rn. 44; *Fleischer* in Fuchs Vor § 20a Rn. 10; Jahresbericht der BaFin 2008 S. 157, Grafik 18; a.A. *Fischel/Ross*, Harvard Law Review 105 (1991), 503, 518.

aa. Neoklassische Finanztheorie

Als kapitalmarkttheoretischer Ausfluss der *neoklassischen Ökonomie*, teilt die neoklassische Kapitalmarkttheorie deren zentrale Annahmen. So wird davon ausgegangen, dass die Marktteilnehmer zum einen vollkommen rational handelnde Individuen sind (sog. *homo oeconomicus*[307]) und sich zum anderen mehr oder weniger risikoscheu verhalten.[308] Desweiteren wird ein informationseffizienter und vollkommener (Kapital-) Markt angenommen.[309] Letztere Annahme besagt, dass bei Transaktionen keine Kosten, Steuern oder Markthindernisse auftreten und alle Anlagen beliebig teilbar sind. Insb. die ersten beiden Annahmen werden von verhaltensökonomischen Ansätzen attackiert.

(1) Grundlagen neoklassischer Preisbildungsmodelle

In diesem Abschnitt werden die beiden ersten Annahmen der neoklassischen Kapitalmarkttheorie vor dem Hintergrund zweier Preisbildungsmodelle i.e.S., der *Effizienzhypothese* und der *Random-Walk-Theorie* dargestellt. Es soll erläutert werden, wie nach neoklassischen Sichtweise Akteure auf dem Kapitalmarkt allgemeinen handeln (sollten), wobei sich diese Annahmen auch in den Preisbildungsmodellen i.w.S., also bei der Einzelpreisbewertung wiederfinden.

(a) Rationalitätsannahme

Zunächst wird angenommen, dass jeder Marktteilnehmer unter Berücksichtigung des erwarteten Rendite-Risiko-Verhältnisses einer Anlage rationale Investmententscheidungen trifft. Dies wird wie folgt begründet.[310] Aufgrund der Zukunftsbezogenheit und bereits erörterten Komplexität

---

307 Mit der Figur des *homo oeconomicus* wird ein idealtypischer Eigennutzenmaximierer beschrieben, der immer rational handelt und vollständig informiert ist, dazu eingehend *Franz* International Economics Working Paper 2004-02; das Gedankenmodell wird häufig mit den Äußerungen *A. Smiths* S. 119: „It is not from the benevolence of the butcher, the brewer, or the baker that we expect our dinner, but from their regard to their own interest." in Verbindung gebracht. Der Begriff findet sich in der Variation als *oeconomic man* bereits bei *John Kells Ingram's* A History of Political Economy (1888), dazu *Zabieglik* in *Kubka* S. 123 ff. Andere nennen *J.S. Mill* als Begriffsschöpfer, vgl. *Woll* Wirtschaftslexikon S. 334.

308 *Jaunich* S. 14, 18; *Steiner/Uhlir* S. 134.

309 *Kaperzak* S. 30 ff; *Jaunich* S. 14.

310 Dazu *Jaunich* S. 15 ff.; *Steiner/Uhlir* S. 130 ff.; *Kaperzak* S. 40 ff.

des Kapitalmarktes muss der Anleger seine Auswahlentscheidung unter Unsicherheit treffen. Ist es dem Anleger möglich, allen möglicherweise eintretenden Umweltzuständen eine Eintrittswahrscheinlichkeit zuzuordnen, so kann er als mögliche Grundlage für seine Entscheidungsfindung das *Erwartungswertverfahren* heranziehen.[311] Wie *Bernoulli* bereits 1783 mit seinem *St. Petersburger Paradoxon*[312] nachwies, führt allerdings die alleinige Ausrichtung am naiven Erwartungswertkriterium zu irrationalen Ergebnissen[313], so dass mit der *Erwartungsnutzentheorie* gefordert wird, dass die Risikopräferenz des Investors mittels einer individuellen Nutzensfunktion[314] zu berücksichtigen ist.[315] Werden nun Wahrscheinlichkeiten zur Verfügung gestellt[316], kann analog der Ermittlung des Erwartungswertes der Erwartungsnutzen mathematisch genau bestimmt werden und somit, welche die rationale, also nutzenmaximierende Entscheidung zwischen den unsicheren Handlungsalternativen ist.

Aus marktmanipulativer Sicht ist es nun v.a. interessant, wie die Verarbeitung neuer Informationen modelliert wird. Um die rationale Informationsverarbeitung zu beschreiben, wird das 1763 von *Thomas Bayes* entwickelte Theorem betreffend bedingter Wahrscheinlichkeiten[317] bemüht, welches es ermöglicht, die Wahrscheinlichkeit des Eintretens eines Ereignisses A (etwa das Steigen eines Kurses) unter der Bedingung, dass

---

311 Der Erwartungswert ist die Summe der mit den Eintrittswahrscheinlichkeiten gewichteten möglichen Ergebnisse, vgl. dazu *Steiner/Uhlir* S. 130 f. mit Bsp.; *Jaunich* S. 15 f.

312 Bei dem Spiel, das eine Teilnahmegebühr fordert, wird im Vorfeld eine Seite einer idealen Münze festgelegt, die das Spiel beendet (bspw. „Zahl") und bei deren Realisation der Spieler „ausbezahlt" wird. Resultiert die andere Seite (bspw. „Kopf"), wird erneut geworfen und es verdoppelt sich der jeweilige Gewinn. Es zeigt sich, dass das Spiel (theoretisch) einen unendlichen Erwartungswert hat.

313 Da der Spieler nach obigem Spiel „im Durchschnitt" einen unendlichen Gewinn erwartet, wäre es nach dem naiven Erwartungswertkriterium rational jede geforderte Teilnahmegebühr zu akzeptieren.

314 Die Nutzenfunktion weist allen Investitionsresultaten einen Nutzen zu, *Podding/Brinkmann/Seiler* S. 172 f. Risikoaversion lässt sich dabei durch konkave Nutzenfunktionen verdeutlichen, vgl. dazu etwa *Arrow Quart.* J. Econ. 88 (1974), S. 136 ff.

315 Diese Nutzensfunktion kann dadurch abgeleitet werden, indem dem Investor eine sichere Zahlung und eine Kombination unsicherer Zahlungsströme zur Auswahl gestellt wird (sog. *Lotterieverfahren*), *Jaunich* S.16; Probleme ergeben sich jedoch dann, wenn der Befragte seine Einschätzung ändert; vgl. zu den Gründen eines solchen Verhaltens S. 64 ff.

316 Diese ursprünglichen Wahrscheinlichkeiten (*a priori Wahrscheinlichkeiten*) können entweder objektiv ermittelt oder subjektiv geschätzt werden, dazu *Kuttke* S. 8 ff, 10; *Miller* S. 49 ff., 52 ff.

317 *Thomas Bayes* „An Essay towards solving a Problem in the Doctrine of Chances" (1763).

ein Ereignis B eingetreten ist oder eintreten wird (etwa eine positive Analystenaussage) zu ermitteln.[318] Es lässt sich damit festhalten, dass der von der neoklassischen Finanztheorie zugrundegelegte Anleger, seine Umwelt in mathematisch fehlerfreier Weise aufbereitet und unter Zugrundelegung aller zur Verfügung stehenden Informationen nutzenmaximierend entscheidet. Dies beinhaltet weiter, dass selbst wenn einzelne Anleger irrational reagieren sollten, die Mehrzahl der rationalen Anleger die hierdurch entstehende Fehlbewertung erkennt und für Arbitragegewinne nutzt, was wiederum die Auswirkung des irrationalen Verhaltens revidiert.[319]

(b) Die Annahme informationseffizienter Kapitalmärkte

Vor dem Hintergrund der *Random-Walk-Theory,* nach welcher Aktienkurse alle zur Verfügung stehenden Informationen beinhalten und deshalb nur durch das Auftreten neuer Informationen einen aus heutiger Sicht zufälligen Verlauf (sog. *Random Walk*) nehmen, entwickelte *Fama* einen dreigeteilten Ansatz zur Erfassung der Markteffizienz, der als *Markteffizienzhypothese* bekannt wurde.[320] In der ersten Stufe wird davon ausgegangen, dass die Aktienkurse sämtliche Informationen der historischen Kursdaten enthalten, so dass durch die technische Analyse keine weiteren Prognosevorteile erlangt werden können.[321] Bei mittelstrenger Effizienz sind alle öffentlich bekannten Informationen in den aktuellen Kurs eingepreist. Ist diese Annahme gegeben, so ist es mittels Fundamentalanalyse nicht mehr möglich, überdurchschnittliche Renditen zu erzielen.[322] Schließlich enthält der Kurs in der strengsten Annahme eines effizienten Marktes alle überhaupt verfügbaren Informationen so dass selbst Insider keine Marktvorteile mehr genießen. Alle im Folgenden besprochenen, neoklassischen Preisbildungsmodelle gehen von einer Kapitalmarkteffizienz im strengsten Sinne aus.[323]

---

318 M.a.W. wird demnach der Übergang von der a priori Wahrscheinlichkeit (Anstieg des Aktienkurses) zu deren a posteriori Wahrscheinlichkeit dargestellt, wenn eine neue Information (Analystenaussage) in die Erwartungsbildung einbezogen wird *Jaunich* S. 17, vgl. dazu mit formaler Darstellung *Kottke* S. 10 f.

319 *Hanson/Kysar* Harvard Public Law Working Paper No. 08-54 S. 162; *Jaunich* S. 22, 26; *Kaperzak* S. 162.

320 Siehe dazu die grundlegende Einteilung bei Fama Journal of Finance 25 (1970) S. 383 ff.; s.a. die Darstellung bei *Kasperzak* S. 34 ff.

321 *Kasperzak* S. 35; *Jaunich* S. 19.

322 *Kasperzak* S. 36 f.; *Jaunich* S. 19.

323 *Jaunich* S. 19.

Daraus ließe sich ableiten, dass nur über das Vortäuschen neuer Informationen durch informations- oder handelsgestützte Vorgänge eine Marktmanipulation möglich ist.[324] Nimmt man allerdings an, dass alle Marktteilnehmer die Eigenschaften des homo oeconomicus aufweisen, kann es keinen Manipulationserfolg geben, da dieser vollständig informiert ist und damit die Absichten des Manipulators durchschaut.[325] Nur bei handlungsbasierenden Manipulationen wird sich der fundamental gerechtfertigte Preis, unter Berücksichtigung der Information, dass dieser durch eine Manipulation herbeigeführt wurde, ergeben. Folglich ist eine Manipulation nur unter der Voraussetzung von Informationsasymmetrien möglich, wenn es dem Manipulator gelingt zu suggerieren, dass er durch sein Handeln einen Informationsvorsprung ausnutzt.[326] Dadurch wird jedoch der neoklassische Prämissenkranz bereits in Richtung verhaltensökonomischer Ansätze aufgeweicht.

(2) Neoklassische Preisbildungsmodelle i.w.S.

Vor dem Hintergrund der soeben erläuterten Annahmen und der dargestellten Preisbildungsmodelle i.e.S. soll nun mit dem *Capital Asset Pricing Models* (CAPM) das bekannteste neoklassische Preisbildungsmodell i.w.S. im Überblick vorgestellt werden. Mit diesem ist folglich die theoretische Preisbildung einzelner Werte erklärbar. Anschließend wird die Wirkung marktmanipulativen Einflusses vor dem Hintergrund dieses Theoriegerüsts verortet.

Ausgangspunkt des CAPM ist die 1959 von *Markowitz* entwickelte *Portfoliotheorie* (auch *Portfolio Selection Theory*).[327] Die Theorie geht der Frage nach, wie Anleger durch Portfoliobildung, d.h. Diversifikation ihrer Investitionen, ihr Marktrisiko reduzieren können. Vorteil der Theorie ist es, dass zunächst unter Abstraktion individueller Präferenzen nach dem *Rendite-Risiko-Prinzip* (sog. *$\mu\sigma$-Prinzip*) objektiv schlechtere Investitionen ausgeschlossen werden können, nämlich solche, die bei gleichem Risiko eine geringere Renditeerwartung oder bei gleicher Renditeerwar-

---

324 *Allen/Gale* Rev. Fin. Stud. 5 (1992) S. 503, 506 ff.

325 Die Annahme der neoklassischen Kapitalmarkttheorie, dass alle Marktteilnehmer über jede Information verfügen war bereits einer der Hauptkritikpubnkte *v Hayeks*, dazu *Fleischer* S. 96.

326 *Allen/Gale* Rev. Fin. Stud. 5 (1992) S. 503, 506 ff., 508, die zwar von Informationsasymmetrien, aber ansonsten rationalen Akteuren ausgehen; s.a. *Jiang/Mahoney/Mei* J. Fin. Econ. 77 (2005), 147, 148.

327 Dazu eingehend *Markowitz* S. 1 ff, 41 ff, 149 ff.; s.a. *Steiner/Uhlir* S. 137 ff.; *Jaunich* S. 19 f.

tung ein höheres Risiko haben.[328] Unter Berücksichtung der *Kovarianz* zwischen den Anlagevarianten kommt es zum gewünschten Diversifikationseffekt.[329] Effiziente Portfolios, also solche, die von keinen anderen dominiert werden, ergeben in ein Erwartungswert(μ)-Risiko(σ)-Koordinatensystem übernommen eine sog. *Effizienzkurve*. Wird nun weitergehend die sog. *Isonutzenkurve*, die alle für den einzelnen Anleger nutzenmaximierenden μ-σ-Kombinationen darstellt, ermittelt, so ergibt sich aus dem Berührpunkt der Isonutzenkurve und der Effizienzkurve das für den einzelnen Investor optimale Portfolio.[330] Damit ist erklärt, welcher Anleger welches Portfolio mit welcher Renditeerwartung halten sollte.

Um darüber hinaus Einzelwertrisiken bewertbar zu machen, entwickelten *Sharpe*, *Lintner* und *Mossin* das CAPM.[331] Dabei handelt es sich um ein auf der Portfoliotheorie aufbauendes Gleichgewichtsmodell. Es geht davon aus, dass alle Marktteilnehmer ein sog. Marktportfolio halten und ihrer Risikopräferenz entsprechend eine Mischung aus dem Marktportfolio und einer sicheren Anlage vornehmen.[332] Dabei enthält das Marktportfolio, als effizientestes Portfolio, Anteile aller am Markt angebotenen Wertpapiere.[333] Da das Marktportfolio deshalb nur noch systematisches Risiko (β) enthält[334], werden am Markt Renditen oberhalb der sicheren

---

328 *Spremann* S. 238; *Jaunich* S. 20.

329 Die Kovarianz ist ein Maß dafür, inwiefern sich zwei Größen gleichgerichtet bewegen, es wird folglich der Gleichklang dargestellt. Die Stärke dieses Gleichklags lässt sich allerdings erst über den *Korrelationskoeffizient* ermitteln, der auf das Intervall von –1 bis 1 normiert ist, dazu *Markowitz* S. 99 f.; bereits für Werte unter 1 tritt der Diversifikationseffekt auf wobei allerdings der (in der Praxis seltene) Idealfall einer vollständig negativen Korrelation und damit einer Risikoeliminierung angestrebt wird (sog. *vollständiges Hedging*), dazu *Jaunich* S. 19 f, *Heidorn* S. 131 f.; *Kasperzak* S. 124 Fn. 73.

330 Vgl. dazu die graphische Darstellung bei *Jaunich* S. 20.

331 Dazu *Spremann* S. 256 f.; *Steiner/Uhlir* S. 186 ff.; *Jaunich* S. 20 f.; *Kasperzak* S. 125 ff.

332 Diese Vorgehensweise ist auch als *Tobin-Separation* bekannt, dazu *Heun* S. 96; *Kasperzak* S. 125.

333 Vgl. *Heun* S. 96 f.; dies ist unter der theoretischen Annahme eines vollkommenen Kapitalmarktes möglich, der auch den Erwerb von Teilen von Wertpapieren zulässt. Das Marktportfolio ist deshalb am effizientesten, weil es das gesamte Diversifikationspotenzial ausschöpft.

334 Das systematische Risiko ist das Durchschnittsrisiko des Gesamtmarktes, das alle Wertpapiere gleichsam betrifft; dazu *Stark* S. 102 ff. Es wird deshalb auch (Gesamt-) Marktrisiko genannt, vgl. *Jaunich* S. 21; *Busse* S. 105; Risiko, welches nur den einzelnen Titel betrifft (sog. unsystematisches Risiko) wird in der Theorie durch Diversifikation eliminiert, vgl. *Heun* S. 97; *Kasperzak* S. 127.

Anlage nur für Übernahme von Marktrisiko gezahlt.[335] Die Rendite eines Einzelwertes wird deshalb neben dem Erwartungswert des Marktportfolios und dem Zinssatz der risikolosen Anlage maßgeblich von der Höhe des sog. *β-Faktors* bestimmt, der den Anteil des systematischen Risikos eines Wertpapiers darstellt.[336] Er ergibt sich formal aus dem Verhältnis der Kovarianz zwischen dem betreffenden Wertpapier und dem Marktportfolio und der Varianz des Marktportfolios.[337] Der β-Faktor lässt sich damit auch mittels *linearer Regression* als Steigung einer Geraden in einem Koordinatensystem mit der Wertpapierrendite auf der Ordinate und der Marktportfoliorendite auf der Abszisse darstellen.[338] Die Gerade zeigt dann den durchschnittlichen Zusammenhang der beiden Größen.

Die Vorgehensweise des Manipulators bestimmt die Auswirkungen im Model. Versucht der Manipulator aus der Kursschwankung Gewinn zu ziehen, führen Marktmanipulationen im Regelfall zu einer erhöhten Volatilität in dem betroffenen Wert.[339] Dabei wird er i.d.R. nicht gegen den Markttrend handeln, um seine Erfolgsaussichten zu erhöhen[340], so dass eine erhöhte positive Korrelation mit dem Marktportfolio gegeben ist. Solche Schwankungen in dem Wertpapier stellen sich zwar formal nur als unsystematisches Risiko dar, das durch Diversifikation ausgeschaltet werden kann.[341] Eine solche Diversifikation ist in der Praxis jedoch selten vollständig möglich und ebenfalls mit Unsicherheiten belastet.[342] Zudem gehen in die Berechnungen der β-Faktoren tatsächlich

---

335 *Holzamer* S. 54; *Fiege* S. 70.

336 Jaunich S. 21; die erwartete Rendite ergibt sich dadurch, dass dem risikolosen Zins, als Sockelzins, die mit dem β-Faktor gewichtete Differenz aus dem Erwartungswert des Marktportfolios und dem risikilosen Zins aufgeschlagen wird.

337 Der β-Faktors dient damit Gewichtungselement. Liegt er über eins, so schwankt das Papier stärker als der Gesamtmarkt, so dass ein aufgrund des höheren Risikos ein höherer Aufschlag auf den risikolosen Zins erwartet wird. Ist das Papier sicherer als der Gesamtmarkt, so wird ein geringerer Aufschlag als das Gesamtmarktrisiko erwartet.

338 Vgl. *Stark* S. 108; in dieses Koordinatensystem werden als Streudiagramm alle Realisationen des Wertpapiers in Abhängigkeit von dem Marktportfolio abgetragen.

339 *Aggarwal/Wu* Journal of Business 79 (2006) 1915, 1917; 1940; *Jiang/Mahoney/Mei* J. Fin. Econ. 77 (2005), 147, 148 f., 158.

340 Der Manipulator beutet damit bspw. die unter dem Begriff des *Mood-Congruent-Call-Phenomenom* bekanntgewordene Heuristik aus, vgl. dazu S. 65.

341 Dies kann über den Erwerb mehrerer Wertpapiere mit demselben β-Faktor geschehen, so dass im Durschnitt der gewünschte Wert realisiert wird, vgl. *Stark* S. 108.

342 Zu methodischen Problemen beim CAPM, vgl. *Heun* S. 98 f.; *Maier* S. 11 ff., 27.

nur eine begrenzte Anzahl von Werten ein[343], so dass die manipulationsbedingte Volatilität auch fälschlich als systematisches Risiko, also als stärkere Schwankung des Wertpapiers im Verhältnis zur Schwankung des Marktportfolios gewertet werden kann. Vor dem Hintergrund des CAPM[344] kann es damit zu einem (ungerechtfertigten) Risikoaufschlag kommen.[345]

Anders verhält es sich bei Stabilisationsmaßnahmen, deren Ziel es ja gerade ist, die Schwankungsbreite des Wertpapiers zu begrenzen.[346] Hier besteht folglich die Gefahr eines nicht gerechtfertigten Risikoabschlags.

bb. Behavoristische Ansätze (Verhaltensökonomie)

Seit dem Ende der 70er Jahre des letzten Jahrhunderts fordern unter dem Oberbegriff der *Behavioral Finance* zusammengefasste Ansätze die neoklassische Theorie heraus. Sie bedient sich dazu Erkenntnissen aus der Psychologie und der Entscheidungstheorie und versucht vor deren Hintergrund, insbesondere die Grundannahme rationalen Investorenverhaltens und effizienter Märkte zu widerlegen bzw. zu relativieren. Anders als die neoklassische Theorie ist es der Behavioral Finance bis heute allerdings nicht gelungen, ein zusammenhängendes Modellsystem vorzustellen. Vielmehr werden ausgehend von der neoklassischen Theorie sog. *Marktanomalien*[347] identifiziert und deren Ursachen psychologisch erklärt. Aus marktmanipulationsrechtlicher Sicht lassen sich die gefundenen Ergebnisse nutzen, um abzuleiten, welcher Schwächen sich Manipulatoren bedienen.

(1) Gründe für Marktanomalien

Marktanomalien können nach der Behavioral Finance-Theorie drei Ursachen haben.[348] Zum einen entstehen sie durch irrationales Marktteilneh-

343 Die β-Faktoren werden in der Praxis durch Regressionsanalyse auf der Basis von Vergangenheitswerten einer bestimmten Zeitperiode ermittelt, vgl. *Maier* S. 11; *Friess* S. 124.

344 Dabei ist zu beachten, dass der neoklassische Prämissenkranz eigentlich den Erfolg einer Marktmanipulation ausschließt, vgl. S. 57 ff.;. dieses Ergebnis ist deshalb nur bei einer geringeren Informationseffizienz möglich, was jedoch praxisnäher ist.

345 Im Ergebnis auch *Fleischer* in Fuchs WpHG Vor § 20a Rn. 9.

346 Zur Wirkungsweise und zum ökonomischen Hintergrund von Stabilisationsmaßnahmen vgl. die Ausführungen auf S. 210 f.

347 Ein Überblick über verschiedene Marktanomalien findet sich bei *Jaunich* S. 42 ff.

348 Vgl. dazu *Jaunich* S. 25 f.; *De Bondt/Thaler* Journal of Finance 40 (1985), 793, 794 f.

merverhalten. So lässt sich nachweisen, dass einzelne Investoren nicht ausschließlich rational handeln. Als Schwachpunkt wird dabei insbesondere die Informationsverarbeitung neuer Informationen identifiziert.[349] Zum anderen ist aber auch irrationales Verhalten systematischer Natur ganzer Investorengruppen denkbar. Ein solches Handeln beruht meist auf der Verwendung gemeinsamer *Heuristiken*.[350] Schließlich wird angeführt, dass die von der neoklassischen Theorie zur Beseitigung von Marktineffizienzen angenommene Arbitrage in der Praxis im Regelfall nur unter Schwierigkeiten möglich ist.[351]

(2) Gründe für irrationales Investorenverhalten

Aus kapitalmarkttheoretischer Sicht sind vor allem die Hintergründe irrationalen Verhaltens interessant. Oftmals wird ein Manipulator, der mit diesen Grundsätzen vertraut ist, irrationales Verhalten ausnutzen, so dass die Ergebnisse der Verhaltensökonomie auch marktmanipulationsrechtlichen Nutzen erlangen können.[352] Die Ursachen irrationalen Verhaltens werden in drei, sich i.d.R. gegenseitig beeinflussende, Kategorien eingeteilt.[353] So lassen sich kognitive Beschränkungen, sowie emotive und normative Aspekte für ein solches Verhalten verantwortlich machen.

(a) kognitive Ursachen

Aufgrund der beschränkten kognitiven Kapazität des Gehirns, nutzt dieses komplexitätsreduzierende Filtersysteme, die als Heuristiken bekannt sind.[354] Diese können irrationales Verhalten insofern hervorrufen, als sie die verschiedenen Phasen eines Entscheidungsprozesses zu stark vereinfachen.[355] So können bereits bei der Informationswahrnehmung Heuristi-

349 *Jaunich* S. 25; Zur Erwartungsbildung nach der neoklassischen Theorie, S. 56 f.

350 Bei den Heuristiken handelt es sich um Faustregel, die in einer komplexen Umwelt zur Vereinfachung verwendet werden, *Reinmann* S. 68; *Hirshlifer* Journal of Finance 56 (2001) 1533, 1540; s.a. sogleich S. 64 ff.

351 Vgl. S. 64 f.

352 S. etwa unten S. 118 f.

353 Vgl. dazu die Übersicht bei *Jaunich* S. 28 Abb. 4; *Hirshlifer* Journal of Finance 56 (2001) 1533, 1540 ff.

354 *Jaunich* S. 26, 29; *Reinmann* S. 68.

355 *Jaunich* S. 29 ff.; Die Darstellung des Entscheidungsprozesses orientiert sich an der von *Goldberg/von Nitsch* S. 83 ff. vorgeschlagenen Kategorisierung. Danach zerfällt der Prozess in die Informationswahrnehmung, die Informationsverarbeitung und deren Bewertung.

ken zu Verzerrungen führen. Zu nennen wäre bspw. eine selektive Wahrnehmung mit einer bevorzugten Erfassung und Suche von Informationen, welche mit eigenen Erwartungen kongruent sind[356] oder schon getroffene (Investitions-) Entscheidungen bestätigen.[357] Ebenfalls zu einer verzerrten Informationserfassung neuer Informationen führt die Verfügbarkeit alter, im Kurz- oder Langzeitgedächtnis gespeicherter, Informationen (sog. *Verfügbarkeitsheuristik*). So werden neue Informationen die mit alten schnell verfügbaren Informationen korrelieren, tendenziell übergewichtet, während nicht verfügbare Informationen zu einer Ausblendung neuer Informationen führen.[358] Die Verfügbarkeit selbst kann wiederum von der Grundstimmung abhängen (sog. *Mood-Congruent-Call-Phenomenom*).[359] Irrationales Verhalten begünstigende Heuristiken bei der Informationsverarbeitung umfassen bspw. das isolierte Betrachten von Problemen (sog. *Narrow Framing*)[360] oder mittels *Anchoring*[361] oder *Repräsentationsheuristiken*[362] durchgeführte Entscheidungsbeschleunigungen. Zudem kann es vor dem Hintergrund der Erkenntnisse der *Prospect-*

---

356 Sog. *Confirmation Bias*, vgl. dazu *Jaunich* S. 29 f.

357 Sog. *Spreading-Apart-Effect*, vgl. *Svenson/Maule* S. 243; diese Verzerrungen können zu Über- oder Unterreaktionen führen, vgl. *Jaunich* S. 30 mit weiteren Bsp.

358 Dies kann einen direkten Einfluss auf die Erwartungsbildung haben, indem mit verfügbaren Informationen korrelierende neue Information höhere Eintrittswahrscheinlichkeiten zugeordnet werden, vgl. *Jaunich* S. 31; zur Erfassung der Wahrscheinlichkeiten nach der neoklassischen Theorie, s.o. S. 57 ff.

359 *Jaunich* S. 31; dies führt bspw. im Falle einer allgemeinen Börsen-Hausse zur verstärkten Verfügbarkeit positiver Erinnerungen, die eine Aufnahme positiver neuer Informationen begünstigt, was zu Überreaktion führen kann.

360 *Hirshlifer* Journal of Finance Vol. 56 (2001) S. 1533, 1543; Unterpunkte hiervon sind etwa *Mental Accounting* bei dem separate Konten für Teilentscheidungen eingerichtet werden. Dabei werden u.a. die Erkenntnisse der Portfoliotheorie vernachlässigt, (dazu s.o. S. 60 f.) oder der *Sunk-Cost-Effect* mit einem irrationalen Fokus auf Verlustgeschäfte.

361 Beim Anchoring nur dann meist zufälliger Fixpunkt gewählt, die als Bezugspunkt bei der Informationsverarbeitung dient. Ausprägung hiervon ist bspw. *der Status-Quo-Bias* bei dem der gegenwärtige Zustand als Anker genommen wird oder der *Inside-View-Effect* bei welchem es aufgrund von Sonderkenntnissen zu Überschätzungen kommt, vgl. *Jaunich* S. 32.

362 Bsp. einer Repräsentationsheuristik ist die bekannte *Gambler's Fallacy* bei dem der Entscheider nach sich wiederholenden, repräsentativen Mustern sucht; vorkommend etwa bei der Unterstellung einer Trendumkehr hin zu wiederkehrenden Kursniveaus (sog. *Mean Reversion*) dazu *Jaunich* S. 47 ff.

Theory[363] auch bei der Entscheidungsbewertung zu Verzerrungen kommen, wenn nicht ein objektiver Bezugsrahmen, sondern subjektiv festgesetzte Bezugspunkte (etwa der Einstiegskurs) als Messgröße dienen. Zu nennen ist hier vor allem der *Dispositionseffekt*, aufgrund welchem Gewinne zu früh realisiert und Verluste zu spät begrenzt werden, da höhere Gewinne weniger gefühlten Nutzen bringen und ausufernden Verlusten mit Trotz und Resignation begegnet wird. Dieser Bias kann von Manipulatoren gezielt ausgenutzt werden.[364]

(b) Emotive Ursachen

Emotionen sind ebenfalls in der Lage irrationales Investorenverhalten hervorzurufen.[365] So folgt bspw. aus einer positiven Grundstimmung eine unkritischere Informationsverarbeitung und eine höhere Risikobereitschaft. Die Emotionen der Marktteilnehmer wirken folglich reaktionsverstärkend, so dass die betreffenden Personen zu Über- oder Unterreaktionen neigen. Zur Analyse emotiver Aspekte wird insb. das Bedürfnis nach Dissonanzfreiheit[366], einem hohen Selbstwert und Kontrolle betrachtet.

(c) Normative Ursachen

Bei der Analyse normativer Ursachen werden v.a. Gruppendynamiken wie Gruppendruck näher untersucht.[367] Dabei wurde bereits im Rahmen emotiver Aspekte der Hang einzelner zur Dissonanzfreiheit erwähnt. Zudem kommt es in Gruppensituationen zu gegenseitiger Bestätigung, so dass Gruppenentscheidungen von größeren Schwankungen als Einzelentscheidungen geprägt sind. Ebenso ist vielfach eine selektive Wahrnehmung festzustellen, wenn gruppenkonforme Aussagen höher be-

363 Die *Prospect-Theory* befasst sich mit der Bewertung positiver und negativer Entwicklungen und hinterfragt damit die neoklassische Annahme der Risikoaversion, grundlegend *Kahneman/Tversky* Econometrica 47 (1979) S. 263 ff.

364 *Mei/Wu/Zhou* S. 2, 9 ff., 28 vor dem Hintergrund einer Pump-and-Dump Manipulationsstrategie.

365 Dazu *Jaunich* S. 35 ff.

366 Von Bedeutung für das Verständnis von Manipulationen ist hier v.a. die Verlustaversion, also eine Dissonanz im Verlustfall. Dadurch werden Entscheidungen durch Passivität verzögert, vgl. *Jaunich* S. 37. Dies verbessert bei einer Pump-and-Dump Strategie die Chancen des Manipulators seine Anteile gewinnbringend zu veräußern.

367 *Jaunich* S. 39; solche Gruppendynamiken lassen sich insb. bei informationsbasierender Marktmanipulation über Massenmedien beobachten; in diese Kategorie fällt auch allgemein das *Herding*.

wertet und damit gefördert bzw. verstärkt wahrgenommen werden (sog. *Ingroup Bias*).[368]

(3) Einschränkung des neoklassischen Arbitrageansatzes

Nach der neoklassischen Vorstellung, werden irrationale Handlungen einzelner durch Arbitragegeschäfte der mehrheitlich rational handelnden Investoren neutralisiert.[369] Zudem wird angeführt, dass wiederholt irrational handelnde Investoren aufgrund der hierdurch eintretenden Vermögensverluste zeitnah aus dem Marktprozess ausscheiden.[370]

Die verhaltensökonomische Sicht hingegen, verwirft diese Argumentation als zu vereinfachend. So wird zum einen angeführt, dass Arbitrage in der Praxis mit erheblichen Risiken verbunden ist. Hierbei wird vor allem das *Fundamentalrisiko* und das *Noise-Trader-Risiko* genannt.[371] Das Noise-Trader-Risiko beschreibt ein Verlustpotenzial, das dann eintritt, wenn irrationale Marktteilnehmer die Marktverwerfungen verstärken und so die Arbitrageposition nicht geschlossen werden kann. Unter dem Fundamentalrisiko wird die Gefahr verstanden, dass sich Fundamentaldaten während der Arbitragetransaktionen verändern. Zum anderen wird gegen die neoklassische Annahme angeführt, dass nur eine geringe Anzahl der Marktteilnehmer aufgrund ihres Wissens und Kapitals dazu in der Lage sind Arbitragegeschäfte durchzuführen.[372]

(4) Kritik an der Behavioral Finance

Auch die Behavioral Finance ist Gegenstand von Kritik gewesen. Wichtigster Ansatzpunkt ist dabei das Fehlen einer in sich geschlossenen Gesamttheorie.[373] Die Vielzahl der verschiedenen, teils widersprüchlichen, Erklärungsansätze haben es bisher unmöglich gemacht, die Behavioral Finance in ein geschlossenes Modell zu gießen. Weiterhin wird durch die

---

368 So können sich etwa Bezieher von Newslettern des Manipulators als Gruppe fühlen und verfallen dann dem In-Group-Bias, wenn sie die Argumente für dessen Anlageempfehlungen verstärkt wahrnehmen.

369 *Fama* Journal of Finance 25 (1970), 383, 388; *Jaunich* S. 40.

370 *Jaunich* S. 40.

371 *Jaunich* S. 41; *Czink* S. 6

372 Dabei handelt es sich i.d.R. um Hedge-Fonds, die über das für Arbitragegeschäfte notwendige Wissen und Zugang zu Leerverkaufsmöglichkeiten verfügen, *Jaunich* S. 41 f.

373 *Jaunich* S 64 f.; *Hirshlifer* Journal of Finance Vol. 56 (2001) S. 1533, 1535; *Daniel/Hirshleifer/Subrahmanyam* Journal of Finance, 53 (1998), 1839, 1841.

Relativierung der neoklassischen Modellannahmen zwar ein realistischeres Bild gezeichnet, das aber auch komplexer ist.[374] Zudem bestreiten neoklassische Autoren immer noch, dass es Marktanomalien gibt. Dabei wird eine ex-post Erhebung theoriegünstiger Daten vorgeworfen und von einer Unbeständigkeit der Anomalien im Hinblick auf die verwendete Methodik gesprochen.[375]

cc. Ergebnis und Stellungnahme

Die neoklassische Kapitalmarkttheorie ist bis heute das vorherrschende normative Konzept. Innerhalb des von ihr gesetzten Modellrahmens lässt sich der allgemeine Preisbildungsmechanismus von der Gesamtmarktebene bis zur Bewertung einzelner Anteile beschreiben. Insb. die Annahme informationseffizienter Märkte und rationaler Marktteilnehmer wurde jedoch von den Ansätzen der Behavioral Finance zu Recht in Zweifel gezogen. Wie gezeigt wurde, sind Marktmanipulationen theoretisch nur dann vorstellbar, wenn diese Annahmen relativiert werden. Damit lässt sich auch der allgemeine Befund untermauern, dass Marktmanipulationen mit zunehmender Markteffizienz und Marktvollkommenheit abnehmen. Folglich erhält die Transparenz eine zentrale Position im Kampf gegen marktmanipulatives Verhalten.

C. Schlussfolgerungen und Zwischenergebnis

Das Marktmanipulationsrecht ist eine rechtsübergreifende, interdisziplinäre Materie, die aufgrund der Anknüpfung an die komplexe Kapitalmarktwirklichkeit schon bei der Definition der Marktmanipulation Schwierigkeiten aufweist. Um diesen zu begegnen, sind sowohl wirtschaftswissenschaftliche Erkenntnisse über Marktmanipulationen wie auch Grundlagenwissen im Bereich der Kapitalmarkttheorie erforderlich. So lassen sich wirtschaftswissenschaftliche Ergebnisse etwa bei der Erkennung und dem Umgang mit Marktmanipulation im Einzelfall nutzbar machen, wenn der Aufteilung der Handlungsformen in informations-, handels- und handlungsbasierende Manipulationen gefolgt wird. Dies

---

374 Damit gleicht sich die Theorie immer mehr der Realität an, so dass in Frage gestellt wird, ob es überhaupt möglich ist unter den erweiterten psychologischen Anforderungen zu einer Gesamttheorie zu gelangen, *Jaunich* S. 65.

375 *MacKinlay* Journal of Financial Economics, 38 (1995), 3, 5; *Jaunich* S. 65 ff. m.w.N.

gilt umso mehr, wenn die Kategorien durch bekannte Manipulationsstrategien näher beschrieben werden, welche wiederum vor dem Hintergrund verhaltensökonomischer Ansätze besser erklärbar sind. An dieser Stelle tritt der allgemeine Konflikt zwischen neoklassischer Kapitalmarkttheorie und den neuen Ansätzen der Behavioral Finanance zu Tage. Es zeigt sich, dass die normativen neoklassischen Kapitalmarktmodelle die komplexen Preisbildungsprozesse am Kapitalmarkt für den Idealfall zutreffend beschreiben. Aus marktmanipulativer Sicht ist jedoch gerade die Relativierung einiger neoklassischer Modellannahmen von Bedeutung. Dabei ist zu beachten, dass sich die Kapitalmarktwirklichkeit umso mehr dem neoklassischen Bild annähert, je effizienter die Märkte und je rationaler die Marktteilnehmer sind. Aus diesem Grund bietet es sich für den Ermittler an, gezielt auf die Ausnutzung von irrationalem Verhalten und Marktineffizienzen zu achten. Rechtspolitisch sind folglich all jene Ansätze zu begrüßen, die zu einer höheren Transparenz und damit besseren Markteffizienz führen und die Liquidität am Markt erhöhen.

Rechtsvergleichend betrachtet haben diese Fragestellungen zu verschiedenen Regelungsansätzen geführt. Dabei verfügt Deutschland mit einem Mischsystem aus Verwaltungs- und Strafrecht über einen flexibel anpassbaren Rechtsrahmen, von dem zudem die notwendige Präventivwirkung ausgeht. Diese flexible Schlagkraft kommt allerdings mit dem Preis methodischer Spannungen, die in verfassungsrechtlichen Problemen gipfeln. Zudem erhöht seine steile Normenhierarchie den Komplexitätsgrad der Regelung.

Vor dem Hintergrund dieser Probleme und Spannungen, verwundert es nicht, dass die Behörden- und Rechtspraxis bisher ein durchwachsendes Bild zeichnet. Dies gilt insb. für die geringen Verfolgungszahlen. Um die Situation zu verbessern, wird die Bildung von Schwerpunktstaatsanwaltschaften angeregt. Entscheidend ist jedoch v.a. die fortschreitende Funktionalisierung des Marktmanipulationsrechts. Diese rechtstechnische Seite wird die folgenden Abschnitt betrachtet.

Zweiter Teil: Das Marktmanipulationsverbot

Kapitel 3: Die Regelungen des Marktmanipulationsrechts

In diesem Kapitel soll ein Überblick über die diversen Regelungen des Rechts des Marktmissbrauchs gegeben werden. Die Darstellung erfolgt von der höchsten Hierarchiestufe zur niedrigsten. Zunächst wird also das europäische Marktmanipulationsrechts skizziert, welches auf einer zweiten Stufe den Rechtsrahmen für das nationale Parlamentsrecht bildet. Dieses ist wiederum Ausgangspunkt für das nationale Verordnungsrecht.[376]

A. Europarechtliche Regelungsquellen und –inhalte

Die Hauptregelungen des europäischen Marktmissbrauchsrechts sind in der Marktmissbrauchsrichtlinie (MMR) und den die Richtlinie ergänzenden Durchführungsmaßnahmen enthalten.[377] Im Folgenden sollen die Regelungsbereiche dieser Rechtsquellen und ihr Zusammenspiel mit anderen europarechtlichen Regelungen aufgezeigt werden.

I. Die Marktmissbrauchsrichtlinie

1. Ziele und Hintergründe

Da sich die europaweite nationale Rechtslage hinsichtlich des Marktmanipulationsrechts in der Vergangenheit sehr unterschiedlich gestaltet hatte[378], wurde die Richtlinie 2003/6/EG des Europäischen Parlaments und des Rates vom 28.01.2003 über Insider-Geschäfte und Marktmani-

---

376 Zur Üblichkeit dieser Regelungstechnik im internationalen Vergleich s.o. S. 17.

377 Zum geschichtlichen Kontext siehe bereits oben, S. 6 ff.

378 S. dazu Erwägungsgrund (11) der MMR, nach welcher es in manchen Mitgliedsstaaten keine Regelungen zur Ahndung von Marktmanipulationen gab.

pulation erlassen.[379] Ein gemeinsamer Rechtsrahmen zur Vollendung des Binnenmarktes für Finanzdienstleistungen war bereits in der Mitteilung der Kommission vom 11.5.1999 mit dem Titel „Umsetzung des Finanzrahmens: Aktionsplan" gefordert worden. Mit Ratsbeschluss vom April 2000 sollte der Aktionsplan bis 2005 umgesetzt werden.[380] Dieses Ziel wurde insofern erreicht, als die Richtlinie auf mitgliedstaatlicher Ebene bis zum 12.10.2004 umzusetzen war, vgl. Art. 18 MMR. Ihre Rechtsgrundlage findet die Richtlinie in Art. 114 AEUV.[381]

Ziele der Richtlinie sind die Marktintegrität und die Stärkung des Vertrauens der Öffentlichkeit in Wertpapiere und Derivate.[382] Dies hilft insb. der Kapitalaufbringungsfunktion der Kapitalmärkte.[383] Zudem sollte der Markt vor Intransparenz geschützt werden, womit v.a. die Kapitalallokations- und –bewertungsfunktion angesprochen sind.[384] Seine Ziele sah der europäische Gesetzgeber u.a. durch neue technologische Möglichkeiten zum Marktmissbrauch gefährdet.[385] In der Diktion der Richtlinie zerfällt der Marktmissbrauch in die Unterfälle der Insider-Geschäfte und der Marktmanipulation.[386] Nach Erwägungsgrund (13) war es Ziel, die beiden Institute unter einem Dach zu vereinen. Zur Bekämpfung von Machtmissbrauch, soll auch auf die Mitwirkung der Betreiber von Märkten zurückgegriffen werden.[387] Elementarer Punkt ist auch der Umgang mit Kursstabilisierungsmaßnahmen für Finanzinstru-

---

379 Weitergehend zur Historie s.o. S. 6 ff.; s.a. *Mock/Stoll/Eufinger* in KölnKommWpHG § 20a Rn. 30 ff.

380 Vgl. dazu Erwägungsgrund (3) der MMR.

381 Durch Art. 2 des Vertrags von Lissabon ist *der Vertrag zur Gründung der Europäischen Gemeinschaft* (EGV oder EG) zum 01.12.2009 in den Vertrag über die *Arbeitsweise der Europäischen Union* (AEUV) umbenannt worden. Gleichsam wurde die frühere Rechtsgrundlage der MMR (Art. 95 EG) in Art. 114 AEUV überführt, zur früheren Rechtslage *Fleischer* in Fuchs WpHG Vor § 20a Rn. 29.

382 Vgl. dazu Erwägungsgrund (2) der MMR; *Fleischer* in Fuchs WpHG Vor § 20a Rn. 30.

383 Nach Erwägungsgrund (13) ist das „reibungslose Funktionieren der Märkte" Ziel der Richtlinie. Zu den ökonomischen Grundfunktionen des Kapitalmarktes, s. o. S. 37 ff.

384 Vgl. dazu Erwägungsgrund (15). Das Ziel Intransparenz am Markt zu beseitigen spielt auch für die Verhinderung der Finanzierung von terroristischen Aktivitäten eine entscheidende Rolle, vgl. Erwägungsgrund (14).

385 So wird in Erwägungsgrund (10) der MMR das Internet und neue technologische Entwicklungen als Quelle für Anreize und als Mittel zum Marktmissbrauch gesehen.

386 S. Erwägungsgrund (12) der MMR.

387 Diese sollen strukturelle Vorkehrungen zur Vorbeugung gegen Marktmanipulationspraktiken treffen und damit zu deren Aufdeckung beitragen, Erwägungsgrund (27) der MMR. Zudem sollen auch die Marktteilnehmer und alle Wirtschaftsakteure in ihrem Bereich einen Beitrag zur Marktintegrität leisten, Erwägungsgrund (37).

mente oder der Handel mit eigenen Aktien im Rahmen von Rückkaufprogrammen. Diese können nach Erwägungsgrund (33) aus wirtschaftlichen Gründen gerechtfertigt sein, so dass sie keinen Marktmissbrauch darstellen. Vor diesem Hintergrund sollen gemeinsame Standards als praktische Orientierungshilfen entwickelt werden.

2. Definitionen

Der Begriff der Marktmanipulation wird in Art. 1 Nr. 2 lit. a)-c) der Richtlinie definiert.[388] Erfasst sind Geschäfte oder Kauf- bzw. Verkaufsaufträge, die entweder falsche oder irreführende Signale für das Angebot von Finanzinstrumenten die Nachfrage nach diesen oder deren Kurs geben oder den Kurs eines oder mehrerer Finanzinstrumente durch eine Person oder mehrere, in Absprache handelnde Personen in einer Weise beeinflussen, dass ein anormales oder künstliches Kursniveau erzielt wird.[389] Ausgeschlossen davon sind Personen, die nachweisen können, dass sie legitime Gründe für die o.g. Handlungen hatten und dass deshalb die Geschäfte oder Aufträge nicht gegen die zulässige Marktpraxis auf dem betreffenden Markt verstoßen.

Als Marktmanipulation werden auch Geschäfte oder Aufträge betrachtet, die unter Vorspiegelung falscher Tatsachen oder unter Verwendung sonstiger Kunstgriffe oder Formen der Täuschung abgeschlossen worden sind.[390]

Schließlich ist die Verbreitung von Informationen über Massenmedien, die falsche oder irreführende Signale in Bezug auf das Finanzinstrument geben (könnten) erfasst.[391] Bei Journalisten, die in Ausübung ihres Berufes handeln, sind berufsspezifische Maßstäbe anzulegen, es sei denn, diese ziehen einen direkten oder indirekten Nutzen oder schöpfen Gewinne aus der Verbreitung vorgenannter Informationen, Art. 1 Nr. 2 lit. c) S. 2 MMR.[392] Im Anschluss an diese Definition werden weitergehend in Art. 1 Nr. 2 MMR einige Beispiele marktmanipulativen Verhaltens genannt. Dazu zählt zum einen die Sicherung einer marktbeherrschenden Stellung im Hinblick auf Angebot und Nachfrage. Damit ist vor allem das sog.

---

388 Dazu auch *Mock/Stoll/Eufinger* in KölnKommWpHG § 20a Rn. 35; *Vogel* in *Assmann/Uwe H. Schneider* Vor § 20a WpHG Rn. 12.

389 Art. 1 Nr. 2 lit. a) MMR; Zur Frage des künstlichen oder abnormalen Kursniveaus, vgl. S. 113.

390 Art. 1 Nr. 2 lit. b) MMR.

391 Art. 1 Nr. 2 lit. c) S. 1 MMR.

392 S. dazu S. 127 ff.; ebenso *Vogel* in *Assmann/Uwe H. Schneider* § 20a WpHG Rn. 131 ff.

Cornering gemeint.[393] Zum anderen, ist die Beeinflussung von Schlusskursen (sog. *Marking the Close*) oder die informationsgestützte Manipulation bei vorhergehender Positionierung im manipulierten Wert (sog. *Scalping*) als Beispiele genannt. Die Richtlinie weist darauf hin, dass die Definitionen der Marktmanipulation so angepasst werden, dass auch neue Handlungsmuster, die den Tatbestand der Marktmanipulation in der Praxis erfüllen, einbezogen werden können. Damit erkennt der Richtliniengeber die Problematik einer Definition[394] und versucht, die Regelung praxistauglich und flexibel zu gestalten.[395]

Weiterhin wird in Art. 1 Nr. 3 MMR der zentrale Begriff des Finanzinstruments näher bestimmt, indem einzelne Finanzinstrumente genannt werden.[396] Der Begriff des Wertpapiers bestimmt sich wiederum nach der Richtlinie 93/22/EWG.[397] Zudem bestimmt Art. 1 Nr. 3 letzter Spiegelstrich MMR, dass die Instrumente an einem „geregelten Markt" zugelassen sein müssen oder ein Antrag auf Zulassung zum Handel auf einem solchen Markt gestellt sein muss.

Was unter einem „geregelten Markt" zu verstehen ist, regelt Art. 1 Nr. 4 MMR mit einem Hinweis auf Richtlinie 93/22/EWG. Nach der Neufassung durch die MiFiD ist der Begriff des „geregelten Marktes" nunmehr Art. 4 Abs. 1 Nr. 14 MiFiD zu entnehmen.

In Art. 1 Nr. 5 MMR wird die „zulässige Marktpraxis" näher bestimmt, an welche bereits Art. 1 Nr. 2 lit. a) MMR bei der Definition der Marktmanipulation anknüpft. Unter einer zulässigen Marktpraxis sind danach Gepflogenheiten zu verstehen, die auf einem oder mehreren Finanzmärkten nach vernünftigem Ermessen erwartet werden oder von den zuständigen Behörden als zulässig anerkannt wurden. Bei der Anerkennung haben sich die Behörden an die Leitlinien der Kommission zu

---

393 Dabei sichert sich der Manipulator das Monopol über das Angebot um insb. Leerverkäufer in die Enge zu treiben, vgl. S. 46 f.

394 Zum Problem der Definition S. 3 ff; das Definitionsproblem schlägt bis auf die Auslegung einzelner Tatbestandsmerkmale durch vgl. S. 116 ff.

395 Durch diese Qualitätsmerkmale zeichnen sich moderne Regelungssysteme im internationalen Vergleich aus vgl. S. 17; zudem verlangt insb. der Begriff des künstlichen Kursniveaus eines fortwährenden Abgleichs mit den Manipulationsstrategien, vgl. S. 120 ff.

396 S. dazu auch die Erläuterungen über den Begriff des Finanzinstruments im nationalen Kontext, dazu S. 88 ff.

397 Richtlinie 93/22/EWG wird durch die Richtlinie 2004/39/EG (MiFiD) ersetzt. Die alte Fassung wurde zum 30.4.2006 aufgehoben und die Bezugnahmen richten sich nunmehr auf die MiFiD, vgl. Art. 69 MiFiD; danach bestimmt sich der Wertpapierbegriff nach Art. 4 Abs. 1 Nr. 18 MiFiD.

halten, welche diese auf der Grundlage von Art. 17 Abs. 2 MMR erlassen hat.[398]

Personell ist die Richtlinie sowohl auf natürliche als auch auf juristische Personen anwendbar (Art. 1 Nr. 6 MMR).

3. *Regelungsüberblick*

Die Richtlinie umfasst insgesamt 22 Artikel, wobei nur einige für die Problematik der Marktmanipulation relevant sind.

a. *Anwendungsbereich und Einschränkungen*

Art. 9 der MMR enthält eine weitergehende Regelung zum *sachlichen Anwendungsbereich* der Richtlinie.[399] Nach Art. 9 Abs. 1 MMR gilt die Richtlinie für jedes Finanzinstrument, das zum Handel auf einem geregelten Markt in mindestens einem Mitgliedstaat zugelassen ist oder für das ein entsprechender Antrag auf Zulassung zum Handel auf einen solchen Markt bestellt wurde. Dabei ist es unerheblich, ob das Geschäft selbst tatsächlich auf diesem Markt getätigt wird oder nicht. Damit sind auch außerbörsliche Geschäfte erfasst (sog. *Over the Counter-Geschäfte*).[400]

Zum *örtlichen Anwendungsbereich* trifft Art. 10 MMR weitere Bestimmungen.[401] Nach Art. 10 lit. a) MMR haben die Mitgliedstaaten die Richtlinie auf Handlungen anzuwenden, die in ihrem Hoheitsgebiet oder im Ausland vorgenommen werden und Finanzinstrumente betreffen, die zum Handel auf einem in ihrem Hoheitsgebiet gelegenen oder betriebenen geregelten Markt zugelassen sind. Gleiches gilt, wenn ein entsprechender Antrag auf Zulassung zum Handel auf einem solchen Markt gestellt wurde. Die Richtlinie gilt nach Art. 10 lit. b) MMR ebenfalls für Handlungen, die im Hoheitsgebiet des Mitgliedstaats vorgenommen werden und Finanzinstrumente betreffen, die zum Handel auf einem geregelten Markt in einem (anderen) Mitgliedstaat zugelassen sind oder für die ein entsprechender Antrag gestellt wurde.

---

398 Zu den Durchführungsmaßnahmen sogleich, S. 77 ff.

399 Vgl. auch *Ziouvas/Walter* WM 2002, 1483, 1485 f.; *Mock/Stoll/Eufinger* in KölnKommWpHG § 20a Rn. 34.

400 S. dazu auch die Ausführungen zum sachlichen Anwendungsbereich der nationalen Regelung S. 85 ff.

401 *Mock/Stoll/Eufinger* in KölnKommWpHG § 20a Rn. 34; zum Zusammenspiel mit der nationalen Regelung *Vogel* in *Assmann/Uwe H. Schneider* Vor § 20a WpHG Rn. 12.

Der Anwendungsbereich der Richtlinie wird an einigen Stellen eingeschränkt. Dazu zählt zum einen Art. 7 S. 1 der MMR, der eine Bereichseinschränkung für Geschäfte, die aus geld- oder wechselkurspolitischen Gründen oder im Rahmen der Verwaltung der öffentlichen Schulden von einem Mitgliedstaat, im Europäischen System der Zentralbanken, einer nationalen Zentralbank oder einer anderen amtlich beauftragten Stelle bzw. einer für deren Rechnung handelnden Einrichtung getätigt werden, enthält.[402] Diese Regelung kann gem. Art. 7 S. 2 MMR in Mitgliedstaaten, die föderalen Charakter aufweisen, auf Gliedstaaten oder vergleichbare Gebietskörperschaften ausgedehnt werden.

Zum anderen regelt Art. 8 der Richtlinie die Bereichsausnahmen für Rückkaufsprogramme eigener Aktien und Kursstabilisierungsmaßnahmen, die unter Beachtung der auf Grundlage von Art. 17 Abs. 2 MMR erlassenen Durchführungsmaßnahmen stattfinden.[403]

b. Organisatorische Umsetzung der Richtlinie

Zur effizienten Durchsetzung der Regelungen der Richtlinie, soll nach Art. 11 Abs. 1 MMR eine einzige Behörde benannt werden, die für die Überwachung der Anwendung der nach der Richtlinie erlassenen Vorschriften zuständig ist. Diese Aufgabe übernimmt in Deutschland die *BaFin*, vgl. § 4 Abs.1, 2 WpHG.[404] Nach Art. 11 Abs. 2 S. 1 MMR haben die Mitgliedstaaten bei der Änderung der nationalen Rechtsvorschriften wirksame Vorkehrungen und Verfahren im Hinblick auf die Konsultation der Marktteilnehmer festzulegen.[405] Art. 12 MMR regelt schließlich Umfang und Anwendung der Aufsichts- und Ermittlungsbefugnisse der zuständigen Behörde i.S.v. Art. 11 MMR. Gegen Maßnahmen der zuständigen Behörde müssen gem. Art. 15 MMR Rechtsmittel vor Gericht eingelegt werden können.

Mit den Sanktionen von Verstößen gegen die Richtlinie befasst sich Art. 14 MMR. Nach Art. 14 Abs. 1 S. 1 MMR haben die Mitgliedstaaten ungeachtet ihrer Möglichkeit, strafrechtliche Regelungen zu erlassen, geeignete Verwaltungsmaßnahmen zu ergreifen oder im Verwaltungsver-

402 Die nationale Entsprechung findet sich in § 1 Abs. 3 WpHG dazu auch S. 172.

403 Zu den Durchführungsmaßnahmen S. 77 ff.; eingehend zu Rückkaufprogrammen s. Kapitel 6 und zu Stabilisierungsmaßnahmen s. Kapitel 7.

404 Historisch dazu S. 7 f.

405 Von besonderer Bedeutung ist das Konsulationsverfahren bei der Anerkennung von zulässigen Marktpraktiken i.R.v. § 20a Abs. 2, 5 S. 1 Nr. 5 WpHG i.V.m. § 7, 9 MaKonV, dazu S. 191 ff.

fahren Sanktionen zu verhängen, um Verstöße gegen die Richtlinie zu ahnden. Dabei haben die Mitgliedstaaten gem. Art. 14 Abs. 1 S. 2 MMR dafür zu sorgen, dass diese Maßnahmen wirksam, verhältnismäßig und abschreckend sind.[406] Die Einführung von zivilrechtlichen und strafrechtlichen Sanktionen bleibt damit den Mitgliedstaaten überlassen.[407]

Weiterhin ist zu beachten, dass der jeweilige Mitgliedstaat gem. Art. 6 Abs. 6 der Richtlinie sicherzustellen hat, dass Betreiber von Märkten Vorkehrungen zur Vorbeugung und Aufdeckung von Manipulationspraktiken treffen.[408] Ebenso müssen gem. Art. 6 Abs. 9 MMR Personen, die beruflich Geschäfte in Finanzinstrumenten abschließen einen begründeten Manipulationsverdacht an die zuständige Behörde melden.

II. Durchführungsmaßnahmen

Um neuen Entwicklungen auf den Finanzmärkten gerecht zu werden, ist die Marktmissbrauchsrichtlinie als Rahmenrichtlinie erlassen worden, so dass es notwendig wird, sie durch weitere Durchführungsmaßnahmen zu ergänzen.[409] Diese Regelungen werden nach Anhörung des Europäischen Wertpapierausschusses (EWA, European Securities Committee) im Komitologieverfahren erlassen[410], wobei durch diese Maßnahmen die wesentlichen Bestandteile der Richtlinie nicht geändert werden dürfen und die Kommission gemäß den Grundsätzen der Richtlinie handeln muss.[411]

---

406 *Fleischer* in Fuchs WpHG Vor § 20a Rn. 31; *Vogel* in *Assmann/Uwe H. Schneider* Vor § 20a WpHG Rn. 14.

407 *Fleischer* in Fuchs WpHG Vor § 20a Rn. 31; *Vogel* in *Assmann/Uwe H. Schneider* Vor § 20a WpHG Rn. 14.

408 Hierzu zählen die *Handelsüberwachungsstellen* (HÜSt) i.S.v. § 7 BörsG. Bei diesen handelt es sich um ein Börsenorgan, welches insb. auch den Handel überwacht und entsprechende Daten sammelt und auswertet, dazu *Kiefer* S. 136.

409 Vgl. Erwägungsgrund (42); *Weber* NZG 2004, 23, 28; *Fleischer* in Fuchs WpHG Vor § 20a Rn. 32.

410 Zum Komitologieverfahren bereits oben, S. 9 Fn. 42.

411 Vgl. zu dieser Umsetzungsbegrenzung den Komitologiebeschluss des Rates 2006/512/EG, der dem Beschluss 1999/468/EG änderte. Damit steht dem Parlament und dem Rat nunmehr ein Ablehnungsrecht zu, sofern die Regelungen des Entwurfes der Durchführungsmaßnahmen über die in der Rahmenrichtlinie vorgesehenen Durchführungsbefugnisse hinausgehen oder die Grundsätze des Basisrechtsakts konterkarieren.

1. Durchführungs-Verordnung (EG) Nr. 2273/2003

Die Durchführungs-Verordnung (EG) Nr.2273/2003 vom 22.12.2003 ergänzt die Regelung des Art. 8 der Marktmissbrauchsrichtlinie hinsichtlich der dort genannten „Safe Harbors". Sie enthält dezidierte Regelungen zu Aktienrückkaufprogrammen (Art. 3 ff.) und Kursstabilisierungsmaßnahmen (Art. 7 ff.). Die Verordnung stützt sich auf den AEUV und insb. Art. 8 MMR. Sie ist aufgrund ihrer Rechtsnatur seit ihrem Inkrafttreten für alle Mitgliedsstaaten geltendes Recht.[412]

a. Gegenstand und Ziele der Verordnung

Gegenstand der Verordnung ist die Festlegung der Grenzen der Ausnahmeregelung gem. Art. 8 MMR für Rückkaufprogramme und Maßnahmen zur Stabilisierung des Kurses von Finanzinstrumenten, vgl. Art. 1 VO (EG) Nr. 2273/2003. Wie auch die MMR verfolgt sie die übergeordneten Ziele der Herstellung von Transparenz auf den jeweiligen Märkten, der Stärkung von Vertrauen der Anleger und Emittenten und der Verbesserung der Marktintegrität.[413] Die Regelung der vorgenannten Bereiche schafft zudem Rechtssicherheit.[414] Zu diesem Zweck werden Verhaltensanforderungen an die Beteiligten gestellt und Richtlinien für die technische Umsetzung von Rückkaufprogrammen und Stabilisierungsmaßnahmen gegeben.

b. Regelungsüberblick

An dieser Stelle soll ein kurzer Überblick über die Regelungen der VO (EG) Nr. 2273/2003 gegeben werden, ausführliche Erörterungen zum Thema der *Safe Harbors* sind eigenen Kapiteln vorbehalten.[415]

Art. 2 VO (EG) Nr. 2273/2003 enthält die wesentlichen Begriffsbestimmung. So wird u.a. erläutert, was unter einem Rückkaufprogramm (Art. 2 Nr. 3) oder unter Kursstabilisierungen (Art. 2 Nr. 7) zu verstehen

---

412 Insofern besteht ein Anwendungsvorrang vor den nationalen Regelungen, welche allerdings im Konfliktfall nicht nichtig sind, dazu S. 21.

413 Vgl. Erwägungsgründe (6), (11) und (16) der Verordnung.

414 So macht der Verordnungsgeber bspw. deutlich, dass nicht in den Rahmen der Ausnahmeregelung fallende Transaktionen nicht per se als Marktmanipulation einzustufen sind, sondern sich an den allgemeinen Regelungen zu messen haben, vgl. Erwägungsgrund (3); vgl. dazu auch S. 208 f. und Kapitel 8, S. 233.

415 S. dazu Kapitel 4 bis 8.

ist. Kapitel II der VO (EG) Nr. 2273/2003 (Art. 3-6) beinhaltet Regelungen hinsichtlich der Durchführung von Rückkaufprogrammen. Art. 3 gibt zunächst die Zwecke an, zu welchen Rückkaufprogramme durchgeführt werden dürfen. In Art. 4 werden die Bedingungen festgelegt, unter welchen Rückkaufprogramme durchgeführt werden dürfen und wie deren Durchführung bekannt gegeben werden muss. Auf die Handelsbedingungen, die i.R.d. Rückkaufprogramms eingehalten werden müssen, geht Art. 5 ein. Schließlich listet Art. 6 eine Reihe von Einschränkungen auf.

Kapitel III der VO (EG) Nr. 2273/2003 (Art. 7-11) nennt den regulatorischen Rahmen für die Stabilisierung eines Finanzinstruments. Dabei weist Art. 7 darauf hin, dass die in Art. 8 MMR vorgesehene Bereichsausnahme nur unter der Bedingung der Einhaltung der Art. 8-10 in Anspruch genommen werden kann. Als eine erste solche Bedingung, nennt Art. 8 die zeitlichen Voraussetzungen einer Kursstabilisierungsmaßnahme. Darüber hinaus müssen die in Art. 9 genannten Transparenzerfordernisse erfüllt sein. Ebenso wie i.R.v. Rückkaufprogrammen müssen auch bei Kursstabilisierungsmaßnahmen bestimmte Handelsbedingungen eingehalten werden. Diese sind in Art. 10 niedergelegt. Art. 11 enthält die Bedingungen für ergänzende Kursstabilisierungsmaßnahmen.[416]

2. *Durchführungsrichtlinie 2003/124/EG*

Die Durchführungsrichtlinie 2003/124/EG vom 22.12.2003 dient der näheren Bestimmungen der Begriffe der Marktmanipulation und der Veröffentlichung von Insiderinformationen. Die Rechtsgrundlage der Richtlinie bildet neben dem AEUV Art. 1 Abs. 2 MMR sowie Art. 6 Abs. 10 erster bis dritter Gedankenstrich MMR.

Nach Erwägungsgrund (6) ist es Ziel der Richtlinie, den Marktteilnehmern und zuständigen Behörden Anhaltspunkte an die Hand zu geben, die bei der Prüfung möglicher manipulativer Verhaltensweisen zu berücksichtigen sind. Dazu werden „Signale“, also Indizien, näher beschrieben, die für das Vorliegen einer Marktmanipulation sprechen können. So enthält Art. 4 der Richtlinie zur besseren Anwendbarkeit von Art. 1 Nr. 2 lit. a) MMR Bestimmungen für die Identifikation manipulativen Verhaltens hinsichtlich falscher oder irreführender Signale und Kurssicherungsmaßnahmen. In Art. 5 der Richtlinie wird zum besseren

416 Zu den Bedingungen für ergänzende Stabilisierungsmaßnahmen s. S. 224 ff.

Verständnis von Art. 1 Nr. 2 lit. b) MMR[417] auf die Vorspiegelung falscher Tatsachen und sonstige Formen der Täuschung näher eingegangen. Es wird jeweils darauf hingewiesen, dass die Signale als solche nicht unbedingt als Marktmanipulation anzusehen sind und die genannten Beispiele keinen abschließenden Charakter haben.

Zu den Signalen, die gemäß Art. 4 der Richtlinie i.R.v. Art. 1 Nr. 2 lit. a) MMR zu berücksichtigen sind, gehört gem. Art. 4 lit. a) der Richtlinie der Umfang der erteilten Aufträge oder abgewickelten Geschäfte im Verhältnis zum Tagesvolumen in den gehandelten Instrumenten. Zudem ist zu berücksichtigen, ob die Tätigkeiten zu einer erheblichen Veränderung des Kurses dieses Instruments geführt haben. Nach Art. 4 lit. b) der Richtlinie soll bei der Beurteilung des Umfangs, in dem Geschäftsaufträge oder Geschäfte selbst zu einer erheblichen Veränderung des Kurses führten, besonders berücksichtigt werden, ob auch Personen mit bedeutendem Kauf- oder Verkaufspositionen diese Handlung vorgenommen haben. Um *Wash Sales* und *Circular Trades*[418] besser identifizieren zu können, soll gem. Art. 4 lit. c) der Richtlinie besonders berücksichtigt werden, ob die abgewickelten Geschäfte nicht zu einer Veränderung in der Identität des wirtschaftlichen Eigentümers geführt haben. Die Verhaltensweise des *Pumping and Dumping* beschreibt Art. 4 lit. d) der Richtlinie.[419] Danach ist zu berücksichtigen, in welchem Umfang erteilte Aufträge oder Geschäfte Umkehrungen von Position innerhalb eines kurzen Zeitraums herbeigeführt haben. Beurteilungskriterium ist auch dabei, ob die Transaktionen einen erheblichen Teil des Tagesvolumens ausmachen und mit einer erheblichen Veränderung des Kurses in Verbindung gebracht werden können. In die gleiche Kerbe schlägt Art. 4 lit. e) der Richtlinie, nach dem als Signal für ein kursmanipulatives Verhalten auch der Umfang angesehen werden kann, in dem erteilte Geschäftsaufträge bzw. abgewickelte Geschäfte innerhalb einer kurzen Zeitspanne des Börsentages konzentriert werden, zu einer Kursveränderung führen und im Fortgang wieder umgedreht werden. Ein Verhalten, das ebenfalls der Veränderung von Börsenkursen dient, beschreibt Art. 4 lit. f) der Richtlinie. Berücksichtigungswürdiges Signal ist danach der Umfang, indem die erteilten Geschäftsaufträge die besten (höchsten oder niedrigsten) be-

417 Die Richtlinien in der deutschen Übersetzung verweist in Art. 5 auf Art. 1 Abs. 2 lit. b) MMR. Dabei handelt es sich um ein Übersetzungsfehler, vgl. auch die englische Übersetzung „...point (b) of Article 1...".

418 Zu den beiden Manipulationstechniken, s.o. S. 52.

419 Zu diesem Verhalten auch *Eichelberger* S. 40 („Creating a price-trend and trading against it"); dazu auch S. 50.

kannt gemachten Kurse für Angebot und Nachfrage verändern.[420] Genereller wird von einer Veränderung der Aufmachung des Orderbuchs gesprochen.[421] Zu berücksichtigen ist dabei auch, ob der Auftrag vor Ausführung annulliert wird. Schließlich ist es gem. Art. 4 lit. g) der Richtlinie als Signal anzusehen, wenn Referenzkurse, insb. Abrechnungskurse durch Geschäftsaufträge oder Geschäfte zeitlich gezielt beeinflusst werden.[422]

Schließlich nennt Art. 5 der Richtlinie zwei Signale, die auf manipulatives Verhalten hinweisen können. Zum einen soll nach Art. 5 lit. a) der Richtlinie berücksichtigt werden, ob von bestimmten Personen erteilte Geschäftsaufträge oder abgewickelte Geschäfte vorab oder im Nachhinein von einer Verbreitung falscher oder irreführender Informationen durch diese Personen oder mit ihnen in enger Verbindung stehenden Dritten begleitet wurden. Zum anderen kann es als Signal angesehen werden, wenn Personen Geschäftsaufträge erteilen bzw. Geschäfte abwickeln, bevor oder nachdem diese Personen Anlageempfehlungen erstellt oder weitergegeben haben, die unrichtig oder verzerrt sind oder ganz offensichtlich von materiellen Interessen beeinflusst wurden.

3. *Durchführungsrichtlinie 2003/125/EG*

Die Durchführungsrichtlinie 2003/125/EG vom 22. 12. 2003 stützt sich auf Art. 6 Abs. 10 sechster Gedankenstrich der MMR und befasst sich v.a. mit Anforderungen an die Darbietung von öffentlichen[423] Anlageempfehlungen (Art. 3 f., 8) und die Offenlegung von Interessenkonflikten (Art. 2, 5 f., 7). Ziel der Richtlinie ist es, durch qualifiziertere Anforderungen an die Informationsbereitstellung durch Anlageempfehlungen höhere Standards der Billigkeit, Rechtschaffenheit und Transparenz an den Märkten durchzusetzen.[424] Der Wertpapierdienstleister soll zudem alle Beziehun-

---

420 S. dazu die Untersuchung von *Eom/Lee/Park* Working Paper Series (2009) in welcher die Auswirkung von Aufträgen, die nur eine geringe Chance der Ausführung aufweisen und der Manipulation anderer Marktteilnehmer dienen (sog. *Spoofing Orders*) untersucht wird.

421 Zu dieser Problematik *Vogel* in *Assmann/Uwe H. Schneider* § 20a WpHG Rn. 161.

422 Damit ist v.a. das sog. Marking the Close angesprochen, bei dem der häufig für Berechnungen herangezogene Schlusskurs manipuliert wird, dazu S. 50.

423 Anlageempfehlungen müssen einen Öffentlichkeitsbezug aufweisen, um in den Anwendungsbereich der Richtlinie zu fallen, vgl. Erwägungsgrund (1) und (3) der Richtlinie.

424 Vgl. Erwägungsgrund (1), (4) und (6) der Richtlinie.

gen und Umstände offen legen, die seine objektive Empfehlung in Frage stellen können.[425]

4. Durchführungsrichtlinie 2004/72/EG

Die Richtlinie 2004/72/EG vom 29.04.2004 basiert u.a. auf Art. 1 Nr. 1, Abs. 2 Nr. 2 lit. a) MMR und befasst sich v.a. mit Leitlinien zur Beurteilung der Zulässigkeit von Marktpraktiken und Regelungen des Insiderrechts. Für den hier betrachteten Kontext ist insb. die Frage einer näheren Definition der zulässigen Marktpraktiken i.S.v. Art. 1 Nr. 5 MMR relevant.[426]

a. Ziele der Richtlinie

Vor diesem Hintergrund ist es Ziel der Richtlinie, ein normales Funktionieren des Marktes zu gewährleisten und dessen Integrität dadurch zu schützen, dass faires und effizientes Handeln der Marktteilnehmer gefördert wird.[427] Zu diesem Zweck gibt die Richtlinie bereits in Erwägungsgrund (1) Hinweise auf die Wahrscheinlichkeit einer Anerkennung durch die zuständigen Behörden. So soll insb. dann eine Anerkennung als zulässige Marktpraktik unwahrscheinlich sein, wenn das freie Spiel von Angebot und Nachfrage dadurch beeinträchtigt wird, dass die Möglichkeiten anderer Marktteilnehmer, auf Geschäfte zu reagieren, eingeschränkt werden. Demgegenüber sollen liquiditätserhöhende Marktpraktiken eher anerkannt werden als liquiditätsverringernde.[428] Eine geringe Aussicht auf eine Anerkennung sollen Marktpraktiken haben, die Marktmissbrauchsbestimmungen oder geltende Verhaltensregeln verletzen. Zudem sind die Behörden dazu angehalten, auf neu entstehende Marktpraktiken zu achten. Erwägungsgrund (2) der Richtlinie benennt als wesentliches Kriterium für die Beurteilung der Anerkennung von Marktpraktiken die vorgefundene Transparenz. Dabei soll allerdings der strukturelle Unterschied zwischen geregelten und nicht geregelten Märkten berücksichtigt werden.[429] Unabhängig davon ist aber nach Er-

---

425 Vgl. Erwägungsgrund (7) der Richtlinie.

426 Eingehend zu diesen Thema Kapitel 5.

427 Vgl. Erwägungsgrund (1) der Richtlinie.

428 Zu dem Zusammenhang zwischen Liquidität und Möglichkeiten der Marktmanipulation vgl. S. 37.

429 Der geregelte Markt i.S.d. Erwägungsgrundes ist in Deutschland nunmehr der regulierte Markt; dazu s.o. S. 9.

wägungsgrund (3) allgemein die Interdependenz zwischen Märkten zu beachten. So dürfen einzelne Marktpraktiken auf einem Markt zu keiner Gefahr für die Marktintegrität auf anderen Märkten werden. Je höher ein dahingehendes Risiko ist, desto unwahrscheinlicher ist eine Anerkennung. Schließlich verlangt Erwägungsgrund (4) von den zuständigen Behörden innerhalb der Gemeinschaft eine transparente Zusammenarbeit im Rahmen ihrer Anerkennungspraxis. Dabei ist es allerdings möglich, dass eine Marktpraxis in einem Mitgliedstaat als zulässig anerkannt wurde, in einem anderen jedoch nicht.

b. Regelungsüberblick

Die vorgenannten Erwägungsgründe fließen in zwei Artikel der Richtlinie ein, die Faktoren bei der Beurteilung von Marktpraktiken angeben (Art. 2) und ein Konsultationsverfahren bzw. die Bekanntgabe von Anerkennungsentscheidungen beschreiben (Art. 3).

Art. 2 gibt Faktoren für die Beurteilung der Zulässigkeit einer Marktpraktik an. Im Mittelpunkt steht dabei die Beeinträchtigung der Funktionalität des Marktes durch die Marktpraxis. So hat die zuständige Behörde zu beachten, wie transparent die betreffende Marktpraxis für den Markt insgesamt ist (Art. 2 Abs. 1 lit. a)), ob sie das Funktionieren der Marktkräfte und das freie Zusammenspiel von Angebot und Nachfrage gewährleistet (Art. 2 Abs. 1 lit. b)), in welchem Maße sich die betreffende Marktpraxis auf die Marktliquidität und -effizienz auswirkt (Art. 2 Abs. 1 lit. c)) und inwieweit die Marktpraxis dem Handelsmechanismus des betreffenden Marktes Rechnung trägt und den Marktteilnehmern eine Reaktionsmöglichkeit einräumt (Art. 2 Abs. 1 lit. d)). Zudem muss berücksichtigt werden, welches Risiko die betreffende Marktpraxis für die Marktintegrität anderer Märkte für dieses Finanzinstrumente innerhalb der Gemeinschaft darstellt (Art. 2 Abs. 1 lit. e)). Auf das Erfordernis einer möglichst einheitlichen, europaweit konsistenten Behördenpraxis verweist Art. 2 Abs. 1 lit. f), so dass bei der Entscheidung der Zulässigkeit einer bestimmten Marktpraxis berücksichtigt werden soll, wie andere Behörden in diesem Fall entschieden haben. Schließlich müssen gem. Art. 2 Abs. 1 lit. g) die Marktstrukturmerkmale berücksichtigt werden. Als Anhaltspunkte werden genannt, ob es sich um einen geregelten Markt handelt oder nicht, welche Finanzinstrumente gehandelt werden und welche Marktteilnehmer vertreten sind bzw. welche Anteile am Handel auf Privatanleger entfallen.

Art. 3 der Richtlinie beschreibt schließlich das bei der erstmaligen Anerkennung einer Marktpraxis von den zuständigen Behörden einzuhaltende Konsultationsverfahren und die Bekanntgabe über die Zulässigkeit: Art. 3 Abs. 2 S. 1 der Richtlinie nennt den Teilnehmerkreis des Konsultationsverfahren. Danach soll die zuständige Behörde, unabhängig vom allgemeinen Konsultationserfordernis nach Art. 11 Abs. 2 MMR, einschlägige Gremien, wie Emittenten oder ihre Vertreter, Marktbetreiber, Verbraucher und andere Behörden konsultieren. Art. 3 Abs. 2 S. 2 der Richtlinie weist dabei wiederum auf das Erfordernis einer europaweiten Zusammenarbeit mit anderen zuständigen Behörden hin. Haben allerdings Nachforschungen im Einzelfall bereits begonnen, kann das Konsultationsverfahren bis zum Ende einer solchen Überprüfung und einer möglichen Sanktionierung aufgeschoben werden, um den Erfolg der Nachforschungen nicht zu gefährden, vgl. Art. 3 Abs. 4. Um die Transparenz und Rechtssicherheit zu erhöhen, sollen nach Art. 3 Abs. 3 der Richtlinie die Entscheidungen über die Zulässigkeit der betreffenden Marktpraxis öffentlich bekannt gegeben werden. Dabei soll eine angemessene Beschreibung der Marktpraxis beigefügt werden. Zudem soll aus der Veröffentlichung ersichtlich werden, welche Faktoren für die Behörde entscheidungsrelevant waren, insb. wenn die Marktpraxis in einem anderen Mitgliedstaat unterschiedlich bewertet wurde. Gem. Art. 3 Abs. 5 der Richtlinie kann eine Marktpraxis, die im Zuge des beschriebenen Konsultationsverfahren anerkannt wurde, nur durch selbiges geändert werden.

B. Nationale Regelungsquellen und -inhalte

I. Parlamentsrecht

Das deutsche Marktmanipulationsrecht i.d.F. des 4. FFG bzw. des AnSVG[430] findet sich nunmehr im vierten Abschnitt des WpHG, welcher mit § 20a die allgemeine Verbotsnorm enthält. An diese Regelung knüpft das Straf- und Ordnungswidrigkeitenrecht in den §§ 38 II, 39 I Nr.1, 2, II Nr.11 WpHG an. Die Rechtsgrundlagen ergeben sich aus Art. 74 Abs. 1

430 Zu der historischen Entwicklung s.o. S. 6 ff.

Nr. 11 GG (Recht der Wirtschaft) und Art. 74 Abs. 1 Nr. 1 GG (Strafrecht).[431]

1. Anwendungsbereich

a. Räumlicher Anwendungsbereich

Aufgrund des hohen Internationalisierungsgrades der Kapitalmärkte stellt sich häufig die Frage, wann das nationale Marktmanipulationsverbot auf internationale Manipulationsvorgänge Anwendung finden kann.[432] Für die Beantwortung dieser Frage ist zwischen der verwaltungsrechtlichen Verbotsmaterie in § 20a WpHG und der strafrechtlichen Anknüpfung in §§ 39, 38 WpHG zu unterscheiden.

b. Internationales Strafrecht

Die strafrechtliche Anknüpfung gem. § 20a i.V.m. §§ 38 Abs. 2, 39 Abs. 1 Nr. 1, 2, Abs. 2 Nr. 11 WpHG ist nach den allgemeinen Regelungen des internationalen Straf- und Ordnungsrechts zu beurteilen, § 38 Abs. 5 i.V.m. §§ 3 ff, 9 StGB, §§ 5, 7 OWiG.[433]

c. Internationales Verwaltungsrecht

Im Hinblick auf den verwaltungsrechtlichen Verbotstatbestand des § 20a WpHG ist zwischen seinem *Geltungsbereich* und seinem *Anwendungsbereich* zu differenzieren.[434] Relevant wird dies v.a. für den Kompetenzbereich der BaFin nach § 4 WpHG und im verwaltungsgerichtlichen Verfahren.

---

431 Vgl. Reg 4. FFG BT-Drucks. 14/8017 S. 71. Das von Art. 72 Abs. 2 GG geforderte Erfordernis zur Wahrung der Rechts- oder Wirtschaftseinheit wird insb. damit begründet, dass eine bundesstaatliche Zersplitterung dem Ziel des Gesetzes den Finanzplatz Deutschland international konkurrenzfähig zu machen und die Finanzierung des Terrorismus zu bekämpfen konterkariert hätte.

432 Zum Ganzen *Mock/Stoll/Eufinger* in KölnKommWpHG § 20a Rn. 133 ff.; *Vogel* in *Assmann/Uwe H. Schneider* § 20a WpHG Rn. 45 ff; *Fleischer* in Fuchs WpHG § 20a Rn. 10 ff.

433 Dazu eingehend *Eichelberger* S. 225 ff.; *Mock/Stoll/Eufinger* in KölnKommWpHG § 20a Rn. 140 f.; *Fleischer* in Fuchs WpHG § 20a Rn. 14; *Vogel* in *Assmann/Uwe H. Schneider* § 20a WpHG Rn. 52.

434 *Eichelberger* S. 221; *Vogel* in *Assmann/Uwe H. Schneider* § 20a WpHG Rn. 46 ff.; *Fleischer* in Fuchs WpHG § 20a Rn. 10.

aa. Geltungsbereich

Das Gebiet, in dem Behörden und Gerichte verpflichtet sind, die Norm anzuwenden bzw. durchzusetzen (sog. *Geltungsbereich*), ist aufgrund des Territorialprinzips auf das Staatsgebiet begrenzt.[435] Dabei ist es ohne Belang, ob der Manipulator deutscher Staatsbürger ist oder nicht oder nach welchem Rechtstatut eine juristische Person zu beurteilen ist.

bb. Anwendungsbereich

Der Anwendungsbereich, also der Bereich der sachverhaltlich-örtlichen Anknüpfung einer Norm, kann jedoch über das Staatsgebiet hinausreichen.[436] Dazu ist es erforderlich, dass das Inland aufgrund eines für die Regelung nachvollziehbaren Sachverhaltes (sog. *Reasonable* bzw. *Genuine Link*) betroffen ist, folglich ein sinnvoller inländischer Anknüpfungspunkt vorliegt.[437] Deshalb sind Tathandlungen dann nicht vom nationalen Marktmanipulationsrechts erfasst, wenn sie Finanzinstrumente betreffen, die ausschließlich an einer Drittbörse zugelassen sind, unabhängig davon ob die Manipulationshandlung auf deutschem Boden ausgeführt wurde.[438] Wie weit der Anwendungsbereich einer Regelung reicht, muss zunächst aus ihrem Wortlaut und darüber hinaus mittels Auslegung ermittelt werden.[439] Der Anwendungsbereich des deutschen Marktmanipulationsverbotes ergibt sich aus einem Zusammenspiel zwischen den §§ 1 Abs. 2, 7 Abs. 7 S. 1, 20a WpHG.

§ 20a Abs. 1 S. 2 Nr. 1 WpHG bestimmt, dass Finanzinstrumente, die an einer inländischen Börse zum Handel zugelassen oder in den regulierten Markt oder in den Freiverkehr einbezogen sind, vom Anwendungsbereich der Norm erfasst werden.[440] Weiterhin ist die Regelung in

---

435 *Fleischer* in Fuchs WpHG § 20a Rn. 10; *Vogel* in *Assmann/Uwe H. Schneider* § 20a WpHG Rn. 48.

436 *Eichelberger* S. 221; *Vogel* in *Assmann/Uwe H. Schneider* § 20a WpHG Rn. 48; *Fleischer* in Fuchs WpHG § 20a Rn. 10.

437 *BVerfGE* 63, 343, 369; *Eichelberger* S. 222; *Linke* S. 94 ff.; *Fleischer* in Fuchs WpHG § 20a Rn. 10; *Vogel* in *Assmann/Uwe H. Schneider* § 20a WpHG Rn. 48.

438 *Mock/Stoll/Eufinger* in KölnKommWpHG § 20a Rn. 142; *Vogel in Assmann/Uwe H. Schneider* § 20a WpHG Rn. 50; *Fleischer* in Fuchs WpHG § 20a Rn. 13 m.w.N.

439 *Vogel* in *Assmann/Uwe H. Schneider* § 20a WpHG Rn. 48; *Linke* S. 120 f.

440 Die MMR verwendet den Begriff des „geregelten Marktes", vgl. in Art. 1 Nr. 4 MMR. Der Verweis geht nunmehr auf Art. 4 Abs. 1 Nr. 14 MiFiD, dazu S. 71 Fn. 395; der europarechtliche Begriff des geregelten Marktes entspricht dem organisierten Markt i.S.v.

§ 20a Abs. 1 S. 2 Nr. 2 WpHG zu beachten. Danach sind auch solche Finanzinstrumente erfasst, die in einem anderen Mitgliedstaat der EU oder in einem Vertragsstaat des EWR zum Handel an einem organisierten Markt zugelassen sind.[441] Der Zulassung zum Handel an einem organisierten Markt oder der Einbeziehung in den regulierten Markt oder den Freiverkehr ist der Antrag auf Zulassung bzw. dessen Ankündigung gleichgestellt, vgl. § 20a Abs. 1 S. 3 WpHG. Vor dem Hintergrund von § 1 Abs. 2 WpHG umfasst der Anwendungsbereich auch Manipulationen, die zwar im Ausland begangen werden, jedoch Finanzinstrumente betreffen, die im Inland gehandelt werden.[442] Ist § 20a WpHG aufgrund der ausschließlichen Manipulation in einem Drittstaat unanwendbar, muss jedoch § 7 Abs. 7 S. 1 WpHG beachtet werden, wonach die BaFin mit anderen Behörden von Drittländern zusammenarbeiten kann, sofern diese dem § 20a WpHG entsprechende Regelungen erlassen haben.

Aus dem Zusammenspiel von § 1 Abs. 2 WpHG und § 20a WpHG ergeben sich allerdings einige Friktionen. So bezieht sich § 1 Abs. 2 WpHG nur auf Finanzinstrumente, wohingegen durch § 20a Abs. 4 WpHG auch Waren, Emissionsberechtigungen und ausländische Zahlungsmittel mit in den Verbotstatbestand einbezogen werden. Dieses Problem kann mittels Analogiebildung geschlossen werden, wenn man dem Grundsatz der Normspaltung folgt, andernfalls scheidet eine Analogie vor dem Hintergrund von Art. 103 Abs. 2 GG aus.[443] Zudem konfligiert der Begriff des tatsächlichen „Handelns" in § 1 Abs. 2 WpHG mit dem Erfordernis der Zulassung oder Einbeziehung in § 20a Abs. 1 WpHG.[444] Dass § 1 Abs. 2 WpHG auf das tatsächliche Handeln abstellt, wirft zudem europarechtliche Probleme auf. So verlangt Art. 10 lit. a) MMR, dass das Verbot auch dann anzuwenden ist, wenn für den betreffenden Wert allein der Antrag auf Zulassung zum Handel an einem inländischen organisierten Markt

---

§ 2 Abs. 5 WpHG wobei der regulierte Markt ein organisierter Markt i.d.S. ist, dazu *Assmann* in *Assmann/Uwe H. Schneider* § 2 WpHG Rn. 158 ff.

441 Damit sind Preise nicht erfasst, die an nicht organisierten Märkten gebildet werden, unabhängig davon ob sie sich auf börsenüberwachte Vermögenswerte beziehen oder nicht; *Mock/Stoll/Eufinger* in KölnKommWpHG § 20a Rn. 130. Ein anderes Ergebnis mittels Analogiebildung scheidet vor dem Hintergrund von Art. 103 Abs. 2 GG aus.

442 *Holzborn/Israel* WM 2004, 1948, 1949; *Spindler* NJW 2004, 3449; 3449; *Mock/Stoll/Eufinger* in KölnKommWpHG § 20a Rn. 134; *Fleischer* in Fuchs WpHG § 20a Rn. 11.

443 *Vogel* in *Assmann/Uwe H. Schneider* § 20a WpHG Rn. 50; *Eichelberger* S. 224; zum Grundsatz der Normspaltung S. 24.

444 *Eichelberger* S. 224.

gestellt wurde. Dies kann gegebenenfalls zu einer europarechtlichen Staatshaftung der BRD führen.[445]

d. Sachlicher Anwendungsbereich

Der sachliche Anwendungsbereich des Marktmanipulationsrechts wird von § 20a Abs. 1 S. 2, Abs. 4 WpHG beschrieben. Erfasst sind demnach alle Finanzinstrumente, die an einer inländischen Börse zum Handel zugelassen oder in den geregelten Markt oder in den Freiverkehr einbezogen worden sind. Finanzinstrumente anderer Mitgliedstaaten der EU oder des EWR müssen am jeweiligen organisierten Markt zugelassen sein. Desweiteren werden Waren, Emissionsberechtigungen und ausländische Zahlungsmittel erfasst.

Zentraler, durch das AnSVG neu eingeführter[446], Begriff des sachlichen Anwendungsbereichs sind *„Finanzinstrumente"*. Es handelt sich um eine Sammelbezeichnung, die im Vergleich zu ihrem Vorgänger „Vermögenswerte" jedoch keine wesentliche Änderung mit sich bringt.[447] Der Begriff des Finanzinstruments ist in § 2 Abs. 2b S. 1 WpHG definiert. Danach zählen zu den Finanzinstrumenten Wertpapiere, Derivate, Geldmarktsinstrumente und Rechte auf Zeichnung von Wertpapieren. § 2 Abs. 2b S. 2WpHG a.F. ist durch Art. 1 Nr. 2 lit. e) FRUG gestrichen worden. Die Regelung fügte zum Definitionsbereich des Finanzinstruments auch „sonstige Instrumente" hinzu. Nach Ansicht der Regierung war jedoch der Auffangtatbestand nicht mehr notwendig, da Anhang I Abschnitt C der MiFiD einen hinreichenden Katalog enthält.[448]

Der Begriff des Wertpapiers ist wiederum in § 2 Abs. 1 WpHG definiert. Aufgrund des Ordnungsbezugs des WpHG bedarf es abweichend vom klassischen Wertpapierrecht eines am Kapitalmarktrecht orientierten Begriffes.[449] Aus diesem Grund sind, im Unterschied zur Vorgängerregelung des § 88 BörsG a.F., Wertpapiere auch dann erfasst, wenn sie nicht urkundlich verbrieft sind.[450] Damit sind auch unkörperliche Werte-

---

445 *Vogel* in *Assmann/Uwe H. Schneider* § 20a WpHG Rn. 50.

446 Durch die Regelung wird Art. 1 Nr. 3 MMR umgesetzt, vgl. *Vogel* in *Assmann/Uwe H. Schneider* § 20a WpHG Rn. 33; *Fleischer* in Fuchs WpHG § 20a Rn. 4.

447 *Vogel in Assmann/Uwe H. Schneider* § 20a WpHG Rn. 33; *Fleischer* in Fuchs WpHG § 20a Rn. 4.

448 Vgl. RegE FRUG S. 11; *Vogel* in *Assmann/Uwe H. Schneider* § 20a WpHG Rn. 34.

449 *Eichelberger* S. 201.

450 Dazu *Ziouvas* ZGR 2003, 113, 121; *Eichelberger* S. 202; *Fleischer* in Fuchs WpHG § 20a Rn. 5.

rechte erfasst, sofern diese fungibel sind.[451] Neben Aktien und anderen Anteilen an in- und ausländischen juristischen Personen, Personengesellschaften und sonstigen Unternehmen, sind auch aktienvertretende Zertifikate erfasst, vgl. § 2 Abs. 1 Nr. 1, 2 WpHG. Gemeint sind damit Global- und Sammelurkunden Jung- und Zwischenscheine sowie insb. American Depositary Receipts (ADRs).[452] Schuldtitel gem. § 2 Abs. 1 Nr. 3 WpHG sind Instrumente der Fremdfinanzierung. Zu ihnen zählen v.a. fungible Schuldverschreibungen gem. § 793 BGB.

Finanzinstrumente mit Derivatscharakter werden in § 2 Abs. 2 WpHG aufgezählt. Unter einem Derivat versteht der Gesetzgeber Termingeschäfte deren Wert mittelbar oder unmittelbar vom Preis oder Maß eines Basiswertes (sog. *Underlying*) abhängt. Als wesensbestimmende Faktoren von Derivaten sind deshalb der Abhängigkeitscharakter von einem anderen Wert und deren (künftiger) Zeitbezug zu nennen.[453] Als Basiswert kommen Handelsgüter wie Waren und Frachtsätze, marktbezogene Referenzgrößen wie Indizes oder Zinssätze und Vermögensgegenstände wie Wertpapiere oder andere Derivate in Betracht.[454] Das Termingeschäft kann als *Festgeschäft* oder als *Optionsgeschäft* ausgestaltet sein. Ist das Geschäft als Festgeschäft (auch *unbedingtes Termingeschäft*) ausgestaltet, so ist das Geschäft notfalls durch Barausgleich durchzuführen.[455] Ein Optionsgeschäft räumt dem Optionsinhaber dagegen die Möglichkeit ein, zum gegebenen Zeitpunkt[456] darüber zu entscheiden, ob er das Geschäft zu Stande kommen lassen möchte oder nicht. Dafür zahlt er dem *Stillhalter* eine Prämie. Übt der Inhaber die Option aus, wird häufig ein Barausgleich vereinbart.

---

451 Dies ist dann der Fall, wenn sie vertretbar i.S.v. § 91 BGB sind und umlauffähig sind, vgl. *Eichelberger* S. 202.

452 ADRs häufig auch American Depositary Shares genannt, sind von Depotbanken begebene Aktienzertifikate, die eine kostengünstige Zweitnotierung über Hinterlegungsschein möglich machen, *Werlen* in Habersack/Mülbert/Schlitt § 37 Rn. 167 ff.; *Wieneke* AG 2001, 504 ff.; *Schäfer* S. 213 ff.; *Eichelberger* S. 203.

453 Vgl. zudem die Definition in IAS 39.9, nach welcher neben dem Basiswertaspekt und dem Zeitbezugsaspekt auch noch auf das Nichtvorliegen bzw. die geringe Höhe einer Anschaffungsauszahlung abgestellt wird.

454 Grundlegend wird nach der Natur des *Underlyings* zwischen Finanz-, Waren- und sonstigen Derivaten unterschieden, vgl. dazu die Darstellung bei *Schwarz* S. 11 f.

455 Wird das Geschäft über die Börse abgeschlossen spricht man von einem *Future*, außerbörsliche Geschäfte werden als Forward bezeichnet, dazu *Chance/Brooks* S. 3 f.

456 Je nachdem, ob die Option vor oder nach dem Verfallstag ausgeübt werden kann, wird zwischen *europäischen* und *amerikanischen Optionen* unterschieden, *Steiner/Uhlir* S. 216 ff.; *Stocker* S. 277.

Nach § 2 Abs. 1a WpHG sind Geldmarktsinstrumente solche Forderungen, die zwar nicht dem Wertpapierbegriff unterfallen, jedoch auf dem Geldmarkt gehandelt werden.[457]

Über § 20a Abs. 4 WpHG werden zudem Waren und ausländische Zahlungsmittel erfasst, die an einem organisierten Markt gehandelt werden. Waren sind gem. § 2 Abs. 2c WpHG fungible Wirtschaftsgüter, die geliefert werden können.[458] Dazu zählen etwa Gas, Edelmetalle und Getreide. Der Gesetzgeber hat Waren vor dem Hintergrund ihrer Basiswertfunktion für Derivate mit einbezogen, da eine analoge Anwendung des § 2 Abs. 2 WpHG auf das Underlying von Warenderivaten unzulässig ist.[459] Zu den ausländischen Zahlungsmitteln i.S.v. § 51 BörsG zählen neben ausländischen Geldsorten Schecks und Wechsel, Anweisungen und Auszahlungen.[460]

Bezüglich des Marktes als Anknüpfungspunkt ist Folgendes zu sagen: Während es unerheblich ist, ob das Geschäft mit börsennotierten Finanzinstrumenten über die Börse oder außerbörslich erfolgt, muss das Finanzinstrument an einer inländischen Börse[461] zum Handel zugelassen oder in den regulierten Markt oder den Freiverkehr einbezogen sein.[462] Vom Marktmanipulationsrechts nicht erfasst sind somit nur Transaktionen nicht börsenüberwachter Finanzinstrumente, folglich insb. solche, die über den grauen Kapitalmarkt abgewickelt werden.[463] Der Schutzstandard beschränkt sich hier auf die §§ 263, 264a StGB.[464] Dass das außerbörsliche Geschäft mit börsennotierten Finanzinstrumenten erfasst wird, wird damit begründet, dass in diesem Bereich vorgenommene Manipulationen ebenfalls negative Auswirkungen auf die Kapitalmärkte

---

457 Dazu *Assmann* in *Assmann/Uwe H. Schneider* § 2 WpHG Rn. 35 ff.; zu Abgrenzungsfragen im Finanzmarkt *Tolkmitt* S. 20 ff.; *Büschgen* S. 187 ff.

458 § 2 Abs. 2c WpHG n.F. basiert auf Art. 1 Nr. 2 lit. e) FRUG.

459 *Ziouvas* ZGR 2003, 113, 120 f.; *Vogel* in *Assmann/Uwe H. Schneider* § 20a WpHG Rn. 43.

460 *Vogel* in *Assmann/Uwe H. Schneider* § 20a WpHG Rn. 43.

461 Die Definition einer inländischen Börse findet sich in § 2 Abs. 1 BörsG. Abstellend auf die Erlaubnis (§ 4 BörsG) gilt der *formelle Börsenbegriff*, *Eichelberger* S. 207 f.

462 Zur Zulassungspflicht vgl. § 32 BörsG. Die Einbeziehung von Wertpapieren in den regulierten Markt ist in § 33 BörsG geregelt. Die Zulassung durch eine Börse zum Freiverkehr, der deshalb mangels Überwachung kein organisierter Markt ist, findet ihren Rechtsrahmen in § 48 BörsG.

463 *Fleischer* in Fuchs WpHG § 20a Rn. 8; *Mock/Stoll/Eufinger* in KölnKommWpHG § 20a Rn. 130; nicht erfasst sind auch sog. *Alternative Trade Systems* (ATS), auf welchen bspw. eine große Anzahl der in der Finanzkrise bekannt gewordenen *Credit Default Swaps* (CDS) gehandelt werden, vgl. *Vogel* in *Assmann/Uwe H. Schneider* § 20a WpHG Rn. 36, 38.

464 *Ziouvas/Walter* 2002, 1483, 1488; *Fleischer* in Fuchs WpHG § 20a Rn. 8.

zeitigen können.[465] Bemerkenswert ist weiterhin, dass durch die Gleichstellung eines Antrags auf Zulassung oder Einbeziehung oder dessen öffentliche Ankündigung gem. § 20a Abs. 1 S. 3 WpHG mit einer solchen Zulassung bzw. Einbeziehung nun auch der *Handel per Erscheinen* und die sog. *Bookbuilding-Phase* erfasst wird.[466] Manipulatives Verhalten unmittelbar vor der Emission ist von der zulässigen Kursstabilisierung abzugrenzen.[467] Gestellt ist ein Antrag, wenn er der Geschäftsführung der betreffenden Börse zugegangen ist.[468] Eine öffentliche Ankündigung ist erfolgt, wenn der Emittent selbst oder ein ihm rechtlich zurechenbarer Dritter eine entsprechende Erklärung gegenüber einem unbestimmten Adressatenkreis abgegeben hat. Eine Ankündigung hat somit einen offiziellen Charakter, so dass Gerüchte keine „Ankündigung" eines Antrags auf Zulassung oder Einbeziehung i.S.v. § 20a Abs. 1 S. 3 WpHG sind.[469]

e. Persönlicher Anwendungsbereich

Für die Frage der Normadressaten ist wiederum zwischen der Kapitalmarktregelung gem. § 20a WpHG und deren strafrechtlichen Anknüpfung gem. § 20a i.V.m. §§ 38 Abs. 2, 39 Abs. 1 Nr. 1, 2, Abs. 2 Nr. 11 WpHG zu differenzieren, da von der verwaltungsrechtlichen Regelung ein größerer Personenkreis erfasst ist. So können, im Unterschied zur strafrechtlichen Regelung, nicht nur natürliche Personen, sondern auch Personenvereinigungen und juristische Personen Adressaten des Verbotes sein.[470] Dies ist nicht nur vor dem Hintergrund von Art. 1 Nr. 6 MMR geboten, sondern ergibt sich auch direkt aus der nationalen Regelung, so etwa wenn § 20a Abs. 3 S. 1 WpHG von einem Handel mit *eigenen* Aktien spricht.[471] Die Gesellschaften sind in diesem Fall selbst Adressat eines auf

---

465 Vgl. RegE zum 4. FMFG BT.Drucks. 14/8017 S. 89; *Möller* WM 2002, 309, 312; *Fleischer* in Fuchs WpHG § 20a Rn. 7; *Mock/Stoll/Eufinger* in KölnKommWpHG § 20a Rn. 131.

466 Dazu *Mock/Stoll/Eufinger* in KölnKommWpHG § 20a Rn. 127 ff.; *Vogel* in *Assmann/ Uwe H. Schneider* § 20a WpHG Rn. 39 f.

467 *Ziouvias* ZGR 2003, 113, 137 f., *Vogel* in *Assmann/Uwe H. Schneider* § 20a WpHG Rn. 40; dazu auch S. 213 ff.

468 Vgl. *Vogel* in *Assmann/Uwe H. Schneider* § 20a WpHG Rn. 39 mit einem Hinweis auf die unklare Formulierungen im Emittentenleitfaden S. 17, wonach der Antrag „der zuständigen Börse zugegangen" sein muss.

469 *Vogel* in *Assmann/Uwe H. Schneider* § 20a WpHG Rn. 39.

470 *Mock/Stoll/Eufinger* in KölnKommWpHG § 20a Rn. 115; *Vogel* in *Assmann/ Uwe H. Schneider* § 20a WpHG Rn. 54; *Eichelberger* S. 200.

471 *Vogel* in *Assmann/Uwe H. Schneider* § 20a WpHG Rn. 54

§ 4 WpHG gestützten Verwaltungsaktes der BaFin oder der zur Zahlung eines Bußgeldes gemäß § 30 OWiG Verpflichtete.[472]

f. Öffentlich-rechtliche Bereichseinschränkung

Nach § 1 Abs. 3 WpHG ist § 20a WpHG als einzige Norm des vierten Abschnitts des WpHG nicht auf Geschäfte anzuwenden, in die aus geld- oder währungspolitischen Gründen oder im Rahmen der öffentlichen Schuldenverwaltung von der Europäischen Zentralbank, dem Bund, einem seiner Sondervermögen, einem Land, der Deutschen Bundesbahn, einem ausländischen Staat oder dessen Zentralbank oder einer anderen mit diesen Geschäften beauftragten Organisation oder für deren Rechnung handelnden Personen getätigt werden. Damit setzt der nationale Gesetzgeber Art. 7 MMR um.[473]

2. Der Tatbestand des § 20a WpHG

a. Regelungsüberblick

Die Regelung des § 20a Abs. 1 S. 1 WpHG beschreibt zunächst die zentrale Verhaltensnorm des Marktmissbrauchsrechts. Sie beinhaltet die *Unrechtsmaterie*[474] und präzisiert zusätzlich die Aufgaben der BaFin (sog. *Aufgabenzuweisungsnorm*).[475] Die Preisbildung des Marktes soll vor manipulativen Eingriffen in Form von falschen und irreführenden Angaben (§ 20a Abs. 1 S. 1 Nr. 1 WpHG), tatsächlichen Geschäften, die geeignet sind, falsche oder irreführende Signale zu geben oder ein künstliches Kursniveau herbeizuführen (§ 20a Abs. 1 S. 1 Nr. 2 WpHG) und sonstigen Täuschungshandlungen (§ 20a Abs. 1 S. 1 Nr. 3 WpHG) geschützt werden. Damit erfasst die Norm die drei Grundkategorien marktmanipulativen Verhaltens, d.h. informationsgestützte, handelsgestützte und handlungsgestützte Manipulationen.[476] In § 20a Abs. 1 S. 2, Abs. 4 WpHG wird der sachliche Anwendungsbereich der Norm geregelt.[477] Der weit-

---

472 *Eichelberger* S. 200 f.; *Vogel* in *Assmann/Uwe H. Schneider* § 20a WpHG Rn. 54.

473 Vgl. auch Erwägungsgrund (35) der MMR.

474 *Vogel* in Assmann/Uwe H. Schneider WpHG § 20a Rn. 3.

475 *Vogel* in Assmann/Uwe H. Schneider WpHG § 20a Rn. 7; vgl. dazu auch den europarechtlichen Hintergrund, S. 68 ff.

476 Zu dieser, unter Mithilfe der Wirtschaftswissenschaften entwickelten Einteilung, s. S. 42 ff.

477 Vgl. auch S. 88 ff.

gefasste Anwendungsbereich gebietet es, bereits europarechtliche vorgegebene[478], Einschränkungen vorzunehmen. So ist in § 20a Abs. 2 WpHG eine Bereichsausnahme für § 20a Abs. 1 S. 1 Nr. 2 WpHG im Hinblick auf die zulässige Marktpraxis vorgesehen. Ebenfalls Ausnahmen vom Eingreifen des Verbotes nach § 20a Abs. 1 S. 1 WpHG sieht § 20a Abs. 3 WpHG für Aktienrückkaufprogramme und Stabilisierungsmaßnahmen vor. In § 20a Abs. 5 S. 1 WpHG findet sich die Ermächtigungsgrundlage für das Bundesfinanzministerium, eine tatbestandskonkretisierende Verordnung zu erlassen, die auch die zulässige Marktpraxis i.S.v. § 20a Abs. 2 WpHG bzw. das dazu erforderliche Anerkennungsverfahren näher beschreibt. Zudem besteht gem. § 20a Abs. 5 S. 2 WpHG die Möglichkeit der Subdelegation dieser Rechtsetzungsbefugnis auf die BaFin. Die Ermächtigung hat das Ministerium mit dem Erlass der MaKonV genutzt.[479] Letztlich hat der Gesetzgeber in § 20a Abs. 6 WpHG Sonderregelungen für Journalisten vorgesehen, um den europarechtlichen Vorgaben und dem Gebot aus Art. 5 GG gerecht zu werden.

Sinn und Zweck des Marktmanipulationsverbots ist der Schutz der Zuverlässigkeit und Wahrheit der Preisbildung an den Märkten und ein damit einhergehender Anlegerschutz.[480] Es ist demnach Ziel der Norm einen Vertrauensverlust der Anleger zu verhindern, der in eine Marktabwanderung münden und damit die Kapitalaufbringungsfunktion nachhaltig beeinträchtigen könnte.[481] Generell soll eine freie Preisbildung[482], also ein unbeeinflusstes Zusammenspiel von Angebot und Nachfrage, zum Schutz der Funktionsfähigkeit der Börsen gewährleistet werden.[483] Bei der Auslegung kann, sofern keine Änderung durch die Neufassungen eingetreten sind, auf die Ergebnisse der Vorgängerregelung, § 88 BörsG a.F. zurückgegriffen werden.[484]

---

478 Zum europarechtlichen Hintergrund bereits S. 71 ff. zu den Bereichsausnahmen S. 175 ff, 181 ff., 198 ff., 209 ff.

479 Zur den Regelungen der MaKonV S. 147 ff.

480 Vgl. RegE 4. FMFG BT-Drucks. 14/8017 S. 98; *Eichelberger* S. 101 ff.; *Fleischer* in Fuchs WpHG Vor § 20a Rn. 1; *Mock/Stoll/Eufinger* in KölnKommWpHG § 20a Rn. 15; *Vogel* in Assmann/Uwe H. Schneider WpHG § 20a Rn. 26.

481 Zu den anderen volkswirtschaftlichen Funktionen des Kapitalmarktes und deren Beeinträchtigung durch manipulatives Verhalten vgl. S. 36 ff.; ob die Norm über individuellen Schutzcharakter aufweist ist umstritten und erlangt v.a. bei der Frage der Schutzgesetzeigenschaft i.R.v. § 823 Abs. 2 BGB an Bedeutung, vgl. dazu S. 142 ff.

482 Zur kapitalmarkttheoretischen Seite des Preisbildungsprozesses S. 54 ff.

483 *Altenhain* BB 2002, 1874, 1875; *Schwark* in FS Kümpel, 2003, S. 485, 499; *Möller* WM 2002, 310, 313; *Mock/Stoll/Eufinger* in KölnKommWpHG § 20a Rn. 15 f.

484 *Vogel* in Assmann/Uwe H. Schneider WpHG § 20a Rn. 1

b. Die Verbotstatbestände gem. § 20a Abs. 1 S. 1 WpHG

aa. Das Machen oder Verschweigen von Angaben (§ 20a Abs. 1 S. 1 Nr.1)

(1) Überblick

Die Regelung des § 20a Abs. 1 S. 1 Nr.1 WpHG beruht maßgeblich auf dem 4. FMFG und dem AnSVG und benennt Fälle der informationsgestützten Manipulation.[485] Die Norm verbietet das Machen von unrichtigen oder irreführenden Angaben. Während das Machen unrichtiger Angaben bereits von § 88 Nr. 1 BörsG a.F. erfasst war und durch das 4. FMFG übernommen wurde[486], wurden irreführende Angaben erst durch das AnSVG verboten.[487] Die Tatbestandsmerkmale sind dem Strafrecht (§§ 264 Abs. 1 Nr.1, 264a Abs. 1, 265b Abs. 1 Nr.1) und dem Europarecht (Art. 1 Nr.2 lit. b) und c) der MMR und Art. 5 lit. a) der Richtlinie 2003/124/EG) entliehen.[488] § 20a Abs. 1 S. 1 Nr.1 WpHG wird durch § 2 MaKonV konkretisiert und ist spezieller als § 20a Abs. 1 S. 1 Nr. 3 WpHG.[489]

(2) Angaben

Angaben sind Erklärungen über das Vorliegen oder Nichtvorliegen von Umständen.[490] Der Begriff der Umstände geht über den der Tatsachen hinaus, so dass außer äußeren oder inneren Zuständen, Geschehnissen oder Ereignissen der Vergangenheit oder Gegenwart, die dem Beweis

485 *Vogel* in Assmann/Uwe H. Schneider WpHG § 20a Rn. 57; *Fleischer* in Fuchs WpHG § 20a Rn.15.

486 Beachte dabei die Begründung des RegE zum 4.FFG BT-Drucks. 14/8017 S. 89; die zum alten Recht entwickelten Grundsätze gelten weiter, *Fleischer* in Fuchs WpHG § 20a Rn.15.

487 Dazu Begr. RegE AnSVG, BT-Drucks. 15/3174 S. 37; *Fleischer* in Fuchs WpHG § 20a Rn.15; *Schwintek*, S. 59.

488 *Mock/Stoll/Eufinger* in KölnKommWpHG § 20a Rn. 153; *Vogel* in Assmann/ Uwe H. Schneider WpHG § 20a Rn. 57; vgl. auch RegE AnSVG, BT-Drucks. 15/3174 S. 37.

489 *Vogel* in Assmann/Uwe H. Schneider WpHG § 20a Rn. 58.

490 *Vogel* in Assmann/Uwe H. Schneider WpHG § 20a Rn. 59; *Mock/Stoll/Eufinger* in KölnKommWpHG § 20a Rn. 154 f.

zugänglich sind (Tatsachen im klassischen Sinne),[491] auch künftige Werturteile und Prognosen erfasst werden.[492]

Die herrschende Auffassung in der Literatur verlangt allerdings einschränkend, dass die Werturteile oder Prognosen einen realen Tatsachenkern haben und damit nachprüfbar sind[493], so dass frei erfundene Gerüchte oder Wertungen ohne sachliche Grundlage nicht von dem Angabenbegriff erfasst wären.[494] Hauptargument dafür ist, dass sich ein rationaler Anleger nicht von Gerüchten leiten lasse.[495] Dem liegt kapitalmarkttheoretisch die neoklassische Sichtweise zugrunde, lässt aber v.a. die kognitiven Schranken menschlicher Informationserfassung, wozu auch das Erkennen von Gerüchte gehört, außer Betracht.[496] Zunächst sind sicherlich verkehrsübliche Beschönigungen aus dem Anwendungsbereich herauszunehmen.[497] Darüber hinausgehend argumentiert eine neuere Auffassung in überzeugender Weise, dass auch reine Werturteile, Prognosen und Gerüchte, geeignet sind einen rational agierenden Anleger, der sich der durch sie ausgelösten gruppendynamischen Phänomene bewusst ist, zu beeinflussen.[498] Zudem lässt sich aus der Handelsstrategie des *Noise Trading* und der hierzu vorliegenden Veröffentlichungen ableiten, dass in der Praxis ein nicht nur unerheblicher Teil der Anleger bereit

---

491 *Mock/Stoll/Eufinger* in KölnKommWpHG § 20a Rn. 155.

492 *Vogel* in Assmann/Uwe H. Schneider WpHG § 20a Rn. 60; dies ergibt sich auch aus § 2 Abs. 1 MaKonV der in S.1 Umstände Werturteile und Tatsachen erfasst und in S.2 auch Prognosen umschreibt.

493 LG München I NJW 2003, 328; dazu auch der Emittentenleitfaden 2009, S. 108, 112; *Möller*, WM 2002, 309, 312; *Schmitz*, wistra 2002, 208, 209 f.; *Fleischer* in Fuchs WpHG § 20a Rn. 16; *Sorgenfrei* in *Park*, §§20a, 38 II, 39 I Nr. 1-2, II Nr. 11, IV WpHG Rn. 33; *Weber* NZG 2000, 113, 114.

494 Vgl. die Begründung des RegE 4. FMFG, BT-Drucks. 14/8017, S. 90; Emittentenleitfaden 2009, S. 112; *Ziouvas*, ZGR 2003, 113, 127; *Schönhöft* S. 56 f.; *Waschkeit*, S. 266.

495 *Arlt* S. 150 f.; *Waschkeit* S. 267; *Mock/Stoll/Eufinger* in KölnKommWpHG § 20a Rn. 157.

496 Zu den kognititiven Schranken des menschlichen Geistes S. 63 ff.

497 Dafür spricht auch, dass der RegE des 4. FMFG (S.90) „unverbürgte Nachrichten" nicht als Angaben über Umstände ansieht.

498 So beschreibt *Fleischer* in Fuchs WpHG § 20a Rn.17 den Fall des sog. *Herdings*, bei dem ein Gerücht ein gruppendynamisches Verhalten verursacht und eine Orientierung des Anlegers an diesem Verhalten, in Kenntnis dieses Phänomens, eine eigene rationale Berechtigung erfährt; vgl. auch *Vogel* in Assmann/Uwe H. Schneider WpHG § 20a Rn. 70 der Prognosen ggf. bereits dann erfassen will, wenn sie mit dem Anspruch der Ernsthaftigkeit präsentiert werden. Als Bsp. wird die Inanspruchnahme der Autorität als „Börsenguru" genannt; zudem *Fleischer/Schmolke* AG 2007, 841, 852 f.; *Eichelberger* S. 238 ff.; *Mock/Stoll/Eufinger* in KölnKommWpHG § 20a Rn.156 f.

ist, aufgrund von nicht fundamentalen Informationen zu handeln.[499] Einschränkungen können gegebenenfalls über die Preiseinwirkungseignung gemacht werden. [500]

In welcher Form und in welchem Kontext die Angabe gemacht wird, ist unerheblich.[501] Ohne Bedeutung ist auch, ob die Angabe für die Bewertung vorteilhaft oder nachteilig ist, oder ob es sich um ein Pflichtangebot oder um eine freiwillige Angabe handelt.[502]

(3) Unrichtigkeit und Irreführungscharakter von Angaben

Unrichtig ist eine Angabe, wenn sie nicht den objektiven Gegebenheiten entspricht, weil sie nicht vorhandene Umstände als vorhanden oder vorhandene Umstände als nicht vorhanden darstellt.[503] Ob dies der Fall ist, wird in einer zweistufigen Prüfung festgestellt.[504] Zunächst wird der Inhalt der Angabe nach dem objektiven Empfängerhorizont ermittelt.[505] Damit sollen bereits an dieser Stelle[506] bloße Schönfärbereien ausgeschieden werden.[507] Auf der zweiten Stufe wird der Inhalt der Angaben mit dem tatsächlichen Geschehen verglichen, um zu überprüfen, ob die Tatsachen unzutreffend sind oder bei Werturteilen und Prognosen die Tat-

---

499 Vgl. etwa *de Long/Shleifer/Summers/Waldmann* in Thaler S. 23 ff; *Czink* S. 6 ff.; *Domagalski* S. 17 ff.; zum Noise Trading auch Fn. 161.

500 *Eichelberger* S. 241; *Fleischer* in Fuchs WpHG § 20a Rn.17.

501 In Betracht kommen insb. Geschäftsabschlüsse, Ad-hoc-Mitteilungen gem. § 15 WpHG und wegen § 20a Abs. 1 S. 3 WpHG auch Emissionsprospekte, *Hellgardt*, ZIP 2005, 2000, 2001; *Sorgenfrei* wistra 2002, 321, 323; *Mock/Stoll/Eufinger* in KölnKommWpHG § 20a Rn. 154; *Fleischer* in Fuchs WpHG § 20a Rn. 16.

502 *Fleischer* in Fuchs WpHG § 20a Rn. 16.

503 Vgl. BaFin, Emittentenleitfaden 2009, S.108; *Vogel* in Assmann/Uwe H. Schneider WpHG § 20a Rn. 60; *Mock/Stoll/Eufinger* in KölnKommWpHG §20a Rn. 161; *Eichelberger* S. 245; *Sorgenfrei* wistra 2002, 321, 323.

504 *Eichelberger* S. 242; *Vogel* in Assmann/Uwe H. Schneider WpHG § 20a Rn. 60; *Mock/Stoll/Eufinger* in KölnKommWpHG § 20a Rn. 161.

505 §§ 133, 157 BGB; vgl. auch *Eichelberger* S. 242 ff.; *Vogel* in Assmann/Uwe H. Schneider WpHG § 20a Rn. 60.

506 Eine weitere Möglichkeit übertriebene Anpreisungen auszusondern besteht in der restriktiven Auslegung des Merkmals der *Erheblichkeit*, vgl. *Mock/Stoll/Eufinger* in KölnKommWpHG § 20a Rn. 157.

507 *Vogel* in Assmann/Uwe H. Schneider WpHG § 20a Rn. 60; *Fleischer* in Fuchs WpHG § 20a Rn. 20; *Schönhöft* S. 59; *Schmitz*, wistra 2002, 208, 209; a.A. *Mock/Stoll/Eufinger* in KölnKommWpHG § 20a Rn. 157

sachenbasis objektiv unwahr ist.[508] Die Angaben sind insb. auch dann unrichtig, wenn sie nach professioneller Einschätzung eindeutig unvertretbar sind[509], was auch schon dann der Fall ist, wenn eine Tatsachenprüfung suggeriert wird, tatsächlich aber Angaben „ins Blaue hinein" gemacht werden.[510]

Seit dem AnSVG erfasst § 20a Abs. 1 S. 1 Nr.1 Alt.1 WpHG auch irreführende Angaben. Eine solche irreführende Angabe liegt vor, wenn die Angabe zwar inhaltlich richtig ist, aber durch ihre Darstellung eine falsche Vorstellung über den geschilderten Sachverhalt entstehen lässt.[511]

Angaben müssen stets in ihrem Kontext betrachtet werden, um beurteilen zu können, ob diese unrichtig oder irreführend sind. Für die Beurteilung sind die Regelungszwecke anderer Regelungen zu beachten.[512] § 20a Abs. 1 S. 1 Nr.1 Alt.1 WpHG erfasst sowohl die Bullen-, als auch die Bärenmanipulation, so dass es abweichend zu § 264a StGB irrelevant ist, ob die Angaben vor- oder nachteilhaft für die Bewertung des Vermögenswertes sind.[513]

Umstritten ist, ob unvollständige Angaben ein Unterlassen der vollständigen Angabe nach § 20a Abs. 1 S. 1 Nr. 1 Alt. 2 WpHG darstellen (so dass für die Einschlägigkeit des Marktmanipulationsrechts eine Offenlegungspflicht erforderlich wäre) oder als unrichtige Angaben i.S.v. § 20a Abs. 1 S. 1 Nr.1 Alt.1 WpHG angesehen werden können.[514] Dadurch, dass § 20a Abs. 1 S. 1 Nr.1 in der Fassung des AnSVG auch lediglich irreführende Angaben erfasst, verliert das Problem an praktischer Relevanz, da somit richtige Teilangaben erfassbar sind, die aber insgesamt ein fal-

---

508 Vgl. BaFin, Emittentenleitfaden 2009, S. 108; *Mock/Stoll/Eufinger* in KölnKommWpHG § 20a Rn. 162; *Vogel* in Assmann/Uwe H. Schneider § 20a WpHG Rn. 60; *Sorgenfrei* wistra 2002, 321, 323.

509 Vgl. *Vogel* in Assmann/Uwe H. Schneider § 20a WpHG Rn. 60; *Eichelberger* S. 245 f.; *Mock/Stoll/Eufinger* in KölnKommWpHG §20a Rn. 162; *Möller*, WM 2002,309, 312; *Sorgenfrei* wistra 2002, 321, 323; *Sorgenfrei* in *Park*, §§20a, 38 II, 39 I Nr. 1-2, II Nr. 11, IV WpHG Rn. 34.

510 Vgl. BaFin, Emittentenleitfaden 2009, S. 108; *Vogel* in Assmann/Uwe H. Schneider WpHG § 20a Rn. 60; *Fleischer* in Fuchs WpHG § 20a Rn. 20.

511 Vgl. die Begründung des RegE zum AnSVG BT-Drucks. 15/3174 S. 37; *Vogel* in Assmann/Uwe H. Schneider WpHG § 20a Rn. 62.

512 *Vogel* in Assmann/Uwe H. Schneider WpHG § 20a Rn. 63 mit dem Bsp. des Realisationsprinzips (§ 252 Abs. 1 Nr.4 HS.2 HGB).

513 *Vogel* in Assmann/Uwe H. Schneider WpHG § 20a Rn. 64; *Fleischer* in Fuchs WpHG § 20a Rn. 16.

514 Vgl. BaFin, Emittentenleitfaden 2009, S. 108 mit Bsp.; *Eichelberger* S. 247 ff.; *Mock/Stoll/Eufinger* in KölnKommWpHG § 20a Rn. 163; eingehend zum Meinungsstand *Vogel* in Assmann/Uwe H. Schneider WpHG § 20a Rn. 61.

sches Gesamtbild entstehen lassen.[515] Zudem kann auf die Parallele des Irreführungsmerkmals bei § 16 Abs. 1 UWG verwiesen werden und dort gewonnene Erkenntnisse fruchtbar gemacht werden.[516] Letztlich überzeugend scheint die Auffassung, nach welcher dahingehend differenziert wird, ob ein Teilbereich (freiwillig)[517] angesprochen wird und dann in diesem Bereich Informationen unberücksichtigt bleiben, so dass ein unrichtiger Gesamtzusammenhang entsteht oder ob Informationen vollständig zurückgehalten werden.[518] Hierfür kann diese Meinung nicht nur den Regierungsentwurf des AnSVG anführen[519], sondern auch auf die ständige Rechtsprechung i.R.v. § 263 StGB verweisen, nach welcher eine Täuschung auch durch im Gesamtkontext missverständliche, aber richtige Erklärungen möglich ist. [520]

(4) Das Machen von Angaben

Das Machen von Angaben setzt eine Erklärung über das Vorliegen oder Nichtvorliegen von Umständen voraus.[521] Für das Machen der Angabe ist also deren Kundgabe erforderlich, was deren Zugang impliziert.[522] Dabei sind Kenntnisnahme oder Öffentlichkeit keine Voraussetzungen.[523] Zwar wird im Regelfall ein größerer Adressatenkreis Zielpunkt des Manipula-

---

515 *Vogel* in Assmann/Uwe H. Schneider WpHG § 20a Rn. 62, vgl. auch *Mock/Stoll/Eufinger* in KölnKommWpHG § 20a Rn. 164.

516 Eine irreführende Angabe wäre vor diesem Hintergrund dann gegeben, wenn sie objektiv geeignet ist einen nicht nur unerheblichen Teil des adressierten Anlegerkreises zu täuschen, *Vogel* in Assmann/Uwe H. Schneider WpHG § 20a Rn. 62; *Fleischer* in Fuchs WpHG § 20a Rn. 22, der auf die Notwendigkeit einer kapitalmarktorientierten Auslegung hinweist.

517 Mit dem zutreffenden Hinweis darauf dass über § 20a Abs. 1 S. 1 Nr. 1 WpHG keine Vollständigkeitspflicht konstruiert werden kann, *Vogel* in Assmann/Uwe H. Schneider WpHG § 20a Rn. 61.

518 *Eichelberger* S. 251 f., *Mock/Stoll/Eufinger* in KölnKommWpHG § 20a Rn. 163, 172; *Vogel* in Assmann/Uwe H. Schneider WpHG § 20a Rn. 61 mit entspr. Bsp.

519 Nach der Begründung des RegE zum AnSVG BT-Drucks. 15/3174 S. 37 sind auch inhaltlich richtige, aber durch ihre Darstellung Fehlvorstellungen verursachende Angaben erfasst.

520 BGHSt 47, 1, 5 = NJW 2001, 2187 = DB 2001, 1611 = NStZ 2001, 255.

521 *Fleischer* in Fuchs WpHG § 20a Rn. 18.

522 *Vogel* in Assmann/Uwe H. Schneider WpHG § 20a Rn. 65; der Zugang liegt dann vor, wenn die Erklärung dergestalt in den Herrschaftsbereich der Person gelangt, dass diese von der Angabe Kenntnis nehmen kann, *Flume* S. 231 ff.

523 *Vogel* in Assmann/Uwe H. Schneider WpHG § 20a Rn. 65, der darauf hinweist, dass damit wird auch das „vergiftete tipping" erfasst ist; ebenso *Fleischer* in Fuchs WpHG § 20a Rn. 18.

tors sein, um eine Breitenwirkung und damit eine starke Kurseinwirkung zu erzielen, eine Mehrzahl an Adressaten ist, abweichend von § 264a StGB[524], gleichwohl nicht Tatbestandsvoraussetzung.[525]

Obwohl § 20a Abs. l Satz l Nr. l Alt. l WpHG keine Einschränkung des personalen Anwendungsbereichs vorsieht, ist eine normative Zurechnung zu der Person des Machenden erforderlich. Das bedeutet, dass nur derjenige eine Angabe macht, der die *Konzeptionsherrschaft* über sie hat und sie sich dadurch zu eigen macht, dass er die Verantwortung für ihre Richtigkeit übernimmt.[526] Damit „machen" unselbstständige Hilfspersonen selbst dann keine unrichtigen oder irreführenden Angaben, wenn sie die Unrichtigkeit oder Irreführungseignung erkannt haben. Um eine klare Zurechnung zu ermöglichen, kann bei mehrköpfigen Gremien eine Untergliederung in Verantwortungsbereiche sinnvoll sein.[527] Nur Personen mit Konzeptionsherrschaft können Täter i.S.v. § 25 StGB sein, andere Mitwirkende sind nur Beteiligte gem. §§ 26 f. StGB.[528]

(5) Einwirkungseignung der Angaben

Während zur Begehung einer Straftat eine tatsächliche Einwirkung auf den Börsenkurs gegeben sein muss (Erfolgsdelikt)[529], erfordert der Ordnungswidrigkeitentatbestand keinen Manipulationserfolg, sondern nur die *Eignung* einer Kursbeeinflussung durch die unrichtigen oder irreführenden Angaben. Damit wird die noch gem. § 88 BörsG a.F. notwendige Einwirkungsabsicht aufgegeben, was Beweisprobleme beseitigt[530] und zu einer Verschärfung des Rechts führt. Dogmatisch handelt es sich um einen Fall eines abstrakt-konkreten Gefährdungsdelikts.[531] Dabei ist es

524 Die Vorschrift verlangt, dass der Täter „...gegenüber einem größeren Kreis von Personen unrichtige vorteilhafte Angaben macht...".

525 Vgl. BaFin, Emittentenleitfaden, S. 107; *Fleischer* in Fuchs WpHG § 20a Rn. 18; *Vogel* in *Assmann/Uwe H. Schneider* § 20a WpHG Rn. 65; restriktiver *Mock/Stoll/Eufinger* in KölnKommWpHG § 20a Rn. 158; *Eichelberger* S. 254; Arlt, S. 160.

526 *Vogel* in Assmann/Uwe H. Schneider WpHG § 20a Rn. 66; *Fleischer* in Fuchs WpHG § 20a Rn. 19; *Mock/Stoll/Eufinger* in KölnKommWpHG § 20a Rn. 159.

527 *Fleischer* in Fuchs WpHG § 20a Rn. 19; *Mock/Stoll/Eufinger* in KölnKommWpHG § 20a Rn. 159.

528 *Vogel* in Assmann/Uwe H. Schneider WpHG § 20a Rn. 66.

529 *Fleischer*, NJW 2003, 2584, 2585; *Vogel* in *Assmann/Uwe H. Schneider* § 20a WpHG Rn. 112.

530 Vgl. *Altenhain*, BB 2002, 1874, 1877; *Lenzen*, Finanz-Betrieb 2001, 603, 605.

531 *Mock/Stoll/Eufinger* in KölnKommWpHG § 20a Rn. 180; *Schönhöft* S. 82; *Vogel* in *Assmann/Uwe H. Schneider* § 20a WpHG Rn. 8, 112.

notwendig, dass das Verhalten generell, unter den konkreten Umständen dazu geeignet ist, den jeweiligen Erfolg herbeizuführen. Es wird also die konkrete Situation betrachtet, allerdings anhand der Tathandlungen abstrakt die Erfolgseignung beurteilt, so dass ein konkreter Erfolgseintritt nicht erforderlich ist.[532]

Der Begriff der Einwirkung ist weit gefasst, so dass darunter jede Art der Einflussnahme auf die Bildung von Börsen- oder Marktpreisen[533] i.S.v. § 20a Abs. 1 S. 1 Nr. 1 WpHG gefasst wird.[534] Dass es schnell zu einer Einwirkungseignung kommt[535], wird dadurch unterstützt, dass nur eine generelle Kausalität gefordert wird, d.h. dass das Machen der Angaben i.S.d. Norm nur abstrakt geeignet sein muss, typischerweise auf die genannten Preise einzuwirken.[536] M.a.W. ist es nicht erforderlich, dass das durch den Manipulator gesetzte Signal in einen Marktanreiz übersetzt wird.[537] Deshalb ist es irrelevant in welche Richtung der Manipulator den Preis beeinflussen wollte[538] oder (abgesehen von der strafrechtlichen Beurteilung) ob es zu einer Kursreaktion kam.[539] Andererseits kann aber auch nicht allein aus einer, auf die Angabe folgenden Kursentwicklung auf die Beeinflussungseignung geschlossen werden.[540]

Damit ist es abweichend zu § 13 WpHG auch ohne Belang, ob eine erhebliche Preisbeeinflussungseignung gegeben ist[541], so dass auf tatbe-

---

532 Allgemein zu Gefährdungsdelikten *Roxin*, AT Bd. 1 § 11 Rn. 162 f.

533 Während der Begriff des Marktpreises mit dem durch Angebot und Nachfrage entstandenen Gleichgewichtspreis identisch ist, hat der Begriff des Börsenpreises darüber hinausgehend den Bezug zur Kursfeststellung, vgl. § 24 Abs. 1 BörsG; vgl. auch *Mock/Stoll/Eufinger* in KölnKommWpHG § 20a Rn. 181; *Vogel in Assmann/Uwe H. Schneider* § 20a WpHG Rn. 114; *Sorgenfrei* wistra 2002, 221, 226.

534 *Vogel* in *Assmann/Uwe H. Schneider* § 20a WpHG Rn. 115 mit einem Hinweis auf die Parallelauslegung bei §§ 13, 15 WpHG; *Ziouvas*, ZGR 2003, 113, 141.

535 Vgl. den Emittentenleitfaden S. 112 nach dem die Schwelle „Eignung der Preiseinwirkung" schnell genommen ist.

536 *Vogel* in *Assmann/Uwe H. Schneider* § 20a WpHG Rn. 118; allgemein zu Eigungsdelikten *BGHSt* 39, 371 f.; dazu auch *Eichelberger* S. 274.

537 Vgl. Emittentenleitfaden, S. 111.

538 Vgl. BaFin, Emittentenleitfaden, S. 111; *Mock/Stoll/Eufinger* in KölnKommWpHG § 20a Rn. 181; *Vogel* in *Assmann /Uwe H. Schneider* § 20a WpHG Rn. 118.

539 Vgl. BaFin, Emittentenleitfaden, S. 111; *Vogel* in *Assmann/Uwe H. Schneider* § 20a WpHG Rn. 118.

540 *Vogel* in *Assmann/Uwe H. Schneider* § 20a WpHG Rn. 118; die vermeintliche Preisreaktion kann theoretisch auf diversen anderen Ursachen beruhen; zur Komplexität der Preisbildung siehe bereits S. 54 ff.

541 *Vogel* in *Assmann/Uwe H. Schneider* § 20a WpHG Rn. 90; a.A. *Sorgenfrei* in *Park*, §§ 20a, 38 II, 39 I Nr. 1-2, II Nr. H, IV WpHG Rn. 70; *Nowak*, ZBB 2001, 449, 450.

standlicher Ebene selbst der Ausschluss unerheblichster Beeinflussungen (sog. *de-minimis-Vorbehalt*) nicht möglich ist.[542] Bedenken im Hinblick auf den Verhältnismäßigkeitsgrundsatz können jedoch im Verfahrensrecht durch angemessene Ausübung des Opportunitätsprinzips (§§ 153 f. StPO, 47 Abs. 1 OWiG) begegnet werden.[543]

Um den Tatbestand für die Behördenpraxis greifbar zu machen, nimmt die BaFin eine Überprüfung danach vor, ob nach kapitalmarktbezogenen Erfahrungssätzen vor dem Hintergrund der zum Handlungszeitpunkt vorherrschenden Marktkenntnisse die ernstzunehmende (abstrakte) Möglichkeit bestand, dass durch die konkrete Handlung auf die Preisbildung eingewirkt wird. Hieraus lässt sich ableiten, dass die BaFin die Einwirkungseignung mittels einer objektiven, nachträglichen Prognose ermittelt.[544] Objektivität wird dadurch erzielt, dass sie den Sachverhalt aus Sicht eines verständigen Anlegers heraus analysiert.[545] Der ex-post-Bezug ergibt sich aus der Sichtweise eines Ermittelnden im Straf- oder Bußgeldverfahren.[546] Die Prognose durchläuft drei Phasen.[547] Zunächst muss die Prognosegrundlage ermittelt werden, anschließend werden die Prognoseregeln aufgestellt und schließlich kommt es zur Anwendung der Regeln auf die Grundlage.

Die Prognosegrundlage wird unter der ex-ante Betrachtung eines verständigen Anlegers gebildet. Sie umfasst die Marktverhältnisse zum Zeitpunkt des manipulativen Verhaltens und die unrichtigen oder irreführenden Angaben.

Bei den Prognoseregeln handelt es sich i.R.v. § 20a Abs. 1 Satz 1 Nr. 1 WpHG um generelle Kausalgesetze (s.o.). Dies wirft die bereits oben erörterten Probleme der Gesetzmäßigkeiten der Preisbildung an Kapitalmärkten auf.[548] Da sie, wie dargestellt, aufgrund ihrer antizipativen und komplexen Natur nur beschränkt deterministischen Gegebenheiten fol-

---

542 Dies wird damit begründet, dass durch Derivate auch kleinste Schwankungen ausgenutzt werden können, *Mock/Stoll/Eufinger* in KölnKommWpHG § 20a Rn. 181, *Eichelberger* S. 274 f.; zu den derivategestützten Manipulationstechniken s.o. S. 30.

543 *Vogel* in *Assmann/Uwe H. Schneider* § 20a WpHG Rn. 116.

544 Emittentenleitfaden, S. 111; *Mock/Stoll/Eufinger* in KölnKommWpHG § 20a Rn. 182; *Vogel* in *Assmann/Uwe H. Schneider* § 20a WpHG Rn. 119; *Schönhöft* S. 83.

545 Emittentenleitfaden S. 111; *Mock/Stoll/Eufinger* in KölnKommWpHG § 20a Rn. 182; *Vogel* in *Assmann/Uwe H. Schneider* § 20a WpHG Rn. 120.

546 Dazu *Vogel* in *Assmann/Uwe H. Schneider* § 20a WpHG Rn. 119; *Fleischer* in Fuchs WpHG § 20a Rn. 34.

547 Dazu eingehend *Vogel* in *Assmann/Uwe H. Schneider* § 20a WpHG Rn. 119 ff.

548 Vgl. dazu S. 54 ff.

gen[549], muss auf Erfahrungssätze zurückgegriffen werden. Eine Orientierungshilfe bietet der von der BaFin entwickelte Katalog von Tatsachen mit Kursbeeinflussungspotenzial zum Insiderrecht.[550]

Schließlich kommt es zur Anwendung der Prognoseregeln auf die Prognosegrundlage, um zu bestimmen, ob eine Preiseinwirkungseignung vorlag oder nicht. Dabei handelt es sich um ein *Wahrscheinlichkeitsurteil.* Um dem Wesen des Marktmanipulationsdelikts, bei welchem der Manipulator, insb. i.R.v. § 20a Abs. 1 S. l Nr. l WpHG, nur geringfügige Mittel aufwenden muss gerecht zu werden, ist es sachgemäß, nicht wie im Insiderrecht auf eine überwiegende Wahrscheinlichkeit abzustellen, sondern eine nicht nur entfernte, vielmehr ernstzunehmende Möglichkeit der Preiseinwirkung genügen zu lassen.[551] Dies stellt einen Kompromiss zu dem sehr weiten strafrechtlichen Wahrscheinlichkeitsverständnis dar, nach dem eine „nicht fernliegende" Möglichkeit gefordert wird.[552]

Damit lassen sich rein theoretisch konstruierbare bzw. völlig ungeeignete Manipulationssachverhalte aus dem Tatbestand ausscheiden.[553] Je komplizierter allerdings der zugrunde liegende Manipulationssachverhalt ist, je weniger folglich allgemeine Erfahrungssätze zur Verfügung stehen[554], desto stärker muss auf die kapitalmarkttheoretischen Grundlagen zurückgegriffen werden, was allerdings zu einer Steigerung der Komplexität des betrachteten Prognoseverfahrens führt.

(6) Bewertungserheblichkeit der Umstände

Die irreführenden oder falschen Angaben müssen sich auf Umstände beziehen, die für das in Rede stehende Finanzinstrument bewertungserheblich sind. Dieses Merkmal ist insofern ein wichtiger „Eingrenzungsfaktor"[555], als es ermöglicht, Bagatellfälle aus dem objektiven Verbotstatbestand auszusondern.[556] Im Hinblick auf dieses Tatbestandsmerkmal er-

549 Dazu S. 55 f.

550 *Vogel* in *Assmann/Uwe H. Schneider* § 20a WpHG Rn. 121.

551 *Mock/Stoll/Eufinger* in KölnKommWpHG § 20a Rn. 183; *Vogel* in *Assmann/Uwe H. Schneider* § 20a WpHG Rn. 122; *Schönhöft* S. 84; *Fleischer* in Fuchs WpHG § 20a Rn. 34.

552 So auch *Eichelberger* S. 280 mit Hinweisen auf BGHSt 39, 371, 372.

553 *Vogel* in *Assmann/Uwe H. Schneider* § 20a WpHG Rn. 122; *Eichelberger* S. 280.

554 *Vogel* in *Assmann/Uwe H. Schneider* § 20a WpHG Rn. 122 mit dem Hinweis auf synthetische Finanzinstrumente.

555 *Claussen/Florian* AG 2005, 745, 762.

556 Vgl. die Begründungen zur KuMaKV BR-Drucks. 639/03, S. 9 und zum RegE 2. WiKG BT-Drucks. 10/318, S. 46; *Kutzner*, WM 2005, 1401, 1402; *Weber* NZG 2004, 23, 24; *Flei-*

gibt sich folglich keine Funktionsänderung im Vergleich zur Rechtslage i.R.v. § 88 BörsG.[557]

Die Umstände, auf die sich die Angaben beziehen müssen, werden in § 2 MaKonV näher definiert (§ 2 Abs. 1 S. 1, 2 MaKonV) und in drei Gruppen eingeteilt. Danach werden regelmäßig bewertungserhebliche Umstände (§ 2 Abs. 2 MaKonV), von solchen abgegrenzt, bei denen die Erheblichkeit stets zu bejahen ist (§ 2 Abs. 3 MaKonV) und solchen die einer Einzelfallprüfung bedürfen (§ 2 Abs. 4 MaKonV).[558] Letztere werden i.R.d. Ausführungen zu § 2 Abs. 2-4 MaKonV erörtert.[559]

Nach § 2 Abs. 1 S. 1 MaKonV sind bewertungserhebliche Umstände Tatsachen und Werturteile, die ein *verständiger Anleger* bei einer Anlageentscheidung berücksichtigen würde. Darüber hinaus sind auch solche Umstände erfasst, bei denen mit *hinreichender Wahrscheinlichkeit* davon ausgegangen werden kann, dass sie in Zukunft eintreten, vgl. § 2 Abs. 1 S. 2 MaKonV.

Abweichend zum früheren Recht wurde somit neu bestimmt, aus wessen Sicht die Bewertungserheblichkeit zu beurteilen ist. Während nach einer umstrittenen Ansicht früher danach gefragt wurde, ob die Angabe in der Lage sei, einem vernünftigen Anleger von durchschnittlicher Vorsicht bzw. mit durchschnittlicher Börsenkenntnis zu beeinflussen[560], stellt die MaKonV in § 2 Abs. 1 S. 1 nun auf einen *verständigen Anleger*[561] ab. Wie dieser Begriff zu bestimmen ist, ist nicht geklärt. So werden verschiedene Definition vertreten, was die Sicht eines verständigen Anlegers ausmacht:

Zunächst stellt sich die Frage, ob der Begriff individuell oder objektiv zu bestimmen ist. Während z.T. vor dem Hintergrund der verschiedenen Schattierungen der Kapitalmarktwirklichkeit (Anlegerkreise, Risikostruktur der Finanzinstrumente etc.) eine Objektivierungsmöglichkeit verneint wird, sieht die h.M. in der Literatur eine subjektive Sicht als Ein-

---

scher in Fuchs WpHG § 20a Rn. 24; *Mock/Stoll/Eufinger* in KölnKommWpHG § 20a Anh. I § 2 MaKonV Rn. 1; *Vogel* in *Assmann/Uwe H. Schneider* § 20a WpHG Rn. 68.

557 *Fleischer* in Fuchs WpHG § 20a Rn. 24; vgl. auch die Begründung zum RegE des 2. WiKG, BT-Drucks. 10/318, S. 46 und den RegE des 4. FMFG, S. 89.

558 Dazu im einzelnen auch *Bisson/Kunz* BKR 2005, 186, 187 und *Kutzner* WM 2005, 1401, 1402.

559 Vgl. dazu S. 150 ff.

560 BGHSt 30, 285, 289; Begr. RegE 2. WiKG, BT-Drucks. 10/318, S. 24; *Weber*, NZG 2004, 23, 24; s.a. § 2 Abs. 1 KuMaKV.

561 Dazu *Fleischer*, ZBB 2008, 137, 141 ff.; *Moloney* EBOR 2005 341, 391 ff.; *Veil*, ZBB 2006, 162, 163, 167.

fallstor der Willkür und Unbestimmtheit.[562] Nach ihr ist der verständige Anleger ein theoretisches, abstraktes Konstrukt, das durch die Konnotation des „vernünftig Informierten", „mit der Materie Vertrauten", einen objektiv feststellbaren Referenzmaßstab festlegt.[563] Solche objektiven Referenzmaßstäbe sind durchaus konkretisierbar, wie etwa Bsp. aus dem Handelsrecht zeigen.[564] Im Rahmen dieser Konkretisierung können auch die Bedenken der Vertreter subjektiver Theorieansätze zerstreut werden. So wendet der verständige Anleger seine objektive „Anlegervernunft" nicht auf alle Situation gleich an, sondern wägt alle Umstände des konkreten Einzelfalls auf ihre Bewertungserheblichkeit hin ab, so dass die komplexe Kapitalmarktrealität *mittelbar* berücksichtigt wird.[565] M.a.W. befasst sich der verständige Anleger mit den jeweils vorherrschenden Marktgegebenheiten, der Struktur der von ihm gehandelten Instrumente etc., so dass auch im Hinblick auf bspw. verschiedene Anlegerklassen, Risikostrukturen und Geschäftsarten mit dieser abstrakten Figur konkrete Auslegungsergebnisse möglich sind.

Damit ist allerdings noch nicht geklärt, welche Höhe dem Maßstab zugewiesen wird, d.h. wie ideal das theoretische Konstrukt sein darf, um auf der einen Seite ein taugliches Filterkriterium darzustellen, aber auf der anderen Seite die Regelung nicht durch überzogene Anforderungen leer laufen zu lassen. Hier tut sich wiederum der Konflikt zwischen neoklassischer Kapitalmarkttheorie und Behavioral Finance auf. Während einige auf einen „rational Handelnden"[566] oder den „homo oeconomicus"[567] abstellen, fragen andere, ob eine „verhaltensökonomische Feinsteuerung" notwendig ist.[568] Richtigerweise ist ein verständiger Anleger sowohl mit grundlegenden theoretischen Wirkungszusammenhängen

562 *Eichelberger* S. 263; *Vogel* in *Assmann/Uwe H. Schneider* § 20a WpHG Rn. 75 f.; *Fleischer* in Fuchs WpHG § 20a Rn. 26; *Mock/Stoll/Eufinger* in KölnKommWpHG § 20a, Anh. I, § 2 MaKonV Rn. 8.

563 Vgl. BaFin, Emittentenleitfaden S. 109; *Eichelberger* S. 262 f.; *Fleischer* in Fuchs WpHG § 20a Rn. 26; *Mock/Stoll/Eufinger* in KölnKommWpHG § 20a, Anh. I, § 2 MaKonV Rn. 9 f.; *Vogel* in *Assmann/Uwe H. Schneider* § 20a WpHG Rn. 86.

564 Zu nennen wäre etwa der „ordentliche Kaufmann" i.S.v. § 347 HGB, vgl. *Vogel* in *Assmann/Uwe H. Schneider* § 20a WpHG Rn. 85; s.a. *Fleischer* in Fuchs WpHG § 20a Rn. 26 m.w.N.

565 *Vogel* in *Assmann/Uwe H. Schneider* § 20a WpHG Rn. 75; *Mock/Stoll/Eufinger* in KölnKommWpHG § 20a, Anh. I, § 2 MaKonV Rn. 11; *Eichelberger* S. 261 ff.

566 Vgl. BaFin, Emittentenleitfaden, S. 109.

567 *Vogel* in *Assmann/Uwe H. Schneider* § 20a WpHG Rn. 86.

568 *Fleischer* in Fuchs WpHG § 20a Rn. 26; dazu auch *Fleischer*, ZBB 2008, 137 ff.; *Moloney*, EBOR 2005, 341, 368; Veil, ZBB 2006, 162, 167.

i.S.d. neoklassischen Kapitalmarkttheorie als auch mit elementaren (gruppen-) psychologischen Prozessen vertraut. Damit können auch irrationale Verhaltensweisen i.S.d. der neoklassischen Theorie „rationalisiert" werden.[569]

Damit wird deutlich, was der verständige Anleger für die *Bewertung* des Finanzinstrumentes heranzieht. Dabei handelt es sich um wirtschaftliche Faktoren.[570] Dies sind zunächst alle Fundamentaldaten, die den inneren Wert des Finanzinstrumentes betreffen, darüber hinaus kapitalmarktbezogene Umstände, die das Instrument direkt berühren, schließlich aber auch solche Umstände, die als solche nicht wirtschaftlich sind, vor den Erkenntnissen der Verhaltensökonomie aber „rationalisiert" und damit zu wirtschaftlichen Faktoren gemacht werden können.[571]

Zudem fällt auf, dass der Bezugspunkt der Täuschung nicht etwa ausschließlich Tatsachen sind, sondern vielmehr über den Begriff des Umstands auch Werturteile erfasst sind, vgl. § 2 Abs. 1 S. 1 MaKonV. Darüber hinaus werden gem. § 2 Abs. 1 S. 2 MaKonV sogar zukünftige, hinreichend wahrscheinliche Umstände, namentlich also Prognosen, erfasst.

Damit wurde erfreulicherweise nicht nur ein Gleichklang mit dem Insiderrecht (§ 13 Abs. 1 S. 2, Abs. 3 WpHG) erzielt[572], sondern auch verfassungsrechtliche Bedenken hinsichtlich der früheren Maßfigur[573] beseitigt.[574] Verfassungsrechtlichen Zweifeln an der Bestimmtheit des Merkmals (Art. 103 Abs. 2 GG)[575] können durch Parallelauslegung begegnet werden.[576]

---

569 *Fleischer* in Fuchs WpHG § 20a Rn. 26 mit einem Hinweis auf das „Rational Herding"; generell zur Rationalisierung verhaltensökonomisch erkannter Marktanomalien *Jaunich* S. 68 ff.

570 *Vogel* in Assmann/Uwe H. Schneider WpHG § 20a Rn. 79.

571 *Mock/Stoll/Eufinger* in KömKommWpHG § 20a Anh. I – § 2 MaKonV Rn. 6: (andere Faktoren müssen sich wirtschaftlich „verdichtet" haben).; zumindest auf mittelbare wirtschaftliche Chancen und Risiken abstellend *Vogel* in Assmann/Uwe H. Schneider WpHG § 20a Rn. 79 a.A. *Eichelberger* S. 259 (auch subjektive, irrationale, weiche Komponenten).

572 Vgl. die Begründung der MaKonV, BR-Drucks. 18/05 S. 12

573 *Kutzner* WM 2005, 1401, 1402; *Altenhein* BB 2002, 1974, 1978.

574 Vor dieser Regelung war es umstritten, ob auf einen durchschnittlichen oder einen fachkundigen bzw. verständigen Anleger abzustellen ist, mit einem Überblick über den Meinungsstand und die Auswirkung auf die Frage der Verfassungsmäßigkeit *Fleischer* in Fuchs WpHG § 20a Rn. 24, 30.

575 *Kutzner* WM 2005, 1401, 1402, *Sorgenfrei* wistra 2002, 321, 323 (zu § 2 KuMaKV).

576 So mit einem Verweis auf die Bestimmbarkeit des Merkmals der Bewertungserheblichkeit bei §§ 399 I, 400 II AktG und §§ 264a I, 265b I StGB *Fleischer* in Fuchs WpHG § 20a Rn. 30 m.w.N.

Für die Praxis ist sicherlich sinnvoll, Checklisten als Orientierungshilfe zu erstellen.[577] Dies befreit jedoch nicht davon, in jedem Einzelfall die Bewertungserheblichkeit positiv festzustellen, wofür ggf. Sachverständigenrat eingeholt werden muss.[578]

(7) Abgrenzung von Bewertungserheblichkeit und Preisbeeinflussungseignung

Die Abgrenzung von Bewertungserheblichkeit und Preisbeeinflussungseignung bereitet erhebliche Schwierigkeiten und wird in der Literatur unterschiedlich vorgenommen.[579] So halten einige das Merkmal der Preisbeeinflussungseignung, andere das der Bewertungserheblichkeit für überflüssig. Offensichtlich besteht zumindest eine Schnittmenge zwischen den beiden Merkmalen. I.d.R. werden für ein Finanzinstrument bewertungserhebliche Umstände auch in der Lage sein, dessen Preis beeinflussen zu können. So sind Angaben über die Höhe eines Unternehmensgewinns sowohl für das Finanzinstrument bewertungserheblich, als auch in aller Regel geeignet, eine preisliche Reaktion hervorzurufen.

Für eine eigenständige Berechtigung der beiden Tatbestandsmerkmale müssten sich jedoch Auslegungsbereiche definieren lassen, die jeweils nur einem der Merkmale zugeordnet sind. Einen Ansatzpunkt bildet bereits die Auslegung nach dem Wortlaut. Die Bewertungserheblichkeit erfasst nur Umstände, die für den Wert des Finanzinstruments von Relevanz sind. Die Preisbeeinflussungseignung erfasst dagegen alle Umstände, die geeignet sind, auf den aktuellen, tatsächlichen Börsenpreis einzuwirken. Folgt man der neoklassischen Kapitalmarkttheorie, so stimmen Kurs und Wert eines Finanzinstruments überein, so dass sich die beiden Begriffe vollständig überlagern würden und sich die Frage stellen müsste, welches der beiden Merkmale überflüssig ist.[580] Eine Differenzierung macht teleologisch Sinn, wenn man die bereits eingangs erwähnte Unterscheidung zwischen innerem Wert und tatsächlichem Börsenkurs berücksichtigt und mit den Ansätzen der Behavioral Finance bedenkt, dass diese Größen in der Praxis divergieren können. Im Falle einer Marktineffizienz fallen Börsenkurs und innerer Wert auseinander. In diesem Fall ist entweder der intrinsische Wert nur Teilmenge des Kurses

577 Vgl. die Aufstellung bei *Vogel* in *Assmann/Uwe H. Schneider* § 20a WpHG Rn. 80 in Anlehnung an ein Dokument der SEC.

578 *Vogel* in *Assmann/Uwe H. Schneider* § 20a WpHG Rn. 76.

579 Vgl. nur *Altenhain*, BB 2002, 1874, 1877; *Sorgenfrei* wistra 2002, 321, 326 f.; *Mock/Stoll/Eufinger* in KölnKommWpHG § 20a Rn. 180; *Schönhöft* S. 81; *Eichelberger* S. 281.

580 So *Eichelberger* S. 265, 281.

(Überbewertung) oder der Börsenpreis nur Teilmenge des inneren Wertes (Unterbewertung). Die Merkmale können also unterschieden werden. Damit ergibt sich eine doppelte Schutzrichtung.

Nach der Formulierung des § 20a Abs. 1 S. 1 Nr. 1 WpHG ist es verboten, unrichtige oder irreführende Angaben über Umstände zu machen, die für die Bewertung eines Finanzinstruments erheblich sind, *wenn* die Angaben dazu geeignet sind, auf den Börsen- oder Marktpreis eines Finanzinstruments einzuwirken. Der Gesetzgeber implementiert damit ein Stufenverhältnis. Zunächst ist die Bewertungserheblichkeit festzustellen, um anschließend zu fragen, ob solche (bewertungserheblichen) Angaben preisbeeinflussungsgeeignet sind. Es stellt sich damit weitergehend die Frage, ob es Angaben über Umstände gibt, die zwar bewertungserheblich, nicht aber preisbeeinflussungsgeeignet sind.[581] Kapitalmarkttheoretisch ist damit der Fall angesprochen, dass die bewertungserhebliche Information mit weit überwiegender Wahrscheinlichkeit[582] nicht in der Erwartungsbildung berücksichtigt wird.[583] Dies ist etwa dann möglich, wenn die Angabe des vermeintlichen Manipulators zwar einen bewertungserheblichen Umstand betrifft, diese jedoch nach weit überwiegender Wahrscheinlichkeit, aufgrund der Person des Manipulators oder den allgemeinen Gegebenheiten auf dem Kapitalmarkt bzw. im Handel mit dem betreffenden Instrument nach genereller Kausalität nicht geeignet ist, auf den Preis des Instruments einzuwirken.

So wird kein verständiger Anleger die Interviewäußerungen eines unbekannten, als wirr erscheinenden Analysten ernst nehmen, er habe mit seinem, aus einer Cola-Dose und einem Draht bestehenden „Funkgerät", welches er daraufhin in die Kamera hält, Kontakt zu Außerirdischen aufgenommen, die ihm erzählt hätten, dass die Aktie der Y-AG steigen werde, da diese vor einem starken EBIT-Quartalszuwachs stehe.[584] Anderes mag dann gelten, wenn dem Analysten eine breite Kapitalmarktöffentlichkeit folgt („verrückt, aber genial"), da dort bereits aus Gründen des „Rational Herdings" eine Preiseinwirkungseignung vorliegt.

Gleiches gilt für einen Marktteilnehmer, der während einer Cornering-Situation, in welcher mehr Aktien leer verkauft wurden, als am Markt

---

581 Aufgrund des vorgefundenen Stufenverhältnisses scheidet die Fragestellung aus, ob es preiseinwirkungsgeeignete Angaben gibt, die nicht bewertungserheblich sind.

582 Zum Wahrscheinlichkeitsurteil bei Eignungsdelikten vgl. S. 99 ff.

583 Zu der kapitalmarkttheoretischen Erwartungsbildung nach dem neoklassischen Kapitalmarktmodel und den Störungsmöglichkeiten aus verhaltensökonomischer Sicht, vgl. S. 58 f., 63 ff.

584 Bsp. in Anlehnung an *Müller/Lindner* S. 780 f.

erhältlich sind und deshalb der Kurs in Schwindel erregende Höhen getrieben wird, eine falsche negative Umsatzprognose veröffentlicht, da diese Information am Markt schlechterdings ignoriert werden muss.

Solche Fälle der Informationsignoranz können auch in extremen Börsenphasen auftreten, in welchen die Kapitalmarktteilnehmer als Masse, der gegenwärtig am Markt vorherrschenden Meinung entgegenstehende Informationen schlichtweg ausblenden.[585]

Dies alles ist letztlich eine Frage des Einzelfalles und hängt maßgeblich von dem Grad der Wahrscheinlichkeit ab, den man dem Eignungsurteil zugrundelegt.[586] Hierzu ist ggf. Sachverständigenrat hinzuzuziehen. Es lässt sich jedoch zeigen, dass die beiden Merkmale dann sauber getrennt werden können, wenn auf deren Bezugspunkte abgestellt wird.[587] So weist die Bewertungserheblichkeit einen (Fundamental-) Bezug zum Finanzinstrument auf, während bei der Preiseinwirkungseignung die Angabe selbst und deren Bezugspunkte, wie bspw. die Angaben machende Person im Fokus stehen. Zudem bezieht sich die Preiseinwirkungseignung auf den Kurs, also den tatsächlichen Börsenpreis, während die Bewertungserheblichkeit auf den wirtschaftlichen Wert des Instruments abzielt. Im Falle einer Marktineffizienz fallen Börsenkurs und innerer Wert auseinander. Ökonomisch betrachtet werden sich die Preiseinwirkungseignung und die Bewertungserheblichkeit der Angabe umso mehr decken, je höher die Markteffizienz ist.

Es stellt sich abschließend die rechtspolitisch Frage, ob es wünschenswert ist *de lege ferenda*, eines der Merkmale zu streichen. Wie im Rahmen der Definition der Marktmanipulation beschrieben, ist es vor dem Hintergrund der Kapitalallokationsfunktion der Kapitalmärkte sinnvoll, bei der Frage, was als Vergleichswert zum manipulierten Kursniveau heranzuziehen ist, nicht auf den intrinsischen Wert, sondern auf das tatsächliche, unbeeinflusste Kursniveau abzustellen.[588] Fraglich ist damit, ob der Gesetzgeber mit dem Bezug auf die Bewertungserheblichkeit dieses Ziel konterkariert bzw. ob das Merkmal als systemfremd[589] einzuordnen ist. Dem ist entgegenzuhalten, dass beiden Merkmalen eine Filterfunktion zukommt. Durch die Bewertungserheblichkeit werden zunächst nicht

585 Eine Erklärung hierfür können auch die Erkenntnisse der Behavioral Finance zur selektiven Informationswahrnehmung bieten S. 65 f., wenn man sie gruppenpsychologisch auslegt.

586 Zur Erfassung der Wahrscheinlichkeit in der Erwartungsbildung s. S. 58 f.

587 *Vogel* in Assmann/Uwe H. Schneider WpHG § 20a Rn. 78, 113.

588 Dazu S. 3 ff.

589 *Eichelberger* S. 265.

wirtschaftliche Kriterien ausgeschieden. Die verbleibenden wirtschaftlich-bewertungsrelevanten Angaben werden weitergehend vor dem Hintergrund des Schutzgutes funktionaler Kapitalmärkte, auf deren Preiseinwirkungseignung hin untersucht. Nach diesem Verständnis sind Angaben, die zwar bewertungserheblich, aber nicht preiseinwirkungsgeeignet sind, auch nicht vom Schutzzweck des Verbotes erfasst. Bei dem Merkmal der Bewertungserheblichkeit handelt es sich folglich nur um ein weitergehendes Filterkriterium, welches insb. in ineffizienten Märkten bzw. Fällen dysfunktionaler Preisbildung an Bedeutung gewinnt, wenn in diesen Situationen die gemachten Angaben kapitalmarkttheoretisch betrachtet, nur noch mit einer entfernten Wahrscheinlichkeit in die Erwartungsbildung einfließen.

(8) Unterlassenskonstellationen

(a) Verschweigen (§ 20a Abs. 1 S. 1 Nr.1 Alt.2 WpHG)

Nach der Regelung des § 20a Abs. 1 S. 1 Nr. 1 Alt. 2 WpHG ist es verboten, bewertungserhebliche und preisbeeinflussungsgeeignete Angaben entgegen bestehender Rechtsvorschriften zu verschweigen. Es handelt sich um ein Unterlassungsdelikt.[590] Jedenfalls ist das Unterlassen nach allgemeinen Grundsätzen im Verhältnis zum Tun subsidiär, so dass § 20a Abs. 1 S. 1 Nr. 1 Alt. 1 WpHG vorrangig ist.[591] Bedeutsam wird diese Problematik, wenn der Manipulator unvollständige Angaben macht.[592] Da die Norm auf „bestehende Rechtsvorschriften" verweist, handelt es sich um ein echtes Teilblankett und eine dynamische Verweisung.[593]

Zunächst ist zu fragen, wann eine Angabe verschwiegen ist. Hierfür ist zunächst zu beantworten, wem gegenüber Angaben verschwiegen wer-

---

590 Dabei ist umstritten, ob es sich um ein echtes oder unechtes Unterlassungsdelikt handelt: echtes Unterlassungsdelikt *Eichelberger* S. 266; *Trüstedt*, S. 89; *Fleischer* in Fuchs WpHG § 20a Rn. 35; *Schwark* in Schwark § 20a WpHG Rn. 19; *Mock/Stoll/Eufinger* in KölnKommWpHG § 20a Rn. 165; *Sorgenfrei* in Park §§ 20a, 38 II, 39 I Nr. 1-2, IV WpHG Rn. 71; differenzierend *Vogel* in *Assmann/Uwe H. Schneider* § 20a WpHG Rn. 98; unechtes Unterlassungsdelikt: *Ziouvas*, ZGR 2003, 113, 126.

591 *Eichelberger* S. 273; *Fleischer* in Fuchs WpHG § 20a Rn. 35; *Mock/Stoll/Eufinger* in KölnKommWpHG § 20a Rn. 165; *Vogel* in *Assmann/Uwe H. Schneider* § 20a WpHG Rn. 99.

592 Vgl. S. 94; *Schönhöft* S. 88; *Eichelberger* S. 273; *Fleischer* in Fuchs WpHG § 20a Rn. 35; *Mock/Stoll/Eufinger* in KölnKommWpHG § 20a Rn. 172; *Schwark* in Schwark, § 20a WpHG Rn. 22.

593 *Vogel* in *Assmann/Uwe H. Schneider* § 20a WpHG Rn. 100; *Mock/Stoll/Eufinger* in KölnKommWpHG § 20a Rn. 165.

den können bzw. wer geeigneter Adressat des Verbotes ist. Hinsichtlich des geschützten Personenkreises sind Angaben zumindest dann verschwiegen, wenn sie gegenüber niemandem gemacht wurden.[594] Erweiternd wird allerdings gefordert, dass bereits dann ein Verschweigen i.S.d. Norm vorliegt, wenn nicht alle Personen informiert wurden, denen gegenüber eine Offenlegungspflicht bestand.[595] Daraus folgt, dass sofern der geschützte Personenkreis informiert wurde, die bloße Verletzung von Verfahrens- und Formvorschriften unbeachtlich ist.[596] Nach Sinn und Zweck des § 20a Abs. 1 S. 1 Nr. 1 Alt. 2 WpHG können bereits bekannte Sachverhalte nicht mehr verschwiegen werden.[597] Die Person des Verschweigenden, wird immer dann problematisch, wenn eine gesamtverantwortliche Personengruppe, wie die Leitungsorgane einer juristischen Person, Bezugspunkt sind.[598] Grds. ist eine kollektive Verantwortlichkeit gegeben[599], die sich bei funktionaler Aufgabenteilung allerdings in eine Überwachungspflicht hinsichtlich der delegierten Bereiche herabmindert.[600] Bei der Beurteilung des Verschweigens sind über die Frage des Personenkreises hinaus auch zeitliche Aspekte zu beachten. So kann auch eine verspätete Offenlegung ein Verschweigen darstellen, sofern die maßgebende Rechtsvorschrift eine sofortige oder fristgemäße Offenlegung verlangt.[601] Verschwiegen ist eine Angabe schließlich auch dann,

594 Emittentenleitfaden S. 110; *Vogel* in Assmann/Uwe H. Schneider WpHG § 20a Rn. 101.

595 *Eichelberger* S. 267; *Schönhöft* S. 88; *Waschkeit*, S. 274; *Schwark* in Schwark § 20a WpHG Rn. 22; *Mock/Stoll/Eufinger* in KölnKommWpHG § 20a Rn. 170; *Vogel* in *Assmann/Uwe H. Schneider* § 20a WpHG Rn. 78.

596 Dies wird v.a. für das Verfahren und die Form der Veröffentlichung von Ad-hoc Mitteilungen relevant, *Eichelberger* S. 268; *Mock/Stoll/Eufinger* in KölnKommWpHG § 20a Rn. 171; *Fleischer* in Fuchs WpHG § 20a Rn. 36; dazu *Vogel* in Assmann/Uwe H. Schneider WpHG § 20a Rn. 101, der darauf hinweist, dass allerdings die Form nach § 15 Abs. 7 i.V.m. § 5 WpAIV einzuhalten ist.

597 *Mock/Stoll/Eufinger* in KölnKommWpHG § 20a Rn. 171; *Vogel* in *Assmann/Uwe H. Schneider* § 20a WpHG Rn. 101; *Fleischer* in Fuchs WpHG § 20a Rn. 36.

598 *Eichelberger* S. 272; *Mock/Stoll/Eufinger* in KölnKommWpHG § 20a Rn. 168; *Schwark* in Schwark § 20a WpHG Rn. 21; *Fleischer* in Fuchs WpHG § 20a Rn. 39.

599 *Eichelberger* S. 344 f.; *Mock/Stoll/Eufinger* in KölnKommWpHG § 20a Rn. 168.

600 Vgl. *Eichelberger* S. 345; *Mock/Stoll/Eufinger* in KölnKommWpHG § 20a Rn. 168; a.A. *Schwark* in *Schwark*, § 20a WpHG Rn. 21 (vollumfängliche Entlastung der anderen Vorstandsmitglieder, wenn entspr. Aufgabenteilung).

601 Emittentenleitfaden S. 110; *Eichelberger* S. 267; *Waschkeit* S. 274; *Mock/Stoll/Eufinger* in KölnKommWpHG § 20a Rn. 169; *Schäfer* in *Schäfer/Hamann* KMG § 20a WpHG Rn. 31; *Fleischer* in Fuchs WpHG § 20a Rn. 36. Problematisch kann dies bei mehrstufigen Unternehmensentscheidungen werden, da dort der Zeitpunkt für Erfüllung der Publizitätspflicht umstritten ist, dazu *Vogel* in Assmann/Uwe H. Schneider WpHG § 20a Rn. 102

wenn die Ausnahmebestimmung zu einer Offenlegungspflicht nicht eingehalten werden.[602]

Desweiteren verweist § 20a Abs. 1 S. 1 Nr. 1 Alt. 2 WpHG auf „bestehende Rechtsvorschriften", so dass sich die Frage nach der Reichweite dieses Tatbestandsmerkmals stellt. Dazu muss zunächst erörtert werden, auf welche Rechtsquellen die Regelung verweist[603], um anschließend zu beurteilen, ob die erfassten Regelungen eine gewisse Rechtsqualität aufweisen müssen. Erfasst sind jedenfalls deutsche Parlamentsgesetze und Rechtsverordnungen, sobald diese in Kraft getreten sind.[604] Hinsichtlich des Gemeinschaftsrechts sind jedenfalls Verordnungen erfasst.[605] Schwieriger ist die Beurteilung nicht rechtzeitig umgesetzter Richtlinien. Zwar gelten diese unter besonderen Voraussetzungen nach Ablauf der Umsetzungsfrist in der Beziehung Staat-Bürger (sog. *vertikalen Wirkung*), nicht jedoch zwischen den Bürgern (sog. *horizontale Wirkung*).[606] Damit scheinen sie als bestehende Rechtsvorschriften i.S.d. Norm aus.[607] Vor dem Hintergrund des Vorbehalts des Gesetzes und der deshalb notwendigen demokratischen Legitimation sind weitere Fälle umstritten. So wird über die Erfassung von öffentlichem Satzungsrecht, wie bspw. der Börsenordnungen i.S.v. § 16 BörsG diskutiert. Richtigerweise ist nicht danach zu differenzieren, welche Rechtsqualität eine untergesetzliche öffentlichrechtliche Ermächtigung hat, so dass auch Börsenordnungen von § 20a Abs. 1 S. 1 Nr. 1 Alt. 2 WpHG erfasst sind, da diesen eine abgeleitete demokratische Legitimation zukommt.[608] Dadurch wird allerdings auch deutlich, dass rein privatrechtliche Veröffentlichungsvereinbarungen und unverbindliche Kodizes nicht erfasst sein können.[609] Umstritten ist

602 Emittentenleitfaden, S. 110; *Fleischer* in Fuchs WpHG § 20a Rn. 36; *Eichelberger* S. 278.

603 § 20a Abs. 1 S. 1 Nr.1 Alt.2 WpHG setzt eine anderorts begründete Publizitätspflicht voraus, dazu *Eichelberger* S. 269; *Vogel* in Assmann/Uwe H. Schneider § 20a WpHG Rn. 105; *Fleischer* in Fuchs WpHG § 20a Rn. 37.

604 Vgl. Emittentenleitfaden S. 110; *Eichelberger* S. 269; *Mock/Stoll/Eufinger* in KölnKommWpHG § 20a Rn. 166; *Vogel* in *Assmann/Uwe H. Schneider* § 20a WpHG Rn. 105; *Fleischer* in Fuchs WpHG § 20a Rn. 37.

605 *Fleischer* in Fuchs WpHG § 20a Rn. 37.

606 *Vogel* in *Assmann/Uwe H. Schneider* § 20a WpHG Rn. 105; allgemein *Frenz* § 1 Rn. 28.

607 Vgl. *Mock/Stoll/Eufinger* in KölnKommWpHG § 20a Rn. 166; *Vogel* in *Assmann/Uwe H. Schneider* § 20a WpHG Rn. 105; *Fleischer* in Fuchs WpHG § 20a Rn. 37.

608 *Vogel* in *Assmann/Uwe H. Schneider* § 20a WpHG Rn. 105; *Eichelberger* S. 269; a.A. *Mock/Stoll/Eufinger* in KölnKommWpHG § 20a Rn. 166.

609 Vgl. Emittentenleitfaden S. 110; *Eichelberger* S. 270; *Mock/Stoll/Eufinger* in KölnKommWpHG § 20a Rn. 166; *Vogel* in *Assmann/Uwe H. Schneider* § 20a WpHG Rn. 107; *Fleischer* in Fuchs WpHG § 20a Rn. 37.

die Beurteilung von Richterrecht. Es wird jedoch mehrheitlich nicht als Regelung i.S.v. § 20a Abs. 1 S. 1 Nr. 1 Alt. 2 WpHG verstanden.[610] Etwas anderes mag für Entscheidungen des Bundesverfassungsgerichts gem. § 31 BVerfGG gelten. Aufgrund des aus dem Rechtsstaatsprinzip abgeleiteten Bestimmtheitsgebotes können aus Generalklauseln (§§ 242 BGB, 13 StGB) folgende Offenlegungspflichten nicht als solche i.S.d. Marktmanipulationsverbots anerkannt werden.[611] Auf Ingerenzsachverhalte bleibt § 13 StGB anwendbar.[612]

Der Kreis der erfassten Rechtsquellen muss jedoch vor dem Hintergrund des Sinn und Zwecks des Marktmanipulationsverbots weiter eingeschränkt werden. So ist zu fordern, dass die infrage kommenden Regelungen im weitesten Sinne kapitalmarktschützend sind wobei hierbei der Anlegerschutz von besonderer Bedeutung ist.[613] Danach lassen sich die infrage kommenden Regelungen in drei Gruppen einteilen.[614] Zum einen sind originär kapitalmarktrechtliche Offenlegungspflichten erfasst.[615] Darüber hinaus können bilanzrechtliche und handelsregisterrechtliche Publizitätspflichten unterschieden werden.[616] Die größte Relevanz wird § 20a Abs. 1 S. 1 Nr. 1 Alt. 2 WpHG allerdings vor dem Hintergrund von § 15 WpHG zugesprochen.[617]

Zur Definition der in Rede stehenden Umstände und zur Beurteilung der Bewertungserheblichkeit und Eignung zur Preisbeeinflussung der über diese Umstände gemachten Angaben, sei auf die obigen Ausführungen verwiesen (S. 99 ff., 102 ff.). Allerdings wird zu Recht angenom-

---

610 *Eichelberger* S. 270; *Arlt*, S. 177; *Vogel* in *Assmann /Uwe H. Schneider* § 20a WpHG Rn. 107.

611 *Eichelberger* S. 270; *Schlüchter* S. 141 f.; *Vogel* in *Assmann/Uwe H. Schneider* § 20a WpHG Rn. 106.

612 Vgl. dazu S. 113.

613 Zu den teleologischen Grundlagen S. 92 f.; vgl. auch *Eichelberger* S. 270 f.; *Schönhöft* S. 88 f.; *Mock/Stoll/Eufinger* in KölnKommWpHG § 20a Rn. 167; *Vogel* in *Assmann/Uwe H. Schneider* § 20a WpHG Rn. 108.

614 Vgl. die Einteilung und Aufzählungen bei *Fleischer* in Fuchs WpHG § 20a Rn. 38; *Vogel* in *Assmann/Uwe H. Schneider* § 20a WpHG Rn. 110 f.

615 *Mock/Stoll/Eufinger* in KölnKommWpHG § 20a Rn. 173; *Schwark* in Schwark § 20a WpHG Rn. 19; *Vogel* in *Assmann /Uwe H. Schneider* § 20a WpHG Rn. 110.

616 Emittentenleitfaden S. 110; *Mock/Stoll/Eufinger* in KölnKommWpHG § 20a Rn. 173; *Vogel* in *Assmann/Uwe H. Schneider* § 20a WpHG Rn. 110. *Sorgenfrei* in *Park*, §§ 20a, 38 II, 39 I Nr. 1-2, II Nr. 11, IV WpHG Rn. 72.

617 *Vogel* in *Assmann/Uwe H. Schneider* § 20a WpHG Rn. 110; *Mock/Stoll/Eufinger* in KölnKommWpHG § 20a Rn. 173; *Fleischer* in Fuchs WpHG § 20a Rn. 38.

men, dass bei Bestehen einer (kapitalmarktrechtlichen) Publizitätspflicht eine Vermutung für die Bewertungserheblichkeit gegeben ist.[618]

(b) Pflichtwidriges Unterlassen gem. § 20a Abs. 1 S. 1 Nr. 1 Alt. 1 WpHG i.V.m. § 13 StGB

Bestehen nach allgemeinen Grundsätzen Aufklärungspflichten, existiert aber keine „bestehende Rechtsvorschrift" i.S.d. § 20a Abs. 1 S. 1 Nr. 1 Alt. 2 WpHG, kommt ein garantenpflichtwidriges Unterlassen gem. § 20a Abs. 1 S. 1 Nr. 1 Alt. 1 WpHG i.V.m. § 13 StGB grds. nicht in Betracht.[619] Etwas anderes mag dann gelten, wenn eine vormals richtige Angabe unrichtig wird oder derjenige, der zunächst gutgläubig eine unrichtige Angabe gemacht hat, später deren Unrichtigkeit erkennt.[620] Angesprochen sind damit Berichtigungs- und Aktualisierungspflichten. In einer Parallele zu der Auslegung zu § 264a StGB und § 82 GmbHG wird danach differenziert, ob die Angabe noch nicht zugegangen ist oder der Zugang bereits erfolgte.[621] Nur im letzten Fall kommt ein garantenpflichtwidriges Unterlassen gem. § 20a Abs. 1 S. 1 Nr. 1 Alt. 1 WpHG i.V.m. § 13 StGB hinsichtlich einer kommunikativen Verkehrssicherungspflicht zu Rückruf-, Warn- und Aktualisierungspflichten in Betracht, da sich im ersten Fall bereits eine Pflicht zur wahrheitsgemäßen und vollständigen Angabe bereits eine Berichtigungspflicht aus § 20a Abs. 1 S. 1 Nr. 1 Alt. 1 WpHG abzuleiten ist.[622]

---

618 *Eichelberger* S. 268; *Vogel* in *Assmann/Uwe H. Schneider* § 20a WpHG Rn. 104; a.A. *Mock/Stoll/Eufinger* in KölnKommWpHG § 20a Rn. 179.

619 Dies wird mit der notwendigen Bestimmtheit der Regelung begründet, s.o. S. 112.

620 Emittentenleitfaden S. 109; *Eichelberger* S. 255 ff.; *Vogel* in *Assmann/Uwe H. Schneider* § 20a WpHG Rn. 67; a.A. *Arlt*, S. 176; *Mock/Stoll/Eufinger* in KölnKommWpHG §20a Rn. 160; *Schröder*, Hdb Kapitalmarktstrafrecht, Rn. 395; *Claussen/Florian*, AG 2005, 745, 761.

621 *Vogel* in Assmann/Uwe H. Schneider WpHG § 20a Rn. 67 mit Verweisen in die entspr. Kommentarliteratur.

622 *Vogel* in Assmann/Uwe H. Schneider WpHG § 20a Rn. 67; a.A. *Mock/Stoll/Eufinger* in KölnKommWpHG §20a Rn. 160 die eine „nach Inhalt und Grenzen unferlose Pflichtenbindung" fürchten. Dem kann jedoch entgegnet werden, dass die beschriebenen Sachverhalte praktisch leicht erkennbar sind und dogmatisch ein Fall des gefahrbegründenden Vorverhaltens (Ingerenz) vorliegt, so dass auf diese Grundsätze zurückgegriffen werden kann.

bb. Marktmanipulation durch die Vornahme von Geschäften oder Erteilung von Aufträgen (§ 20a Abs. 1 S. 1 Nr. 2)

Nach § 20a Abs. 1 S. 1 Nr. 2 WpHG ist es verboten, Geschäfte vorzunehmen oder Kauf- oder Verkaufsaufträge zu erteilen, die geeignet sind, falsche oder irreführende Signale für das Angebot, die Nachfrage oder den Börsen- oder Marktpreis von Finanzinstrumenten zu geben oder ein künstliches Preisniveau herbeizuführen.

Mit § 20a Abs. 1 S. 1 Nr. 2 WpHG sind durch Art. 1 Nr. 7 AnSVG die Vorgaben aus Art. 1 Nr. 2 lit. a) erster und zweiter Spiegelstrich der MMR und die weiteren Präzisierungen durch die Durchführungsrichtlinie 2003/124/EG umgesetzt worden.[623]

Dabei werden auch effektive Geschäfte[624] erfasst, die nach früherem Recht den „sonstigen Täuschungshandlungen" i.S.v. §§ 20a Abs. 1 S. 1 Nr. 2 a.F., 88 Nr. 2 BörsG a.F. zugeordnet waren, vgl. etwa § 3 KuMaKV.[625] Das hat den Anwendungsbereich erheblich erweitert[626], so dass es vereinzelt zu verfassungsrechtlichen Bedenken hinsichtlich der Bestimmtheit der Regelung kam.[627] Zudem war gerade für effektive Geschäfte die in §§ 20a Abs. 1 S. 1 Nr. 2 a.F., 88 Nr. 2 BörsG a.F vorgesehene Manipulationsabsicht von konkretisierender Bedeutung, so dass der nunmehr „verobjektivierte" Tatbestand zu komplexen Abgrenzungsfragen zwischen legitimer Marktteilnahme und manipulativem Verhalten führt.

Die Erweiterung des Anwendungsbereiches versuchte der nationale Gesetzgeber zum einen auf tatbestandlicher Ebene durch Bereichseinschränkungen in § 20a Abs. 2[628], 3 WpHG und systematisch durch Konkretisierungen der Tatbestandsmerkmale im Verordnungswege zu erreichen. So erfährt § 20a Abs. 1 S. 1 Nr. 2 WpHG eine Konkretisierung durch

---

623 RegE AnSVG BT-Drucks. 15/3174 S. 37; *Schäfer* in *Schäfer/Hamann* KMG § 20a WpHG Rn. 47; *Mock/Stoll/Eufinger* in Köln-KommWpHG § 20a Rn. 184; *Vogel* in *Assmann/Uwe H. Schneider* § 20a WpHG Rn. 140; *Fleischer* in Fuchs WpHG § 20a Rn. 42.

624 Bei einem effektiven Geschäften trifft den Ausführenden selbst das Marktrisiko, vgl. S. 45.

625 Vgl. BR-Drucks. 18/05 S. 14 f.

626 *Fleischer* in Fuchs WpHG § 20a Rn. 43; *Mock/Stoll/Eufinger* in KölnKommWpHG § 20a Rn. 186; *Vogel* in *Assmann/Uwe H. Schneider* § 20a WpHGRn. 142 f.

627 *Kutzer*, WM 2005, 1401, 1403; *Bisson/Kunz*, BKR 2005, 186, 187.

628 Diese Einschränkung ist bereits in Art. 1 Nr. 2a MMR vorgesehen und wurde durch Art. 2, 3 Durchführungsrichtlinie 2004/72/EG näher konkretisiert (dazu S. 82 ff.); vgl. auch *Kutzner*, WM 2005, 1401, 1404; *Schwintek*, S. 60 f.; *Mock/Stoll/Eufinger* in Köln-KommWpHG § 20a Rn. 186; *Vogel* in *Assmann/Uwe H. Schneider* § 20a WpHGRn. 141.

§20a Abs. 5 S. 1 Nr. 2 WpHG i.V.m. §§ 1 Nr. 2 i.V.m. 3 MaKonV.[629] Zudem wurde das Anerkennungsverfahren bzgl. einer zulässigen Marktpraxis aufgrund von § 20a Abs. 5 S. l Nr. 5 in §§ 7-10 MaKonV beschrieben.

(1) Vornahme von Geschäfte

Zunächst ist zu klären, was unter der Vornahme von Geschäften zu verstehen ist. Der Begriff des Geschäfts wird weit gefasst und beinhaltet alle Transaktionen mit Finanzinstrumenten[630], d.h. dass neben Kauf- und Verkaufsgeschäften auch Verpfändungen, Sicherungsübereignungen, Sicherungszessionen und Treuhändergeschäfte erfasst sind.[631] Ein Vollrechtserwerb ist nicht notwendig.

Durch die Ausführung bzw. den Vollzug des Geschäfts, also durch den Wechsel der wirtschaftlichen Berechtigung, gilt dieses als vorgenommen.[632] Wie sich aus § 3 Nr. 3 MaKonV ergibt, sind darüber hinaus aber gerade auch solche Geschäfte erfasst, die falsche oder irreführende Signale durch das Ausbleiben eines wirtschaftlichen Eigentümerwechsels geben.[633] Dies ist konsequent, wenn man die in der Praxis vorkommenden Manipulationshandlungen in diesem Bereich betrachtet.[634] So ist es besonders bedeutsam, dass nach § 116 f. BGB unwirksame Scheingeschäfte als vorgenommen gelten, sofern der Schein der Ausführung gegeben ist.[635] Der Manipulator kann das irreführende Signal auch nicht dadurch ungeschehen machen, dass er neutralisierende Gegengeschäfte vornimmt.[636]

---

629 Dies hat gleichsam zu einer Umsetzung von Art. 4 der Durchführungsrichtlinie 2003/124/EG geführt. Hat, vgl. Begr. zur MaKonV BR-Drucks. 18/05 S. 13.

630 *Mock/Stoll/Eufinger* in KölnKommWpHG § 20a Rn. 187; *Vogel* in *Assmann/Uwe H. Schneider* § 20a WpHG Rn. 145.

631 *Fleischer* in Fuchs WpHG § 20a Rn. 44; *Mock/Stoll/Eufinger* in KölnKommWpHG § 20a Rn. 187; *Schäfer* in Schäfer/Hamann KMG § 20a WpHG Rn. 48; *Vogel* in *Assmann/Uwe H. Schneider* § 20a WpHG Rn. 145.

632 *Fleischer* in Fuchs WpHG § 20a Rn. 44; *Vogel* in *Assmann/Uwe H. Schneider* § 20a WpHG Rn. 146.

633 *Vogel* in *Assmann/Uwe H. Schneider* § 20a WpHG Rn. 146; *Mock/Stoll/Eufinger* in KölnKommWpHG § 20a Rn. 187.

634 Zu den fiktiven Geschäften S. 51 f.

635 *Fleischer* in Fuchs WpHG § 20a Rn. 44. *Mock/Stoll/Eufinger* in KölnKommWpHG § 20a Rn. 189; *Sorgenfrei* in Park §§ 20a, 38 II, 39 I Nr. 1-2, II Nr. 11, IV WpHG Rn. 87.

636 *Mock/Stoll/Eufinger* in KölnKommWpHG § 20a Rn. 189; *Vogel* in *Assmann/Uwe H. Schneider* § 20a WpHG Rn. 146.

In europarechtskonformer Auslegung muss aufgrund von Art. 1 Nr. 2 lit. a) MMR zudem bereits der *Abschluss* eines Geschäfts als Vornahme, also Ausführung, eines Geschäftes betrachtet werden.[637]

(2) Erteilung von Kauf- oder Verkaufsaufträgen

Auf den ersten Blick scheint der Wortlaut des § 20a Abs. 1 S. 1 Nr. 2 WpHG mit den Begriffen Kauf- bzw. Verkaufauftrags eine kauf- oder auftragsrechtliche Auslegung nahezulegen. Demgegenüber müssen die genannten Begriffe in ihrem systematischen und teleologischen Kontext kapitalmarktrechtlich definiert werden.[638] Deshalb sind die vorbezeichneten Aufträge als „Order" zu verstehen, d.h. dass Effektenorder, Vermittlungsaufträge, etwa im Parketthandel, und Angebote im elektronischen Handel erfasst sind. [639]

Für eine Erteilung der Order ist nicht deren Eintragung im Orderbuch, sondern der Zugang beim Adressaten maßgebend.[640] Damit kann ein stornierter Auftrag zwar nicht als Auftragserteilung, wohl aber als Indiz für derartiges manipulatives Verhalten ausgelegt werden.[641]

(3) Eignung, falsche oder irreführende Signale zu geben oder ein künstliches Preisniveau herbeizuführen

Weiterhin müssen die Geschäfte oder Aufträge geeignet sein, falsche oder irreführende Signale zu geben oder ein künstliches Preisniveau herbeizuführen. Mit dem Eignungserfordernis wird wiederum auf die bereits erörterte Qualität des Tatbestandes als abstrakt-konkretes Gefährdungsdelikt hingewiesen.[642] Es stellt sich jedoch weitergehend die Frage, was der Gesetzgeber unter irreführenden oder falschen Signalen versteht.

---

637 *Vogel* in *Assmann/Uwe H. Schneider* § 20a WpHG Rn. 146; *Mock/Stoll/Eufinger* in KölnKommWpHG § 20a Rn. 188; *Schönhöft* S. 90 f.

638 *Mock/Stoll/Eufinger* in KölnKommWpHG § 20a Rn. 187; *Vogel* in *Assmann/Uwe H. Schneider* § 20a WpHG Rn. 147.

639 *Fleischer* in Fuchs WpHG § 20a Rn. 45; *Mock/Stoll/Eufinger* in KölnKommWpHG § 20a Rn. 187; *Vogel* in *Assmann/Uwe H. Schneider* § 20a WpHG Rn. 147; *Schäfer* in Schäfer/Hamann KMG § 20a WpHG Rn. 49.

640 *Fleischer* in Fuchs WpHG § 20a Rn. 45; *Mock/Stoll/Eufinger* in KölnKommWpHG § 20a Rn. 188; *Vogel* in *Assmann/Uwe H. Schneider* in § 20a WpHG Rn. 148.

641 *Fleischer* in Fuchs WpHG § 20a Rn. 45. *Vogel* in *Assmann/Uwe H. Schneider* § 20a WpHG Rn. 148 mit einem Hinweis auf § 3 Abs. 1 Nr. 2 MaKonV; *Schäfer* in Schäfer/Hamann KMG § 20a WpHG Rn. 49.

642 Vgl. dazu S. 99 f.

Unter einem Signal im natürlichen Sinn versteht man ein Zeichen, dass der Übertragung von Informationen dient.[643] Zutreffend merkt *Fleischer* an, dass der Begriff des Signals der *Marktprozesstheorie* entspringt[644], nach der Preise als Signale verstanden werden, die aus der Annahme und Verwerfung von Einzelplänen der Marktakteure resultieren.[645] Damit ist freilich noch nicht viel gewonnen, da jedes Geschäft und jeder Auftrag für sich genommen ein Signal aussendet.[646] Zur Einschränkung des Tatbestandes auf manipulative Verhaltensweisen, fordert deshalb der Gesetzgeber, dass das Signal falsch oder irreführend sein muss. Diese Formulierungen werden allgemein als wenig sachdienlich angesehen.[647] Fraglich ist, ob sich durch Auslegung der wahre Kern der Tatbestandsmerkmale ermitteln lässt. Hierzu werden diverse Vorschläge unterbreitet. So soll das Signal nach *Vogel* etwa dann falsch sein, wenn es nicht mit der wahren wirtschaftlichen Marktsituation für das in Rede stehende Finanzinstrument übereinstimmt.[648] Eine weitere Definition des falschen Signals schlägt *Eichelberger* vor, indem er darauf abstellt, ob das Signal nach der Auslegung von der Wirklichkeit abweicht.[649] Zur Irreführung wäre es dann geeignet, wenn es bei einem verständigen Anleger eine Fehlvorstellung über die entsprechende Marktsituation hervorruft.[650]

Beide Definitionen sind in der Sache zutreffend, wobei der Bezugspunkt der Merkmale und damit deren Verständnis noch klarer herausgearbeitet werden kann. Geht man von einem Signal als Informationen übermittelndes Zeichen i.S.d. Marktprozesstheorie aus, so kann dieses Signal niemals objektiv falsch sein, denn es übermittelt als Informations-

---

643 *Blum/Müller/Weiske* S. 118; *Stock* S. 19.

644 *Fleischer* in Fuchs WpHG § 20a Rn. 47 zu den Grundlagen der Marktprozesstheorie s.a. *Fleischer* S. 95 ff., insb. S. 97 f.

645 Damit ist die Preisbildung ein permanenter Kommunikationsvorgang, bei dem der Preis den aktuellen Stand des Marktdiskurses wiederspiegelt und die Marktteilnehmer in ihrer Entscheidungsfindung (informatorisch) lenkt, vgl. *Wohlgemuth* in Priddat/Seele S. 34 ff.; *Blum/Müller/Weiske* S. 118 ff.; Hintergrund des Verständnisses der Preise als Signale war die Frage nach der besten Marktform vor dem Hintergrund marktlicher und staatlicher Koordination, von *Hayek* S. 57 ff.

646 *Eichelberger* S. 290 ff.; *Sorgenfrei* in Park T1 §§ 20a, 38, 39 Rn. 89. *Vogel* in *Assmann/Uwe H. Schneider* § 20a WpHG Rn. 150.

647 *Eichelberger* S. 290 ff.; *Sorgenfrei* in Park T1 §§ 20a, 38, 39 Rn. 89; *Vogel* in *Assmann/Uwe H. Schneider* § 20a WpHG Rn. 150; *Fleischer* in Fuchs WpHG § 20a Rn. 47.

648 *Vogel* in *Assmann/Uwe H. Schneider* § 20a WpHG Rn. 150. ahnlich auch *Fleischer* in Fuchs WpHG § 20a Rn. 47; *Mock/Stoll/Eufinger* in KölnKommWpHG § 20a Rn. 191.

649 *Eichelberger* S. 290.

650 *Vogel* in *Assmann/Uwe H. Schneider* § 20a WpHG Rn. 119; *Eichelberger* S. 290; *Fleischer* in Fuchs WpHG § 20a Rn. 47.

träger immer wahrheitsgemäß die transportierte Information. Wird bspw. durch *Short Sales* das Angebot erhöht, erhöht sich dieses tatsächlich unabhängig davon, ob dahinter eine Marktmanipulation steht. Das Signal kann nur aus Sicht des Betrachters *im Kontext*, also subjektiv, als unzutreffend beurteilt werden, so dass es objektiv irreführend wirkt und damit einen Manipulationscharakter erhält.

Es stellt sich die Frage, nach welchem Beurteilungsmaßstab die Frage zu beantworten ist, wann ein Signal unzutreffend bzw. falsch i.S.v. § 20a Abs. 1 S. 1 Nr. 2 WpHG ist. Zunächst könnte wiederum auf den inneren Wert eines Finanzinstruments rekurriert werden. Neben dem bereits erörterten Problem der Ermittlungsgenauigkeit dieses Wertes, stellt sich zudem die Frage, ob es in einem marktwirtschaftlich geprägten Rechtsstaat angemessen ist, wenn wirtschaftlich irrationales Verhalten zum Anknüpfungspunkt des Marktmanipulationsverbotes wird.[651]

Um zu beantworten, wann ein Signal falsch oder irreführend ist, ist vielmehr auf den Sinn und Zweck des Verbotes und die Wirkungsweise manipulativen Verhaltens abzustellen. Dazu können kapitalmarkttheoretische Erkenntnisse fruchtbar gemacht werden.[652] Ausgangsproblem des Erkennens von Manipulationen i.R.v. effektiven Geschäften ist, dass diese, wenn man die einzelnen Transaktionen betrachtet, als solche nicht von marktgerechtem Verhalten zu unterscheiden sind. Um manipulative Verhaltensweisen zu identifizieren, ist es deshalb notwendig, die Wirkungsweise einer Manipulation zu betrachten. Das Ziel der Marktteilnahme eines Manipulators und eines rechtschaffenden Marktteilnehmers ist grundverschieden. Während sich der legitime Marktteilnehmer mit den wirtschaftlichen Gegebenheiten auf dem Kapitalmarkt befasst, befasst sich der Manipulator mittels der wirtschaftlichen Gegebenheiten mit dem Verhalten der anderen Marktteilnehmer. Der Manipulator sendet ein Signal i.S.v. § 20a Abs. 1 S. 1 Nr. 1 WpHG mit dem Ziel, dass dieses auf der Marktgegenseite einen biologisch-psychologischen Reiz auslöst[653], welches i.R.d. ökonomischen Erwartungsbildung[654], unter Ausnutzung der beschränkten kognitiven Fähigkeiten des Menschen[655], zu

651 Dies wäre zwangsläufig der Fall, da die Ermittlungsperson bzw. der Richter Transaktionen, welche dazu führen, dass vom inneren Wert abgewichen wird, als falsch bzw. irreführend betrachten müsste.

652 Dazu oben S. 56 f.

653 Zur Signalwirkung bereits soeben S. 116, zu psychologischen Grenzen bei der Erfassung S. 64 ff.

654 Vgl. S. 58 f.

655 Zu psychologischen Grenzen bei der Erfassung S. 64 ff.

einer Fehlinterpretation führt, die in eine für den Manipulator günstige Transaktion mündet.[656]

Daraus wird zugleich ersichtlich, dass nur ein subjektives Element i.S.e. *dolus directus ersten Grades*[657] ein hinreichend präzises Abgrenzungskriterium darstellt. Da das Gesetz im Vergleich zur früheren Rechtslage jedoch keine Manipulationsabsicht mehr fordert, muss de lege lata aufgrund des rein objektiv erkennbaren Verhaltens des Manipulators ein Rückschluss auf dessen subjektive Ziele gezogen werden.[658] Eine so ermittelte Manipulationsabsicht stellt dann ein wichtiges *Indiz* bei rein objektiv nicht eindeutigen Fällen dar. Hierfür ist eine objektiv-nachträgliche Prognose aus der Sicht eines verständigen, mit den Marktverhältnissen vertrauten Dritten vorzunehmen.[659]

Zudem kann das normative Kriterium der *Professionsadäquanz*, als Ausfluss sozialadäquaten Verhaltens, herangezogen werden.[660] Dabei hängen Professionsadäquanz und Manipulationsabsicht insofern zusammen, als sozialverträglich anzuerkennende Verhaltensweisen stets solche sind, die nicht darauf abzielen, andere Marktteilnehmer zum eigenen Nutzen mittels sonstiger Täuschungen zu manipulieren. Die Professionsadäquanz ist damit ein auf den jeweiligen Gesamtmarkt hochaggregiertes

---

656 Diesen Zusammenhang erkennt der Finanzausschuss bereits bei der Erörterung sonstige Täuschungshandlungen i.R.v. § 20a Abs. 1 S. 1 Nr. 2 a.F.: „Damit [durch die Preiseinwirkungsabsicht] wird eine Abgrenzung zwischen zwischen legitimen Transaktionen, die ebenfalls die Preisbildung beeinflussen können, und unerwünschten Manipulationen vorgenommen. Dabei ist nicht allein auf objektive Kriterien abzustellen. Vielmehr liegt der Unrechtsgehalt auf der *subjektiven Seite* des Handelnden. Der Kauf oder Verkauf eines Vermögenswertes wird in diesen Fällen *mit dem Ziel* vorgenommen, eine unzutreffende Informationen den Markt zu geben. [...] Ein sanktionswürdige Verhalten ist danach unter anderem gegeben, wenn durch die Transaktion andere Marktteilnehmer zum Handeln veranlasst werden sollen, indem durch das Geschäft der falsche Eindruck von Handelsaktivitäten erweckt werden soll."

657 Ansonsten ließe sich das Problem auf die subjektive Tatbestandsseite des Verbotes verlagern dazu S. 124 f.; Vorsatzgrade von *dolus eventualis* bis *dolus directus zweiten Grades* (sicheres Wissen) sind jedoch wie der soeben aufgezeigte Wirkungskreislauf verdeutlicht kein taugliches Abgrenzungskriterium. Andernfalls bestünde zudem eine Erklärungspflicht eigenen Handelns, vgl. *Eichelberger* S. 293.

658 So zutreffend *Eichelberger* S. 292 „Um den neuen Tatbestand nicht vollends der Bedeutungslosigkeit preiszugeben, bleibt nur, die Manipulationsabsicht in den an sich rein objektiv formulierten Tatbestand hinein zu interpretieren."; vgl. zudem die Begründung des RegE BT-Drucks. 15/3174 S. 37, der selbst von einer „Absicht" spricht.

659 *Fleischer* in Fuchs WpHG § 20a Rn. 46; *Mock/Stoll/Eufinger* in KölnKommWpHG § 20a Rn. 190; *Vogel* in *Assmann/Uwe H. Schneider* § 20a WpHG Rn. 118.

660 Zur Professionsadäaquanz als Rechtfertigung von Bereichsausnahmen vgl. S. 177.

normatives Urteil, welches jedoch insb. auch unter Berücksichtigung subjektiver Verhaltensvorgänge entsteht.

Ein Signal ist also dann „falsch", wenn es nach einer objektiven Analyse der Handlungen des Manipulators, aus welcher dessen subjektiven Ziele abgeleitet werden, nicht als Mittel zur Gestaltung der wahren wirtschaftlichen Verhältnisse[661], sondern als Mittel einer Täuschung anderer und damit als irreführend anzusehen ist. Dies macht deutlich, dass es in der Tat nahe liegt, mit *Mock/Stoll/Eufinger* von einem einheitlichen Begriffsverständnis von irreführenden und falschen Signalen auszugehen.[662]

Berücksichtigt man, dass bereits die Eignung zu einem solchen Signal ausreicht[663], wird deutlich, wie weit gefasst und unbestimmt der Tatbestand ist. So ist es noch nicht einmal vonnöten, dass die Geschäfte oder Aufträge tatsächlich ein falsches oder irreführendes Signal geben oder dass diese Signale wahrgenommen werden. Damit kann noch nicht einmal, wie bei der Preiseinwirkungseignung, dann eine Einschränkung gemacht werden, wenn die Marktgegenseite nicht auf die Manipulationshandlungen unter Beachtung der generellen Kausalität reagieren kann. Zwar wird jeder Auftrag und jedes Geschäft ein Signal geben, das Merkmal der Eignung kann aber dann Bedeutung erlangen, wenn umgehend eine Richtigstellung erfolgt, was dann an der Tatbestandsverwirklichung nichts ändern würde.[664]

Zudem bereitet die subjektive Analyse einer aufgrund von objektiven Anhaltspunkten zu ermittelnden Manipulationsabsicht erhebliche praktische Schwierigkeiten.[665] Unter Berücksichtigung der objektiven Fassung des Gesetzes ist es deshalb von besonderer Bedeutung, die in Rede stehenden Manipulationstaktiken untergesetzlich genau zu definieren, um eine gefestigte Basis für den Rückschluss auf die Manipulationsabsicht zu gewinnen. Diesen Konflikt hat der Gesetzgeber gesehen und mit § 20a Abs. 5 Nr. 2 und Nr. 5 WpHG eine Konkretisierungsmöglichkeit geschaf-

---

661 Zu den wahren wirtschaftlichen Verhältnissen v.a das marktgerechte (also unbeeinflusste) Angebot und die marktgerechte Nachfrage, die Marktliquidität und der marktgerechte Preis, vgl. *Vogel* in *Assmann/Uwe H. Schneider* § 20a WpHG Rn. 150.

662 *Mock/Stoll/Eufinger* in KölnKommWpHG § 20a Rn. 191.

663 Dazu *Eichelberger* S. 293; *Vogel* in *Assmann/Uwe H. Schneider* § 20a WpHG Rn. 149; *Mock/Stoll/Eufinger* in KölnKommWpHG § 20a Rn. 194.

664 *Vogel* in *Assmann /Uwe H. Schneider* § 20a WpHG Rn. 150.

665 So hätte der Richter gegebenenfalls den Sachverständigen zu fragen, ob dieser aufgrund der von der Marktüberwachung gesammelten Daten annimmt, dass die aus den Daten erkennbaren Signale geeignet sind, darauf zu schließen, dass der Angeklagte die oben näher beschriebene Absicht einer Manipulation gehabt hat.

fen, die der Verordnungsgeber mit §§ 3, 7 ff. MaKonV ergriffen hat. Dabei sind in § 3 Abs. 1 MaKonV Anzeichen für falsche oder irreführende Signale oder ein künstliches Preisniveau genannt, wohingegen in § 3 Abs. 2 MaKonV verbindliche Beispiele für irreführende Signale aufgezählt sind.[666]

Zu klären ist weiterhin, wann ein Geschäft oder ein Auftrag geeignet ist, ein künstliches Preisniveau i.S.v. § 20a Abs. 1 S. 1 Nr. 2 WpHG herbeizuführen. Der Norm wurde bewusst keine Erheblichkeitsschwelle oder ein zeitliche Erfordernis für die Dauer dieses Niveaus beigefügt.[667] Künstlich soll das Preisniveau dann sein, wenn es sich nicht mehr als Ergebnis eines unbeeinflussten Marktprozesses darstellt.[668] Diese Definition ist jedoch ein Zirkelschluss[669], da jedes Geschäft und jeder Auftrag als Marktprozess in der Lage ist, das Preisniveau zu beeinflussen und ein entsprechendes Signal zu setzen.

Insgesamt ist die Wahl des Begriffs „künstliches Preisniveau" in der Sache ungeeignet. Stellt man, wie bereits hergeleitet, aufgrund des Vertrauensschutzes, auf den aktuellen Kurs eines Finanzinstruments ab, so kann sich schon begrifflich objektiv kein „künstliches" Preisniveau ergeben, denn der Preis gibt immer nur den Preisbildungsprozess wieder und ist deshalb nicht „normal" oder „anormal" bzw. „künstlich". Will man auf einer rein objektiven Analysebasis bleiben, wäre es gedanklich einfacher gewesen, für die Beurteilung einer Manipulation auf den inneren Wert eines Finanzinstruments als Sollwert abzustellen. Dem stehen jedoch die o.g. Argumente entgegen. Solange folglich nicht geklärt ist was unter einem „unbeeinflussten" Preisniveau zu verstehen ist, hilft die Definition in ihrer abstrakten Form nicht weiter.

Als Lösungsansatz können wieder die Erkenntnisse bei der Auslegung der Merkmale „falsch" und „irreführend" nutzbar gemacht werden. Präziserweise ist das Preisniveau künstlich, wenn es sich als nicht von *manipulativem Verhalten* beeinflusst darstellt.[670] Da auf einer objektiven Ebene

---

666 Vgl. dazu die Begründung zur MaKonV, BR-DruckS. 18/05, S.13; *Fleischer* in Fuchs WpHG § 20a Rn. 50, 54; dazu eingehend S. 154 ff.

667 Vgl. BR-Drucks. 18/05 S. 13; *Mock/Stoll/Eufinger* in KölnKommWpHG § 20a Rn. 194; *Fleischer* in Fuchs WpHG § 20a Rn. 48.

668 *Schönhöft* S. 112; *Mock/Stoll/Eufinger* in KölnKommWpHG § 20a Rn. 194; *Vogel* in *Assmann/Uwe H. Schneider* § 20a WpHG Rn. 151.

669 *Mock/Stoll/Eufinger* in KölnKommWpHG § 20a Rn. 194; *Vogel* in *Assmann/Uwe H. Schneider* § 20a WpHG Rn. 151.

670 Ebenso *Eichelberger* S. 295, der allerdings zu dem Schluss kommt, dass ein undefinierter Begriff durch einen anderen ersetzt wird.

bzgl. der einzelnen Transaktionen nicht zwischen einem manipulativen und einem nicht manipulativen Geschäften unterschieden werden kann, müssen wiederum aus dem Gesamtzusammenhang rein objektiv Manipulationsmuster erkannt und darauf aufbauend auf die Manipulations*absicht* eines Marktteilnehmers geschlossen werden.[671] Dabei kann der oben beschriebene, kapitalmarkttheoretische Wirkungskreislauf zur Interpretation und zum besseren Verständnis nutzbar gemacht werden. Mit konkretisierenden Bspn. in § 3 MaKonV und durch die Möglichkeit der Anerkennung von Marktpraktiken (§§ 7 ff. MaKonV), versucht der Gesetzgeber, den aktuellen Kenntnisstand in Wissenschaft und Praxis umzusetzen und diesen Anforderungen gerecht zu werden.[672]

cc. Sonstige Täuschungshandlungen (§ 20a Abs. 1 S. 1 Nr. 3)

Bei § 20a Abs. 1 S. 1 Nr. 3 WpHG handelt es sich um einen generalklauselartigen Auffangtatbestand, der lex generalis zu § 20a Abs. 1 Nr. 1 und 2 WpHG ist.[673] Die Regelung verbietet es, sonstige Täuschungshandlungen vorzunehmen, die geeignet sind, auf den Börsen- oder Marktpreis eines Finanzinstruments einzuwirken und bildet damit die Grundlage für die Umsetzung von in Art. 1 Nr. 2 lit. b) und c) erster und dritter Spiegelstrich MMR und der in Durchführungsrichtlinie 2003/124/RG genannten Begriffsbestimmungen in nationales Recht.[674] Da die europarechtlichen Vorgaben keine Pflicht zur Erfassung aller möglichen Täuschungshandlungen vorsehen, ist der nationale Gesetzgeber mit der Fassung des § 20a Abs. 1 S. 1 Nr. 3 WpHG auch autonom rechtsetzend tätig geworden.[675]

Die Regelung stellt insofern ein Novum dar, als erstmals kein subjektives Element erforderlich ist. So war es nach der früheren Rechtslage erforderlich, dass der Täter sonstige auf Täuschung berechnete Mittel anwendet (§ 88 Nr. 2 BörsG a.F) oder die sonstigen Täuschungshandlungen

---

671 So auch *Eichelberger* S. 295, der die Absicht durch Auslegung in den Tatbestand „integrieren" will.

672 Zu der Frage, inwiefern dies insb. vor dem Hintergrund strafrechtlicher Sanktionsmöglichkeiten, verfassungsrechtlichen Grundsätzen genügt, vgl. S. 23 ff., 132 ff.

673 Zum ganzen RegE zum 4. FMFG, BT-Drucks.14/8017, S. 89; *Knauth/Käsler*, WM 2006, 1041, 1049; *Bisson/Kunz*, BKR 2005, 186, 188; *Schönhöft* S. 123; *Fleischer* in Fuchs WpHG § 20a Rn. 58; *Mock/Stoll/Eufinger* in KölnKommWpHG § 20a Rn. 201; *Schäfer* in *Schäfer/Hamann* KMG § 20a WpHG Rn. 64 ff.; *Vogel* in *Assmann/Uwe H. Schneider* § 20a WpHG Rn. 164.

674 Vgl. BT-Drucks. 15/3174 S. 37; *Fleischer* in Fuchs WpHG § 20a Rn. 58.

675 *Vogel* in *Assmann/Uwe H. Schneider* § 20a WpHG Rn. 206.

vornimmt, um auf den Börsen- oder Marktpreis einzuwirken (§ 20a Abs. 1 S. 1 Nr. 2 WpHG a.F.).[676] Die Manipulationsabsicht ist durch das AnSVG nunmehr durch das objektive Merkmal der Preisbeeinflussungseignung und den darauf gerichteten Vorsatz ersetzt worden. Begründet wird dies durch die erheblichen Beweisprobleme, die ein solches Absichtserfordernis mit sich brachte.[677]

Wie bei den anderen Varianten des § 20a Abs. 1 S. 1 WpHG handelt es sich um einen rein objektiv ausgestalteten Tatbestand, der durch seinen weiten Anwendungsbereich all die Manipulationstechniken erfassen will, die aufgrund der sich ständig wandelnden Kapitalmarktwirklichkeit nicht umfassend gesetzlich geregelt werden können.[678] So sind sowohl handels- und informations- als auch handlungsgestützte Manipulationen erfasst. Unter Berücksichtigung von § 4 MaKonV lassen sich sonstige Täuschungshandlungen allgemein als Handlungen definieren, die geeignet sind, einen verständigen Anleger auf dem betreffenden Markt über die dort bestehenden wahren wirtschaftlichen Verhältnisse zu täuschen.[679]

Bei Manipulationen, die rein äußerlich nicht vom marktgerechten Verhalten abzugrenzen sind, kann zur Klärung des objektiven Sachverhalts wiederum als Indiz die Preiseinwirkungsabsicht herangezogen werden.[680] Eine weitere Einschränkungsmöglichkeit bietet die *Professionsadäquanz*. Eine Berücksichtigung von subjektiven Elementen gehört auch zu deren Hintergrund, da auf dem jeweiligen Markt als sozialverträglich anzuerkennende Verhaltensweisen stets solche sind, die nicht darauf abzielen, andere Marktteilnehmer zum eigenen Nutzen mittels sonstiger Täuschungen zu manipulieren.[681] Dass die § 20a Abs. 1 Nr. 1 und 2 WpHG als lex specialis anzusehen sind, bedeutet indes nicht, dass Manipulationspraktiken, welche aus deren Tatbestand auszuscheiden sind,

---

676 *Kutzner*, WM 2005, 1401, 1405; *Bisson/Kunz*, BKR 2005, 186, 188; s.a. *Fleischer*, NJW 2002, 2977, 2979; *Lenzen*, ZBB 2002, 279, 283 zur a.F.; *Schwark* in Schwark § 20a WpHG Rn. 45f.; *Vogel* in *Assmann/Uwe H. Schneider* § 20a WpHG Rn. 206.

677 Vgl. den RegE AnSVG, BT-Drucks. 15/3174, S. 37.

678 Dazu die Begr. des RegE zum 4. FMFG, BT-Drucks. 14/8017, S. 64, 89; *Kutzner*, WM 2005, 1401, 1404.

679 *Kutzner* WM 2005, 1401, 1404; *Vogel* in *Assmann/Uwe H. Schneider* § 20a WpHG Rn. 211.

680 *Vogel* in *Assmann/Uwe H. Schneider* § 20a WpHG Rn. 215.

681 Zu diesen Zusammenhängen bereits oben S. 118 f.

nicht mehr von § 20a Abs. 1 S. 1 Nr. 3 WpHG erfasst werden können. Es gibt also keine Rückgriffssperre aufgrund abschließender Regelung.[682]

Bei der Beurteilung des Einzelfalls und insb. der Preiseinwirkungseignung muss wiederum auf die Sichtweise eines verständigen Anlegers abgestellt werden. Dabei kann diese Figur an die betreffenden Märkte, etwa als verständiger Privatanleger oder als verständiger institutioneller Anleger angepasst werden, je nachdem ob es sich um Publikumsmärkte handelt oder nicht.[683]

Anwendungsfälle sind bspw. die Verwirklichung des Tatbestandes durch Unterlassen bei einer Garantenpflicht (§§ 13 StGB, 8 OWiG) oder das Streuen von Gerüchten, wenn sie nicht bereits als Angaben einzuschätzen sind.[684] Daraus ergibt sich, dass eine Täuschung gem. § 20a Abs. 1 S. 1 Nr. 3 WpHG keiner ausdrücklichen Erklärung bedarf, vielmehr ist ein Signal, welches durch eine reine Objektmanipulation entsteht, ausreichend.[685]

Um der uferlosen und deshalb verfassungsrechtlich bedenklichen[686] Weite des Tatbestandes entgegenzuwirken, wird die Regelung des § 20a Abs. 1 S. 1 Nr. 3 WpHG durch § 4 MaKonV konkretisiert, der die Begriffsbestimmungen der Durchführungsrichtlinie 2003/124/RG aufnimmt.[687]

dd. Subjektive Anforderungen

In § 20a Abs. 1 S. 1 WpHG wird die Verbotsmaterie für eine ordnungs- und strafrechtliche Anknüpfung geschaffen. Die anknüpfenden Rechtsgebiete erfordern grds. vorsätzliches Verhalten, §§ 15 StGB, 10 OWiG.[688] Darüber hinaus wird allerdings auch von kapitalmarktrechtlicher Seite

---

682 *Eichelberger* S. 319; *Schönhöft* S. 135, 142 f.; *Vogel* in *Assmann/Uwe H. Schneider* § 20a WpHG Rn. 209; *Mock/Stoll/Eufinger* in KölnKommWpHG § 20a Rn. 201; a.A. *Trüstedt*, S. 145 (noch zu § 88 Nr. 2 BörsG a.F.)

683 *Vogel* in *Assmann/Uwe H. Schneider* § 20a WpHG Rn. 211; zur Flexibilität der Figur bereits oben S. 99 ff.

684 *Fleischer* in Fuchs WpHG § 20a Rn. 60; *Mock/Stoll/Eufinger* in KölnKommWpHG § 20a Rn. 205, 207.

685 *Vogel* in *Assmann/Uwe H. Schneider* § 20a WpHG Rn. 211; *Sorgenfrei* in Park, §§ 20a, 38 II, 39 I Nr. 1-2, II Nr. 11, IV WpHG Rn. 138; a.A. *Eichelberger* S. 308.

686 Dazu schon S. 25 ff.

687 Dazu noch S. 163 ff.

688 *Mock/Stoll/Eufinger* in KölnKommWpHG § 20a Rn. 211 f.; *Schäfer* in *Schäfer/Hamann* KMG § 20a WpHG Rn. 38 f.; *Vogel* in *Assmann /Uwe H. Schneider* § 20a WpHG Rn. 3; s.a. S. 139 f.

eine subjektive Entsprechung des rein objektiv formulierten Tatbestandes gefordert[689], weil eine Manipulation in tatsächlicher Hinsicht, immer ein subjektives Element aufweist. Der (zumindest bedingte[690]) Vorsatz muss sich auf alle objektiven Tatbestandsmerkmale beziehen, d.h., dass der Täter etwa die Preiseinwirkungseignung zumindest als Folge seines Handelns für ernsthaft möglich erkannt und im Rechtssinne gebilligt hat.[691] Bedeutung hat dies v.a. für die Verwaltungstätigkeit der BaFin.[692] Um die Befugnisse der BaFin nach § 4 Abs. 2 bis 4 WpHG zu eröffnen, muss zumindest der Verdacht vorsätzlichen Verhaltens gegeben sein.[693] Davon unberührt bleibt die allgemeine Aufgabe der BaFin zur Gefahrenabwehr gem. § 4 Abs. 1 WpHG.

c. Die zulässige Marktpraxis (§ 20a Abs. 2 WpHG)

Der Gesetzgeber hat § 20a Abs. 2 WpHG als Bereichsausnahme zu § 20a Abs. 1 S. 1 Nr. 2 WpHG ausgestaltet, die dann greift, wenn die in Rede stehende Handlung mit der zulässigen Marktpraxis auf dem entsprechenden organisierten Markt oder dem jeweiligen Freiverkehr vereinbar ist und der Handelnde hierfür legitime Gründe hat.[694] Durch die Regelung sollen die Vorgaben der Marktmissbrauchsrichtlinie aus Art. 1 Nr. 2 lit. a), Nr. 5 und der Richtlinie 2004/72/EG umgesetzt werden.[695] Mit der Regelungstechnik als Bereichsausnahme sollen die Vorteile eines flexiblen (weiten) Verbotstatbestandes mit dem Bedürfnis der Praxis nach Rechtssicherheit in Einklang gebracht werden.[696] Dem Bedürfnis nach Rechtssicherheit und der Natur der Bereichsausnahme entspricht es,

---

689 *Eichelberger* S. 320 f.; *Mock/Stoll/Eufinger* in KölnKommWpHG § 20a Rn. 212; *Vogel* in *Assmann/Uwe H. Schneider* § 20a WpHG Rn. 2.

690 *Mock/Stoll/Eufinger* in KölnKommWpHG § 20a Rn. 212; *Vogel* in *Assmann/Uwe H. Schneider* § 20a WpHG Rn. 126 ff, 152, 214.

691 *Mock/Stoll/Eufinger* in KölnKommWpHG § 20a Rn. 214; *Vogel* in *Assmann/Uwe H. Schneider* § 20a WpHG Rn. 127.

692 Vgl. *Eichelberger* S. 320 f.; *Vogel* in *Assmann/Uwe H. Schneider* § 20a WpHG Rn. 3 f.; *Mock/Stoll/Eufinger* in KölnKommWpHG § 20a Rn. 212.

693 *Eichelberger* S. 320 f.; *Vogel* in *Assmann/Uwe H. Schneider* § 20a WpHG Rn. 4.

694 Dazu etwa *Fleischer* in Fuchs WpHG § 20a Rn. 75 f.; *Sorgenfrei* in Park, §§ 20a, 38 II, 39 I Nr. 1-2, II Nr. 11, IV WpHG Rn. 110 f; vgl. auch Kapitel 5.

695 *Fleischer* in Fuchs WpHG § 20a Rn. 75; *Sorgenfrei* in Park, §§ 20a, 38 II, 39 I Nr. 1-2, II Nr. 11, IV WpHG Rn. 110; *Vogel* in *Assmann/Uwe H. Schneider* § 20a WpHG Rn. 168.

696 *Fleischer* in Fuchs WpHG § 20a Rn. 76.

§ 20a Abs. 2 WpHG als einen Tatbestandsausschluss und nicht als einen Rechtfertigungsgrund anzusehen.[697]

Nach § 20a Abs. 2 S. 2 WpHG gelten nur solche Gepflogenheiten als zulässige Marktpraxis, die auf dem jeweiligen Markt nach vernünftigem Ermessen erwartet werden können und von der BaFin als zulässige Marktpraxis anerkannt sind. Zum einen wird daraus deutlich, dass es sich bei dem in Frage stehenden Verhalten um eine objektive Übung handeln muss, die von den Marktteilnehmern als Usus und als angemessen betrachtet wird.[698] Zudem muss das Verhalten mit den Bedingungen und Strukturen des Marktes kompatibel sein (normatives Urteil).[699] Das Verhalten muss somit auch professionsadäquat sein. Zum anderen enthält die Regelung auch das Anerkennungsmonopol der BaFin – nur sie kann eine Marktpraxis als zulässig anerkennen.[700] Bei der Anerkennung handelt es sich um eine Allgemeinverfügung i.S.v. § 35 S. 2 VwVfG.[701]

Das BMF hat Einzelheiten des Anerkennungsverfahrens unter Zuhilfenahme der Ermächtigung aus § 20a Abs. 5 S. 1 Nr. 5 WpHG in den §§ 1 Nr. 5 i.V.m 7 ff. der MaKonV geregelt.[702]

d. Die „Safe Harbor"-Regelung (§ 20a Abs. 3 WpHG)

In § 20a Abs. 3 WpHG hat der Gesetzgeber weitere Bereichsausnahmen vom Verbot der Marktmanipulation geschaffen.[703] Die Regelung dient als Ausgleich für die Weite des Verbotstatbestandes und soll bei Handlungen, die rechtlich unbedenklich und wirtschaftlich förderlich sind, für mehr Rechtssicherheit sorgen.[704] Nach der Norm, die Art. 8 der Markt-

---

697 *Vogel* in *Assmann/Uwe H. Schneider* § 20a WpHG Rn. 171; *Fleischer* in Fuchs WpHG § 20a Rn. 76.

698 *Fleischer* in Fuchs WpHG § 20a Rn. 78; *Vogel* in *Assmann/Uwe H. Schneider* § 20a WpHG Rn. 176.

699 *Mock/Stoll/Eufinger* in KölnKommWpHG § 20a Rn. 228; *Fleischer* in Fuchs WpHG § 20a Rn. 78.

700 *Fleischer* in Fuchs WpHG § 20a Rn. 80, mit dem Hinweis, dass darin der maßgebliche Unterschied zu den Handelsbräuchen i.S.v. § 346 HGB liege, die nur eine einverständliche Übung der betreffenden Kreise voraussetze.

701 *Fleischer* in Fuchs WpHG § 20a Rn. 81; *Mock/Stoll/Eufinger* in KölnKommWpHG § 20a, Anhang I, § 7 MaKonV Rn. 7 ff.; a.A. *Vogel* in *Assmann/Uwe H. Schneider* § 20a WpHG Rn. 182; *Sorgenfrei* in Park, §§ 20a, 38 II, 39 I Nr. 1-2, II Nr. 11, IV WpHG Rn. 132.

702 Zu den Einzelheiten des Anerkenntnisverfahrens vgl. S. 186 ff.

703 Ausführlich dazu Kapitel 6 und 7.

704 *Vogel* in Assmann/Uwe H. Schneider WpHG § 20a Rn. 239.

missbrauchsrichtlinie in nationales Recht umsetzt[705], sind Aktienrückkaufprogramme und Kursstabilisierungsmaßnahmen unter bestimmten Voraussetzungen vom Verbot nach § 20a Abs. 1 WpHG ausgenommen. Es handelt sich folglich wie bei § 20a Abs. 2 WpHG um eine sog. „Safe Harbor"-Regelung und damit der Rechtsnatur nach um einen für den Rechtsanwender verbindlichen Tatbestandsausschluss.[706]

Eine Konkretisierung erfährt § 20a Abs. 3 WpHG durch die Durchführungs-Verordnung (EG) 2273/2003 auf welche auch durch § 5 MaKonV Bezug genommen wird.[707]

e. Das „Journalistenprivileg" (§ 20a Abs. 6 WpHG)

Aufbauend auf Art. 1 Nr. 2 lit. c) S. 2 MMR hat sich der Gesetzgeber auf Anraten des Finanzausschusses[708] dazu entschlossen, § 20a Abs. 1 S. 1 Nr.1 WpHG vor dem Hintergrund der Pressefreiheit (Art. 10 EMRK und Art. 5 Abs. 1 S. 2 GG) einzuschränken.[709] Journalist[710] im Sinne der Norm ist jede natürliche und juristische Personen, deren Tätigkeit einen Bezug zur öffentlichen Meinungsbildung und ein Mindestmaß redaktioneller Tätigkeit aufweist[711], unabhängig davon, ob die Person freiberuflich, in einem Angestelltenverhältnis oder nur gelegentlich mit der journalistischen Tätigkeit betraut ist.[712] Worüber die Meinungsbildung betrieben wird, ist auch unerheblich, so dass auch neue Medien wie beispielsweise das Internet mit seinen vielfältigen journalistischen Betätigungsfeldern

---

705 Vgl. dazu den RegE zum AnSVG, BT-DruckS. 15/3174, S. 37; *Fleischer* in Fuchs WpHG § 20a Rn. 91.

706 Str., vgl. *Vogel* in Assmann/Uwe H. Schneider WpHG § 20a Rn. 243 ff.; *Fleischer* in Fuchs WpHG § 20a Rn. 92; *Sorgenfrei* in Park, §§ 20a, 38 II, 39 I Nr. 1-2, II Nr. 11, IV WpHG Rn. 166; *Schäfer* in *Schäfer/Hamann* KMG § 20a WpHG Rn. 77.

707 Siehe dazu auch S. 171 f.

708 BT-Drucks. 15/3493, S. 52; s.a. *Spindler*, NJW 2004, 3449, 3453.

709 *Spindler*, NZG 2004, 1138, 1139 f.; *Eichelberger* S. 281 ff.; *Mock/Stoll/Eufinger* in KölnKommWpHG § 20a Rn. 396 ff.; *Schäfer* in Schäfer/Hamann KMG § 20a WpHG Rn. 40 ff.; *Vogel* in *Assmann/Uwe H. Schneider* § 20a WpHG Rn. 131.

710 Zum Begriff *Eichelberger* S. 284; *Schäfer* in Schäfer/Hamann KMG § 20a WpHG Rn. 41; *Spindler*, NZG 2004, 1138, 1141 (Abgrenzung Journalist zum Finanzanalyst).

711 BVerfGE 50, 234, 239; 95, 28, 34; im vorliegenden Zusammenhang *Mock/Stoll/Eufinger* in KölnKommWpHG § 20a Rn. 405; *Vogel* in *Assmann/Uwe H. Schneider* § 20a WpHG Rn. 134; *Fleischer* in Fuchs WpHG § 20a Rn. 143.

712 *Eichelberger* S. 284; *Mock/Stoll/Eufinger* in KölnKommWpHG § 20a Rn. 404 ff.; *Vogel* in *Assmann/Uwe H. Schneider* § 20a WpHG Rn. 134.

(z.B. Blogs, Newsletter) erfasst sind.[713] Ausgeschlossen ist lediglich rein privates Handeln[714] und Werbemaßnahmen ohne meinungsbildenden Bezug. Zudem schützt Art. 5 Abs. 1 GG keine offensichtlich unrichtigen Tatsachen und vorsätzliche Falschangaben.[715] Für Finanzanalysen ist darüber hinaus § 34b Abs. 4 WpHG zu beachten. [716]

Das Privileg in § 20a Abs. 6 WpHG sieht zudem vor, dass die im Rahmen von § 20a Abs. 1 S. 1 Nr. 1 WpHG gemachten Angaben nur dann unter Berücksichtigung der berufsständischen Regeln zu beurteilen sind, wenn die Journalisten nicht aus unrichtigen oder irreführenden Angaben direkt oder indirekt einen Nutzen ziehen oder Gewinne schöpfen.[717] Es stellt sich die Frage, wie die berufsständischen Regeln von Journalisten im einzelnen bei der Prüfung zu berücksichtigen sind. Dies ist weitestgehend ungeklärt.[718] Als Anhaltspunkt nennt der Gesetzgeber eine einzelfallbezogene Abwägung zwischen den Pflichten zur wahrheitsgemäßen Angabe und Überprüfung von Quellen auf der einen Seite und der Pressefreiheit auf der anderen Seite.[719] Unter Anwendung der *Wechselwirkungslehre* lässt sich konkretisierend feststellen, dass § 20a Abs. 1 S. 1 Nr. 1 WpHG als allgemeines Gesetz gemäß Art. 5 Abs. 2 GG die Pressefreiheit einschränkt, diese Schranke jedoch selbst wiederum im Lichte von Art. 5 Abs. 1 GG eine Einschränkung erfährt.[720] So ist von den Journalisten auf der einen Seite zu verlangen, dass sie im Spannungsfeld von Wahrheitspflicht und rascher Informationsweitergabe[721], journalistische Sorgfaltspflichten einhalten. Auf der anderen Seite ist dem journalistischen Aktualitätsinteresse Rechnung zu tragen, welches selbst Motor eines funktionierenden Informationsmarktes ist. Je stärker ein Interesse der

---

713 Vgl. *Mock/Stoll/Eufinger* in KölnKommWpHG § 20a Rn. 406; *Vogel* in *Assmann/Uwe H. Schneider* § 20a WpHG Rn. 134; *Fleischer* in Fuchs WpHG § 20a Rn. 143.

714 *Vogel* in *Assmann/Uwe H. Schneider* § 20a WpHG Rn. 135; *Fleischer* in Fuchs WpHG § 20a Rn. 143.

715 Vgl. BVerfGE 7, 198, 212, 215; 12, 130; 99, 185, 197; *Antoni* in Seifert/Hömig Art. 5 Rn. 15.

716 *Spindler*, NZG 2004, 1138, 1139, 1141 f., 1144 ff *Mock/Stoll/Eufinger* in KölnKommWpHG § 20a Rn. 398; *Vogel* in *Assmann/Uwe H. Schneider* § 20a WpHG Rn. 132.

717 *Spindler*, NZG 2004, 1138, 1143.

718 *Fleischer* in Fuchs WpHG § 20a Rn. 144; *Vogel* in *Assmann/Uwe H. Schneider* § 20a WpHG Rn. 136.

719 RegE AnSVG, BT-Drucks. 15/3174, S. 37, vgl. dazu auch *Fleischer* in Fuchs WpHG § 20a Rn. 144.

720 BVerfGE 7, 198, 208 (Lüth); *Frenz* § 4 Rn. 224.

721 *Spindler*, NZG 2004, 1138, 1143; *Eichelberger* S. 283; *Vogel* in *Assmann/Uwe H. Schneider* § 20a WpHG Rn. 136.

Öffentlichkeit an einer wesentlichen Frage ist, desto schwerer wiegt die freie Berichterstattung.[722] Derartige berufsständische Regeln sind zudem u.a. in Ziff. 7 des Kodex niedergelegt worden.[723]

Zu beachten ist schließlich, dass § 20a Abs. 6 WpHG nur auf dass § 20a Abs. 1 S. 1 Nr. 1 WpHG verweist und somit handelsgestützte und sonstige Manipulationen nicht erfasst sind. Unklar ist jedoch, ob auch ein Verweis auf § 20a Abs. 1 S. 1 Nr. 1 Alt. 2 WpHG bezweckt ist.[724] Gegen eine Anwendung des Privilegs auf die Unterlassungsalternative spricht, dass andernfalls berufsständische Regelungen gesetzliche Offenbarungspflichten einschränken würden.[725]

3. *Die straf- und ordnungsrechtliche Anknüpfung*

Im Folgenden sollen die wesentlichen Grundzüge des materiellen Straf- und Ordnungswidrigkeitenrechts im Bereich des Marktmanipulationsrechts beleuchtet werden. Die hierbei im Fokus stehenden Regelungen in §§ 38 Abs. 2, 39 Abs. 1 Nr. 1, 2, Abs. 2 Nr. 11 WpHG wurden durch das 4. FMFG in den 12. Abschnitt des WpHG eingefügt und durch das AnSVG i.R.d. Umsetzung der Marktmissbrauchsrichtlinie erneut modifiziert.[726] Für das Verfahrensrecht sind insb. §§ 40 f. WpHG zu beachten. Danach ist die BaFin sachlich zuständige Behörde i.S.v. § 36 Abs. 1 Nr. 1 OWiG.[727] Mit Ausnahme der in §§ 40 ff. OWiG genannten Regelungen, ist die BaFin vor den Staatsanwaltschaften und den Gerichten zur Ahndung von Ordnungswidrigkeiten berufen.[728]

---

722 BVerfGE 35, 224; 71, 180 ff; *Antoni* in Seifert/Hömig Art. 5 Rn. 21.

723 Abrufbar unter http://www.presserat.de/site/pressekod/kodex/index.shtml.

724 Vgl. *Vogel* in *Assmann/Uwe H. Schneider* § 20a WpHG Rn. 139 einerseits und andererseits *Mock/Stoll/Eufinger* in KölnKommWpHG § 20a Rn. 414.

725 *Vogel* in *Assmann/Uwe H. Schneider* § 20a WpHG Rn. 139; a.A. *Mock/Stoll/Eufinger* in KölnKommWpHG § 20a Rn. 414.

726 *Altenhain* in KölnKommWpHG § 38 Rn. 15 f.; *Vogel* in Assmann/Uwe H. Schneider WpHG Vor § 38 Rn. 1c; ein historischer Überblick findet sich in S. 7 ff.

727 *Vogel* in Assmann/Uwe H. Schneider WpHG § 40 Rn. 1, der darauf hinweist, dass behördenintern die Wertpapieraufsicht bzw. das Asset-Management i.R.d. „dritten Säule" zuständig ist. Das Referat ist nach dem Organisationsplan der BaFin WA 17 „Ordnungswidrigkeitsverfahren" (Stand: Juni 2010).

728 *Vogel* in Assmann/Uwe H. Schneider WpHG § 40 Rn. 3.

a. Materielles Recht

Das Verbot nach § 20a WpHG muss immer im Zusammenhang mit der straf- und ordnungsrechtlichen Anknüpfung in §§ 38 Abs. 2, 39 Abs. 1 Nr. 1, 2, Abs. 2 Nr. 11 WpHG gesehen werden. Dabei verweist § 38 Abs. 2 WpHG für die strafrechliche Anknüpfung auf die in § 39 Abs. 1 Nr. 1, 2, Abs. 2 Nr. 11 WpHG geregelte ordnungsrechtliche Sanktionsfolge.

Die §§ 38 Abs. 2, 39 Abs. 1 Nr. 1, 2, Abs. 2 Nr. 11 WpHG sind *Blankett-Strafgesetze,* die durch § 20a WpHG als *blankettausfüllende Norm* inhaltlich ausgestaltet werden.[729] Dabei handelt es sich soweit die Normen in dasselbe Gesetz, also das WpHG verweisen, um unechte, ansonsten, also bei einem Verweis in eine andere Normenhierarchieebene oder bei Rechtsetzung durch andere Rechtsgeber, um echte Blankette.[730] Dabei begegnen echte Blankette wie etwa der Verweis in § 20a Abs. 5 WpHG verfassungsrechtlichen Zweifeln.[731] In diesem Kontext ist auch die Verweisung gem. § 20a Abs. 3 WpHG zu beachten.

aa. Objektiver Tatbestand

(1) Ordnungsrecht

Für das Ordnungswidrigkeitenrecht knüpfen die Regelungen aus § 39 Abs. 1 Nr. 1, 2, Abs. 2 Nr. 1 WpHG an die Tatbestände aus § 20a I 1 WpHG an, so dass der objektive Tatbestand grds. dann erfüllt ist, wenn eine Marktmanipulation i.S.v. § 20a Abs. 1 S. 1 WpHG vorliegt. Dabei sind auch alle Bereichsausnahmen (§ 20a Abs. 2, 3 WpHG) und Einschränkungen wie etwa die Vornahme von Geschäften aus geld- oder währungspolitischen Gründen oder i.R.d. Schuldenverwaltung durch die in § 1 Abs. 3 WpHG genannten Stellen zu beachten.[732] Gleiches gilt ebenso für Erweiterungen, wie etwa die Erstreckung des Marktmanipulationsverbotes auf Waren und Zahlungsmittel i.S.v. § 20a Abs. 4 WpHG.

Aus der Verweisungstechnik als Blankettnorm ist jeweils auch die Tathandlung ablesbar. So stellt § 39 Abs. 1 Nr. 1 WpHG die Verbindung

---

729 *Fleischer* in Fuchs WpHG § 20a Rn. 92; *Vogel* in Assmann/Uwe H. Schneider WpHG § 20a Rn. 5; *Altenhain* in KölnKommWpHG § 38 Rn. 17.

730 *Vogel* in Assmann/Uwe H. Schneider WpHG Vor § 38 Rn. 7; *Fleischer* in Fuchs WpHG § 20a Rn. 147.

731 Dazu S. 26 f.

732 Dazu zählt auch das in § 20a Abs. 6 WpHG geregelte Journalistenprivileg, dazu S. 127 ff.

zu der in § 20a Abs. 1 S. 1 Nr. 2 WpHG geregelten handelsgestützten Marktmanipulation her, woraus sich ergibt, dass derjenige ordnungswidrig handelt, der Geschäfte vornimmt oder Aufträge erteilt, die geeignet sind, falsche oder irreführende Signale für das Angebot, die Nachfrage oder den Börsen- oder Marktpreis von Finanzinstrumenten zu geben oder ein künstliches Preisniveau herbeizuführen.

In gleicher Weise steht § 39 Abs. 1 Nr. 2 WpHG im Zusammenhang mit der Auffangregelung in § 20a Abs. 1 S. 1 Nr. 3 WpHG. Ordnungswidrig handelt folglich auch derjenige, der sonstige Täuschungshandlungen vornimmt, die geeignet sind, auf den inländischen Börsen- oder Marktpreis eines Finanzinstruments an einem organisierten Markt in einem EU-Mitglieds- oder EWR-Vertragsstaats einzuwirken.

§ 39 Abs. 2 Nr. 1 WpHG unterwirft schließlich auch die informationsgestützte Marktmanipulation i.R.v. § 20a Abs. 1 S. 1 Nr. 1 WpHG dem Ordnungswidrigkeitenrecht. Damit ist auch das Machen unrichtiger und irreführender Angaben über Umstände, die für die Bewertung eines Finanzinstruments erheblich sind, oder das Verschweigen solcher Umstände entgegen bestehender Rechtsvorschriften als Ordnungswidrigkeit einzustufen, sofern die Angaben geeignet sind, auf den inländischen Börsen- oder Marktpreis eines Finanzinstruments oder auf den Preis eines Finanzinstruments an einem organisierten Markt in einem EU-Mitglieds- oder EWR-Vertragsstaats einzuwirken.

Für die Tathandlung ist zudem zu bedenken, dass es sich in allen Fällen der Rechtsnatur nach um *abstrakte Gefährdungsdelikte* in der Gestalt von Eignungsdelikten handelt, so dass es bereits ausreicht, dass die Tathandlung geeignet ist, den im Tatbestand vorgesehenen Erfolg herbeizuführen.[733] Bei der Auslegung der einzelnen Tatestandsmerkmale des § 20a Abs. 1 S. 1 WpHG sind gem. § 39 Abs. 1 Nr. 1, 2, Abs. 2 Nr. 11 WpHG auch die Konkretisierungen in der MaKonV zu berücksichtigen.[734] Als Täter kommt grds. jedermann in Betracht (sog. *Allgemeindelikt*), wobei allerdings i.R.v. § 39 Abs. 2 Nr. 11 WpHG zu beachten ist, dass den Täter, der den Tatbestand des § 20a Abs. 1 S. 1 Nr. 1 WpHG durch Verschweigen erfüllt, eine Pflicht zur Offenlegung treffen muss (sog. *Sonderdelikt*).[735] Für alle Fälle reicht die Möglichkeit der Kenntnisnahme der Tatmodalitäten und Tathandlung aus.[736] Die Ordnungswid-

733 *Vogel* in Assmann/Uwe H. Schneider WpHG § 39 Rn. 6, 22; *Waßmer* in Fuchs WpHG § 39 Rn. 10, 53; *Schröder* in HWSt X2 Rn. 41.

734 *Waßmer* in Fuchs WpHG § 39 Rn. 10, 53, zu den Einzelheiten s. S. 147 ff.

735 *Eichelberger* S. 335 f.; *Waßmer* in Fuchs WpHG § 39 Rn. 52.

736 *Waßmer* in Fuchs WpHG § 39 Rn. 10, 53.

rigkeit kann gem. § 39 Abs. 4 WpHG mit einer Geldbuße bis zu 1 Mio. € geahndet werden.[737]

(2) Strafrecht

(a) Allgemeines

Sind die Voraussetzungen des § 38 Abs. 2 WpHG erfüllt, kann eine Marktmanipulation zudem die Qualität einer Straftat annehmen. Die Regelung knüpft über die odnungsrechtlichen Regelungen in § 39 Abs. 1 Nr. 1, 2, Abs. 2 Nr. 11 WpHG mittelbar an die verschiedenen Varianten der Marktmanipulation in § 20a WpHG an. Es handelt sich folglich wiederum um eine (unechte) Blankettnorm[738] und der Rechtsnatur nach um ein Allgemeindelikt bzw. im Falle des Verschweigens i.R.v. § 20a Abs. 1 S. 1 Nr. 1 WpHG um ein Sonderdelikt.[739] Die Tathandlung deckt sich mit dem Verbotsgehalt des § 20a Abs. 1 WpHG.[740] Im Gegensatz zu der ordnungsrechtlichen Regelung in § 39 Abs. 1 Nr. 1, 2, Abs. 2 Nr. 11 WpHG wird allerdings für eine strafrechtliche Konsequenz durch § 38 Abs. 2 WpHG gefordert, dass es durch das Manipulationsverhalten tatsächlich zu einer Einwirkung auf den Börsen- oder Marktpreis gekommen ist.[741] Wie im Bereich des Ordnungsrechts sind auch alle tatbestandlichen Erweiterungen und Einschränkungen des § 20a Abs. 1 WpHG zu beachten. Neben speziellen Regelungen, wie sie etwa in §§ 20a Abs. 3, 6 WpHG zu finden sind, ergeben sich aus dem Zusammenspiel von § 20a Abs. 1 S. 2, 3 WpHG und § 38 Abs. 2 WpHG im Hinblick auf den Börsen- und

---

737 *Eichelberger* S. 349; *Waßmer* in Fuchs WpHG § 39 Rn. 10, 53; *Vogel* in Assmann/Uwe H. Schneider WpHG § 39 Rn. 6, 22.

738 *Waßmer* in Fuchs WpHG § 38 Rn. 37; zur Unterscheidung zwischen echtem und unechtem Blankett s.o. S. 26 f.

739 *Altenhain* in KölnKommWpHG § 38 Rn. 82; *Waßmer* in Fuchs WpHG § 38 Rn. 44; Zu der Frage inwieweit § 38 Abs. 2 WpHG als unechtes Unerlassungsdelikt in Betracht kommt, vgl. die Nachw. auf S. 106 Fn. 588; dazu auch *Altenhain* in KölnKommWpHG § 38 Rn. 85 f.

740 Dazu S. 94 ff.

741 *Altenhain* in KölnKommWpHG § 38 Rn. 83. Vor diesem Hintergrund ist umstritten, ob es sich bei § 38 Abs. 2 WpHG um ein Erfolgsdelikt handelt. Dies wird von der wohl h.M. angenommen, vgl. *Holzborn/Israel* WM 2004, 1948, 1954; *Tripmaker* wistra 2002, 288, 291; *Vogel* in Assmann/Uwe H. Schneider WpHG § 38 Rn. 2; *Sorgenfrei* in Park, §§ 20a, 38 II, 39 I Nr. 1-2, II Nr. 11, IV WpHG Rn. 220; a.A. *Walther* ZJapanR 16 (2003), S. 189, 218 (Unternehmensdelikt); weitere Ansicht *Altenhain* in KölnKommWpHG § 38 Rn. 83 (abstraktes Gefährdungsdelikt).

Marktpreis v.a. vier Einschränkungen.[742] So fallen Marktpreise für Finanzinstrumente, die nicht unter die Regelung des § 20a Abs. 1 S. 2 Nr. 1 oder S. 3 fallen, aus dem Normbereich, wenn diese ausschließlich außerhalb der Börse gehandelt werden.[743] Weiterhin erfasst § 20a Abs. 1 S. 2 Nr. 2 WpHG nicht Preise von Waren und ausländischen Finanzmitteln, die an organisierten Märkten in EU-Mitglieds- oder EWR-Vertragsstaaten gehandelt werden.[744] Nicht tatbestandsmäßig sind zudem Marktpreise, die nicht in der EU oder dem EWR entstanden sind.[745] Schließlich ist zu beachten, dass § 38 Abs. 2 WpHG Waren und ausländische Zahlungsmittel gem. § 20a Abs. 4 WpHG nicht erwähnt, so dass auch diese aus dem Tatbestand entnommen sind.[746]

(b) Ermittlung des kausalen Taterfolges

Probleme ergeben sich insb. bei der Ermittlung des Taterfolges. Zum einen wird durch das Gesetz weder Qualität noch Zeitpunkt der Einwirkung bestimmt, so dass auch wirtschaftlich zu vernachlässigende Einwirkungen vom Tatbestand erfasst werden unabhängig davon, zu welchem Zeitpunkt diese eintreten.[747]

Hauptprobleme sind die Ermittlung des Taterfolges und die Feststellung der Kausalität zwischen Manipulationsverhalten und Kursentwicklung[748], weil es sich bei einem Börsenkurs in der Praxis um ein polykausales Konstrukt handelt[749], das durch die antizipative Erwartungsbil-

---

742 *Altenhain* in KölnKommWpHG § 38 Rn. 88 ff.

743 *Fleischer* in Fuchs WpHG § 20a Rn. 7 ff.; *Altenhain* in KölnKommWpHG § 38 Rn. 89.

744 *Altenhain* in KölnKommWpHG § 38 Rn. 90, der in diesem Zusammenhang darauf hinweist, dass somit auch der Freiverkehr in EU- Mitglieds- oder EWR-Vertragsstaaten nicht erfasst ist.

745 *Fleischer* in Fuchs WpHG § 20a Rn. 13; *Altenhain* in KölnKommWpHG § 38 Rn. 91.

746 *Vogel* in Assmann/Uwe H. Schneider WpHG § 38 Rn. 50; *Altenhain* in KölnKommWpHG § 38 Rn. 92.

747 Es stellt sich die Frage einer teleologischen Reduktion, vgl. *Sorgenfrei* in Park, §§ 20a, 38 II, 39 I Nr. 1-2, II Nr. 11, IV WpHG Rn. 221; *Altenhain* in KölnKommWpHG § 38 Rn. 94; *Vogel* in Assmann/Uwe H. Schneider WpHG § 38 Rn. 51; vgl. auch § 13 Abs. 1 S. 1 WpHG (Notwendigkeit einer erheblichen Preiseinwirkung).

748 Dazu *Fleischer*, NJW 2003, 2584, 2585 *Hellgardt*, ZIP 2005, 2000, 2002ff.; *Eichelberger* S. 330ff;; *Vogel* in Assmann/Uwe H. Schneider WpHG § 38 Rn. 52 ff.; *Altenhain* in KölnKommWpHG § 38 Rn. 95 f.

749 BGHSt 48, 374, 383; *Kutzner* WM 2005, 2005, 1401, 1406; *Sorgenfrei* in Park, §§ 20a, 38 II, 39 I Nr. 1-2, II Nr. 11, IV WpHG Rn. 221.

dung der Marktteilnehmer weiter verkompliziert wird.[750] So kann der Taterfolg nicht unabhängig von der Tathandlung betrachtet werden, da der potentiell manipulierte Marktpreis unter dem Einfluss diverser Faktoren steht und sich auch nach der Manipulation dynamisch fortentwikkelt.[751] Deshalb fällt es schwer, dem manipulativen Verhalten den diesem zukommenden Ergebnisbeitrag zuzuordnen.[752] Nach allgemeinen Grundsätzen ist dann ein kausaler Erfolg zu bejahen, wenn die Handlung nicht hinweggedacht werden kann, ohne dass der konkrete Erfolg entfiele.[753] Vorliegend ist deshalb dann von einem Manipulationserfolg auszugehen, wenn die Manipulationshandlung hinweg gedacht wird und der sich dann ergebende hypothetische Preis vom tatsächlich vorliegenden Kurs abweicht.[754] Da es in der Praxis i.d.R. unmöglich ist, zu rekonstruieren, aufgrund welcher Anreizwirkung sich die einzelnen Marktteilnehmer dazu entschlossen haben, zu investieren und inwieweit die einzelnen Investitionsentscheidungen interagieren, ist ein solches Vorgehen praktisch nicht möglich, so dass ein mathematisch-naturgesetzlicher Kausalitätsnachweis, wie er ansonsten im klassischen Strafrecht zu fordern wäre, für das Kapitalmarktrechtstrafrecht ausscheidet.[755] Verschärft wird dieses Problem dadurch, dass die aus dem Rechtsstaatsprinzip abgeleitete Zweifelsfallregelung (in dubio pro reo) gebietet, Zweifel zu Gunsten des Angeklagten zu werten und diesen, sofern die Zweifel nicht ausgeräumt werden können, freizusprechen.[756] Vor diesem Hintergrund stellt sich die Frage, inwieweit trotz der Bedenken das Instrument der strafrechtlichen Sanktion für das Marktmanipulationsrecht nutzbar gemacht werden kann. Die Lösung dieses Problems ist daher im Spannungsfeld zwischen Unschuldsvermutung und Justiziabilität zu suchen. Dabei darf das Erfolgsdelikt nicht in ein Gefährdungsdelikt umgedeutet werden.[757]

---

750 Dies vor allem deshalb, weil durch die Antizipation die zeitliche Ursache-Wirkung-Beziehung, die einem kausalen Verhältnis zugrunde liegt infrage gestellt wird, S. 56.

751 *Altenhain* in KölnKommWpHG § 38 Rn. 93; zu den Problemen der Ermittlung der Preisbildung an Kapitalmärkten vgl. S. 54 ff.

752 *Altenhain* in KölnKommWpHG § 38 Rn. 96 ff., 98; dies trifft spiegelbildlich auch auf den Fall des Unterlassens zu *Altenhain* in KölnKommWpHG § 38 Rn. 96.

753 Conditio sine qua non, sog. *Äquivalenztheorie*; vgl. BGHSt 1, 332 f; 2, 20, 24; 41, 206, 216.

754 *Eichelberger* S. 324.

755 *Eichelberger* S.325; *Vogel* in Assmann/Uwe H. Schneider WpHG § 38 Rn. 54; *Sorgenfrei* in Park, §§ 20a, 38 II, 39 I Nr. 1-2, II Nr. 11, IV WpHG Rn. 221.

756 *Schwacke* S. 87; *Joerden* S. 48; *Vogel* in Assmann/Uwe H. Schneider WpHG § 38 Rn. 54.

757 Vgl. die Kritik bei *Kutzner* WM 2005, 1401, 1408; dazu auch *Eichelberger* S. 326; *Sorgenfrei* in Park, §§ 20a, 38 II, 39 I Nr. 1-2, II Nr. 11, IV WpHG Rn. 221.

Damit der Straftatbestand nicht leer läuft[758], stellt der *BGH* in seinem *Scalping-Urteil* geringere Anforderungen an den Kausalitätsnachweis. Er ist der Ansicht, dass es ausreicht, beweiserleichternde Indizien heranzuziehen und nach „praktischer Vernunft" einen Einwirkungszusammenhang aufzeigen.[759] Nach seinem Dafürhalten lässt sich insb. aus dem bisherigen Kursverlauf, der Kurs- und Umsatzentwicklung am fraglichen Tag und der in Rede stehenden Ordergröße auf den Taterfolg schließen.[760] Mit einer Lockerung des Kausalitätserfordernisses hin zum Indiziennachweis steht dieses Urteil im Gleichklang zu der Rechtsprechung zur Produkthaftung, in deren Rahmen es ebenfalls Kausalitätsprobleme gab.[761] Hierbei erkannte das Gericht, dass eine Kausalbeziehung dann zu bejahen sei, wenn nach einer Gesamtbewertung der vorliegenden Indizien und anderer Erkenntnisse eine Mitursächlichkeit zur vollen Überzeugung dargelegt wird, wobei hierfür die konkret wirkende Naturgesetzlichkeit nicht gekannt werden muss.[762] Hierfür ist ein nach der Lebenserfahrung ausreichendes Maß an Sicherheit zu fordern, wobei die Ursächlichkeit nicht nur positiv nachgewiesen werden kann[763], sondern darüber hinaus auch bejaht werden kann, wenn die Mitursachen nahezu vollständig ausgeschlossen werden können.[764]

Auf der anderen Seite mahnt *Altenhain* die Beachtung der Unschuldsvermutung an und wendet gegen die o.g. Ansätze ein, dass sie nur die Tathandlung berücksichtigen und ansonsten von unveränderten Marktbedingungen ausgehen.[765] Dazu passt, dass der BGH anscheinend sog. *Event Studies* zuneigt[766], welche auf empirischer Basis ermittelte Daten bzgl. einer gewissen Messgröße (etwa den Umsatz) mittels eines Vorher-

---

758 Zu den Beweisschwierigkeiten LG München I NJW 2003, 2328; *Tripmaker*, wistra 2002, 288, 292; *Ziouvas/Walther*, WM 2002, 1483, *Ziouvas*, ZGR 2003, 113, 140 f.; 1487; *Fleischer*, NJW 2003, 2584.

759 BGHSt 48, 373, 384.

760 Vgl. BGHSt 48, 373, 384; dazu *Vogel* in *Assmann/Uwe H. Schneider* § 38 WpHG Rn. 54 ff.; *Altenhain* in KölnKommWpHG § 38 Rn. 99 f.; *Schröder* in HWSt X2 Rn. 84 ff.

761 BGHSt 41, 206, 216 ff. (Holzschutzmittel); 37, 106, 111 ff. (Lederspray).

762 BGHSt. 41, 206, 215 f.; *Eichelberger* S. 326.

763 Vgl. BGHSt 41, 206, 216 (Holzschutzmittel).

764 Vgl. BGHSt 37, 106, 112 (Lederspray); *Eichelberger* S. 325; *Sorgenfrei* in Park, §§ 20a, 38 II, 39 I Nr. 1-2, II Nr. 11, IV WpHG Rn. 221.

765 *Altenhain* in KölnKommWpHG § 38 Rn. 99 f.; kritisch auch *Trüstedt* S. 126 ff.; *Schröder* in HWSt X2 Rn. 85 ff.

766 *Hellgard* ZIP 2005, 2000, 2005 f.; *Eichelberger* S. 327.

Nachher-Vergleichs auf überraschende Ereignisse analysiert.[767] Da nur die Handlung des Manipulators und eine Messgröße betrachtet wird, rückt diese Vorgehensweise in die Nähe einer *ceteris paribus Analyse*, bei welcher der Einfluss eines unabhängigen Faktors unter ansonsten unveränderten Bedingungen auf einen abhängigen Faktor untersucht wird.[768] Während für die Variation eines Faktors damit zutreffende Ergebnisse zu erwarten sind, führt der Ansatz bei polykausalen Sachverhalten nur zu bedingt aussagekräftigen Ergebnissen. So ist es vorstellbar, dass eine nach der Manipulation stattfindende, diese nach Ansicht des BGH „indizierende" Kursentwicklung, auf anderen Tatsachen beruht oder eine manipulationsbedingt antizipierte Kursentwicklung deshalb ausbleibt, weil der Manipulationseinfluss durch andere Folgen (über-) kompensiert wird.[769]

Um das Problem methodisch aufzubereiten, bietet sich eine instrumenteninterne Analyse (Mikroanalyse) an, die von einer übergeordneten Marktanalyse (Makroanalyse) begleitet wird. Welche Ebene zuerst betrachtet wird, ist unerheblich, es kann sowohl ein Top-Down-Ansatz, als auch ein Bottom-Up-Verfahren genutzt werden. Bei der Mikroanalyse kann wiederum eine Unterteilung in informationsgestützte, handelsbasierende und handlungsgestütze Manipulationen erfolgen.[770]

In der Makroanalyse wird zunächst die Entwicklung des Gesamtmarktes, in den das Finanzinstrumente eingebettet ist, betrachtet, die Analyse wird ggf. mit einem branchenspezifischen Focus fortgesetzt. Dabei wird z.B. ein besonderes Augenmerk auf die Hintergründe der Entwicklung, also auf kursbeeinflussende Nachrichten und das Investitionsverhalten großer Fonds und anderer Investoren gelegt. Ebenso muss auf Querverstrebungen zwischen dem betrachteten Instrument und dem Gesamtmarkt, etwa durch Umstrukturierungen von Branchen-Fonds oder Neuaufnahme in Indizes[771], geachtet werden. Die so ermittelte (prozen-

767 Allgemein zu Event Studies *MacKinlay* J. Econ. Lit. 1997 S. 13, 14 ff.; für die Auswertung der Marktdaten können auch formale Modelle wie das CAPM herangezogen werden, dazu *Avgouleas* S. 53 f.

768 Zur ceteris paribus Methode aus analytischer, volkswirtschaftlicher Sicht etwa *Hanusch/Kuhn/Cantner* S. 127; *Hardes/Uhly* S. 11.

769 Vgl. zu dieser „stummen" Manipulation das Bsp. bei *Vogel* in Assmann/Uwe H. Schneider WpHG § 38 Rn. 56; *Schröder* in HWSt X2 Rn. 85.

770 Eine Unterteilung in diese drei Gruppen nimmt auch *Eichelberger* S. 328 ff. vor; dazu auch schon oben S. 42 ff.

771 Durch die Aufnahme in Indizes wird meist die Liquidität erhöht, was i.d.R. das Kursverhalten verändert. Die erhöhte Liquidität ist auf den Einsatz von Designated Sponsors und v.a. die erhöhte Aufmerksamkeit von Fondmanagern zurückzuführen, die

tuale) Entwicklung des für das Instrument relevanten Gesamtmarktes bzw. der Branche, kann als Sockelsatz der (prozentualen) Entwicklung des Instruments gegenübergestellt werden. Eine gänzlich atypische, nicht i.R.d. Mikroanalyse anders erklärbare, Entwicklung des Einzelwertes wäre ein *erstes Anzeichen* für Manipulationen.

Ziel der Mikroanalyse ist, einen Überblick über die verschiedenen instrumentinternen Einflussfaktoren zu erhalten. Hierzu können die Manipulationen zur besseren Analyse wiederum in die bekannten Kategorien einer informations-, handels- und handlungsgestützten Marktmanipulation eingeteilt[772] und die Erkenntnisse der Behavioral Fianance insofern nutzbar gemacht werden.

Bei der handelsgestützten Manipulation ist für die Kausalitätsanalyse gedanklich zwischen dem *Market Impact* durch die Transaktion selbst und der *Täuschungswirkung* aufgrund des von der Transaktion ausgehenden Signals differenziert werden.[773] Während der Market Impact selbst anhand der nach § 7 Abs. 1 S. 2 BörsG aufgezeichneten Daten, unter Berücksichtigung des entsprechenden Kursfeststellungsverfahrens rekonstruiert werden kann, gestaltet sich der Nachweis der Preisbeeinflussung durch die Täuschungswirkung schwieriger, da hier das Problem der komplexen Preisbildung an Kapitalmärkten virulent wird. Als Richtschnur bietet sich eine Kausalitätsstrukturanalyse mit der Unterscheidung nach dem *Grad der Polykausalität* an. Je weniger Kausalverhältnisse der Preisentwicklung einem Instrument zugrunde liegen, desto wahrscheinlicher lässt sich auf einen signifikanten Beitrag des Manipulators schließen. Vor diesem Hintergrund sollte eine Unterteilung in hoch frequentierte Publikumsprodukte und selten gehandelte Finanzinstrumente vorgenommen werden.[774] Unterscheidungserhebliche Kriterien sind hier die Liquidität und der Umsatz. Je höher der Grad der Polykausalität ist, desto mehr Gewicht erhält die Unschuldsvermutung, da die Mitverantwortlichkeit des vermeintlichen Manipulators immer schwieriger nachgewiesen werden kann. Umgekehrt kann in „einfacheren" Kausalverhältnissen verstärkt auf Indizien zurückgegriffen werden. Da Marktmanipulationen hauptsächlich auf illiquiden und ineffizienten

---

Indexwerte leichter über die dazu ausgerichteten Produkte der EUREX hedgen können, vgl. *Rudolf* S. 285. Zudem investieren Indexfonds in diese Werte, dazu *Kaya* S. 12.

772 Vgl. *Eichelberger* S. 328 ff.

773 *Eichelberger* S. 328; dazu auch schon oben S. 118 f.

774 In diese Richtung gehend auch *Sorgenfrei* in Park, §§ 20a, 38 II, 39 I Nr. 1-2, II Nr. 11, IV WpHG Rn. 221, der darauf hinweist, dass in marktengen Vermögenswerten eher ein Kausalitätsnachweis geführt werden kann.

Märkten[775] mit geringem Umsatz, also tendenziell in einfachen Kausalverhältnissen stattfinden[776], kann in der Hauptzahl aller Fälle auf einen Indizienbeweis gestützt durch Ereignisstudien zurückgegriffen werden. Damit vereinfacht sich das Problem in der Praxis erheblich. Aus praktischer Sicht ist es zudem hilfreich, sich die Wirkungsweise von handelsgestützten Manipulationen zu verdeutlichen.[777] Durch die Kombination aus Market Impact und Täuschungswirkung kann der Manipulator etwa mittels einer *Pump-and-Dump* Strategie den *Disposition Bias* irrational handelnder Marktteilnehmer gezielt ausnutzen.[778] Ebenso kann bspw. die Fixierung auf historische Kursdaten ausgenutzt werden, so dass je nach vermuteter Manipulationsstrategie Tagesschlusskurse (Marking the Close) oder Bewegungen im Tageschart (Order Fishing) zu betrachten sind.

Da der *BGH* es für nicht notwendig hält, eine Befragung der Marktteilnehmer vorzunehmen[779], ist bei einer informations- und handlungsgestützten Manipulation maßgeblich auf die Preishistorie zu achten. So gibt der zeitliche Zusammenhang zwischen Informationsbekanntgabe bzw. Bekanntwerden der Handlung und Preiseinfluss einen entsprechenden Hinweis.[780] Weiterhin kann eine Volatilitätsuntersuchung i.R.e. Ereignisstudie vorgenommen werden. Als Instrumente bieten sich hier die Varianz, die Standardabweichung oder weitergehend das CAPM an.[781] Wies etwa ein Wertpapier in der Vergangenheit eine geringere Varianz im Vergleich zu der Zeit nach der Informationsweitergabe an den Markt auf, so indiziert ein signifikant erhöhtes Varianzniveau den Einfluss manipulativer Informationen. So lässt sich vermuten, dass bei Scalping-Fällen der Herdentrieb von Anlegern ausgenutzt wird oder in Zeiten des „irrationalen Überschwangs" an Börsen mit der gesteigerten Overconfidence

---

775 Vgl. *Aggarwal/Wu*, 79 Journal of Business, 1915, 1917, 1934 ff., 1947 f.; *Putniņš* S. 64; eine Rangfolge der effizientsten Märkte findet sich bei *Aitken/Siow* HP Handbook (2003) S 49 ff.

776 Ein solches Ergebnis unmittelbar eingängig, da der Manipulator in solchen Märkten seinen kommunikativen oder handelsbezogenen Einfluss stärker ausspielen kann, da andere Faktoren weniger stark ins Gewicht fallen, vgl. auch *Eichelberger* S. 330.

777 Dazu bereits S. 118 f.

778 *Mei/Wu/Zhou* S. 2, 9 ff., 28.

779 Vgl. BGHSt 48, 375, 384; *Hellgardt*, ZIP 2005, 2000, 2003; *Eichelberger* S. 331; *Vogel* in *Assmann/Uwe H. Schneider* § 38 WpHG Rn. 25; *Sorgenfrei* in Park, §§ 20a, 38 II, 39 I Nr. 1-2, II Nr. 11, IV WpHG Rn. 221.

780 *Eichelberger* S. 330 ff., der zutreffend darauf hinweist, dass bei pflichtwidrigem Verschweigen auf die Preiseinwirkung bei Bekanntgabe der zunächst verschwiegenen Information abzustellen ist.

781 Zur Nutzung des CAPM i.R.v. Ereignisstudien vgl. *Avgouleas* S. 53 f, 492 ff.

der Marktteilnehmer gespielt wird, was sich auf analytischer Ebene in einem Volatilitätsanstieg bemerkbar macht. Auch bei diesen Manipulationsformen ist für die Abwägung zwischen Unschuldsvermutung und Justiziabilität eine Unterscheidung nach dem Grad der Polykausalität ratsam.

bb. Subjektiver Tatbestand

Während für die Ordnungswidrigkeit nach § 39 Abs. 2 Nr. 11 WpHG auch Leichtfertigkeit[782] ausreicht, muss der Täter im Übrigen gem. §§ 15 StGB, 10 OWiG (zumindest bedingten) Vorsatz bzgl. aller Merkmale des objektiven Tatbestandes haben.[783] Das bedeutet, dass der Manipulator die Verwirklichung des objektiven Tatbestands für möglich erkannt und sie billigend in Kauf genommen hat. Hierfür ist Umstandskenntnis erforderlich, die bei normativen Tatbestandsmerkmalen eine „Parallelwertung in der Laiensphäre" erforderlich macht.[784] Das bedeutet, dass der Täter den Wertungsinhalt des normativen Tatbestandsmerkmals nachvollzogen haben muss. Kein bedingter Vorsatz, sondern bewusste Fahrlässigkeit liegt dann vor, wenn der Manipulator die Tatbestandsverwirklichung zwar für möglich erkannt hat, aber mit dieser nicht einverstanden war und ernsthaft darauf vertraut hat, dass der Taterfolg nicht einträte.[785]

Das bedeutet, dass der Vorsatz i.R.v. § 20a Abs. 1 S. 1 Nr. 1 WpHG dann ausgeschlossen ist, wenn der vermeintliche Manipulator ernsthaft darauf vertraut hat, dass die Angaben richtig und nicht irreführend sind.[786] Die Grenze zum bedingten Vorsatz ist allerdings dann überschritten, wenn der Täter „Angaben ins Blaue hinein" macht.[787] Zudem

---

782 Leichtfertigkeit ist das Äquivalent der groben Fahrlässigkeit im Zivilrecht, vgl. *Vogel* in *Assmann/Uwe H. Schneider* § 20a WpHG Rn. 130; sie liegt demnach vor, wenn die Gefahr des Eintritts jedem vernünftig Denkenden in der gleichen Situation aufgefallen wäre.

783 *Vogel* in Assmann/Uwe H. Schneider WpHG § 38 Rn. 81; *ders.* in Assmann/Uwe H. Schneider WpHG § 20a Rn. 126 ff.; *Sorgenfrei* in Park, §§ 20a, 38 II, 39 I Nr. 1-2, II Nr. 11, IV WpHG Rn. 224 ff.

784 *Mock/Stoll/Eufinger* in KölnKommWpHG § 20a Rn. 214; *Vogel* in *Assmann/Uwe H. Schneider* § 20a WpHG Rn. 127; *Sorgenfrei* in Park, §§ 20a, 38 II, 39 I Nr. 1-2, II Nr. 11, IV WpHG Rn. 225.

785 Vgl. etwa BGHSt 36, 1, 9 f.; 7, 363.

786 *Vogel* in *Assmann/Uwe H. Schneider* § 20a WpHG Rn. 127 f.; *Mock/Stoll/Eufinger* in KölnKommWpHG § 20a Rn. 213.

787 *Mock/Stoll/Eufinger* in KölnKommWpHG § 20a Rn. 213; *Vogel* in *Assmann/Uwe H. Schneider* § 20a WpHG Rn. 128; *Fleischer* in Fuchs WpHG § 20a Rn. 74.

darf der Täter die Bewertungserheblichkeit nicht nachvollzogen haben, was bei dem Vorsatz, unrichtige Angaben zu machen, allerdings positiv indiziert ist.[788] Schwierigkeiten können sich auch i.R.d. Unterlassungsalternative gem. § 20a Abs. 1 S. 1 Nr. 1 Alt. 2 WpHG ergeben. So ist der Vorsatz zwar unproblematisch ausgeschlossen, wenn der Täter die Preisbeeinflussung der unterlassenen Erklärungen nicht erkannte[789], die Frage, ob es sich bei dem Irrtum über das Bestehen und den Umfang einer Publizitätspflicht um einen Tatbestands- oder Gebotsirrtum handelt, ist aber weiterhin umstritten.[790]

Für § 20a Abs. 1 S. 1 Nr. 2 WpHG ist hinsichtlich der normativen Merkmale „falsche" und „irreführende" Signale sowie für die Künstlichkeit des Preisniveaus eine Parallelwertung in der Laiensphäre erforderlich.[791] Gleiches gilt für die Täuschungsqualität i.R.v. § 20a Abs. 1 S. 1 Nr. 3 WpHG, bei der der Manipulator erkannt haben muss, dass sein Handeln geeignet ist, einen verständigen Anleger in die irre zu führen.[792] Anders als im früheren Recht, ist eine Preiseinwirkungsabsicht nicht mehr erforderlich.[793]

cc. Safe Harbors als Rechtfertigungsgründe?

Hinsichtlich der Rechtsnatur der in § 20a Abs. 2, 3 WpHG geregelten Bereichsausnahmen stellt sich die Frage, ob diese als tatbestandsausschließend oder als Rechtfertigungsgründe zu werten sind. Nach zutreffender Ansicht handelt es sich um einen Tatbestandsausschluss, da die Bereichsausnahmen sozialadäquates Verhalten darstellen (sog. *Professionssadäquanz*), das nach dem Sinn und Zweck nicht vom Marktmanipulationsverbot erfasst ist.[794] Die Frage wird insb. für Irrtümer i.R.v. § 38 Abs. 2

---

788 *Vogel* in *Assmann/Uwe H. Schneider* § 20a WpHG Rn. 128.

789 *Mock/Stoll/Eufinger* in KölnKommWpHG § 20a Rn. 214; *Vogel* in *Assmann/Uwe H. Schneider* § 20a WpHG Rn. 129.

790 Im ersten Fall käme es zu einem Tatbestandsausschluss gem. § 16 StGB ansonsten seinem entfallen der Schuld gem. § 17 StGB, vgl. dazu *Vogel* in *Assmann/Uwe H. Schneider* § 20a WpHG Rn. 129; *Sorgenfrei* in Park, §§ 20a, 38 II, 39 I Nr. 1-2, II Nr. 11, IV WpHG Rn. 233.

791 *Eichelberger* S. 359; *Vogel* in *Assmann/Uwe H. Schneider* § 20a WpHG Rn. 152; *Sorgenfrei* in Park, §§ 20a, 38 II, 39 I Nr. 1-2, II Nr. 11, IV WpHG Rn. 233.

792 *Eichelberger* S. 359; *Vogel* in *Assmann/Uwe H. Schneider* § 20a WpHG Rn. 214.

793 Dazu schon oben S. 8; vgl. auch *Sorgenfrei* in Park, §§ 20a, 38 II, 39 I Nr. 1-2, II Nr. 11, IV WpHG Rn. 228 ff.

794 *Holzborn/Israel* WM 2004, 1948, 1954; *Singhof/Weber* AG 2005, 549, 554; *Waschkeit* S. 297; *Mock/Stoll/Eufinger* in KölnKommWpHG § 20a Rn. 222, 271 f.; *Vogel* in *Assmann/*

WpHG relevant. Geht man mit der hier vertretenen Ansicht von einem Tatbestandsausschluss aus, so kommt § 16 StGB, bei Überdehnung des Anwendungsbereichs § 17 StGB zur Anwendung.[795]

b. Sanktionsrahmen

Im Falle einer Ordnungswidrigkeit kann dem Manipulator eine Geldbuße von bis zu 1.000.000 € auferlegt werden, vgl. § 39 Abs. 4 WpHG. Ist die Handlung als Straftat zu werten, so drohen dem Täter bis zu fünf Jahren Haft oder Geldstrafe (§ 38 Abs. 2 WpHG). Zudem sind die Möglichkeiten eines Sanktionsausschuss gem. § 22 BörsG zu beachten.[796]

4. Zivilrechtliche Anknüpfung

a. Spezialgesetzliche Regelungen

Ein spezieller zivilrechtlicher Haftungstatbestand wurde für das Marktmanipulationsverbot nicht normiert. Aus diesem Grund muss auf die allgemeinen kapitalmarktrechtlichen Tatbestände zurückgegriffen werden.[797] In Betracht kommt hier eine Haftung nach § 37b WpHG im Bereich der informationsgestützten Manipulation, die durch Unterlassen begangen wird.[798] Ebenso denkbar ist ein Anspruch aus § 37c WpHG, sofern die unwahre Insiderinformation eine unrichtige oder irreführende Angabe i.S.v. § 20a Abs. 1 S. 1 Nr. 1 WpHG ist.[799]

Uwe H. Schneider § 20a WpHG Rn. 171, 243; a.A. *Grüger* S. 98 mit dem Hinweis, dass diese Auslegung vor dem Hintergrund der Teilnehmerstrafbarkeit vorzugswürdig erscheint.

795 *Eichelberger* S. 399; Geht man entgegen der hier vertretenen Ansicht von einem Rechtfertigungsgrund aus und stellt sich der Manipulator irrig das Vorliegen der Voraussetzung eines Safe Harbors vor, so liegt ein Erlaubnistatbestandsirrtum vor, der nach der Rechtsprechung nach § 16 Abs. 1 S. 1 StGB analog den subjektiven Tatbestand entfallen lässt, vgl. BGHSt 3, 105, 107; BGH NJW 2000, 1348; a.A. *Mock/Stoll/Eufinger* in KölnKommWpHG § 20a Rn. 221 (Anwendung von § 17 StGB).

796 Dazu eingehend *Sorgenfrei* in Park, §§ 20a, 38 II, 39 I Nr. 1-2, II Nr. 11, IV WpHG Rn. 250 ff.; s. etwa auch die Börsenverordnung des Landes Hessen §§ 22 ff.

797 *Mock/Stoll/Eufinger* in KölnKommWpHG § 20a Rn. 420, 422.

798 *Mock/Stoll/Eufinger* in KölnKommWpHG § 20a Rn. 423 f.; *Schwark* in Schwark § 20 Rn. 5; *Fleischer* WpHG § 20a Rn. 154.

799 *Mock/Stoll/Eufinger* in KölnKommWpHG § 20a Rn. 424.

b. § 20a WpHG als Schutzgesetz

aa. Überblick

Umstritten ist, ob § 20a WpHG nur überindividuelle Schutzfunktion zukommt (Schutz der ordnungsgemäßen Preisbildung an Börsen und Märkten und damit ihrer Funktionsfähigkeit) oder ob die Norm auch den Einzelnen bzw. dessen Vermögen schützen will.[800] Virulent wird diese Frage insb. bei der Erörterung, ob § 20a WpHG als Schutzgesetz i.S.v. § 823 Abs. 2 BGB anzusehen ist mit der Folge einer allgemeinen deliktischen Haftung.[801] Bei der Vorgängerreglung (§ 88 BörsG a.F.) tendierte die h.M. dazu, der Vorschrift nur eine objektive Schutzfunktion zuzusprechen und davon auszugehen, dass Anleger- und Vermögensschutz ein bloßer Rechtsreflex seien.[802] Dies entsprach auch der Rechtsprechung des BVerfG und des BGH.[803] Eine höchstrichterliche Rechtsprechung zu § 20a WpHG steht noch aus. Allerdings hat das LG Berlin entschieden, dass § 20a WpHG, als Nachfolgevorschrift von § 88 BörsG, ebenfalls primär die Funktionsfähigkeit der Finanzmärkte und nur sekundär den Anlegerschutz bezwecke.[804] Nichtsdestotrotz hat der alte Streit durch eine Aussage im Regierungsentwurf zum 4. FMFG, dass das Gesetz dazu diene „den Anlegerschutz zu stärken",[805] neuen Schwung erhalten, so dass eine im Vordringen befindliche Auffassung § 20a WpHG individualschützenden Charakter einräumen will.[806]

---

800 Vgl. dazu auch BGHZ 84, 312, 314; 116, 7, 13 f. *Vogel* in Assmann/Uwe H. Schneider WpHG § 20a Rn. 26; *Mock/Stoll/Eufinger* in KölnKommWpHG § 20a Rn. 427 ff.; *Schwark* in Schwark § 20 Rn. 5; *Fleischer* WpHG § 20a Rn. 152 ff.; *Schäfer* in Schäfer/Hamann KMG § 20a Rn. 85.

801 *Vogel* in Assmann/Uwe H. Schneider WpHG § 20a Rn. 26; *Fleischer* in Fuchs WpHG § 20a Rn. 152; *Schäfer* in Schäfer/Hamann KMG § 20a Rn. 85; allgemein zu der Transmissionsfunktion des § 823 Abs. 2 BGB von Wertungen anderer Rechtsgebiete in das Deliktsrecht vgl. MünchKommBGB/*Wagner* § 823, Rn. 327.

802 Vgl. BT-Drucks. 10/318, S. 45; *Schwark* 2. Aufl. § 88 BörsG Rn. 1.; dazu auch *Vogel* in Assmann/Uwe H. Schneider WpHG § 20a Rn. 26; *Fleischer* in Fuchs WpHG § 20a Rn. 153.

803 BVerfG NJW 2003, 501; BGHZ 160, 134, 139 ff. dazu *Fleischer* DB 2004, 2031; *Edelmann* BB 2004, 2031; *Kort* AG 2005, 21;*Gerber* DStR 2004, 1793.

804 LG Berlin wistra 2005, 277, 278 f.; und ZIP 2008, 1826.

805 Vgl. RegE zum 4. FMFG, BT-Drucks. 14/8017, S. 62.; vgl. auch RegE zum AnSVG, BT-Drucks. 15/3174, S. 26.

806 *Altenhain* BB 2002, 1874, 1875; *Ekkenga* ZIP 2004, 781 ff.; *Lenzen* ZBB 2002, 279, 284; *Ziouvas* ZGR 2003, 113, 143 f.; *Tripmaker* wistra 2002, 288, 291; *Mock/Stoll/Eufinger* in KölnKommWpHG § 20a Rn. 426 ff., 432; *Altenhain* in KölnKommWpHG § 38, Rn. 3 ff.

bb. Der Streitstand

Um festzustellen, ob es sich bei § 20a WpHG um ein Schutzgesetz i.S.v. § 823 II BGB handelt, muss auf die allgemeinen Grundsätze zurückgegriffen werden. Dabei ist zunächst festzuhalten, dass § 20a WpHG ein materielles Gesetz i.S.v. Art. 2 EGBGB ist, das ein bestimmtes Verbot und nicht einen allgemeinen Grundsatz statuiert.[807] Kernfrage und Brennpunkt des Streites bleibt, ob der Norm *Schutzgesetzeigenschaft* zukommt. Allgemein ist bei der Bestimmung der Schutzgesetzeigenschaft zu beachten, dass bei der Anwendung der klassischen Auslegungskanones die teleologische Auslegung außer Betracht bleiben muss, da es gerade um die Feststellung des Sinn und Zwecks der Vorschrift geht und damit ein Zirkelschluss droht.[808] Dabei kommt der genetischen Auslegung eine besondere Bedeutung zu. Es stellt sich also die Frage, ob es dem Wille des Gesetzgebers entspricht, dass die in Rede stehende Norm zumindest auch[809] dem Schutz von Individualinteressen zu dienen bestimmt ist.[810]

Hier argumentert die o.g. Ansicht, dass der Gesetzgeber seine Meinung zu der Rechtslage nach § 88 BörsG a.F. geändert habe, da er ausweislich der Begründung des RegE zum 4. FMFG nun auch den Anlegerschutz fokussiere.[811] Zudem habe der Gesetzgeber auch im AnSVG erklärt, „den Anlegerschutz im Bereich der Kapitalmarktinformation und des Schutzes vor unzulässigen Marktpraktiken" optimieren zu wollen.[812] Weiterhin beklagt diese Ansicht, dass die nicht ohne fundierte Analyse der aktuellen Rechtslage auf vage Schutzgutformulierungen wie bspw. die „Zuverlässigkeit und Wahrheit der Preisbildung" oder „überindividuellen Vermögensschutz" zurückgegriffen werden dürfe.[813] Zudem habe der BGH auch die Schutzgesetzeigenschaft von § 264a StGB bejaht,

---

807 Zu diesen Kriterien MünchKommBGB/*Wagner* § 823, Rn. 332, 339.

808 MünchKommBGB/*Wagner* § 823, Rn. 347 m.w.N.; vgl. auch *Vogel* in Assmann/Uwe H. Schneider WpHG § 20a Rn. 29 „logischer Zirkel"; a.A. *Mock/Stoll/Eufinger* in KölnKommWpHG § 20a Rn. 429.

809 Der Individualschutz muss nicht der ausschließliche Zweck sein. Das entspricht der ständigen Rechtsprechung des BGH, vgl. BGHZ 12, 146, 148; 29, 344, 350 f.; 84, 312, 314.

810 Vgl. BGHZ 160, 134, 139; MünchKommBGB/*Wagner* § 823, Rn. 346; *Mock/Stoll/Eufinger* in KölnKommWpHG § 20a Rn. 425.

811 Vgl. RegE zum 4. FMFG, BT-Drucks. 14/8017, S. 62.

812 Vgl. die Begründung des RegE zum AnSVG, BT-Drucks. 15/3174, S. 26.

813 *Eichelberger* S. 109 ff., 363 ff., *Barnert*, WM 2002, 1473, 1483; *Fleischer*, NJW 2002, 2977, 2979; *Möller* WM 2002, 310, 313; *Schmitz*, wistra 2002, 208, 212; *Schwark* in FS Kümpel 2003, S. 485, 499; *Waschkeit*, S. 305 ff.; *Schwark* in Schwark § 20a WpHG Rn. 5;.

was dafür spreche, dass diese Rechtsprechung auf den ähnlich gelagerten Sachverhalt des § 20a WpHG zu übertragen sei.

Allerdings ist bei der Bestimmung der Schutzgesetzeigenschaft zu berücksichtigen, dass die mit der Anerkennung der Schutzgesetzqualität verbundene Haftung „im Lichte des haftungsrechtlichen Gesamtsystems tragbar erscheint".[814] Der Anspruch muss gewollt sein.[815] Hieran dürfte schon deshalb gezweifelt werden, weil der Gesetzgeber in §§ 37b f. WpHG im Bereich der unterlassenen Veröffentlichung kursbeeinflussender Tatsachen eigens einen Schadensersatz kreiert hat, dies aber für den Bereich der Kursmanipulation unterließ.[816] Dieses Argument erhält ein noch höheres Gewicht, wenn berücksichtigt wird, dass dem Gesetzgeber der Streitstand um den Schutzgesetzcharakter des § 20a WpHG und die Ansicht der Rechtsprechung zu § 88 a.F. bekannt war und deshalb die ausdrückliche Einräumung subjektiver Rechte die naheliegende Lösung gewesen wäre.[817] Zudem ist zu beachten, dass eine Haftung i.R.v. § 37b f. WpHG erst bei grober Fahrlässigkeit eingreift, während eine Haftung i.R.v. § 823 Abs. 2 BGB i.V.m. § 20a WpHG bereits bei einfacher Fahrlässigkeit eingreifen würde. Dies würde zu einer Systemverzerrung führen.[818]

Zudem muss auch das Argument, der Gesetzgeber habe seine Ansicht im Hinblick auf die Schutzgesetzeigenschaft aufgrund der Nennung des Anlegerschutzes geändert, in einem weiteren Kontext betrachtet werden. Zutreffend ist, dass der Anlegerschutz als allgemeines Ziel formuliert wird[819], i.R.d. § 20a WpHG wird aus dem RegE jedoch keineswegs deutlich, dass der konkrete Anlegerschutz bezweckt ist.[820] Der Anlegerschutz wird vielmehr vor dem Hintergrund der Funktionsfähigkeit der Kapitalmärkte, also mittelbar, fokussiert.

Auch die systematische Auslegung gelangt nicht zu einem anderen Ergebnis. So wird auch den systemverwandten Regeln über das Insider-

---

814 BGHZ 66, 388, 390; 100, 13, 18 f.; 125, 366, 374; MünchKommBGB/Wagner § 823, Rn. 351; Palandt/*Sprau* § 823, Rn. 57.

815 *Vogel* in Assmann/Uwe H. Schneider WpHG § 20a Rn. 31; *Eichelberger* S. 364 f.

816 Vgl.*Vogel* in Assmann/Uwe H. Schneider WpHG § 20a Rn. 31, *Eichelberger* S. 366.

817 *Eichelberger* S. 366; *Fleischer* NJW 2002, 2977, 2979.

818 *Spindler* WM 2004, 2089, 2091; *Fleischer* DB 2004, 2031, 2033; *Schwark* in FS Kümpel 2003, S. 485, 499.

819 Vgl. RegE zum 4. FMFG, BT-Drucks. 14/8017, S. 89.

820 *Vogel* in Assmann/Uwe H. Schneider WpHG § 20a Rn. 30; *Mock/Stoll/Eufinger* in KölnKommWpHG § 20a Rn. 427.

handelsverbot keine Schutzgesetzeigenschaft zugesprochen.[821] Ebenfalls stehen in den Erwägungsgründen der Marktmissbrauchsrichtlinie die überindividuellen Ziele im Fokus.[822] Dies verstärkt noch das o.g. Argument, dass sich in dem RegE zum 4. FMFG im Schwerpunkt überindividuelle Ziele finden, da davon ausgegangen werden kann, dass der Gesetzgeber auch in diesem Punkt eine europarechtsnahe Umsetzung verfolgte. Auch das Argument der Gegenansicht die Rechtsprechung zu § 264a StGB sei auf § 20a WpHG zu übertragen, geht insofern fehl, als sie verkennt, dass das 4. FMFG die Trennung von Kapitalanlage- und Kursmanipulationsverbot beibehalten, wenn nicht sogar verstärkt hat.[823]

Zudem ist daran zu denken, dass die Erklärung eines überindividuellen Schutzzwecks insofern schlüssiger ist, als auf einer individuellen Ebene einige Marktteilnehmer auch von den Manipulationen profitieren können, so dass ein uneinheitliches Geschädigtenbild entsteht.[824]

Letztlich sprechen auch praktische Erwägungen dagegen, § 20a WpHG Schutzgesetzcharakter einzuräumen. Zum einen erhält der Anleger bereits Schutz vor manipulativem Verhalten durch die BaFin, die die Einhaltung von § 20a WpHG überwacht, sowie durch die Börsenaufsicht, Handelsüberwachung und Börsengeschäftsführung, so dass sich die Frage stellt, ob ein zivilrechtlicher Schutz überhaupt notwendig ist.[825] Zum anderen ist der Kreis der möglichen Anspruchsinhaber fast unüberschaubar groß (Derivate ect.).

Es bleibt damit festzuhalten, dass § 20a WpHG keine Schutzgesetzeigenschaft zugesprochen werden sollte, so dass dem einzelnen Anleger keine Ansprüche aus § 823 Abs. 2 BGB i.V.m. § 20a WpHG erwachsen können.[826]

---

821 *Vogel* in Assmann/Uwe H. Schneider WpHG § 20a Rn. 31; *Eichelberger* S. 366 f.; a.A. *Mock/Stoll/Eufinger* in KölnKommWpHG § 20a Rn. 431.

822 So werden in den Erwägungsgründen (2) und (12) die Integrität der Finanzmärkte und die Stärkung des Vertrauens der Anleger genannt. Letztgenannter Erwägungsgrund meint ersichtlich nicht den individuellen Vertrauensschutz, sondern den der Gruppe der Anleger, die für die Transaktionsprozesse an den Kapitalmärkten erforderlich ist, vgl. hierzu oben S. 37.

823 *Vogel* in Assmann/Uwe H. Schneider WpHG § 20a Rn. 31.

824 *Eichelberger* S. 109 f.; *Vogel* in Assmann/Uwe H. Schneider WpHG § 20a Rn. 30; dazu auch oben S. 32 ff.

825 *Vogel* in Assmann/Uwe H. Schneider WpHG § 20a Rn. 31 mit dem Hinweis darauf, dass die Rechtsprechung ab einem gewissen Schutzniveau dazu neigt die Schutzgesetzeigenschaft zu verneinen.

826 OLG Frankfurt AG 2007, 749, 753; *Fleischer* DB 2004, 2031, 2032 f.; *Rützel* AG 2003, 69, 79; *Barnert* WM 2002, 1473, 1478 ff.; *Holzborn/Foelsch* NJW 2003, 932, 938; *Maier-*

c. § 20a WpHG als Verbotsgesetz

Fraglich ist weiterhin, ob § 20a WpHG als Verbotsgesetz i.S.v. § 134 BGB angesehen werden kann. Dies hätte zur Folge, dass Geschäfte, die gegen § 20a WpHG verstoßen, ex tunc nichtig sind.[827] Da die Frage nur im rechtsgeschäftlichen Bereich relevant wird, handelt es sich meist um Fälle der handelsgestützten Manipulation i.R.v. § 20a Abs. 1 S. 1 Nr. 2 WpHG.[828] Verbotsgesetz i.S.v. § 134 BGB ist jedes Gesetz gem. Art. 2 EGBGB, das nach Sinn und Zweck aufgrund des Inhalts des Rechtsgeschäfts dessen Nichtigkeit fordert.[829] Dies wird für Geschäfte, die gegen § 20a WpHG verstoßen, allgemein anerkannt, in der Rechtsfolge aber zwischen einseitigen und zweiseitigen Pflichtverstößen differenziert.[830] Danach wird i.d.R. anzunehmen sein, dass bei einem einseitigen Verstoß das Rechtsgeschäft wirksam bleibt, um die redliche Vertragspartei zu schützen.[831] Bei einem beidseitigen Verstoß hingegen ist das Rechtsgeschäft grds. nichtig.[832] Die Rückabwicklung richtet sich dann nach §§ 812 ff. BGB, wobei allerdings § 817 S.2 BGB zu beachten ist. Neben die Nichtigkeit nach § 134 BGB kann freilich auch eine solche nach § 117 BGB treten, wenn die Beteiligten nur den äußeren Schein eines Rechtsgeschäfts hervorrufen wollen. Nicht damit zu verwechseln sind sog. „Wash Sales" bei denen die Beteiligten gerade den rechtlichen Erfolg, nämlich den Eigentumswechsel des Wertpapiers benötigen, um ihren manipula-

---

Reimer/Webering, WM 2002, 1857, 1864; *Hörn* in FS Ulmer 2003 S. 817, 823; *Eichelberger* S. 363 ff; *Waschkeit* S. 305 ff.; *Schäfer* in *Schäfer/Hamann* KMG § 20a WpHG Rn. 15; *Schwark* in Schwark §20aWpHG Rn. 5; *Vogel* in *Assmann/Uwe H. Schneider* § 20a WpHG Rn. 31.

827 Palandt/ *Ellenberger* § 134 Rn. 6, 13; MünchKomm/*Armbrüster* § 134 Rn. 105 f.

828 *Mock/Stoll/Eufinger* in KölnKommWpHG § 20a Rn. 458.

829 MünchKomm/*Armbrüster* § 134 Rn. 1, 41; Staudinger/*Sack* § 134 Rn. 57 ff.; *Schäfer* in *Schäfer/Hamann* KMG § 20a WpHG Rn. 83.

830 *Mock/Stoll/Eufinger* in KölnKommWpHG § 20a Rn. 460 f.; *Vogel* in Assmann/Uwe H. Schneider WpHG § 20a Rn. 32; *Fleischer* in Fuchs WpHG § 20a Rn. 155; allgemein dazu: Palandt/*Ellenberger* § 134 Rn. 8 ff.; Staudinger/*Sack* § 134 Rn. 71 ff.

831 *Vogel* in Assmann/Uwe H. Schneider WpHG § 20a Rn. 32; *Mock/Stoll/Eufinger* in KölnKommWpHG § 20a Rn. 460 f.; allgemein zum einseitigen Verstoß gegen § 134 BGB: Staudinger/*Sack* § 134 Rn. 72 f.; *Schäfer* in *Schäfer/Hamann* KMG § 20a WpHG Rn. 83.

832 *Mock/Stoll/Eufinger* in KölnKommWpHG § 20a Rn. 461; *Vogel* in Assmann/Uwe H. Schneider WpHG § 20a Rn. 32; *Fleischer* in Fuchs WpHG § 20a Rn. 155; a.A. *Schäfer* in *Schäfer/Hamann* KMG § 20a WpHG Rn. 83.

tiven Plan umzusetzen. Bei solchen Geschäften liegt demnach i.d.R. ein entsprechender Rechtsbindungswille vor.[833]

d. Sittenwidrige Schädigung

Im Falle einer vorsätzlichen sittenwidrigen Schädigung kommen zudem Ansprüche geschädigter Anleger aus § 826 BGB in Betracht.[834] In Anlehnung an die zum Insiderrecht ergangene *Infomatec*-Rechtsprechung des BGH[835] kann insbesondere für § 20a Abs. 1 S. 1 Nr. 1 und 2 WpHG auf § 826 BGB zurückgegriffen werden.[836] Die Sittenwidrigkeit ist insbesondere dann zu bejahen, wenn die gemachten Angaben grob falsch sind und der Kläger sich trotz Kenntnis und Billigung des Schadens in seiner allgemeinen Form bereichert.[837]

II. Untergesetzliches Recht (MaKonV)

Im folgenden Abschnitt soll das Verordnungsrecht, das das Parlamentsrecht konkretisiert, näher beleuchtet werden. Hierzu ist in § 20a Abs. 5 WpHG eine Verordnungsermächtigung i.S.v. Art. 80 GG enthalten.[838] Nach dieser Regelung können bestimmte Tatbestandsmerkmale des § 20a WpHG auf dem Verordnungsweg näher bestimmt werden. Die Regelung soll v.a. dazu dienen, flexibel und schnell etwaigen neuen Manipulationstechniken entgegentreten zu können.[839] Diese Begründung ist nicht un-

---

833 *Vogel* in Assmann/Uwe H. Schneider WpHG § 20a Rn. 162; deshalb erscheint die Formulierung „Scheingeschäft" in der Begründung zur MaKonV, BR-DruckS. 18/05, S.15 als missverständlich, da nicht auf eine rechtliche, sondern wirtschaftliche Sichtweise abzustellen ist, dazu bereits oben S. 51 f.

834 *Ekkenga* ZIP 2004, 781, 783; *Mock/Stoll/Eufinger* in KölnKommWpHG § 20a Rn. 436 ff.; *Fleischer* in Fuchs WpHG § 20a Rn. 154; *Schäfer* in *Schäfer/Hamann* KMG § 20a WpHG Rn. 86.

835 BGH NJW 2004, 2664, 2668; 2971 dazu *Spindler* WM 2004, 2089, 2091 f.; *Fleischer* DB 2004,2031,2033 f.

836 *Spindler* WM 2004, 2089, 2092; *Mock/Stoll/Eufinger* in KölnKommWpHG § 20a Rn. 438 f.

837 *Mock/Stoll/Eufinger* in KölnKommWpHG § 20a Rn. 437.

838 Eine solche Verordnungsermächtigung war bereits in § 20a Abs. 2 WpHG a.F. enthalten, dazu *Vogel* in Assmann/Uwe H. Schneider WpHG § 20a Rn. 13.

839 Vgl.die Begründung des RegE zum 4. FMFG, BT-Drucks. 14/8017 S. 90; s.a. *Schwark* in Schwark § 20a WpHG Rn. 5; *Vogel* in Assmann/Uwe H. Schneider WpHG § 20a Rn. 14; das Flexibilitätsargument in Kombination mit einer parlamentargesetzlichen Grundlage hat im internationalen Vergleich überzeugt, vgl. S. 17.

umstritten.[840] Die Konkretisierung der unbestimmten Rechtsbegriffe des § 20a WpHG schafft aber auch Rechtssicherheit für die beteiligten Kreise.[841]

Verordnungsgeber (Art. 80 Abs. 1 S. 1 GG) soll gem. § 20a Abs. 5 S. 1 WpHG zunächst das Bundesministerium für Finanzen sein. Nach § 20a Abs. 5 S. 2 WpHG ist es zulässig, durch Rechtsverordnung die Verordnungsermächtigung auf die BaFin zu übertragen (sog. Subdelegation, Art. 80 Abs. 1 S. 3 GG).[842] Dabei bleibt zu beachten, dass das Bundesministerium weiterhin zur Verordnungsgebung berechtigt bleibt, da die Subdelegation nur „zuschiebend", aber nicht „abschiebend" wirkt.[843] Bisher ist es noch nicht zur Subdelegation gekommen. Der Erlass einer Verordnung bedarf der Zustimmung des Bundesrates, da ein enger Zusammenhang mit der Börsenaufsicht besteht, die in den Kompetenzbereich der Länder fällt.[844] Dadurch besteht die Gefahr einer Verzögerung des Verordnungsverfahrens.[845]

Die Änderung des § 20a WpHG durch das AnSVG hat der Verordnungsgeber zum Anlass genommen, die Verordnung zur Konkretisierung der Kurs- und –Marktpreismanipulation (KuMaKV) durch die Verordnung zur Konkretisierung des Verbotes der Marktmanipulation (MaKonV) zu ersetzen und eine Anpassung an europarechtliche Vorgaben, insb. der Durchführungs-Verordnung (EG) Nr.2273/2003 vorzu-

---

840 *Vogel* in Assmann/Uwe H. Schneider WpHG § 20a Rn. 14, der darauf hinweist, dass bereits der Tatbestand durch seine unbestimmten Rechtsbegriffe für ausreichende Flexibilität sorgt. Vor diesem Hintergrund sieht er verfassungsrechtliche Bedenken hinsichtlich des „nulla puena sine lege parlamentaria"-Grundsatzes und Art. 80 GG.

841 So soll den Marktteilnehmern eine bessere Orientierung ermöglicht und die Abgrenzung von erlaubten und verbotenen Verhaltensweisen erleichtert werden, vgl. BR-Drucks. 639/03, S. 8; s.a. BR-Drucks. 18/05, S. 2 wo von „Leitlinien" die Rede ist.

842 Dies bedarf nach umstr. Ansicht nicht der Zustimmung des Bundesrates (Art. 80 Abs. 2 GG), dazu *Vogel* in Assmann/Uwe H. Schneider WpHG § 20a Rn. 16; *Mock/Stoll/Eufinger* in KölnKommWpHG § 20a Rn. 389; a.A. *Eichelberger* S. 187 ff., 189.

843 Von der Subdelegation kann die BaFin nur mit Einvernehmen Gebrauch machen, vgl. § 20a Abs. 5 S. 3 WpHG; dies bedeutet nach verfassungskonformer Auslegung jedoch nicht eine vorherige Zustimmung der Börsenaufsichtsbehörden der Länder, sondern nur eine Einbeziehung in den Rechtssetzungsprozess, dazu *Mock/Stoll/Eufinger* in KölnKommWpHG § 20a Rn. 390; *Vogel* in Assmann/Uwe H. Schneider WpHG § 20a Rn. 17.

844 Dazu schon BT-Drucks. 14/8601 S. 20; s.a. *Mock/Stoll/Eufinger* in KölnKommWpHG § 20a Rn. 388; *Vogel* in *Assmann/Uwe H. Schneider* § 20a WpHG Rn. 15.

845 *Vogel* in *Assmann/Uwe H. Schneider* § 20a WpHG Rn. 15, der darauf hinweist, dass dem Bundesrat dadurch zudem ein Initiativrecht gem. Art. 80 Abs. 3 GG zukommt.

nehmen.[846] Die MaKonV enthält Bestimmungen über die unbestimmten Rechtsbegriffe in § 20a Abs. 1 S. 1 WpHG, vgl. § 1 Nr. 1 bis 3 MaKonV. Zudem verweist sie für Handlungen, die in keinem Fall einen Verstoß gegen das Verbot der Marktmanipulation darstellen (§ 1 Nr. 4 MaKonV), auf die VO (EG) Nr. 2273/2003, vgl. §§ 5 f. MaKonV. Letztlich werden gem. §§ 1 Nr. 5 i.V.m. 7 ff. MaKonV Kriterien für die Anerkennung einer zulässigen Marktpraxis i.S.v. § 20a Abs. 2 WpHG aufgestellt.

Im Hinblick auf die Gestaltung der Verordnung steht dem Verordnungsgeber ein originäres Ermessen zu,[847] dem jedoch wiederum Grenzen gesetzt sind. Hierzu zählt v.a. die Einhaltung der Ermächtigungsgrundlage. So darf der Verordnungsgeber keine „wesensfremden" Inhalte regeln, er darf sich m.a.W. nicht außerhalb der „Natur der zu regelnden Materie" bewegen.[848] Im strafrechtlichen Kontext dürfen die verbotenen Verhaltensweisen nicht im Wege der Analogie erweitert oder eingeschränkt werden.[849] Vor diesem Hintergrund ergeben sich Bedenken im Hinblick auf § 4 Abs. 3 Nr. 1 MaKonV.[850]

1. Bewertungserhebliche Umstände

In § 2 MaKonV werden bewertungserhebliche Umstände i.S.v. § 20a Abs. 1 S. 1 Nr. 1 WpHG näher bestimmt. Nach § 2 Abs. 1 S. 1 MaKonV sind bewertungserhebliche Umstände Tatsachen und Werturteile, die ein verständiger Anleger bei seiner Anlageentscheidung berücksichtigen würde. Werturteile müssen sich auf einen Tatsachenkern zurückführen lassen.[851] Daneben erfasst § 2 Abs. 1 S. 2 MaKonV in Übereinstimmung mit § 13 Abs. 1 S. 3 WpHG[852] und in Abweichung zum früheren § 2 KuMaKV auch Prognosen, nämlich Umstände, bei denen mit hinreichender Wahrscheinlichkeit davon ausgegangen werden kann, dass sie eintreten. Entgegen dem Wortlaut („gelten als") ist nicht von einer Fik-

---

846 Dazu schon oben S. 8 f.

847 Vgl. *Frenz* Rn. 391 ff.; *Danwitz* S. 161 ff.; *Vogel* in *Assmann /Uwe H. Schneider* § 20a WpHG Rn. 18

848 BVerwGE 42, 169, 174; *Vogel* in *Assmann /Uwe H. Schneider* § 20a WpHG Rn. 18.

849 Sog. Analogieverbot bzw. Verbot der Gegenanalogie, vgl. *Vogel* in *Assmann/Uwe H. Schneider* § 20a WpHG Rn. 18; *Fleischer* in Fuchs WpHG § 20a Rn. 138.

850 *Fleischer* in Fuchs WpHG § 20a Rn. 141; noch zur KuMaKV *Streinz/Ohler*, WM 2004, 1309, 1316; *Weber*, NZG 2004, 23, 28; *Rückert/Kuthe* BKR 2003, 647, 648; dazu auch S. 167 ff.

851 Siehe dazu schon oben S. 95 f.

852 BR-Drucks. 18/05 S. 12; *Fleischer* in Fuchs WpHG § 20a Rn. 25; *Mock/Stoll/Eufinger* in KölnKommWpHG § 20a Anh. I – § 2 MaKonV Rn. 14.

tion auszugehen.[853] Was unter dem verständigen Anleger zu verstehen ist, wird, wie bereits dargestellt, unterschiedlich beurteilt.[854] Teilweise wird die Tauglichkeit des Merkmals in Frage gestellt.[855] Dem Begriff des verständigen Anlegers ist nach der hier vertretenen Auffassung ein objektiver Maßstab zugrunde zu legen, der auch nicht wirtschaftliche Umstände durch rationale Entscheidungsfindung wirtschaftlich erfassen kann.[856]

Der Verordnungsgeber hat sich in § 2 Abs. 2 bis 4 MaKonV entschlossen, dem Rechtsanwender drei Gruppen vorzugeben, die bei der Beurteilung, ob ein bewertungserheblicher Umstand vorliegt, Bedeutung erlangen. So nennt der Verordnungsgeber in § 2 Abs. 2 MaKonV Umstände, die *regelmäßig bewertungserheblich* sind, während in § 2 Abs. 3 MaKonV *stets als bewertungserheblich* einzuschätzende Umstände erfasst werden. Letztlich stellt § 2 Abs. 4 MaKonV Fallgestaltungen auf, bei denen *im Einzelfall* zu prüfen ist, ob Bewertungserheblichkeit gegeben ist.

In der Literatur finden sich Darstellungen konkreter Umstände, die in den Anwendungsbereich von § 2 Abs. 1 MaKonV fallen.[857] Zu den bewertungserheblichen Umständen i.S.v. § 2 Abs. 1 MaKonV zählen danach in erster Linie Umstände, die den „inneren" Wert eines Finanzinstruments betreffen. So werden etwa Angaben in Bezug auf falsche Unternehmenszahlen, daraus resultierende falsche Kennzahlen oder andere unternehmensinterne Umstände die Mehrheit aller Manipulation darstellen. Demgegenüber werden auch Umstände genannt, welche den „äußeren Wert" betreffen. Zu nennen wäre hier bspw. die Anlegerstruktur oder die Aufnahme in einen Index. Zu beachten sind auch Umstände, welche die Branche oder die Produktpalette des Unternehmens betreffen. Genannt werden können hier bspw. neu hinzukommende oder wegfallende Handelshemmnisse. Gleiches gilt für Subventionen, die einer Branche zur Verfügung gestellt werden. Umstände, die den Markt als

---

853 *Vogel* in *Assmann/Uwe H. Schneider* § 20a WpHG Rn. 82; a.A. *Sorgenfrei* in Park, §§ 20a, 38 II, 39 I Nr. 1-2, II Nr. 11, IV WpHG Rn. 40.

854 Dazu bereits oben S. 103 ff.; eine ähnliche Figur besaß bereits § 2 Abs. 1 KuMaKV mit einem vernünftigen Anleger mit durchschnittlicher Börsenkenntnis.

855 Vgl. *Kutzner* WM 2005, 1401, 1401 f.; *Weber* NZG 2004, 23, 24, 27 f; *Sorgenfrei* in Park §§ 20a, 38 II, 39 I Nr. 1-2, II Nr. 11, IV WpHG Rn. 42; der Hauptkritikpunkt liegt darin, dass in übertriebenen Boomphasen die Mehrzahl der Anleger nicht mehr rationalen Kriterien entsprechen.

856 Vgl. *Fleischer* in Fuchs WpHG § 20a Rn. 26; *Mock/Stoll/Eufinger* in KölnKommWpHG § 20a Anh. I – § 2 MaKonV Rn. 10.

857 Vgl. die Zusammenfassung bei *Mock/Stoll/Eufinger* in KölnKommWpHG § 20a Anh. I – § 2 MaKonV Rn. 6.

solchen und das Instrument mittelbar betreffen, wie etwa die Aussetzung des Handels, können ebenso relevant werden.

a. Regelmäßig bewertungserhebliche Umstände

Nach § 2 Abs. 2 MaKonV sind ad-hoc pflichtige Insiderinformationen nach § 15 Abs. 1 WpHG sowie Entscheidungen und Kontrollerwerbe nach §§ 35, 10 WpÜG regelmäßig als bewertungserhebliche Umstände einzuschätzen. Rechtsdogmatisch handelt es sich bei § 2 Abs. 2 MaKonV um Regelbeispiele, wobei die Einordnung als Regelbeispiele teilweise vor dem Hintergrund der nur schwer erkennbaren Ausnahmen kritisiert wird.[858]

Insiderinformationen sind in Abweichung zu § 2 Abs. 2 KuMaKV nun explizit genannt, womit klargestellt werden soll, dass solche Informationen selbst dann qualitativ als bewertungserhebliche Umstände einzuordnen sind, wenn die Befreiungsvoraussetzungen des § 15 Abs. 3 WpHG gegeben sind.[859] Bei Vorliegen der Voraussetzungen aus § 15 Abs. 3 WpHG kommt dem Befreiten nur ein Schweigerecht, nicht jedoch ein Recht, die Unwahrheit zu sagen, zu, so dass unrichtige Angaben gem. § 20a Abs. 1 S. 1 Nr. 1 Alt. 1 WpHG tatbestandsmäßig sein können.[860] Der eigenständig-rechtsetzende Sinn von § 2 Abs. 2 Var. 1 MaKonV wird bezweifelt, da das Insiderrecht in §§ 15 Abs. 1 S. 1 i.V.m. 13 Abs. 1 S. 1 WpHG eine *erhebliche* Preisbeeinflussungseignung fordert, so dass bei Vorliegen einer „einfachen" Preisbeeinflussung gem. § 20a Abs. 1 S. 1 Nr. 1 WpHG stets eine solche Eignung abgeleitet werden kann.[861]

Dass Entscheidungen und Kontrollerwerbe gem. §§ 10, 35 WpÜG von bewertungserheblicher Relevanz sind, ist unmittelbar einleuchtend.[862] Deshalb enthielt bereits § 2 Abs. 2 KuMaKV eine dem § 2 Abs. 2 Var. 2 MaKonV entsprechende Regelung. Es sind sowohl Fälle denkbar, die auf positivem Tun beruhen (§ 20a Abs. 1 S. 1 Nr. 1 Alt. 1 WpHG) als auch solche, die Unterlassen (§ 20a Abs. 1 S. 1 Nr. 1 Alt. 2 WpHG) genügen

---

858 Vgl. *Vogel* in *Assmann/Uwe H. Schneider* § 20a WpHG Rn. 88; *Mock/Stoll/Eufinger* in KölnKommWpHG § 20a, Anh. I, §2 MaKonV Rn. 17.

859 *Mock/Stoll/Eufinger* in KölnKommWpHG § 20a, Anh. I, §2 MaKonV Rn. 16; *Vogel* in *Assmann/Uwe H. Schneider* § 20a WpHG Rn. 89.

860 BR-Drucks. 18/05 S. 12; *Vogel* in *Assmann/Uwe H. Schneider* § 20a WpHG Rn. 90.

861 *Mock/Stoll/Eufinger* in KölnKommWpHG § 20a Anh. I – § 2 MaKonV Rn. 16.

862 Vgl. dazu BR-Drucks. 639/03 S. 10; *Mock/Stoll/Eufinger* in KölnKommWpHG § 20a Anh. I – § 2 MaKonV Rn. 18; *Vogel* in *Assmann/Uwe H. Schneider* § 20a WpHG Rn. 91.

lassen. So können etwa falsche Übernahmegerüchte gestreut oder tatsächlich stattfindende Übernahmen über die gesetzlichen Zeiträume hinaus verschwiegen werden. Da Angebote i.S.v. §§ 10, 35 WpÜG nur solche sind, die Wertpapiere betreffen, die auf einem organisierten Markt zum Handel zugelassen sind (§ 1 Abs. 1 WpÜG), können Übernahmeangebote, die diese Voraussetzungen nicht erfüllen, nur unter § 2 Abs. 4 Nr. 3 MaKonV erfasst werden.

b. Zwingend bewertungserhebliche Umstände

In Anlehnung an im Emittentleitfaden zum Insiderrecht definierte Umstände (§§ 13, 15 WpHG) hat der Verordnungsgeber in § 2 Abs. 3 MaKonV Sachverhalte als Bsp. geregelt, die in jedem Fall als bewertungserhebliche Umstände zu beurteilen sind.[863] Diese inhaltliche Nähe kommt freilich mit dem Preis, dass die nicht abschließenden, aber zwingenden Beispiele, einen starken Bezug zu unternehmensinternen Größen und deren Veränderungen aufweisen. Deshalb wird zu Recht gefordert, dass der Verordnungsgeber i.R.e. Überarbeitung verstärkt unternehmensexterne Umstände, wie etwa Investitionen von großen Fonds u.ä., berücksichtigt.[864]

Zunächst werden bedeutende Kooperationen, der Erwerb oder die Veräußerung von wesentlichen Beteiligungen sowie der Abschluss, die Änderung oder Kündigung von Beherrschungs- und Gewinnabführungsverträgen und sonstige bedeutende Vertragsverhältnisse genannt (§ 2 Abs. 3 Nr. 1 MaKonV). Bedeutende Kooperationen sind solche, die mindestens fünf Prozent des Grundkapital einer Aktiengesellschaft betreffen (§ 5 Abs. 3 FinAV).[865] Hinsichtlich der Auslegung des Merkmals „sonstige bedeutende Vertragsverhältnisse" ist fraglich, ob diese eine inhaltliche Nähe mit Beherrschungs- und Gewinnabführungsverträgen oder bedeutenden Kooperation aufweisen müssen.[866]

863 Vgl. BR-Drucks. 18/05 S. 13: (allerdings unrichtigerweise als Regelbeispiele bezeichnet), *Mock/Stoll/Eufinger* in KölnKommWpHG § 20a, Anh. I, § 2 MaKonV Rn. 20; *Vogel* in *Assmann/Uwe H. Schneider* § 20a WpHG Rn. 93 f..

864 *Vogel* in *Assmann/Uwe H. Schneider* § 20a WpHG Rn. 94; *Mock/Stoll/Eufinger* in KölnKommWpHG § 20a Anh. I – § 2 MaKonV Rn. 19.

865 *Vogel* in *Assmann/Uwe H. Schneider* § 20a WpHG Rn. 95; *Mock/Stoll/Eufinger* in KölnKommWpHG § 20a Anh. I – § 2 MaKonV Rn. 21.

866 *Mock/Stoll/Eufinger* in KölnKommWpHG § 20a Anh. I – § 2 MaKonV Rn. 21, *Sorgenfrei* in Park, §§ 20a, 38 H, 39 I Nr. 1-2, E Nr. 11, IV WpHG Rn. 51; *Vogel* in *Assmann/Uwe H. Schneider* § 20a WpHG Rn. 95.

Weiterhin sind Liquiditätsprobleme, Überschuldung oder Verlustanzeige nach § 92 AktG stets als bewertungserheblich einzuschätzen (§ 2 Abs. 3 Nr. 2 MaKonV). In gleicher Weise zwingend bewertungserhebliche Umstände sind bedeutende Erfindungen, die Erteilung oder der Verlust bedeutender Patente und die Gewährung von Lizenzen (§ 2 Abs. 3 Nr. 3 MaKonV). Ebenfalls obligatorisch bewertungserheblich sind Rechtsstreitigkeiten und Kartellverfahren von besonderer Bedeutung (§ 2 Abs. 3 Nr. 4 MaKonV). Eine solche besondere Bedeutung liegt vor, wenn ein verständiger Anleger sie als bewertungserheblich einstuft. Dies wird nur dann der Fall sein, wenn mit einiger Wahrscheinlichkeit ein Ergebnis zu erwarten ist, das für das Unternehmen bewertungserheblich ist.[867] Ein hoher Streitwert ist damit häufig eine notwendige, aber keine hinreichende Bedingung. Allerdings wird ein rationaler Investor in seiner Erwartungsbildung eine geringere Wahrscheinlichkeit für einen bewertungserheblichen Ausgang eines Verfahrens genügen lassen, je größer der Streitwert ist.[868] Daneben hat der Rechtsanwender auch Veränderungen in Schlüsselpositionen des Unternehmens immer als bewertungserheblich einzustufen (§ 2 Abs. 3 Nr. 5 MaKonV). Hierbei ist zu beachten, dass nicht nur Organpositionen gemeint sind. Es ist vielmehr zu fragen, ob die Veränderung in der Mitarbeiterstruktur bewertungserheblich ist, was etwa auch bei besonders begabten Wissenschaftlern oder Analysten bei Finanzunternehmen der Fall ist. Schließlich sind strategische Unternehmensentscheidungen, insb. der Rückzug aus oder die Aufnahme von neuen Kerngeschäftsfeldern oder die Neuausrichtung des Geschäfts zwingend von bewertungserheblicher Relevanz (§ 2 Abs. 3 Nr. 6 MaKonV).

c. Im Einzelfall zu beurteilende Bewertungserheblichkeit

Der Verordnungsgeber hat weiterhin in § 2 Abs. 4 MaKonV Fälle vorgesehen, die vom Rechtsanwender eine Beurteilung der Bewertungserheblichkeit im Einzelfall fordern.[869] Die Beispiele sind nicht als Regelbeispiele

---

867 *Vogel* in *Assmann/Uwe H. Schneider* § 20a WpHG Rn. 95 m.N. zur Gegenansicht.

868 Dieser Zusammenhang hat eine abnehmende Tendenz; vgl. zur Erwartungsbildung oben S. 58 f.

869 Vgl. dazu die Begründung zur MaKonV BR-DruckS. 18/05 S.13; *Vogel* in Assmann/Uwe H. Schneider WpHG § 20a Rn. 96; *Mock/Stoll/Eufinger* in KölnKommWpHG § 20a, Anhang I, § 2 MaKonV Rn. 28.

im Rechtssinne einzustufen.[870] Es handelt sich um Leitlinien, die dem Normadressaten Rechtssicherheit geben sollen.

Zunächst werden Änderungen in den Jahresabschlüssen und Zwischenberichten und den daraus abgeleiteten Unternehmenskennzahlen genannt (§ 2 Abs. 4 Nr. 1 MaKonV). Dabei sind jedenfalls Berichtigungen falscher Ansätze (Bilanzberichtigung, §§ 4 Abs. 2 S. 1 EstG, 153 AO), aber auch Änderungen von Ansatzwahlrechten (Bilanzänderung) erfasst. Ebenfalls einer Beurteilung im Einzelfall bedürfen Änderungen bei Ausschüttungen, insb. Sonderausschüttungen, eine Dividendenänderung oder die Aussetzung der Dividende (§ 2 Abs. 4 Nr. 2 MaKonV). Soweit Übernahme-, Erwerbs- und Abfindungsangebote nicht nach § 2 Abs. 2 MaKonV erfasst sind, sind auch diese einer einzelfallbezogenen Prüfung zu unterziehen (§ 2 Abs. 4 Nr. 3 MaKonV). Dies betrifft insb. Papiere von Unternehmen, die nicht an einem organisierten Markt gehandelt werden.[871] Schließlich können auch Kapital- und Finanzierungsmaßnahmen bewertungserhebliche Umstände darstellen und müssen vor diesem Hintergrund im Einzelfall beurteilt werden (§ 2 Abs. 4 Nr. 4 MaKonV).

2. *Falsche und irreführende Signale und künstliches Preisniveau*

§ 3 MaKonV erläutert die Begriffe der „falschen oder irreführenden Signale“ sowie des „künstlichen Preisniveaus“ i.S.v. § 20a Abs. 1 S. 1 Nr. 2 WpHG. Durch die Regelungen werden die aufgrund von Art. 1 Nr. 2 Abs. 2 MMR erlassenen Bestimmungen der Richtlinie 2003/124/EG in nationales Recht umgesetzt.[872] Ziel der Reglung ist es für mehr Rechtssicherheit zu sorgen und der BaFin Anhaltspunkte für deren Überwachungstätigkeit nach § 4 Abs. 2 WpHG an die Hand zu geben.[873] Diese Regelung ist nicht zwingend und die Aufzählung nicht abschließend.[874] Der Verordnungsgeber hat sich am Regelungsmuster der Richtlinie orientiert und zwischen bloßen Anzeichen für falsche oder irreführende

---

870 So aber BR-Drucks. 18/05 S. 13, dazu *Mock/Stoll/Eufinger* in KölnKommWpHG § 20a Anh. I – § 2 MaKonV Rn. 28; *Vogel* in Assmann/Uwe H. Schneider WpHG § 20a Rn. 96.

871 *Mock/Stoll/Eufinger* in KölnKommWpHG § 20a Anh. I – § 2 MaKonV Rn. 31; *Vogel* in Assmann/Uwe H. Schneider WpHG § 20a Rn. 96.

872 Dazu die Begründung zur MaKonV, BR-DruckS. 18/05 S.13.; *Vogel* in Assmann/Uwe H. Schneider WpHG § 20a Rn. 153; *Fleischer* in Fuchs WpHG § 20a Rn. 49.

873 Vgl. Begr. MaKonV, BR-Drucks. 18/05 S. 13.

874 Vgl. Begr. MaKonV, BR-Drucks. 18/05, S. 13; *Mock/Stoll/Eufinger* in KölnKomm-WpHG § 20a, Anh. I, § 3 MaKonV Rn. 5; *Vogel* in Assmann/Uwe H. Schneider WpHG § 20a Rn. 153; *Fleischer* in Fuchs WpHG § 20a Rn. 50.

Signale und einem künstlichen Preisniveaus (§ 3 Abs. 1 MaKonV) und diesbezügliche verbindliche Beispiele (§ 3 Abs. 2 MaKonV) unterschieden.[875] D.h., dass erstgenannten Anzeichen eine Einzelfallprüfung erfordern und verfahrensrechtlich nur in der Weise von Bedeutung sind, als dass sie Sachverhalte darstellen, die die BaFin im Überwachungsverfahren zu analysieren hat, während letztgenannte Beispiele ohne weitere Subsumtion als irreführende Signale i.S.d. § 20a Abs. 1 S. 1 Nr. 2 WpHG anzusehen sind.[876] Dadurch dass die Anzeichen und Beispiele selbst recht unbestimmt sind, wird deren verfassungsrechtliche Rechtmäßigkeit hinsichtlich des Bestimmtheitsgebotes z.T. in Zweifel gezogen.[877]

a. Anzeichen für falsche oder irreführende Signale oder ein künstliches Preisniveau

aa. § 3 Abs. 1 Nr. 1 MaKonV

In § 3 Abs. 1 Nr. 1 MaKonV werden zunächst Anzeichen genannt, die auf *erhebliche* Preisänderungen abzielen.[878] Dadurch wird das Marktmanipulationsverbot im Ergebnis deutlich eingeschränkt.[879] Auf die Erheblichkeit abzustellen, beruht jedoch teilw. auf europarechtlichen Vorgaben, vgl. Art. 4 der Richtlinie 2003/124/EG. Preisänderungen i.S.v. § 3 Abs. 1 Nr. 1 MaKonV sind das Steigen und Fallen von Preisen. Angesichts des im Straf- und Ordnungsrecht vorherrschenden *lex stricta Grundsatzes*, ist das künstliche Beibehalten eines Kurses nicht als „Änderung" i.S.d. Norm zu verstehen.[880] Für die Auslegung des Erheblichkeitskriteriums können die Erkenntnisse aus dem Insiderrecht (§ 13 Abs. 1 WpHG) fruchtbar gemacht werden.[881] Unter Beachtung des Anwendungsbereichs von § 20a

---

875 Zur Richtlinie im einzelnen S. 79 ff.

876 *Vogel* in *Assmann/Uwe H. Schneider* § 20a WpHG Rn. 164; *Mock/Stoll/Eufinger* in KölnKommWpHG § 20a, Anh. I, § 3 MaKonV Rn. 24; *Schäfer* in *Schäfer/Hamann* KMG § 20a WpHG Rn. 57; *Fleischer* in Fuchs WpHG § 20a Rn. 54.

877 Vgl. dazu die Nachweise bei *Vogel* in *Assmann/Uwe H. Schneider* § 20a WpHG Rn. 153.

878 BR-Drucks. 18/05, S. 13, 15; *Knauth/Käsler*, WM 2006, 1041, 1045; *Vogel* in *Assmann/Uwe H. Schneider* § 20a WpHG Rn. 155; *Schröder* in HWSt X2 Rn. 53; *Fleischer* in Fuchs WpHG § 20a Rn. 51.

879 BR-Drucks. 18/05 S. 13; *Knauth/Käsler*, WM 2006; 1041, 1045; *Vogel* in *Assmann/Uwe H. Schneider* § 20a WpHG Rn. 155.

880 So aber BT-Drucks. 18/05, S. 14; dazu auch *Vogel* in *Assmann/Uwe H. Schneider* § 20a WpHG Rn. 155.

881 *Mock/Stoll/Eufinger* in KölnKommWpHG § 20a Anh. I – § 3 MaKonV Rn. 8; *Vogel* in *Assmann/Uwe H. Schneider* § 20a WpHG Rn. 155.

Abs. 1 S. 1 Nr. 2 WpHG sind sowohl börsliche, als auch außerbörsliche Geschäfte erfasst.[882] Es handelt sich um Merkmale, die in objektiver Weise auszulegen sind, wobei jedoch bei der Beurteilung, ob damit „falsche" oder „irreführende" Signale, bzw. ein „künstliches" Kursniveau erreicht wird zur Abgrenzung zum legitimen Marktalltag in vielen Fällen ein Schluss von der objektiven Erkenntnis des Vorgangs auf die subjektiven Beweggründe des Handelnden vonnöten ist.[883]

In Umsetzung von Art. 4 lit. a) der Richtlinie 2003/124/EG können nach § 3 Abs. 1 Nr. 1 lit. a) MaKonV Anzeichen für das Vorliegen von falschen oder irreführenden Signalen oder der Herbeiführung eines künstlichen Preisniveaus gem. § 20a Abs. 1 Nr. 2 WpHG insb. Geschäfte oder Kauf- oder Verkaufsaufträge sein, die an einem Markt einen bedeutenden Anteil am Tagesvolumen dieser Finanzinstrumente ausmachen.[884] Dies gilt v.a., wenn sie eine erhebliche Preisänderung bewirken. Von einem bedeutenden Anteil am Tagesgeschäftsvolumen ist auszugehen, wenn offensichtliches Preisbeeinflussungspotenzial gegeben ist, wobei für die Feststellung einer Manipulation aber weitere Umstände hinzutreten müssen.[885] Entscheidendes Abgrenzungskriterium ist, ob den Transaktionen keine wirtschaftliche legitime Gründe zugrunde liegen.[886] Das erfordert, von dem objektiven Vorliegen eines hohen Volumens auf die Motivation des vermeintlichen Manipulators zu schließen[887] Hierzu ist objektiv *die Strategie* des Manipulators zu analysieren und zu fragen, ob die Motivation nur auf die Preisbeeinflussung mittels eines gesteigerten Handelsvolumens, wie etwa beim *Pumping and Dumping*, abzielt.

§ 3 Abs. 1 Nr. 1 lit. b) MaKonV beruht auf Art. 4 lit. b) der Richtlinie 2003/124/EG. Danach können Geschäfte oder Kauf- oder Verkaufsaufträge ebenfalls als Anzeichen einzuordnen sein, durch die Personen er-

---

882 S. Begründung zur MaKonV, BR-Drucks. 18/05, S. 15; *Vogel* in *Assmann/Uwe H. Schneider* § 20a WpHG Rn. 156; *Mock/Stoll/Eufinger* in KölnKommWpHG § 20a, Anh. I, § 3 MaKonV Rn. 6.

883 Dazu bereits S. 118 ff.

884 Vgl. BT-Drucks. 18/05, S. 14; die Regelung wird teilw. aufgrund ihrer Unbestimmtheit kritisiert. *Sorgenfrei* in Park, §§ 20a, 38 II, 39 I Nr. 1-2, II NR. 11, IV WpHG Rn. 95 „Eine Konkretisierung der Begriffe [...] fehlt völlig"; s. auch *Schröder* in HWSt X2 Rn. 51 „weitgehend fehlgeschlagen"; dazu auch *Knauth/Käsler*, WM 2006, 1041, 1045 f.; *Vogel* in *Assmann/Uwe H. Schneider* § 20a WpHG Rn. 155; *Mock/Stoll/Eufinger* in KölnKomm-WpHG §20a, Anh. I, §3 MaKonV Rn. 7ff.

885 Vgl. Begr. MaKonV BT-Drucks. 18/05, S. 14.

886 *Vogel* in Assmann/Uwe H. Schneider WpHG § 20a Rn. 156.

887 Vgl. *Mock/Stoll/Eufinger* in KölnKommWpHG § 20a Anh. I – § 3 MaKonV Rn. 9: „hinter den jeweiligen Handlungen stehende Motivation des Handelnden".

hebliche Preisänderungen bei Finanzinstrumenten auslösen, in welchen sie bedeutendende Kauf- oder Verkaufpositionen innehaben. Dies gilt ebenso bei sich darauf beziehenden Derivaten oder Basiswerten.[888] Kauf- oder Verkaufpositionen sind dabei nicht nur ausstehende Aufträge, sondern auch Long- und Shortpositionen sowie der Handelsbestand an Kauf- und Verkaufsoptionen.[889] Insb. von der Beeinflussung eines Underlyings durch einen Halter entsprechender Derivate kann auf dessen Manipulationsmotivation geschlossen werden.[890]

§ 3 I Nr. 1 lit. c) MaKonV setzt Art. 4 lit. d) der Richtlinie 2003/124/EG um. Danach sind auch Geschäfte oder Kauf- oder Verkaufsaufträge, mit denen innerhalb kurzer Zeit Positionen umgekehrt werden und die an einem Markt einen bedeutenden Anteil am Tagesgeschäftsvolumen dieser Finanzinstrumente haben und mit einer erheblichen Preisänderung im Zusammenhang stehen könnten, als Anzeichen im o.g. Sinne zu verstehen.[891] Hierbei sind die Manipulationsstrategien *Matched Orders* und *Circular Trades* von den legitimen Geschäften der *Designated Sponsors* und der die Markteffizienz erhöhenden Transaktionen von *Arbitrageuren* und anderen Marktteilnehmern zu unterscheiden.[892] Zu bemerken ist allerdings, dass Matched Orders noch genauer von § 3 Abs. 2 Nr. 2 MaKonV erfasst sind.

Ein besonderes Augenmerk ist auf Geschäfte oder Kauf- oder Verkaufsaufträge zu richten, die durch ihre Häufung innerhalb eines kurzen Abschnittes des Börsentages zu einer erheblichen Preisänderung führen, auf die eine gegenteilige Preisänderung folgt (§ 3 Abs. 1 Nr. 1 lit. d) Ma-

---

888 *Knauth/Käsler*, WM 2006, 1041, 1046; *Vogel* in *Assmann/Uwe H. Schneider* § 20a WpHG Rn. 157; *Mock/Stoll/Eufinger* in Köln-KommWpHG § 20a, Anh. I, §3 MaKonV Rn. 10 f.

889 *Sorgenfrei* in Park, §§ 20a, 38 II, 39 I Nr. 1-2, II Nr. 11, IV WpHG Rn. 97; *Vogel* in *Assmann/Uwe H. Schneider* § 20a WpHG Rn. 157.

890 Hierbei sind je nach Struktur des Derivats verschiedene Gestaltungen denkbar. Neben der Beeinflussung von *Plain Vanilla Options* in die vom Halter gewünschte Richtung, kommt v.a. die Manipulation des Basiswertes von *Knock-Out Options* durch den Käufer oder Stillhalter in Betracht um den Marktpreis über die Knock-Out-Schwelle oder davon weg zu bewegen (sog. *Capping* oder *Pegging*), vgl. *Schwark*, in FS Kümpel 2003, S. 485, 490, 402; *Vogel* in Assmann/Uwe H. Schneider WpHG § 20a Rn. 157; s.a. BT-Drucks. 18/05, S. 14.

891 *Knauth/Käsler*, WM 2006, 1041, 1046f.; *Schröder* in HWSt X2 Rn. 53; *Mock/Stoll/Eufinger* in KölnKommWpHG §20a, Anh. I, §3 MaKonV Rn. 12 ff.; *Vogel* in *Assmann/Uwe H. Schneider* § 20a WpHG Rn. 158.

892 *Schröder* in HWSt X2 Rn. 56; *Vogel* in *Assmann/Uwe H. Schneider* § 20a WpHG Rn. 158; *Mock/Stoll/Eufinger* in KölnKommWpHG § 20a, Anh. I, § 3 MaKonV Rn. 14; zu den Manipulationsstrategien s.o. S. 43 ff.

KonV).[893] Die Regelung setzt Art. 4 lit. e) der Richtlinie 2003/124/EG um. In der Sache sind insbesondere die Strategien des *Pumping and Dumping* angesprochen.[894]

Schließlich sind gem. § 3 Abs. 1 Nr. 1 lit. e) MaKonV Geschäfte oder Kauf- oder Verkaufsaufträge zu beachten, die nahe zu dem Zeitpunkt der Feststellung eines bestimmten Preises, der als Referenzpreis für ein Finanzinstrument oder anderen Vermögenswerten dient, erfolgen und mittels Einwirkung auf diesen Referenzpreis den Preis oder die Bewertung beeinflussen.[895] Als Bsp. für Referenzpreise kommen Jahresendkurse für die Performancemessung von Fonds (Window Dressing) genauso wie die Bezugskurse von Wandelschuldverschreibungen in Betracht.[896] Sachverhalte, die unter der Bezeichnung Marking the Close bekannt sind, werden, sofern eine Täuschungsqualtität der Transaktion besteht noch weitergehend von § 3 Abs. 2 Nr. 1 MaKonV erfasst.

bb. § 3 Abs. 1 Nr. 2 MaKonV

Zur Umsetzung von Art. 4 lit. f. der Richtlinie 2003/124/EG nennt § 3 Abs. 1 Nr. 2 MaKonV ein weiteres Anzeichen für falsche oder irreführende Signale bzw. zur Herbeiführung eines künstlichen Kursniveaus i.S.v. § 20a Abs. 1 S. 1 Nr. 2 WpHG. Erfasst sind danach Kauf- oder Verkaufsaufträge, die auf die von den Marktteilnehmern ersichtliche Orderlage, insb. auf die zur Kenntnis gegebenen Preise der am höchsten limitierten Kaufaufträge oder der am niedrigsten limitierten Verkaufsaufträge, einwirken oder vor Ausführung zurückgenommen werden.[897] Zurückgenommen ist der Auftrag, wenn er storniert wurde. Ersichtlich ist die Orderlage insbesondere über das elektronische Orderbuch, in welchem die zehn teuersten Kauf- bzw. billigsten Verkaufsaufträge eingesehen wer-

---

893 *Knauth/Käsler* WM 2006, 1041, 1047; *Mock/Stoll/Eufinger* in KölnKommWpHG § 20a, Anhang I, § 3 MaKonV Rn. 15 f.; *Vogel* in Assmann/Uwe H. Schneider, WpHG, § 20a Rn. 159.

894 Vgl. dazu S. 50.

895 S. schon Art. 4 lit. g) der Richtlinie 2003/124/EG; zudem *Knauth/Käsler* WM 2006, 1041, 1047; *Mock/Stoll/Eufinger* in KölnKommWpHG § 20a, Anhang I, § 3 MaKonV Rn. 17 f.; *Vogel* in Assmann/Uwe H. Schneider WpHG § 20a Rn. 160.

896 *Sorgenfrei* in Park, §§ 20a, 38 II, 39 I Nr. 1-2, II Nr. 11, IV WpHG Rn. 100, Fn. 385; *Vogel* in Assmann/Uwe H. Schneider WpHG § 20a Rn. 160, Fn. 5

897 *Knauth/Käsler* WM 2006, 1041, 1047; *Mock/Stoll/Eufinger* in KölnKommWpHG § 20a, Anhang I, § 3 MaKonV Rn. 19; *Vogel* in Assmann/Uwe H. Schneider WpHG § 20a Rn. 161; *Sorgenfrei* in Park, §§ 20a, 38 II, 39 I Nr. 1-2, II Nr. 11, IV WpHG Rn. 101.

den können.[898] Die Rücknahme kann als Strategie einen objektiven Hinweis auf die subjektiven Motive des vermeintlichen Manipulators geben. Nicht hiervon erfasst sind jedoch sog. *Mistrades*, also versehentliche Ordereingaben.[899] Da die Aufträge nicht zurückgenommen werden, sind vom Anwendungsbereich der Regelung die sog. *Defensive Bids*, die nur die Bid-to-Cover Ratio bei der Begabe von Staatsanleihen verbessern sollen, nicht erfasst.[900] Diese können allerdings von § 20a Abs. 1 S. 1 Nr. 2 WpHG erfasst sein.[901]

cc. § 3 Abs. 1 Nr. 3 MaKonV

In § 3 Abs. 1 Nr. 3 MaKonV hat der Verordnungsgeber in Einklang mit Art. 4 lit. c) der Durchführungsrichtlinie 2003/124/EG schließlich Geschäfte erfasst, die je nachdem wie viele Personen beteiligt sind, unter der Bezeichnung *Wash Sales* und *Circular Trades* bekannt sind.[902] Die Norm ist Nachfolgeregelung von § 3 Abs. 2 Nr. 1 KuMaKV. Bei den genannten Transaktionen kommt es nicht zum Wechsel der wirtschaftlichen Eigentümerschaft.[903] Durch das Fehlen der wirtschaftlichen Relevanz solcher Geschäfte, lässt sich auf den subjektiven Willen der Teilnehmer schließen, nur erhöhte Handelsaktivität vorzutäuschen.[904] Wird das Geschäft transparent gemacht, so wird es nicht von der Regelung erfasst.[905] Dies soll insb. dann gelten, wenn die Veröffentlichung nach den relevanten gesetzlichen Vorschriften oder Marktbestimmungen stattfindet.[906]

898 *Sorgenfrei* in Park, §§ 20a, 38 II, 39 I Nr. 1-2, II Nr. 11, IV WpHG Rn. 101, 145; *Vogel* in Assmann/Uwe H. Schneider WpHG § 20a Rn. 161.

899 *Mock/Stoll/Eufinger* in KölnKommWpHG § 20a, Anhang I, § 3 MaKonV Rn. 19; *Fleischer* in Fuchs WpHG § 20a Rn. 52; *Sorgenfrei* in Park, §§ 20a, 38 II, 39 I Nr. 1-2, II Nr. 11, IV WpHG Rn. 101; *Vogel* in Assmann/Uwe H. Schneider WpHG § 20a Rn. 161.

900 Dazu *Schmidtbleicher/Cordalis* ZBB 2007, 124, 124 ff.; s.a. ILF WP 060 (03/2007) abrufbar unter www.ilf-frankfurt.de; *Vogel* in Assmann/Uwe H. Schneider WpHG § 20a Rn. 161.

901 *Vogel* in Assmann/Uwe H. Schneider WpHG § 20a Rn. 161.

902 Dazu schon S. 52; s.a. *Knauth/Käsler*, WM 2006, 1041, 1047; *Sorgenfrei* in Park, §§ 20a, 38 II, 39 I Nr. 1-2, II Nr. 11, IV WpHG Rn. 102.

903 Vgl. BR-Drucks. 18/05 S. 15; *Knauth/Käsler* WM 2006, 1041, 1047; *Mock/Stoll/Eufinger* in KölnKommWpHG § 20a, Anhang I, § 3 MaKonV Rn. 20 ff.; *Vogel* in Assmann/Uwe H. Schneider WpHG § 20a Rn. 162.

904 RegE 4. FMFG BT-Drucks. 14/8017 S. 89; *Lenzen*, S. 9; *Sorgenfrei* in Park, §§ 20a, 38 n, 39 I Nr. 1-2, II Nr. 11, IV WpHG Rn. 102; *Schwark*, in Schwark, § 20a WpHG Rn. 24.

905 BR-Drucks. 18/05 S. 15; *Vogel* in *Assmann/Uwe H. Schneider* § 20a WpHG Rn. 163; *Mock/Stoll/Eufinger* in KölnKomm-WpHG §20a, Anh. I, §3 MaKonV Rn. 23.

906 *Vogel* in *Assmann/Uwe H. Schneider* WpHG § 20a Rn. 163; *Fleischer* in Fuchs WpHG § 20a Rn. 53; der an dieser Stelle die Bestimmungen zu „Cross Trades" oder „Pre-arranged-

Für die Norm werden diverse weitere Ausnahmen diskutiert. So soll beispielsweise die hausinterne Abwicklung von Kundenaufträgen (sog. *Inhouse-Crossing*)[907] genauso ausgenommen sein, wie Kompensationsgeschäfte von Skontoführern, Cross-Requests an der EUREX und das XETRA-Block-Crossing.[908] Sind Cross Trades nach den Marktbedingungen unzulässig, macht ein Verstoß für sich allein gesehen die Transaktion noch nicht zur Marktmanipulation.[909]

b. Verbindliche Beispiele für falsche oder irreführende Signale oder ein künstliches Preisniveau

Bei den in § 3 Abs. 2 MaKonV genannten Fallgestaltungen handelt es sich um verbindliche Beispiele, so dass bei deren Vorliegen in jedem Fall ein irreführendes Signal i.S.d. § 20a Abs. S. 1 Nr. 2 WpHG anzunehmen ist.[910] Dem Rechtsanwender bleibt im Einzelfall also keine Wertungsmöglichkeit.[911] Die Regelung ist Nachfolgerin von § 3 Abs. 2 Nr. 2 bis 4 KuMaKV, wobei die Vorschrift aufgrund der Neuformulierung des § 20a Abs. 1 WpHG durch das AnSVG nicht mehr den sonstigen Täuschungshandlungen, sondern nunmehr § 20a Abs. 1 S. 1 Nr. 2 WpHG n.F. zugeordnet ist. [912]

aa. § 3 Abs. 2 Nr. 1 MaKonV

In § 3 Abs. 2 Nr. 1 MaKonV hat der Verordnungsgeber eine Nachfolgeregelung zu § 3 Abs. 2 Nr. 4 KuMaKV geschaffen, die insb. einen Sachverhalt regelt, der allgemein unter dem Begriff des *Marking the Close* disku-

---

Trades“ an der Eurex nennt, s. dazu *Sorgenfrei* in Park, §§ 20a, 38 n, 39 I Nr. 1-2, II Nr. 11, IV WpHG Rn. 103.

907 *Sorgenfrei* in Park §§ 20a, 38 II, 39 I Nr. 1-2, II Nr. 11, IV WpHG Rn. 104 f.

908 *Vogel* in *Assmann/Uwe H. Schneider* § 20a WpHG Rn. 163; mit einem Cross-Request werden die anderen Marktteilnehmer über die Absicht einen Cross-Trade durchzuführen informiert.

909 *Vogel* in *Assmann/Uwe H. Schneider* § 20a WpHG Rn. 164; a.A. *Mock/Stoll/Eufinger* in KölnKomm-WpHG §20a, Anh. I, §3 MaKonV Rn. 23.

910 *Mock/Stoll/Eufinger* in KölnKommWpHG § 20a, Anhang I, § 3 MaKonV Rn. 24; *Vogel* in Assmann / Uwe H. Schneider WpHG § 20a Rn. 164; *Fleischer* in Fuchs WpHG § 20a Rn. 54.

911 *Fleischer* in Fuchs WpHG § 20a Rn. 54; *Schwintek* S. 63.

912 *Vogel* in *Assmann/Uwe H. Schneider* § 20a WpHG Rn. 164.

tiert wird[913] und bereits durch den zweiten Spiegelstrich von Art. 1 Nr. 2 lit. c der MMR beschrieben wird. Dabei handelt es sich nach der Diktion der MaKonV um Geschäfte oder Orders, die geeignet sind, über Angebot oder Nachfrage bei einem Finanzinstrument im Zeitpunkt der Feststellung eines bestimmten Börsen- oder Marktpreises, der als Referenzpreis für ein Finanzinstrument oder andere Produkte dient, zu täuschen. In der Regel geschieht dies dadurch, dass Kauf- oder Verkaufsaufträge zum Handelsschluss erteilt werden, um Anleger, die sich an diesem Kurs orientieren, zu täuschen.[914]

Dass die Regelungen über den Anwendungsbereich des § 20a WpHG auch „andere Produkte" erfasst, wird als Redaktionsversehen gesehen.[915] Die Täuschung liegt, wie allgemein bei handelsgestützten Manipulationen[916], darin, dass eine legitime Teilnahme am Marktgeschehen suggeriert wird, während es den Manipulator ausschließlich darauf ankommt durch seine Transaktionen Informationen an andere weiterzugeben und damit deren Marktverhalten zu beeinflussen.[917]

bb. § 3 Abs. 2 Nr. 2 MaKonV

Als irreführende Signale sind nach § 3 Abs. 2 Nr. 2 MaKonV weiterhin Geschäfte oder Orders einzuschätzen, die im wesentlichen zu gleichen Stückzahlen und Preisen von verschiedenen Parteien, die sich abgesprochen haben, erteilt werden, es sei denn, diese Geschäfte wurden im Einklang mit den jeweiligen Marktbestimmungen rechtzeitig angekündigt. Die Regelung folgt § 3 Abs. 2 Nr. 2 KuMaKV nach. Erforderlich ist, dass die Absprache im Vorfeld der Auftragserteilung erfolgt, wohingegen die

---

913 *Knauth/Käsler* WM 2006, 1041, 1048; *Mock/Stoll/Eufinger* in KölnKommWpHG § 20a, Anhang I, § 3 MaKonV Rn. 26; *Fleischer* in Fuchs WpHG § 20a Rn. 55; *Vogel* in Assmann/Uwe H. Schneider WpHG § 20a Rn. 165.

914 *Sorgenfrei* in Park §§ 20a, 38 II, 39 I Nr. 1-2, II Nr. 11, IV WpHG Rn. 107; *Schwark,*in Schwark, § 20a WpHG Rn. 31; *Vogel* in Assmann/Uwe H. Schneider WpHG § 20a Rn. 165.

915 *Mock/Stoll/Eufinger* in KölnKommWpHG § 20a Anh. I – § 3 MaKonV Rn. 26.

916 Dazu S. 118 f.

917 BR-Drucks. 18/05 S. 15 „Zu einer Täuschung über die wahren wirtschaftlichen Verhältnisse kommt es etwa denn, wenn der Eindruck wirtschaftlich begründeten Kauf- oder Verkaufsinteresses erweckt wird, wo in Wirklichkeit nur der Preis beeinflusst werden soll."

Aufträge selbst nicht zeitgleich erfolgen müssen.[918] In Praxis und Literatur wird im Hinblick auf solche Geschäfte von *Circular Trades* oder *Improper Matched Orders* gesprochen.[919] Die Formulierung „im Wesentlichen" soll darauf hindeuten, dass die zwischen den Teilnehmern verschobenen Transaktionswerte wirtschaftlich betrachtet nicht vollständig identisch sein müssen.[920] Hinsichtlich des Dividenden- oder Zins-Strippings ist es unklar, ob dieses aus dem Anwendungsbereich der Norm fällt[921], was eine gesteigerte Transparenz hinsichtlich der steuerlichen Charakters der Transaktion vorteilhaft macht. Die Regelung überschneidet sich inhaltlich mit § 3 Abs. 1 Nr. 1 lit. e MaKonV.

cc. § 3 Abs. 2 Nr. 3 MaKonV

Schließlich hat der Verordnungsgeber als Nachfolgeregelung zu § 3 Abs. 2 Nr. 3 KuMaKV in § 3 Abs. 2 Nr. 3 MaKonV Fälle geregelt, bei denen durch Geschäfte oder Orders der unzutreffende Eindruck wirtschaftlich begründeter Umsätze erweckt wird. Mit diesem Auffangtatbestand sollen Geschäfte erfasst werden, hinter denen keine Investmentidee steht.[922] Damit soll zum Ausdruck gebracht werden, dass bei Umsatz generierenden Geschäften zwischen marktlegitimen und solchen, wie etwa dem *Painting the Tape, Advancing the Bid, Pumping and Dumping* und *Circular Trading* unterschieden werden soll, die lediglich daraufhin ausgerichtet sind durch die Transaktionen auf die Erwartungsbildung anderer Marktteilnehmer einzuwirken.[923] Damit wird die Preisbeeinflussungsabsicht zum maßgeblichen Indiz.[924] Eine Investmentidee liegt demnach

---

918 *Vogel* in Assmann/Uwe H. Schneider WpHG § 20a Rn. 166; *Mock/Stoll/Eufinger* in KölnKommWpHG § 20a, Anhang I, § 3 MaKonV Rn. 30; *Fleischer* in Fuchs WpHG § 20a Rn. 56.

919 *Fleischer* in Fuchs WpHG § 20a Rn. 56; *Vogel* in Assmann/Uwe H. Schneider WpHG § 20a Rn. 166.

920 *Vogel* in Assmann/Uwe H. Schneider WpHG § 20a Rn. 166; *Fleischer* in Fuchs WpHG § 20a Rn. 56.

921 Gegen eine Erfassung *Sorgenfrei* in Park, §§ 20a, 38 E, 39 I Nr. 1-2, II Nr. 11, IV WpHG Rn. 108; dafür *Vogel* in Assmann/Uwe H. Schneider WpHG § 20a Rn. 166.

922 Vgl. die Begründung zur KuMaKV, BR-Drucks. 639/03, S. 12 und die Begründung zur MaKonV, BR-DruckS. 18/05, S.15.

923 Zu den Manipulationsstrategien bereits S. 42 ff.; s.a. BR-DruckS. 639/03, S.12; *Knauth/Käsler* WM 2006, 1041, 1048; *Mock/Stoll/Eufinger* in KölnKommWpHG § 20a, Anhang I, § 3 MaKonV Rn. 32;.

924 *Sorgenfrei* in Park §§ 20a, 38 II, 39 I Nr. 1-2, II Nr. 11, IV WpHG Rn. 109; *Mock/Stoll/Eufinger* in KölnKommWpHG § 20a Anh. I – § 3 MaKonV Rn. 33; vgl. auch *Vogel* in *Assmann /Uwe H. Schneider* § 20a WpHG Rn. 167.

auch bei reiner Spekulation vor, wie etwa dem Ausnutzen eines kurzanhaltenden Trends im Intra-Day-Trading.[925] Die Regelung hat als Auffangtatbestand eine Schnittmenge insb. mit § 3 Abs. 1 Nr. 1 bis 3, Abs. 2 Nr. 1 und 2 MaKonV.[926]

3. *Sonstige Täuschungshandlungen*

Die vormals im Regelungssystem der KuMaKV problematische[927] Konkretisierung der sonstigen Täuschungshandlungen i.S.v. § 20a Abs. 1 S. 1 Nr. 3 WpHG durch § 3 KuMaKV ist heute in § 4 MaKonV enthalten. In der Norm wurden die Beispiele aus Art. 1 Nr. 2 Abs. 2 MMR und die Regelungen aus der Durchführungsrichtlinie 2003/124/EG (Art. 5) in nationales Recht umgesetzt.[928]

a. Definition der „sonstigen Täuschungshandlung" nach § 4 Abs. 1 MaKonV

Lässt man den räumlichen Anwendungsbereich unberücksichtigt, sind sonstige Täuschungshandlungen i.S.v. § 20a Abs. 1 S. 1 Nr. 3 WpHG gem. § 4 Abs. 1 MaKonV Handlungen oder Unerlassungen, die geeignet sind, einen verständigen Anleger über die wahren wirtschaftlichen Verhältnisse, insb. Angebot und Nachfrage in Bezug auf ein Finanzinstrument, an einer Börse oder einem Markt in die Irre zu führen und den Börsen oder Marktpreis hoch- oder herunterzutreiben oder beizubehalten. Damit wird klargestellt, dass die Täuschung weder einer kommunikativen Grundlage bedarf[929], noch ein Täuschungserfolg erforderlich ist.[930] Für die Einschlägigkeit der Unterlassungsalternative wird der Verstoß gegen

---

925 *Vogel* in *Assmann /Uwe H. Schneider* § 20a WpHG Rn. 16; *Sorgenfrei* in Park, §§ 20a, 38 II, 39 I Nr. 1-2, II Nr. 11, IV WpHG Rn. 109; *Fleischer* in Fuchs WpHG § 20a Rn. 57.

926 *Vogel* in *Assmann /Uwe H. Schneider* § 20a WpHG Rn. 167.

927 *Meißner* S. 125 ff.; *Vogel* in Assmann/Uwe H. Schneider WpHG § 20a Rn. 224 f.

928 BR-Drucks. 18/05, S. 16; *Fleischer* in Fuchs WpHG § 20a Rn. 59; *Mock/Stoll/Eufinger* in KölnKommWpHG § 20a Anh. I – § 4 MaKonV Rn. 1.

929 Vgl. BR-Drucks. 18/05 S. 16; *Bisson/Kunz* BKR 2005, 186, 188; *Schäfer* in *Schäfer/Hamann* KMG § 20a WpHG Rn. 66; *Mock/Stoll/Eufinger* in KölnKommWpHG § 20a, Anh. I, § 4 MaKonV Rn. 3; *Vogel* in *Assmann/Uwe H. Schneider* § 20a WpHG Rn. 211. s. aber *Eichelberger* S. 308.

930 Dazu BR-DruckS. 18/05, S. 16; *Knauth/Käsler*, WM 2006, 1041, 1049; *Fleischer* in Fuchs WpHG § 20a Rn. 60; *Mock/Stoll/Eufinger* in KölnKommWpHG § 20a, Anhang I, § 4 MaKonV Rn. 6; *Vogel* in Assmann/Uwe H. Schneider WpHG § 20a Rn. 211.

eine Garantenpflicht gefordert.[931] Gegenstand der Täuschung sind grundsätzlich die wahren wirtschaftlichen Verhältnisse an dem betreffenden Markt.[932] Eine Täuschung des verständigen Anlegers kann auch darin gesehen werden, dass über die Motivation auf den Preis einzuwirken hinweg getäuscht wird.[933] Die Eignung einen Börsen- oder Marktpreis hoch- oder herunter zu treiben oder beizubehalten entspricht der Preiseinwirkungseignung i.R.v. § 20a Abs. 1 S. 1 Nr. 1 WpHG.[934]

b. Anzeichen nach § 4 Abs. 2 MaKonV

§ 4 Abs. 2 MaKonV, welcher die Vorgaben aus Art. 5 lit. a) und b) der Richtlinie 2003/124/EG umsetzt, nennt Anzeichen, die der Rechtsanwender bei seiner Arbeit zu beachten hat.[935] Der Verordnungsgeber bedient sich damit der gleichen Regelungstechnik wie in § 3 Abs. 1, 2 MaKonV und unterscheidet in § 4 Abs. 2, 3 MaKonV zwischen Anzeichen, bei deren Vorliegen nicht zwingend von einer Manipulation ausgegangen werden kann, und verbindlichen Beispielen, bei deren Vorliegen immer von einer sonstigen Täuschungshandlung auszugehen ist.[936] Ist ein durch § 4 Abs. 2, MaKonV beschriebener Sachverhalt einschlägig, so ist folglich im Einzelfall zu prüfen, ob eine Marktmanipulation vorliegt.[937] Die Aufzählung ist nicht abschließend.[938]

---

931 *Eichelberger* S. 313; *Vogel* in Assmann/Uwe H. Schneider WpHG § 20a Rn. 212, 226; *Fleischer* in Fuchs WpHG § 20a Rn. 60; *Mock/Stoll/Eufinger* in KölnKommWpHG § 20a, Anhang I, § 4 MaKonV Rn. 5.

932 *Vogel* in Assmann/Uwe H. Schneider WpHG § 20a Rn. 225 f.; s. aber *Sorgenfrei* in Park, §§ 20a, 38 H, 39 I Nr. 1-2, II Nr. 11, IV WpHG Rn. 144.

933 Dazu BR-Drucks. 18/05 S. 16; *Fleischer* in Fuchs WpHG § 20a Rn. 60; *Mock/Stoll/Eufinger* in Köln-KommWpHG § 20a, Anh. I, § 4 MaKonV Rn. 6.

934 *Vogel* in Assmann/Uwe H. Schneider WpHG § 20a Rn. 226; *Mock/Stoll/Eufinger* in Köln-KommWpHG § 20a, Anh. I, § 4 MaKonV Rn. 7.

935 Vgl. Begründung zur MaKonV, BR-Drucks. 18/05, S. 16; *Vogel* in Assmann/Uwe H. Schneider WpHG § 20a Rn. 227; *Mock/Stoll/Eufinger* in KölnKommWpHG § 20a, Anh. I, § 4 MaKonV Rn. 9, 13.

936 *Fleischer* in Fuchs WpHG § 20a Rn. 61, 64; *Mock/Stoll/Eufinger* in Köln-KommWpHG § 20a, Anh. I, § 4 MaKonV Rn. 2.

937 Vgl. BR-Drucks. 18/05, S. 16; *Mock/Stoll/Eufinger* in KölnKomm-WpHG § 20a, Anh. I, § 4 MaKonV Rn. 8.

938 Vgl. *Mock/Stoll/Eufinger* in KölnKommWpHG § 20a, Anh. I, § 4 MaKonV Rn. 8; *Vogel* in *Assmann/Uwe H. Schneider* § 20a WpHG Rn. 227; *Fleischer* in Fuchs WpHG § 20a Rn. 61, 64.

aa. § 4 Abs. 2 Nr. 1 MaKonV

Nach § 4 Abs. 2 Nr. 1 MaKonV sind Anzeichen für sonstige Täuschungshandlungen auch Geschäfte oder einzelne Kauf- oder Verkaufsaufträge, bei denen die Vertragspartner oder Auftraggeber oder mit diesen in enger Beziehung stehenden Personen, vorab oder im Nachhinein, unrichtige oder irreführende Informationen weitergeben. Die Regelung ist die nationale Umsetzung von Art. 5 lit. a) der Durchführungsrichtlinie 2003/24/EG. Da das Machen unrichtiger oder irreführender Angaben bereits unter die Spezialregelung nach § 20a Abs. 1 S. 1 Nr. 1 WpHG fällt, ist die praktische Bedeutung von § 4 Abs. 2 Nr. 1 MaKonV gering.[939] Allerdings weist die Regelung einen engeren personellen und zeitlichen Bezug als das Parlamentsrecht auf.[940] Für die Definition des Begriffes „Informationen" kann wiederum auf das Insiderrecht zurückgegriffen werden (§ 13 Abs. 1 WpHG).[941] Die Information ist weitergegeben, wenn sie mindestens einer Person zugeleitet wurde und diese von der Information Kenntnis genommen hat.[942]

bb. § 4 Abs. 2 Nr 2 MaKonV

In Umsetzung von Art. 5 lit. b) Durchführungsrichtlinie 2003/124/EG gilt es nach § 4 Abs. 2 Nr. 2 MaKonV als Anzeichen für sonstige Täuschungshandlungen, wenn der Auftraggeber, die Vertragspartner oder mit diesen in enger Verbindung stehende Personen, durch Geschäfte oder einzelne Kauf- oder Verkaufsaufträge, im Vorab oder im Nachhinein, unrichtige, fehlerhafte, verzerrende oder von wirtschaftlichen Interessen beeinflusste Finanzanalysen oder Anlageempfehlungen erstellen oder weitergeben.

Nach h.L. ist das Erstellen der Analyse oder Empfehlung noch nicht vom Anwendungsbereich erfasst, da hierdurch noch keine in den Anwendungsbereich des § 20a Abs. 1 S. 1 Nr. 3 fallende Preiseinwirkungseignung besteht. Erforderlich soll deshalb vielmehr noch die Weitergabe

---

939 *Fleischer* in Fuchs WpHG § 20a Rn. 62; *Mock/Stoll/Eufinger* in KölnKommWpHG § 20a, Anhang I, § 4 MaKonV Rn. 12; *Vogel* in Assmann/Uwe H. Schneider WpHG § 20a Rn. 228.

940 BR-Drucks. 18/05 S. 16; *Vogel* in Assmann/Uwe H. Schneider WpHG § 20a Rn. 228.

941 *Vogel* in Assmann/Uwe H. Schneider WpHG § 20a Rn. 228; *Fleischer* in Fuchs WpHG § 20a Rn. 62; *Mock/Stoll/Eufinger* in KölnKommWpHG § 20a, Anhang I, § 4 MaKonV Rn. 10.

942 BR-Drucks. 18/05 S. 16.

sein.[943] Für die Weitergabe von Anlageentscheidungen und Finanzanalysen ist wie bei § 4 Abs. 2 Nr. 1 MaKonV die Zuleitung und Kenntnisnahme erforderlich. Eine weitere Korrektur des zu weit gefassten Wortlauts ist dahingehend vorzunehmen, dass „von wirtschaftlichen Interessen beeinflusste" Analysen und Empfehlungen gleichsam unrichtige, fehlerhafte oder verzerrende sein müssen.[944] Bei der Beurteilung der Merkmale „unrichtig", „fehlerhaft" und „verzerrend" sollte zwischen Finanzanalysen und Anlageempfehlungen unterschieden werden.[945] Für Erstere sollten die formalen Anforderungen des § 34b Abs. 1 WpHG herangezogen werden,[946] während für Anlageempfehlungen zwar dieselben Grundsätze herangezogen werden können, allerdings Abzüge beim Grad der Professionalität des Erstellers zu machen sind.[947] Verzerrend ist eine Analyse oder eine Empfehlung, wenn sie als solche richtig ist, jedoch durch ihre Darstellung für einen verständigen Anleger irreführungsgeeignet ist.[948] Unrichtigkeit liegt vor, wenn Analysegrundlage und/oder Analyseergebnis unzutreffend oder unvertretbar sind.[949] Bei dem Merkmal der Fehlerhaftigkeit ist insb. auf die Sachgerechtigkeit abzustellen. Entscheidend ist hier, dass die Analyse oder die Empfehlung mit der jeweils erforderlichen Sorgfalt und Sachkenntnis erstellt wurde.[950]

Wie bei § 4 Abs. 2 Nr. 1 MaKonV wird der Anwendungsbereich der Norm dadurch eingeschränkt, dass viele fehlerhafte Analysen oder Empfehlungen bereits unter § 20a Abs. 1 S. 1 Nr. 1 WpHG subsumierbar sind.[951] Während Anlageempfehlungen als direkte oder indirekte Empfehlungen für eine bestimmte Anlageentscheidung definiert werden, ist der Begriff der Finanzanalysen formal i.S.v. § 34b Abs. 1 S. 1 WpHG zu

943 *Knauth/Käsler* WM 2006, 1041, 1050; *Mock/Stoll/Eufinger* in KölnKommWpHG § 20a, Anhang I, § 4 MaKonV Rn. 14; *Fleischer* in Fuchs WpHG § 20a Rn. 63; *Vogel* in Assmann/Uwe H. Schneider WpHG § 20a Rn. 229.

944 *Vogel* in Assmann/Uwe H. Schneider WpHG § 20a Rn. 229; a.A. *Mock/Stoll/Eufinger* in KölnKommWpHG § 20a, Anhang I, § 4 MaKonV Rn. 15.

945 *Mock/Stoll/Eufinger* in KölnKommWpHG § 20a, Anhang I, § 4 MaKonV Rn. 14; *Vogel* in Assmann/Uwe H. Schneider WpHG § 20a Rn. 229; *Sorgenfrei* in Park §§ 20a, 38 II, 39 I Nr. 1-2, II Nr. 11, IV WpHG Rn. 153.

946 Vgl. Begründung zur MaKonV BR-Drucks. 18/05 S. 17.

947 *Vogel* in Assmann/Uwe H. Schneider WpHG § 20a Rn. 229.

948 *Mock/Stoll/Eufinger* in KölnKommWpHG § 20a, Anhang I, § 4 MaKonV Rn. 15; *Vogel* in Assmann/Uwe H. Schneider WpHG § 20a Rn. 229.

949 *Sorgenfrei* in Park §§ 20a, 38 II, 39 I Nr. 1-2, II Nr. 11, IV WpHG Rn. 155; *Mock/Stoll/ Eufinger* in KölnKommWpHG § 20a, Anhang I, § 4 MaKonV Rn. 15.

950 *Vogel* in Assmann/Uwe H. Schneider WpHG § 20a Rn. 229.

951 *Knauth/Käsler* WM 2006, 1041, 1050; *Schwintek* S. 65; *Fleischer* in Fuchs WpHG § 20a Rn. 63.

verstehen.[952] Nicht für die Weitergabe verantwortliche Ersteller können Beteiligte im strafrechtlichen Sinne sein.[953]

c. Verbindliche Beispiele für sonstige Täuschungshandlungen

In § 4 Abs. 3 MaKonV sind weiterhin zwei Fälle geregelt, in welchen immer von einer sonstigen Täuschungshandlung i.S.v. § 20a Abs. 1 S. 1 Nr. 3 WpHG auszugehen ist. Die Regelung stellt eine Umsetzung der Beispiele aus Art. 1 Nr. 2 lit. c) 1. und 3. Spiegelstrich dar.[954] Wie bereits erwähnt, ist die Aufzählung nicht abschließend.[955]

aa. § 4 Abs. 3 Nr. 1 MaKonV

§ 4 Abs. 3 Nr. 1 MaKonV sieht vor, dass auch die Sicherung einer marktbeherrschenden Stellung über Angebot und Nachfrage nach Finanzinstrumenten durch eine Person oder mehrere in Absprache handelnde Personen als sonstige Täuschungshandlung einzuordnen ist, wenn dadurch mittelbar oder unmittelbar die Preise dieser Finanzinstrumente bestimmt oder nicht marktgerechte Handelsbedingungen geschaffen werden. Diese Handlungsformen werden im Allgemeinen als „Cornering" oder „Abusive Squeeze" bezeichnet.[956] Ausreichend ist bereits die Sicherung der marktbeherrschenden Stellung, d.h. die Kontrolle der Preisbildung, so dass es im Gegensatz zur früheren Rechtslage[957] nicht mehr auf das Ausnutzen der Stellung ankommt.[958]

---

952 BR-Drucks. 18/05 S. 17; *Vogel* in Assmann/Uwe H. Schneider WpHG § 20a Rn. 229; *Mock/Stoll/Eufinger* in KölnKommWpHG § 20a, Anhang I, § 4 MaKonV Rn. 14; *Sorgenfrei* in Park §§ 20a, 38 II, 39 I Nr. 1-2, II Nr. 11, IV WpHG Rn. 153.

953 *Vogel* in Assmann/Uwe H. Schneider WpHG § 20a Rn. 229.

954 Vgl. Begr. MaKonV, BR-Drucks. 18/05 S. 17; *Vogel* in Assmann/Uwe H. Schneider WpHG § 20a Rn. 230; *Mock/Stoll/Eufinger* in KölnKommWpHG § 20a, Anhang I, § 4 MaKonV Rn. 18, 22.

955 S. 164; *Fleischer* in Fuchs WpHG § 20a Rn. 64.

956 *Bisson/Kunz* BKR 2005, 186, 188; *Lenzen* S. 18 f.; *Schwintek* S. 66; *Mock/Stoll/Eufinger* in KölnKommWpHG § 20a, Anh. I, § 4 MaKonV Rn. 18; *Sorgenfrei* in Park, §§ 20a, 38 II, 39 I Nr. 1-2, II Nr. 11, IV WpHG Rn. 97; *Vogel* in *Assmann/Uwe H. Schneider* § 20a WpHG Rn. 231; *Schäfer* in *Schäfer/Hamann* KMG § 20a WpHG Rn. 74.

957 Vgl. § 3 Abs. 3 KuMaKV.

958 Begründung zur MaKonV, BR-DruckS. 18/05 S.17; *Knauth/Käsler*, WM 2006, 1041, 1051; *Vogel* in Assmann/Uwe H. Schneider WpHG § 20a Rn. 186; *Fleischer* in Fuchs WpHG § 20a Rn. 65; *Sorgenfrei* in Park §§ 20a, 38 II, 39 I Nr. 1-2, II Nr. 11, IV WpHG Rn. 157.

Die Regelung verlangt zudem die Sicherung dieser Position, so dass die Stellung von einer gewissen Dauer sein muss. Im Gegensatz zu früheren Rechtslage (§ 3 Abs. 3 Nr. 1 KuMaKV) genügt es, dass die Preise infolge der marktbeherrschenden Stellung bestimmt werden, eine dahingehende Absicht ist nicht erforderlich.[959] Daneben wird von § 4 Abs. 1 Nr. 1 MaKonV auch die Schaffung nicht marktgerechter Handelsbedingungen erfasst. Solche sind gegeben, wenn es zu einer unfairen Preisbildung kommt oder sonstige Bedingungen beeinträchtigt werden, die für die Funktionstüchtigkeit der Märkte und deren Gebrauch durch die Marktteilnehmer von Bedeutung sind.[960]

§ 4 Abs. 3 Nr. 1 MaKonV begegnet ernstzunehmenden Zweifeln. Fraglich ist zunächst, ob die europarechtlich vorgegebene Einordnung des „Cornerings" als Marktmanipulation (Art. 1 Nr. 2 Abs. 2 erster Spiegelstrich MMR) dogmatisch richtig ist. Dagegen wird zu Recht vorgebracht, dass die Marktbeherrschung als solche noch keinen Täuschungswert hat und der Schwerpunkt der Vorwerfbarkeit in der monopolbedingten Außerkraftsetzung der Marktmechanismen liegt.[961] In der Tat liegen eher wettbewerbsrechtliche Fairnessaspekte, als marktmanipulative Täuschungscharakteristika der Verbotwürdigkeit zugrunde, so dass sich die Regelung außerhalb des Schutzzwecks der Norm bewegt.[962] Gleichwohl ist die marktbeherrschende Stellung nicht i.S.v. § 19 GWB zu verstehen, vielmehr müssen lediglich Preisbildung oder die Handelsbedingungen bestimmt werden.[963] Das fehlende Täuschungselement ist zudem insb. vor dem Hintergrund der Grenzen der Verordnungsermächtigung zu kritisieren.[964] Aufgrund der Weite der Norm wird weiterhin deren Be-

---

959 BR-DruckS. 18/05 S.17.

960 Begründung zur MaKonV, BR-DruckS. 18/05 S.17; *Mock/Stoll/Eufinger* in KölnKommWpHG § 20a, Anhang I, § 4 MaKonV Rn. 21; *Fleischer* in Fuchs WpHG § 20a Rn. 66.

961 *Pfüller/Anders* WM 2003, 2445, 2450; *Knauth/Käsler*, WM 2006, 1041, 1051; *Sorgenfrei* in Park §§ 20a, 38 II, 39 I Nr. 1-2, II Nr. 11, IV WpHG Rn. 157; *Trüstedt*, S. 202; *Mock/Stoll/Eufinger* in KölnKommWpHG § 20a, Anh. I, § 4 MaKonV Rn. 18; *Vogel* in *Assmann/Uwe H. Schneider* § 20a WpHG Rn. 185; *Fleischer* in Fuchs WpHG § 20a Rn. 65.

962 *Sorgenfrei* in Park §§ 20a, 38 II, 39 I Nr. 1-2, II Nr. 11, IV WpHG Rn. 157; *Fleischer* in Fuchs WpHG § 20a Rn. 65; *Vogel* in *Assmann/Uwe H. Schneider* § 20a WpHG Rn. 185 mit dem Hinweis darauf, dass sich der Verordnungsgeber aus diesem Grund in § 3 Abs. 3 Nr. 1 KuMaKV einer Fiktion bediente.

963 *Vogel* in *Assmann/Uwe H. Schneider* § 20a WpHG Rn. 232; *Mock/Stoll/Eufinger* in KölnKommWpHG § 20a, Anh. I, § 4 MaKonV Rn. 19.

964 *Mock/Stoll/Eufinger* in KölnKommWpHG § 20a, Anh. I, § 4 MaKonV Rn. 18.

stimmtheit bezweifelt[965], so dass zumindest eine restriktive Auslegung erforderlich ist. Die Regelung ist auch in systematischer Hinsicht verfehlt, da die Möglichkeit, Rechtssicherheit durch die Definition einer zulässigen Marktpraxis zu schaffen, durch die Einordnung als Unterfall von § 20a Abs. 1 S. 1 Nr. 3 WpHG vertan wird.[966] Um dem Verdikt der Rechtswidrigkeit zuvorzukommen, sollte der Verordnungsgeber eine konkretisierte Neufassung der Fallgruppen i.R.v. § 20a Abs. 1 S. 1 Nr. 2 WpHG ansiedeln.[967]

bb. § 4 Abs. 3 Nr. 2 MaKonV

Sonstige Täuschungshandlungen sind nach § 4 Abs. 3 Nr. 2 MaKonV auch die Nutzung eines gelegentlichen oder regelmäßigen Zugangs zu traditionellen oder elektonischen Medien zur Kundgabe einer Stellungnahme oder eines Gerüchts zu einem Finanzinstrument oder dessen Emittenten, nachdem Positionen in diesem Finanzinstrument aufgebaut worden sind, ohne dass dieser Interessenkonflikt zugleich mit der Kundgabe in angemessener und wirksamer Weise offenbart wird. Dieses Verhalten ist unter der Bezeichnung „Scalping" bekannt.[968] Zu beachten ist, dass das Eigeninteresse bei Finanzanalysen nach den Sonderregeln der § 34b Abs. 1 S. 2 Nr. 2 WpHG i.V.m. §§ 5, 6 FinAnV offenzulegen ist.[969] Ob die Gerüchte in der Sache zutreffen oder plausibel sind, ist irrelevant.[970]

Nach Auffassung des BGH ist das Scalping als Marktanipulation und nicht als verbotenes Insider-Geschäft nach §§ 13, 14 WpHG einzuord-

965 Zu dem Merkmal „marktgerechte Handelsbedingungen" etwa *Vogel* in *Assmann/Uwe H. Schneider* § 20a WpHG Rn. 232 „eine Generalklausel, die jede Kontur vermissen lässt"; *Mock/Stoll/Eufinger* in KölnKommWpHG § 20a, Anh. I, § 4 MaKonV Rn. 20 „zur Wahrung eines Mindestmaßes an tatbestandlicher Konkretheit eng auszulegen"; s.a. *Sorgenfrei* in Park §§ 20a, 38 II, 39 I Nr. 1-2, II Nr. 11, IV WpHG Rn. 157.

966 So zutreffend *Knauth/Käsler*, WM 2006, 1041, 1051.

967 I.d.R. werden die Transktionen, welche zu „Cornering"-Situationen führen ein künstliches Preisniveau entstehen lassen. Davon zu unterscheiden sind die Deckungskäufe der anderen Marktteilnehmer, dazu bereits S. 46 f.

968 *Mock/Stoll/Eufinger* in KölnKommWpHG § 20a, Anhang I, § 4 MaKonV Rn. 22; *Fleischer* in Fuchs WpHG § 20a Rn. 67 f.; *Vogel* in Assmann/Uwe H. Schneider WpHG § 20a Rn. 233; *Schäfer* in Schäfer/Hamann KMG § 20a WpHG Rn. 75.

969 *Mock/Stoll/Eufinger* in KölnKommWpHG § 20a, Anhang I, § 4 MaKonV Rn. 36; *Vogel* in Assmann/Uwe H. Schneider WpHG § 20a Rn. 234; *Fleischer* in Fuchs WpHG § 20a Rn. 67.

970 BR-Drucks. 18/05 S. 17; *Mock/Stoll/Eufinger* in KölnKommWpHG § 20a, Anhang I, § 4 MaKonV Rn. 34; *Fleischer* in Fuchs WpHG § 20a Rn. 67.

nen.[971] Dies wird hauptsächlich damit begründet, dass die Marktmissbrauchsrichtlinie Scalping als manipulative Handlung einstufe und damit die Einordnung europarechtlich vorgegeben sei.[972] Die Täuschungshandlung stellt hier positives Tun, nämlich die stillschweigende, der Empfehlung implizite Erklärung dar, dass sie nicht mit dem sachfremden Ziel der Kursbeeinflussung zu manipulativen Zwecken erfolgt sei.[973] Damit ist entscheidendes Kriterium, ob der Empfehlungsempfänger über diesen Beweggrund der Empfehlung getäuscht wird.[974]

Regelmäßigen Zugang zu elektronischen Medien hat jedermann, sofern er Zugang zum Internet hat.[975] Zugang zu traditionellen Medien werden insb. Analysten und Journalisten haben.[976] Bei der Kundgabe der Stellungnahme oder des Gerüchts muss zeitgleich, also im Moment der Kundgabe, die Offenbarung des Interessenkonflikts verschwiegen werden. Eine vorherige oder nachträgliche Offenlegung scheidet damit aus.[977]

Da der Scalper um in den Anwendungsbereich der Norm zu fallen eine Position innehaben muss[978], scheidet die Form des Scalpings aus, bei welcher der Kurs zunächst heruntergeredet wird, um sich dann zu einem tiefen Kursniveau einzudecken und bei einer späteren Normalisierung einen Gewinn erzielen zu können.[979] Die vorangehende Absicht reicht

---

971 BGHSt 48, 373 = BGH NJW 2004, 302 (noch zu § 88 Nr. 2 BörsG a.F.); ihm folgend: *Vogel* NStZ 2004, 252, 254; *Mock/Stoll/Eufinger* in KölnKommWpHG § 20a, Anhang I, § 4 MaKonV Rn. 30 f.; s. bereits *Weber* NJW 2000, 562; Die Gegenauffassung wurde von zwei untergerichtlichen Entscheidungen getragen, vgl. LG Stuttgart ZIP 2003, 259; LG Frankfurt NJW 2000, 301, 302 (welches aber das Hauptverfahren ablehnte). Zu dieser Ansicht *Cahn* ZHR 162 (1998) S. 1, 21.

972 BGH NJW 2004, 302; *Vogel* in Assmann/Uwe H. Schneider WpHG § 20a Rn. 236; *Fleischer* in Fuchs WpHG § 20a Rn. 68.

973 BGH NJW 2004, 302, 304; *Fleischer* DB 2004, 51, 53; *Mock/Stoll/Eufinger* in KölnKommWpHG § 20a, Anhang I, § 4 MaKonV Rn. 28.

974 BGH NJW 2004, 302, 304; *Fleischer* DB 2004, 51, 53; *ders.* in Fuchs WpHG § 20a Rn. 68.

975 *Vogel* in Assmann/Uwe H. Schneider WpHG § 20a Rn. 234; a.A. *Mock/Stoll/Eufinger* in KölnKommWpHG § 20a Anh. I – § 4 MaKonV Rn. 33 der eine gewisse Exklusivitätsstellung foerdert. Richtigerweise reicht es allerdings, dass ein verständiger Anleger den Ausführungen des Manipulators folgen würde.

976 *Vogel* in Assmann/Uwe H. Schneider WpHG § 20a Rn. 234; *Mock/Stoll/Eufinger* in KölnKommWpHG § 20a Anh. I – § 4 MaKonV Rn. 33.

977 Vgl. zudem Offenlegungspflichten nach Art. 5, 6 der Richtlinie 2003/125/EG sowie § 34b Abs. 1 S. 2 Nr. 2 WpHG.

978 Vgl. BR-Drucks. 18/05 S. 17.

979 *Weber* NZG 2000, 113, 125; *Vogel* in Assmann/Uwe H. Schneider WpHG § 20a Rn. 234.

nicht aus.[980] Deshalb weist das erfasste Scalping i.d.R. einen dreigliedrigen Aufbau auf.[981] Zunächst wird die Wertpapierposition aufgebaut, in einem zweiten Schritt erfolgt die Kundgabe und letztlich wird die eingegangene Position gewinnbringend liquidiert.

Insb. für Finanzanalysen und Anlageempfehlungen, die im Rahmen einer beruflichen Tätigkeit erstellt werden, ist Art. 5 Abs. 1, 12 Abs. 1 GG in der Weise zu beachten, dass diese nicht deshalb bereits unrechtmäßig sind, weil ein Berufsträger diese in seinem Portfolio hat. [982]

4. Safe Harbors und Anerkennung ausländischer Stabilisierungsregeln

a. Nationales Regelungssystem

Die Regelung des § 5 MaKonV stimmt wortgleich mit der des § 20a Abs. 3 S. 1 WpHG überein und wiederholt den statischen Verweis auf die VO (EG) Nr.2273/2003.[983] Sie beruht auf der Ermächtigung gem. § 20a Abs. 1 S. 1 Nr. 4 WpHG. In der Sache werden gewisse Stablilisierungsmaßnahmen und Rückkaufprogramme von dem Verbot freigestellt.[984] Die Vorgängerregelung, die auf § 20a Abs. 2 S. 1 Nr. 2 a.F. basierte, orientierte sich zwar überwiegend am Europarecht, enthielt in den §§ 4-13 KuMaKV aber auch abweichende Regelungen.[985] Inhaltlich legt § 5 MaKonV fest, dass Handlungen, die in Übereinstimmung mit den europarechtlichen Vorgaben aus der VO (EG) Nr. 2273/2003 vorgenommen werden, in keinem Fall einen Verstoß gegen das Verbot der Kurs- und Marktpreismanipulation darstellen. Aufgrund des Anwendungsvorrangs im Gemeinschaftsrecht[986] kommt ihr allerdings nur deklaratorische Wir-

---

980 *Mock/Stoll/Eufinger* in KölnKommWpHG § 20a Anh. I – § 4 MaKonV Rn. 35; *Vogel* in Assmann/Uwe H. Schneider WpHG § 20a Rn. 234.

981 *Vogel* in Assmann/Uwe H. Schneider WpHG § 20a Rn. 235.

982 *Weber*, NZG 2000, 113, 115; *Vogel* in Assmann/Uwe H. Schneider WpHG § 20a Rn. 237; a.A. *Mock/Stoll/Eufinger*, in KölnKommWpHG § 20a Anh. I – § 4 MaKonV Rn. 37 (Schutzbereich des Art. 5 GG nicht eröffnet, Eingriff in Art. 12 GG gerechtfertigt).

983 *Vogel* in Assmann/Uwe H. Schneider WpHG § 20a Rn. 240; *Mock/Stoll/Eufinger*, in KölnKommWpHG § 20a Anh. I – § 5 MaKonV Rn. 1; *Fleischer* in Fuchs WpHG § 20a Rn. 91.

984 Dazu ausführlich Kapitel 6 und 7.

985 BR-Drucks. 639/03 S. 13; *Vogel* in Assmann/Uwe H. Schneider WpHG § 20a Rn. 240.

986 Zum Anwendungsvorrang vgl. S. 21 Fn. 107; *Vogel* in Assmann/Uwe H. Schneider WpHG § 20a Rn. 240.

kung zu.[987] Zu der Frage, ob es dem nationalen Gesetzgeber offen steht weitere Safe Harbors festzulegen, sei auf die Ausführungen in Kapitel 8 verwiesen.

b. Anerkennung ausländischer Stabilisierungsregeln

Die Anerkennung ausländischer Stabilisierungsregeln ist in § 6 MaKonV geregelt. Da dem nationalem Gesetzgeber die Regelung von Sachverhalten i.R.d. Durchführungs-Verordnung (EG) Nr.2273/2003 entzogen ist, konnte dieser nur Regelungen außerhalb der Verordnung treffen.[988] In Rede steht also der Regelungsbereich, in welchem der Gesetzgeber in § 20a Abs. 1 WpHG über die Vorgaben der Richtlinie hinausgegangen ist, indem er nicht nur Finanzinstrumente erfasst hat, die zumindest auf einem geregelten Markt zugelassen sind oder ein entsprechender Antrag auf Zulassung gestellt wurde, sondern auch Instrumente in den Anwendungsbereich zieht, die in den geregelten Markt oder Freiverkehr einbezogen sind.[989] Daraus ergeben sich die folgenden Voraussetzungen: Die Maßnahme muss im EU- und EWR-Ausland erfolgen[990], so dass im Inland vorgenommene Stabilisierungsmaßnahmen, die sich auf Finanzinstrumente beziehen, die im Inland in den in den geregelten Markt oder Freiverkehr einbezogen sind nicht unter den Schutz des § 6 MaKonV fallen.[991] Das Instrument darf weiterhin nicht in einem EU-Mitgliedsstaat oder EWR-Vertragsstaat zum geregelten Markt zugelassen oder die Zulassung beantragt worden sein.[992] Inhaltlich fordert § 6 MaKonV, dass die Stabilisierungsmaßnahme selbst den Anforderungen der VO (EG) Nr. 2273/2003 genügt oder dass die Stabilisierungsmaßnahme i.R.d. in Rede stehenden ausländischen Regelung vorgenommen wird und diese mit der Durchführungsverordnung vereinbar ist. Die dort ge-

---

987 BR-Drucks. 18/05 S. 18; *Mock/Stoll/Eufinger* in KölnKommWpHG § 20a, Anhang I, § 5 MaKonV Rn. 1; wegen der allgemeinen Geltung finden *Singhoff/Weber* den Verweis unnötig, vgl. *Singhoff/Weber* AG 2005, 549, 554.

988 BR-Drucks. 18/05 S. 18; *Mock/Stoll/Eufinger* in KölnKommWpHG § 20a, Anhang I, § 6 MaKonV Rn. 1; *Vogel* in Assmann/Uwe H. Schneider WpHG § 20a Rn. 292.

989 *Vogel* in Assmann/Uwe H. Schneider WpHG § 20a Rn. 293; *Mock/Stoll/Eufinger* in KölnKommWpHG § 20a, Anhang I, § 6 MaKonV Rn. 2 f., 4.

990 *Mock/Stoll/Eufinger* in KölnKommWpHG § 20a, Anhang I, § 6 MaKonV Rn. 6.

991 *Mock/Stoll/Eufinger* in KölnKommWpHG § 20a, Anhang I, § 6 MaKonV Rn. 7, die berechtigterweise darauf hinweisen, dass es keinen Sinn mache, ausländische Stabilisierungsregeln auf reine Inlandssachverhalte zu erstrecken und Regelungsdifferenzen ggf. über § 20a Abs. 2 WpHG abfangen wollen.

992 *Mock/Stoll/Eufinger* in KölnKommWpHG § 20a, Anhang I, § 6 MaKonV Rn. 8.

forderte Gleichwertigkeit bedeutet in diesem Zusammenhang, dass die Maßnahme im Einzelfall auch dann zulässig sein kann, wenn die ausländische Regelung im geringfügigen Maße von den Anforderungen der VO (EG) Nr.2273/2003 abweicht, aber gleichwertigen Anlegerschutz gewährleistet.[993]

5. Zulässige Marktpraxis

Nach § 20a Abs. 2 S. 1 WpHG gilt das Verbot nach § 20a Abs. 1 S. 1 Nr. 2 WpHG nicht, wenn die Handlung mit der zulässigen Marktpraxis auf dem betreffenden organisierten Markt oder in dem betreffenden Freiverkehr vereinbar ist und der Handelnde dafür legitime Gründe hat. Es handelt sich um einen Tatbestandsausschluss bzw. um eine „Safe Harbor"-Regelung.[994] Nach § 20a Abs. 2 S. 2 WpHG muss die infrage stehende Marktpraxis von der BaFin anerkannt werden. Ihr kommt damit der Umgang mit dem staatlichen Anerkennungsmonopol zu.[995] Rechtstechnisch stellt die Anerkennung eine Allgemeinverfügung i.S.v. § 35 S.2 VwVfG dar[996], die gegenüber anderen Behörden verwaltungsakzessorische Wirkung entfaltet.[997] Von besonderer Bedeutung sind daher die §§ 7-10 MaKonV, welche das Verfahren um die Anerkennung einer zulässigen Marktpraxis i.S.v. § 20a Abs. 2 WpHG näher ausgestalten.[998] Diese Konkretisierung fußt auf der Verordnungsermächtigung gem. § 20a Abs. 5 S. 1 Nr. 5 WpHG.[999]

---

993 *Vogel* in Assmann/Uwe H. Schneider WpHG § 20a Rn. 293, der davon ausgeht, dass die amerikanische „Regulation M" den Anforderungen entspricht; s.a. *Mock/Stoll/Eufinger* in KölnKommWpHG § 20a, Anhang I, § 6 MaKonV Rn. 9.

994 *Spindler* NJW 2004, 3449, 3452; *Kuthe* ZIP 2004, 883, 887; *Fleischer* in Fuchs WpHG § 20a Rn. 76; *Sorgenfrei* in Park §§ 20a, 38 II, 39 I Nr. 1-2, II Nr. 11, IV WpHG Rn. 229; a.A. wohl *Vogel* in Assmann/Uwe H. Schneider WpHG § 20a Rn. 170 (begriffliche und sachliche Trennung von den „Safe Harbors" i.S.v. § 20a Abs. 3 WpHG).

995 BR-Drucks. 18/05 S. 19; *Mock/Stoll/Eufinger* in KölnKommWpHG § 20a, Anhang I, § 7 MaKonV Rn. 2; *Fleischer* in Fuchs WpHG § 20a Rn. 80, der darauf hinweist, dass gerade hierin der Unterschied zu den Handelsbräuchen i.S.v. § 346 HGB zu sehen ist, da diese nur die einverständliche Übung durch die Verkehrskreise voraussetzen.

996 *Fleischer* in Fuchs WpHG § 20a Rn. 81; a.A. *Vogel* in Assmann/Uwe H. Schneider WpHG § 20a Rn. 145, der von der Rechtsnatur einer Verordnung ausgeht, dazu auch S. 194 ff.

997 *Fleischer* in Fuchs WpHG § 20a Rn. 81; *Mock/Stoll/Eufinger* in KölnKommWpHG § 20a, Anhang I, § 7 MaKonV Rn. 7 ff., 15; *Schröder* in HWSt X2 Rn. 74.

998 Vgl. dazu S. 191 ff.

999 Dazu historisch S. 8 f.; vgl. auch S. 21, 91, 147.

C. Zwischenergebnis

Das auf europäischen Vorgaben aufbauende Marktmanipulationsrecht erweist sich als komplexe Materie, für deren offene Auslegungsfragen sich aber überzeugende Ansätze in der Literatur finden lassen. Das Hauptproblem stellt § 20a Abs. 1 S. 1 Nr. 2 WpHG dar. Nach dem Wegfall der Manipulationsabsicht ergeben sich erhebliche Probleme bei der Abgrenzung von legitimer Handelsteilnahme und manipulativem Verhalten. Nach der hier vertretenen Ansicht müssen die objektiven Tatbestandsmerkmale in der Form ausgelegt werden, dass bei der Subsumtion aus dem objektiven Verhalten des Manipulators auf dessen Absicht geschlossen wird, andere zu Geschäften zu verleiten, die dem Manipulator günstig sind. Dabei kann als Indiz auf bekannte Manipulationsstrategien zurückgegriffen werden. Mehr Rechtssicherheit kann auch durch die Anerkennung von zulässigen Marktpraktiken erzielt werden. Durch die MaKonV wird eine wesentliche Konkretisierung des Parlamentsrechts erreicht. Problematisch ist jedoch § 4 Abs. 3 Nr. 1 MaKonV, der außerhalb seiner Verordnungsermächtigung angesiedelt ist und auch in dogmatischer und systematischer Hinsicht nicht zu überzeugen vermag. Es wird vorgeschlagen, die Regelung aus dem Zusammenhang zu § 20a Abs. 1 S. 1 Nr. 3 WpHG zu lösen und nach einer Konkretisierung bei § 20a Abs. 1 S. 1 Nr. 2 WpHG zu verorten.

Dritter Teil: Die Bereichsausnahmen

Kapital 4: Hintergrund

A. Zweck und Funktionsweise

I. Allgemeines

Als Safe Harbor wird eine Bestimmung eines übergeordneten haftungsbegründenden Regelungssystems bezeichnet, welche die Haftung und Verantwortlichkeit einer Person unter der Bedingung einschränkt, dass die Vorgaben des Safe Harbors eingehalten werden. Diese Regelungsweise ist aus dem amerikanischen Kapitalmarktrecht bekannt,[1000] ist aber auch in vielen anderen Rechtsgebieten zu finden.[1001] Die Technik wird als dogmatisch noch wenig untermauert eingestuft.[1002]

Betrachtet man die in Rede stehenden Materien, so zeigt es sich, dass es sich meist um komplexe (soziale) Systeme[1003] handelt, so dass die zu deren Regulierung herangezogenen Haftungssysteme meist abstrakt und so weit gefasst werden müssen, dass auch erwünschte Verhaltensmuster in den Verbotsbereich fallen. Dadurch kann das Haftungssystem, welches gerade den Schutz des sozialen Systems bezwecken soll, selbst zum Störfaktor werden. Dies insb. deshalb, weil die betrachteten sozialen Systeme aufgrund ihrer Komplexität oder ihren Strukturbedingungen, ein besonderes Maß an Rechtssicherheit verlangen, um reibungslos funktionieren zu können. Deutlich wird dies etwa am Bsp. der Haftung von *Service-Providern* für durch diese im Internet prozessierte Daten. Gäbe es in

---

1000 *Vogel* in Assmann/Uwe H. Schneider WpHG § 20a Rn. 240; *Mock/Stoll/Eufinger* in KölnKommWpHG § 20a Rn. 63 f.; s. zur amerikanischen Regulation M s. oben S. 12.

1001 Vgl. etwa zum Internetrecht die Ausführungen bei *Lemley* Working Paper Series (2007); *Travis* Notre Dame Law Review 2008, 331; *Peguera* Columbia Journal of Law & the Arts, Vol. 32 (2009), 481; ein anderes Bsp. sind Publizitätspflichten im Bereich der Rechnungslegung, vgl. *Cunningham* Research Paper No. 35 (2004).

1002 *Sorgenfrei* in Park §§ 20a, 38 II, 39 I Nr. 1-2, II Nr. 11, IV WpHG Rn. 166; *Vogel* in Assmann/Uwe H. Schneider WpHG § 20a Rn. 241.

1003 Allgemein dazu *Luhmann* Einf. Systh. S. 41 ff., 167 *ders.* S. 15 ff. (aus soziologischer Sicht), v. Hayek S. 13 ff.

diesem Bereich keinen Safe Harbor[1004], so müssten die Intermediäre, um sich keiner Haftung auszusetzen, alle Webinhalte sichten, wodurch das Internet de facto zusammenbrechen würde.[1005]

Deshalb wird Rechtssicherheit dadurch erreicht, dass die Bereichsausnahme nicht erst durch den Rechtsanwender im Wege der Auslegung erkannt wird[1006], sondern bereits auf Tatbestandsebene und damit im Vorfeld, für jedermann ersichtlich, angesiedelt ist.

Die Safe Harbors bilden insofern auch einen regulatorischen Ausgleich. Verhaltensweisen, welche die Verbotstatbestände aus der Lebenswirklichkeit ausschneiden und damit erfassen würden, werden wiederum als Bereichsausnahmen von dem Verbot freigestellt.[1007] Somit kommt den Bereichsausnahmen auch eine die Verhältnismäßigkeit wahrende, feinjustierende Funktion zu.[1008]

II. Kapitalmarktspezifische Besonderheiten

Unter diesen Voraussetzungen lässt sich auch der Zweck der Bereichsausnahmen im deutschen Kapitalmarktrecht näher bestimmen. Wie eingangs erwähnt, schützt das Marktmanipulationsverbot die unbeeinflusste Preisbildung an den erfassten Kapitalmärkten mit dem Ziel deren Integrität und Funktionen zu schützen.[1009] Problematischerweise knüpft das Verbot damit an den hochkomplexen Preisbildungsmechanismus an, der auch wirtschaftswissenschaftlich nicht in dem Maße durchdrungen ist, dass deterministische Aussagen gemacht werden können. Die deshalb erforderliche Weite des Marktmanipulationsverbots, insb. im Falle

---

1004 Vgl. etwa 17 U.S.C. § 512 (Verletzung des Copyrights); 15 U.S.C. § 1114 Abs. 2 lit. b, c (Verletzung von Trademarks); 47 U.S.C. § 230 lit. c), s.a. die umfängliche Übersicht an Gerichtsentscheidungen bei *Lemley* Working Paper Series (2007) S. 1; zur historischen Entwicklung in Europa und Amerika hin zu den Safe Harbors hinsichtlich des Copyrights vgl. *Travis* Notre Dame Law Review 2008, 331, 347 ff.

1005 So zutreffend *Lemley* Working Paper Series (2007) S. 1 f.

1006 Vgl. etwa *Vogel* in Assmann/Uwe H. Schneider WpHG § 20a Rn. 245.

1007 Deshalb ist es dogmatisch auch überzeugend nicht von Rechtfertigungsgründen, sondern von Tatbestandsausnahmen auszugehen; vgl. *Singhof/Weber*, AG 2005, 549, 555; *Vogel* in *Assmann/Uwe H. Schneider* § 20a WpHG Rn. 243; *Mock/Stoll/Eufinger* in KölnKommWpHG § 20a Rn. 271; *Schäfer* in Schäfer/Hamann KMG § 20a WpHG Rn. 77; dazu auch oben S. 140.

1008 Trotzdem wird gesetzlich fixierte Struktur der Ausnahmeregelung dazu führen, dass in Einzelfällen berechtigte Fälle ausgeschieden werden und unberechtigten Fällen Schutz gewährt wird, vgl. *Loke* Working Paper Series (2001) S. 31

1009 S. dazu S. 92.

effektiver Geschäfte, wirft erhebliche Abgrenzungsschwierigkeiten auf. Denen kann zwar durch Auslegung des Verbotstatbestandes begegnet werden, allerdings verbleibt aufgrund der abstrakten Tatbestandsmerkmale eine hohe Rechtsunsicherheit. Zur Funktionalisierung des Tatbestandes und zur Verbesserung der Rechtssicherheit sind deshalb Safe Harbors erforderlich.

Damit stellt sich allgemein die Frage, in welchen Konstellationen eine solche Bereichsausnahme sinnvoll erscheint. Allgemein sind zwei Ansatzpunkte zu nennen, die sich auch überschneiden können. Zum einen ist die Schaffung einer Bereichsausnahme für solche Handlungen zu prüfen, die in den betreffenden Kreisen als gelebte Übung betrachtet werden. Dabei ist *normativ* zu untersuchen, ob sich diese Sachverhalte als sozialadäquates bzw. professionsadäquates Verhalten einstufen lassen.[1010] Dies ist dann der Fall, wenn die Verhaltensweisen entweder nicht den Schutzzweck des Marktmanipulationsverbots berühren oder nach einer Abwägung mit dem Schutzzweck zu vereinbarende oder diesen überwiegende wirtschaftliche Gründe aufweisen.[1011] Zum anderen sind solche Verhaltensweisen vom Verbot auszunehmen, die für das Funktionieren der Volkswirtschaft und ihrer Teilmärkte von überragender Bedeutung sind.[1012] Die beiden Ansätze haben also insofern eine gemeinsame Schnittmenge, als normativ profensionsadäquates Verhalten in vielen Fällen solches ist, das auch auch systemtragende Relevanz aufweist. Andererseits ist es jedoch möglich, dass einer systemrelevanten Ausnahme keine profenssionsadäquaten Gründe zugrunde liegen oder professionsadäquate Gründe systemirrelevant sind.[1013]

1010 *Mock/Stoll/Eufinger* in KölnKommWpHG § 20a Rn. 272; *Vogel* in Assmann/Uwe H. Schneider WpHG § 20a Rn. 239; *Sorgenfrei* in Park §§ 20a, 38 II, 39 I Nr. 1-2, II Nr. 11, IV WpHG Rn. 166.

1011 Enger für die Ausnahmen nach § 20a Abs. 2 WpHG *Mock/Stoll/Eufinger* in KölnKommWpHG § 20a Rn. 222 (berühren Regelungszweck nicht); s.a. aber *dies.* in KölnKommWpHG § 20a Anh. I -§ 8 MaKonV Rn. 2 wonach nicht alle Kriterien des § 8 MaKonV erfüllt sein müssen, sondern „eine Abwägung der Kriterien im Einzelfall" erfolgen soll, wobei die dort aufgeführten Kriterien ja gerade die Zwecke des § 20a WpHG schützen.

1012 Für solche Sachverhalte kommt es meist zu globalen Ausnahmen vgl. § 1 Abs. 3 WpHG.

1013 Zutreffend bezeichnen *Mock/Stoll/Eufinger* in KölnKommWpHG § 20a Rn. 248 deshalb die § 20a Abs. 2 WpHG als „eingeschränkten safe harbor", denn die Regelung soll nur die als professionsaqäquat anzuerkennde Seite im handelsgestützten Bereich abdecken und spricht damit schwerpunktmäßig nur einen Teilbereich des rechtspolitisch legitimierten Gestaltungspotenzials an; vgl. i.d.S. auch CESR/04-505b Chapter II Accepted Market Practices Rn. 2.6.

B. Abgrenzung der Regelungsbereiche der Bereichsausnahmen

I. Verhältnis von § 20a Abs. 2 und Abs. 3 WpHG

Vor dem soeben skizzierten Hintergrund lassen sich auch § 20a Abs. 2 WpHG und § 20a Abs. 3 WpHG verorten. Beide Absätze betreffen Fälle professionsadäquaten Verhaltens, wobei den in § 20a Abs. 3 WpHG geregelten Fallgruppen z.T. auch systemtragende Bedeutung, wie etwa im Falle der Stabilisationsmaßnahmen hinsichtlich der Kapitalaufbringungsfunktion, zukommt.[1014]

Ein Unterschied lässt sich hinsichtlich der rechtlichen Reichweite der Ausnahmen und deren räumlichen Anwendungsbereich erkennen. So stellt § 20a Abs. 3 WpHG einen deklaratorischen Verweis auf europaweit geltendes Verordnungsrecht dar, während eine zulässige Marktpraxis nach § 20a Abs. 2 WpHG nur in den nationalen Grenzen Geltung beanspruchen kann.[1015] Zum anderen nimmt § 20a Abs. 3 WpHG Aktienrückkaufprogramme und Stabilisierungsmaßnahmen von dem gesamten Tatbestand des § 20a Abs. 1 S. 1 WpHG aus, während § 20a Abs. 2 nur eine Einschränkung zu § 20a Abs. 1 S. 1 Nr. 2 WpHG für einen bestimmten Markt vorsieht.[1016] Damit ist es theoretisch möglich, dass eine als zulässig anerkannte Marktpraxis vor dem Hintergrund von § 20a Abs. 1 S. 1 Nr. 1, 3 WpHG als Manipulation einzuordnen ist.[1017]

Diese Unterscheidungen sind bereits auf europäischer Ebene angelegt. So lässt Art. 1 Nr. 2 lit. a) MMR nur eine Ausnahme bei zulässigen Marktpraktiken für die dort beschriebene handelsgestützte Manipulation zu, während Art. 8 MMR von einer Globalausnahme für Rückkaufprogramme und Stabilisierungsmaßnahmen ausgeht. Die Unterschiede in der Kontruktion spiegeln die von der *CESR* vorgenommene Unterteilung in *Activities* und *Practices* wider.[1018] Während Activities zu breit angelegt sind, um als zulässige Marktpraxis anerkannt zu werden, stellen Practices die tatsächliche Umsetzung der Activities, also deren Ausführung

---

1014 Zu den Funktionen des Kapitalmarkts s. bereits oben S. 36 ff.

1015 *Vogel* in Assmann/Uwe H. Schneider WpHG § 20a Rn. 242, dies ergibt sich bereits aus Art. 11 MMR mit dem Verweis auf die jeweiligen zuständigen Behörden; vgl. auch Erwägungsgrund (4) der Richtlinie 2004/72/EG.

1016 *Mock/Stoll/Eufinger* in KölnKommWpHG § 20a Rn. 235.

1017 BR-Drucks. 18/05 S. 19; *Mock/Stoll/Eufinger* in KölnKommWpHG § 20a Rn. 248, *Vogel* in Assmann/Uwe H. Schneider WpHG § 20a Rn. 170 mit dem Hinweis, dass eine solche Konstellation de facto ausgeschlossen ist.

1018 CESR/04-505b Chapter II Accepted Market Practices Rn. 2.10 f.

dar und sind in dieser Konkretisierung anerkennungsfähig. Die in Art. 8 MMR genannten Rückkaufprogramme und Stabilisierungsmaßnahmen lassen sich danach als noch zu konkretisierende Activities verstehen. Die Regelung von darüber hinausgehenden Practices bleibt den Mitgliedsstaaten überlassen.

Die verschiedenen räumlichen Anwendungsbereiche führen zu einem Flexibilisierungsgewinn. So kann die Regelung der genannten Activities und deren konkretisierte Practices einheitlich erfolgen und somit eine gemeinsame rechtliche Infrastruktur geschaffen werden. Auf der anderen Seite kann gerade im konkretisierungsbedürftigen Bereich der handelsgestützten Marktmanipulation eine flexible und marktnahe Gestaltung mitgliedstaatseigener Handelsbräuche erfolgen.

Im Ergebnis kann die unterschiedliche rechtliche Reichweite der Ausnahmen allerdings dann zu Wertungswidersprüchen führen, wenn etwa wie in *Frankreich*[1019] und *Griechenland*[1020] der Rückerwerb eigener Anteile zum Zwecke der Nutzung als Aquisitionswährung, als zulässige Marktpraxis anerkannt wird. So stellt sich die Frage, warum bspw. Aktienrückkäufe für Belegschaftsprogramme eine weitere Ausnahme erfahren sollen, als solche für die Vorbereitung einer Übernahme. Eine Erklärung lässt sich jedenfalls nicht aus dem Zweck der Rückkaufprogramme oder deren Bedeutung ableiten. Auch wenn es praktisch schwer vorstellbar ist, dass eine zulässige Marktpraxis gegen den Verbotsteil aus § 20a Abs. 1 S. 1 Nr. 1, 3 WpHG verstößt[1021], wäre eine Bereichskongruenz wünschenswert gewesen. Diese hätte darüber erreicht werden können, dass den nationalen Practices die den Activities des Art. 8 zuzuordnen sind, im Falle ihrer Gleichwertigkeit mit den europäischen Vorgaben, der gleiche Schutz gewährt wird, oder auf europäischer Ebene anstelle der globalen Ausnahme in Art. 8 MMR, eine ausnahmespeziefische Konkretisierung der einzelnen Practices angeordnet worden wäre.

1019 Acceptance by the Authorité des Marchés Financiers on 22 March 2005 of a market practice related to share by back programs: Buy an hold for future use as means of payment for aquiring another company on Euronext; abrufbar auf der website des CESR unter www.cesr.eu. *Vogel* in Assmann/Uwe H. Schneider WpHG Rn. 204, 298.

1020 Acceptance by the Hellenic Capital Market Commission on 2 January 2009: Purchase of own shares to hold them for future acquisition of shares of another company, ebenfalls unter www.cesr.eu abrufbar.

1021 *Vogel* in Assmann/Uwe H. Schneider WpHG § 20a Rn. 170.

II. Verhältnis von Stabilisierungsmaßnahmen und Rückkaufprogrammen nach § 20a Abs. 3 WpHG

Die beiden Bereichsausnahmen nach § 20a Abs. 3 WpHG können sich überschneiden.[1022] Die Schnittmenge wird allerdings durch Art. 2 Nr. 7 VO (EG) Nr. 2273/2003 eingeschränkt, der vorsieht, dass nur Wertpapierhäuser und Kreditinstitute Stabilisierungsmaßnahmen durchführen können. So ist ein in beide Bereichsausnahmen fallendes, also kursstabilisierendes, Rückkaufprogramm nur dann möglich, wenn die Rückkäufe durch ein Wertpapierhaus oder ein Kreditinstitut erfolgen.[1023] Dies ist jedoch insofern unproblematisch, als je nach dem Ziel der Handlung die jeweiligen Voraussetzungen der Bereichsausnahme gegeben sein müssen.[1024]

C. Allgemeines Verhältnis zu anderen Vorschriften

Fällt eine Handlung in den Regelungsbereich einer Bereichsausnahme, wird sie nur in den gesetzlich angeordneten Fällen von der weitergehenden Prüfung anderer Rechtsmaterien ausgenommen. Gleichsam gilt im umgekehrten Fall, dass eine Maßnahme die nach einer anderen Rechtsmaterie, wie etwa dem Gesellschaftsrecht, rechtmäßig ist, weiterhin als Marktmanipulation eingestuft werden kann.[1025] M.a.W. muss ein Sachverhalt vor dem Hintergrund aller denkbaren Regelungsmaterien auf seine Rechtmäßigkeit hin untersucht werden. Diese Grundsätze wurden in der Vergangenheit im Hinblick auf die aktienrechtliche Zulässigkeit des Erwerbs eigener Anteile durchbrochen[1026], eine Ausnahme besteht

---

1022 *Mock/Stoll/Eufinger* in KölnKommWpHG § 20a Rn. 302 f, 336; *Vogel* in Assmann/Uwe H. Schneider WpHG § 20a Rn. 269.

1023 *Vogel* in Assmann/Uwe H. Schneider WpHG § 20a Rn. 269, der allerdings zunächst den Emittenten selbst als rückkaufende Partei nennt, anschließend aber vor dem Hintergrund von Art. 2 Nr. 7 VO (EG) Nr. 2273/2003, die Möglichkeit einer Überschneidung aufgrund der personalen Anforderungen verneint.

1024 *Mock/Stoll/Eufinger* in KölnKommWpHG § 20a Rn. 303, 336; *Vogel* in Assmann/Uwe H. Schneider WpHG § 20a Rn. 269 mit dem zutreffenden Hinweis, dass ein Spezialitätsverhältnis nicht gegeben ist; a.A. *Mock/Stoll/Eufinger* in KölnKommWpHG § 20a Rn. 303, 336.

1025 *Mock/Stoll/Eufinger* in KölnKommWpHG Rn. 257; *Vogel* in Assmann/Uwe H. Schneider § 20a WpHG Rn. 248.

1026 S. § 13 KuMaKV a.F.; dazu BR-Drucks. 639/03 S. 18 wonach damit auch Rückkäufe zur Abwehr feindlicher Übernahmen vom Verbot freigestellt waren; s.a. *Singhoff/Weber* AG 2005, 549, 553; *Fleischer* ZIP 2003, 2045, 2053.

heute noch für das Insiderrecht.[1027] Diese Vielschichtigkeit mag man vor dem Hintergrund der *Einheit der Rechtsordnung* bedauern[1028], lässt sich allerdings aufgrund der verschiedenen Schutzzwecke nicht vermeiden.

Kapitel 5: Die zulässige Marktpraxis

A. Überblick

Mit § 20a Abs. 2 WpHG soll der weitgefasste § 20a Abs. 1 S. 1 Nr. 2 WpHG im Hinblick auf zulässige Marktpraktiken eingeschränkt werden. Danach gilt das Verbot nicht, wenn die Handlung mit der zulässigen Marktpraxis auf dem betreffenden Markt vereinbar ist und der Handelnde hierfür legitime Gründe hat. Mit der Regelung werden die Vorgaben der MMR umgesetzt.[1029] Wie auch bei § 20a Abs. 3 WpHG handelt es sich bei zulässigen Marktpraktiken um eine Bereichsausnahme bzw. einen „Safe Harbor".[1030] D.h., dass die jeweilige Handlung bereits vom Verbot ausgenommen ist und strafrechtlich gesehen nicht erst ein Rechtfertigungsgrund vorliegt.[1031] Nach § 20a Abs. 2 S. 2 WpHG entscheidet die BaFin über die Zulässigkeit einer Marktpraxis, ihr kommt somit ein Anerkennungsmonopol zu.[1032] Die Möglichkeit eine Marktpraxis anzuerkennen, ist für die Rechtssicherheit der beteiligten Kapitalmarktkreise von besonderer Bedeutung. Die Regelung soll im folgenden deshalb näher betrachtet werden.

1027 Vgl. § 14 Abs. 2 WpHG, dazu auch S. 208.

1028 *Singhof/Weber* AG 2005, 549, 555; *Vogel* in Assmann/Uwe H. Schneider WpHG § 20a Rn. 248.

1029 Dazu auch schon S. 71 ff.; s.a, RegE AnSVG BT-Drucks. 15/3174, S. 37; *Mock/Stoll/Eufinger* in KölnKommWpHG § 20a Rn. 218; *Vogel* in *Assmann/Uwe H. Schneider* § 20a WpHG Rn. 168.

1030 *Kuthe* ZIP 2004, 883, 887; *Spindler*, NJW 2004, 3449, 3452 f.; *Fleischer* in Fuchs WpHG § 20a Rn. 76; *Mock/Stoll/Eufinger* in KölnKommWpHG § 20a Rn. 248 (eingeschränkter Safe Harbor).

1031 *Schwintek* S. 63; *Spindler* NJW 2004, 3449, 3453; *Mock/Stoll/Eufinger* in KölnKommWpHG § 20a Rn. 220; *Vogel* in *Assmann/Uwe H. Schneider* § 20a WpHG Rn. 171; a.A. *Bisson/Kunz*, BKR 2005, 186, 189; *Grüger* S. 98 mit dem Hinweis, dass diese Auslegung vor dem Hintergrund der Teilnehmerstrafbarkeit vorzugswürdig erscheint; s.a. *Dier/Fürhoff*, AG 2002, 604, 605.

1032 Begr. MaKonV, BR-Drucks. 18/05, S. 19; *Fleischer* in Fuchs WpHG Rn. 80; *Mock/Stoll/Eufinger* in KölnKomm-WpHG § 20aAnh. I, § 7 MaKonV Rn. 2.

I. Europarechtlicher Hintergrund

Mit § 20a Abs. 2 WpHG und §§ 7 ff. MaKonV erfolgt die deutsche Umsetzung der Vorgaben aus Art. 1 Nr. 2 lit. a), Nr. 5 der MMR und der Anforderungen der Richtlinie 2004/72/EG hinsichtlich der Beurteilungsfaktoren und des Konsultationsverfahrens.

Nach Art. 1 Nr. 2 MMR gelten die dort genannten handelsgestützten Verhaltensweisen als Marktmanipulation, es sei denn, die Person welche die Handlungen vorgenommen hat, weist nach, dass sie legitime Gründe dafür hatte und ihr Verhalten nicht gegen die zulässige Marktpraxis auf dem betreffenden Markt verstößt. Art. 1 Nr. 5 MMR enthält eine entsprechende Legaldefinition der zulässigen Marktpraxis. Danach ist unter einer solchen eine Gepflogenheit zu verstehen, die auf einem oder mehreren Finanzmärkten nach vernünftigem Ermessen erwartet werden kann und von den zuständigen Behörden (Art. 11 MMR) anerkannt wird. Dabei sind die Vorgaben der Richtlinie 2004/72/EG zu beachten. Kritik wurde insbesondere im Hinblick auf die Formulierung „es sei denn" geäußert. Darin wurde eine Beweislastumkehr und eine Verletzung der Unschuldsvermutung aus Art. 6 Abs. 2 EMRK erblickt.[1033]

Das Europarecht kennt mit seinem Verweis auf die jeweils zuständigen Behörden i.S.v. Art. 11 MMR kein einheitliches europäisches Niveau für zulässige Marktpraktiken. Damit entsteht die Gefahr eines „einzelstaatlichen Flickenteppichs", die aber vom europäischen Richtliniengeber bewusst in Kauf genommen wird.[1034]

II. Tatbestandseinschränkung zu § 20a Abs. 1 S. 1 Nr. 2 WpHG

Der die handelsgestützte Marktmanipulation betreffende § 20a Abs. 1 S. 1 Nr. 2 WpHG enthält viele abstrakte und unbestimmte Begriffe. Zwar ist es möglich, den Tatbestand durch Auslegung zu konkretisieren[1035], aller-

---

1033 Zu den Verfassungsrechtlichen Implikationen bereits oben S. 27; s.a *Schmitz* ZStW 115 (2003), 501, 525 f.; *Kutzner* WM 2005, 1401, 1404.

1034 Vgl. Erwägungsgrund (4) der Richtlinie 2004/72/EG, nach welchem in bestimmten Fällen eine Marktpraxis in der Gemeinschaft auf einem Markt als zulässig, auf einem anderen vergleichbaren Markt jedoch als unzulässig angesehen werden kann. In einem solchen Fall, sollen jedoch die Mitglieder des CESR versuchen eine Lösung zu finden; vgl. *Vogel* in Assmann/Uwe H. Schneider WpHG § 20a Rn. 169: „de facto bedeutsame Koordinierungsfunktion"; dadurch ergibt sich Flexibilisierungsgewinn, vgl. S. 178 f.

1035 Dazu eingehend S. 114 ff.

dings kann insb. die Möglichkeit der Anerkennung zulässiger Marktpraktiken entscheidende Rechtssicherheit schaffen.

Mit der Anerkennung wird der Tatbestand nämlich aufgrund der nicht mehr erfassten Lebenssachverhalte eingeschränkt und damit in präzisierender Weise der Kapitalmarktswirklichkeit angepasst. Diese Anerkennung ist normativer Natur, so dass der nationale Gesetzgeber richtigerweise die schon bei Art. 1 Nr. 2 lit. a) MMR kritisierte[1036] Beweislastumkehr für die *Rechtsfragen* ob eine Marktpraxis zulässig ist oder die Gründe legitim sind nicht übernommen hat.[1037] Auf nationaler Ebene wird § 20a Abs. 2 S. 1 WpHG hinsichtlich der *Tatfragen* differenziert ausgelegt. So liegt hinsichtlich des *Straf- und Bußgeldverfahrens* im Hinblick auf den Amtsermittlungsgrundsatz auch nach richtlinienkonformer Auslegung keine Nachweispflicht vor, so dass insofern die Befürchtungen unbegründet sind.[1038] Um den Vorgaben des Richtliniengebers jedoch gerecht zu werden, sollte aus Gründen der Effektivität der Gefahrenabwehr im *Überwachungsverfahren*, in Ausnahme zu § 24 VwVfG und in richtlinienkonformer Auslegung, von einer Nachweispflicht ausgegangen werden.[1039]

III. Konkretisierung durch die MaKonV

Um die Regelung funktional zu gestalten, wird das Anerkennungsverfahrens i.S.v. § 20a Abs. 2 S. 2 WpHG in den §§ 7-10 MaKonV näher dargelegt. Dabei geht es v.a. darum, welche Kriterien bei der Beurteilung gelten, was nach vernünftigem Ermessen als Gepflogenheit auf einem Markt zu erwarten ist (§ 8 MaKonV) und welche formalen Voraussetzungen an den Verfahrensablauf zu stellen sind (§§ 7, 9 f. MaKonV).[1040]

1036 S. soeben S. 177; dazu *Spindler*, NJW 2004, 3449, 3453; *Kutzner*, WM 2005, 1401, 1404; *Schmitz*, ZStW 115 (2003) 501, 525 f.; Handelsrechtsausschuss des DAV, NZG 2004, 703, 705.

1037 *Dreyling*, Der Konzern 2005, 1, 4; *Vogel* in Assmann/Uwe H. Schneider WpHG § 20a Rn. 172.

1038 *Mock/Stoll/Eufinger* in KölnKommWpHG § 20a Rn. 245 f.; *Vogel* in *Assmann/Uwe H. Schneider* § 20a WpHG Rn. 172; *Sorgenfrei* in Park §§ 20a, 38 II, 39 I Nr. 1-2, II Nr. 11, IV WpHG Rn. 112, der darauf hinweisen, dass dem europäische Gesetzgeber im Bereich des Strafrechts keine Rechtssetzungsbefugnis zukommt.

1039 *Vogel* in Assmann/Uwe H. Schneider WpHG § 20a Rn. 172; *Sorgenfrei* in Park §§ 20a, 38 II, 39 I Nr. 1-2, II Nr. 11, IV WpHG Rn. 112.

1040 Dazu im Einzelnen sogleich S. 191 ff.

B. Regelungsbereich

I. Vereinbarkeit der Handlung mit der zulässigen Marktpraxis und legitime Gründe

Um in den Genuss einer Anerkennung nach § 20a Abs. 2 WpHG zu kommen, muss die Handlung mit der zulässigen Marktpraxis auf dem betreffenden organisierten Markt oder in dem betreffenden Freiverkehr vereinbar sein. Eine Marktpraxis gilt nach der Legaldefinition in § 20a Abs. 2 S. 2 WpHG nur dann als zulässig, wenn solche Gepflogenheiten auf dem jeweiligen Markt nach vernünftigem Ermessen erwartet werden können. Damit sind objektive, sich wiederholende Verhaltensmuster angesprochen, die im Einklang mit den Rahmenbedingungen des betreffenden Marktes stehen.[1041] Diesbzgl. Beurteilungskriterien sind in § 8 MaKonV niedergelegt worden. Weiterhin muss der i.R.d. zulässigen Marktpraxis Handelnde legitime Gründe aufweisen, vgl. § 20a Abs. 2 S. 1 WpHG. Das Merkmal ist aufgrund seines subjektiven Charakters kritisiert worden.[1042]

1. Beurteilungskriterien

Bei der Beurteilung von Gepflogenheiten als zulässige Marktpraxis i.S.v. § 20a Abs. 2 S. 2 WpHG gibt § 8 MaKonV Anhaltspunkte, welche die BaFin bei ihrer Anerkennungsentscheidung berücksichtigen soll. Die Regelung beruht auf Art. 2 Abs. 1 der Durchführungsrichtlinie 2004/72/EG.[1043] Dem Paragraphen kommt eine besondere teleologische Bedeutung zu, da die dort aufgeführten Kriterien die Voraussetzungen für eine funktionale Kapitalaufbringung und -allokation darstellen, Kapitalmarktfunktionen die wiederum selbst zur Begründung der Notwendigkeit eines Marktmanipulationsverbots herangezogen werden. Bei der Aufzählung handelt es sich nicht um einen abschließenden Katalog.[1044]

1041 *Vogel* in Assmann/Uwe H. Schneider § 20a WpHG Rn. 176 f.; *Mock/Stoll/Eufinger* in KölnKommWpHG § 20a Rn. 227; s. auch *Eichelberger* S. 296.

1042 Dazu sogleich S. 187 f.

1043 Zum europäischen Hintergrund bereits oben S. 71 ff.

1044 Vgl. den Wortlaut „insbesondere", s.a. *Vogel* in Assmann/Uwe H. Schneider § 20a WpHG Rn. 195; *Sorgenfrei* in Park §§ 20a, 38 II, 39 I Nr. 1-2, II Nr. 11, IV WpHG Rn. 120.

Zudem müssen für die Anerkennung einer Gepflogenheit als zulässige Marktpraxis nicht alle Kriterien kumulativ erfüllt sein.[1045]

Zunächst ist gem. § 8 Abs. 1 Nr. 1 MaKonV zu berücksichtigen, ob die Gepflogenheit für den gesamten Markt hinreichend transparent ist.[1046] Eine hinreichende Transparenz liegt dann vor, wenn sich die Marktteilnehmer über Hintergründe und Auswirkungen der Gepflogenheit in angemessener Weise informieren können.[1047] Bei der Frage der Angemessenheit muss auf die auf dem jeweiligen Markt geltenden Bedingungen Rücksicht genommen werden.[1048]

Nach. § 8 Abs. 1 Nr. 2 MaKonV spielt insbesondere eine Rolle, inwiefern die Gepflogenheit die Liquidität und Leistungsfähigkeit eines Marktes beeinträchtigt.[1049] Leistungsfähig ist der Markt, wenn Transaktionen schnell, günstig und sicher ausgeführt werden können und eine effektive Preisbildung gewährleistet ist.[1050] Liquide ist er, wenn durch ausreichendes Angebot und ausreichende Nachfrage ein Handel stattfinden kann.[1051] Praktiken, die eine dem *Cornering* ähnliche Situation schaffen, sind damit ausgeschlossen.

Dies ergibt sich auch aus § 8 Abs. 1 Nr. 3 MaKonV nach dem darauf zu achten ist, ob die Marktkräfte funktional bleiben und ob das freie Zusammenspiel von Angebot und Nachfrage beeinträchtigt wird.[1052] Als wesentliche Parameter für die Beurteilung dieser Fragen werden insb. die Marktbedingungen vor Einführung der Marktpraxis, der gewichtete Durchschnittskurs eines Handelstages und die tägliche Schlussnotierung

---

1045 *Fleischer* in Fuchs WpHG Rn. 86; *Mock/Stoll/Eufinger* in KölnKommWpHG § 20a Anh. I, § 8 MaKonV Rn. 2; *Vogel* in Assmann/Uwe H. Schneider § 20a WpHG Rn. 153.

1046 S. Art. 2 Abs. 1 S. 1 lit. a) der Durchführungsrichtlinie 2004/72/EG und deren Erwägungsgrund (2). Die Transparanz ist insofern ein zentrales Kriterium, als sie entscheidend für die Erwartungsbildung der Marktteilnehmer ist.

1047 *Mock/Stoll/Eufinger* in KölnKommWpHG § 20a Anh. I, § 8 MaKonV Rn. 2; *Vogel* in Assmann/Uwe H. Schneider § 20a WpHG Rn. 196.

1048 BR-Drucks. 18/05 S. 21 mit dem Hinw. auf die Unterschiede zw. organisierten und nicht organisierten Märkten; *Vogel* in Assmann/Uwe H. Schneider § 20a WpHG Rn. 196; *Sorgenfrei* in Park §§ 20a, 38 II, 39 I Nr. 1-2, II Nr. 11, IV WpHG Rn. 121; *Mock/Stoll/Eufinger* in KölnKommWpHG § 20a Anh. I, § 8 MaKonV Rn. 4 f.

1049 Vgl. schon Art. 2 Abs. 1 S. 1 lit. c) der Durchführungsrichtlinie 2004/72/EG und deren Erwägungsgrund (1).

1050 Vgl. BR-Drucks. 18/05 S. 21; *Mock/Stoll/Eufinger* in KölnKommWpHG § 20a Anh. I, § 8 MaKonV Rn. 6.

1051 *Vogel* in *Assmann/Uwe H. Schneider* § 20a WpHG Rn. 197; *Mock/Stoll/Eufinger* in KölnKommWpHG § 20a Anh. I, § 8 MaKonV Rn. 7; beide mit einem Hinw. auf die liquiditätsstiftende Funktion von *Market Makern* und *Designated Sponsors*.

1052 Vgl. schon Art. 2 Abs. 1 S. 1 lit. b) der Durchführungsrichtlinie 2004/72/EG.

genannt, die im Wege einer Gesamtwürdigung mit anderen Auswirkungen betrachtet werden müssen.[1053]

Mit dem in § 8 Abs. 1 Nr. 4 MaKonV genannten Kriterium möchte der Verordnungsgeber die Effizienz und die Fairness als Beurteilungskriterien in den Blickpunkt rücken.[1054] Deshalb ist zu fragen, ob die Gepflogenheit mit dem Handelsmechanismus auf dem Markt vereinbar ist und den anderen Marktteilnehmern eine angemessene und rechtzeitige Reaktion erlaubt. Als Bsp. wird die Preisverzerrung mittels Kursstützung genannt, was die Desinvestitionsentscheidung der Marktteilnehmer beeinflusst.[1055]

Allgemein ist nach § 8 Abs. 1 Nr. 5 MaKonV zu berücksichtigen, ob die Gepflogenheit den *Strukturmerkmalen* des Marktes gerecht wird.[1056] Hierzu zählen etwa die Art der gehandelten Finanzinstrumente, die Charakteristika der Marktteilnehmer und die Ausgestaltung der Regulierung und Überwachung.[1057]

Letztlich muss nach § 8 Abs. 1 Nr. 6 MaKonV darauf Rücksicht genommen werden, ob die betreffende Marktpraxis zu einer Gefährdung der Integrität anderer Märkte führt.[1058] Andere Märkte i.d.S. können auch nicht organisierte und solche innerhalb der EU bzw. des EWR sein.[1059]

Nach § 8 Abs. 2 MaKonV hat die BaFin die Erkenntnisse anderer inländischer Behörden und solchen im EU- oder EWR-Ausland zu berücksichtigen. Die Regelung basiert auf Art. 2 Abs. 1 S. 1 lit. f. der Durchführungsrichtlinie 2004/72/EG. Ziel der Regelung ist es, so weit es geht, zu einer gemeinsamen Grundlage in der Anerkennungspraxis zu kommen.[1060] Inländische Behörden sind insb. die Staatsanwaltschaften, Gerichte und Handelsüberwachungsstellen.[1061]

1053 Vgl. dazu BR-Drucks. 18/05 S. 21; *Assmann/Uwe H. Schneider* § 20a WpHG Rn. 198; *Mock/Stoll/Eufinger* in KölnKommWpHG § 20a Anh. I, § 8 MaKonV Rn. 8; *Sorgenfrei* in Park §§ 20a, 38 II, 39 I Nr. 1-2, II Nr. 11, IV WpHG Rn. 123.

1054 BR-Drucks. 18/05, S. 21 f.; s.a. Art. 2 Abs. 1 S. 1 lit. d) der Durchführungsrichtlinie 2004/72/EG.

1055 *Vogel* in Assmann/Uwe H. Schneider § 20a WpHG Rn. 199.

1056 Vgl. Art. 2 Abs. 1 S. 1 lit. g) der Durchführungsrichtlinie 2004/72/EG.

1057 BR-Drucks. 18/05 S. 22.

1058 Vgl. Art. 2 Abs. 1 S. 1 lit. e) der Durchführungsrichtlinie 2004/72/EG; dazu *Sorgenfrei* in Park §§ 20a, 38 II, 39 I Nr. 1-2, II Nr. 11, IV WpHG Rn. 127.

1059 BR-Drucks. 18/05 S. 22; *Vogel* in Assmann/Uwe H. Schneider § 20a WpHG Rn. 201.

1060 Nach BR-Drucks. 18/05 S. 22 betrifft die Regelung den Erfahrungsaustausch bzgl. einzelner Verfahren im Bereich der Marktmanipulation, die als Grundlage für die Beurteilung der Zulässigkeit der Marktpraxis von Bedeutung sind. Davon abzugren-

2. *Legitime Gründe*

Zudem muss der Handelnde legitime Gründe vorweisen, § 20a Abs. 2 S. 1 WpHG.[1062] Die Regelung beruht auf Art. 1 Nr. 1 lit. a) MMR. Obwohl § 20a Abs. 1 S. 1 WpHG durch das AnSVG „verobjektiviert“ wurde[1063], handelt es sich bei den legitimen Gründen um ein subjektives Element, welches dann nicht gegeben ist, wenn eine manipulative oder betrügerische Absicht vorliegt.[1064]

Dieser Rückgriff auf die subjektive Seite des Handelnden ist als systemfremd kritisiert worden.[1065] Daran ist zunächst zutreffend, dass eine Bereicherungsabsicht dem Marktmanipulationsrechts fremd ist und deshalb eine Bereicherungsabsicht nicht zu fordern ist. Demgegenüber liegt im Übrigen keine Verwerfung vor, auch kann der objektive Charakter der Norm bewahrt werden. Wie bei der Auslegung i.R.v. § 20a Abs. 1 S. 1 Nr. 2 WpHG[1066], ist vielmehr auch bei der objektiv-normativen Frage, ob eine Marktpraxis als zulässig anzuerkennen ist, als abgrenzendes Indiz, auf die subjektive Seite des Handelnden abzustellen, welche sich vielfach schon aus dem objektiven Verhalten des Handelnden ergibt. Dies lässt sich näher wie folgt erklären: Da sich in den entsprechenden Kapitalmarktkreisen i.d.R. nur solche Handlungen längerfristig als zulässige Gepflogenheiten etablieren, die nicht zum *bewussten Schaden* anderer Marktteilnehmer gereichen, handelt es sich bei diesen sozial akzeptierten Verhaltensweisen um die objektive Umsetzung von als hinreichend ethisch empfundenen Motivationen. Weiterhin handelt es sich bei der Frage der Zulässigkeit einer Marktpraxis um ein *normatives Urteil*, so dass selbst solche Verhaltensweisen, die zwar die Marktkreise als zulässig, die

---

zen ist § 9 Abs. 1 S. 2 MaKonV, der die Zusammenarbeit in der Anerkennungsfrage selbst betrifft.

1061 BR-Drucks. 18/05 S. 22; *Vogel* in Assmann/Uwe H. Schneider § 20a WpHG Rn. 202; *Mock/Stoll/Eufinger* in KölnKommWpHG § 20a Anh. I, § 8 MaKonV Rn. 12 f.

1062 Das Erfordernis legitimer Gründe geht auf die aus dem angelsächsischen Rechtskreis bekannten „Legitimate Business Reasons“ zurück, vgl. *Sorgenfrei* in Park §§ 20a, 38 II, 39 I Nr. 1-2, II Nr. 11, IV WpHG Rn. 134; *Vogel* in Assmann/Uwe H. Schneider § 20a WpHG Rn. 179.

1063 Dazu bereits oben S. 8.

1064 Vgl. die Begründung zum RegE AnSVG, BT-Drucks. 15/3174 S. 37.

1065 *Fleischer* in Fuchs WpHG § 20a Rn. 79; kritisch auch *Vogel* in Assmann/Uwe H. Schneider § 20a WpHG Rn. 179 der die Wiedereinführung der Preisbeeinflussungsabsicht „durch die Hintertür“ fürchtet.

1066 Dazu S. 116 ff.

Rechts- und Verwaltungspraxis aber als unzulässig ansehen, ausgeschieden werden können.

Danach gilt, dass insb. solche Gründe als illegitim einzustufen sind, die einzig und allein darauf gerichtet sind, auf die Preisbildung zum Zwecke der Manipulation anderer einzuwirken. Einen Grenzfall stellt somit die Arbitrage dar.[1067] Bei dieser werden gezielt Kursunterschiede ausgenutzt, was zumindest langfristig gesehen zu einem Kursausgleich, und damit zu einer besseren Markteffizienz, führt. Obwohl sich der Marktteilnehmer folglich der Preisbeeinflussung bewusst ist, handelt er jedoch vor einem wirtschaftlich relevanten Hintergrund, ohne den Willen, andere zu schädigenden Transaktionen zu bewegen. Im Gegenteil wird der Arbitrageur im Gegensatz zum Manipulator nicht daran interessiert sein, dass andere Marktteilnehmer sein Verhalten kopieren, da sonst die für ihn gewinnbringenden Preisunterschiede beseitigt werden.

Im Ergebnis handelt es sich deshalb bei den „legitimen Gründen" um objektiv erkennbare, normative und kapitalmarktrechtlich relevante Gründe[1068], welche allerdings über die Sozialisation auf einem subjektiven Fundament fußen. Diese Auslegung fügt sich in die Verortung von § 20a Abs. 2 WpHG als Safe Harbor ein. Auf legitime Gründe kann sich nach dem oben Gesagten nämlich nur der berufen, der professionsadäquates Verhalten an den Tag legt.

II. Verhältnis von § 20a Abs. 2 S. 2 WpHG zu § 20a Abs. 2 S. 3 WpHG

Nach § 20a Abs. 2 S. 2 WpHG gelten als zulässige Marktpraxis *nur* solche Gepflogenheiten, die von der BaFin als solche anerkannt werden. Allerdings ist eine Marktpraxis gem. § 20a Abs. 2 S. 3 WpHG nicht bereits deshalb unzulässig, weil sie zuvor nicht ausdrücklich anerkannt wurde. Dies erscheint auf den ersten Blick als widersprüchlich. Der im Regierungsentwurf des AnSVG noch nicht enthaltene S. 3 wurde später noch auf Empfehlung des Finanzausschusses zur klarstellenden Umsetzung

---

1067 *Vogel* in Assmann/Uwe H. Schneider WpHG § 20a Rn. 179; *Sorgenfrei* in Park §§ 20a, 38 H, 39 I Nr. 1-2, II Nr. 11, IV WpHG Rn. 134.

1068 *Vogel* in Assmann/Uwe H. Schneider WpHG § 20a Rn. 179; insofern auch *Fleischer* in Fuchs WpHG § 20a Rn. 79; *Mock/Stoll/Eufinger* in KölnKommWpHG § 20a Rn. 237; *Sorgenfrei* in Park §§ 20a, 38 H, 39 I Nr. 1-2, II Nr. 11, IV WpHG Rn. 134; s.a. *Meißner* S. 115 mit einer rechtsvergleichenden Paralelle.

von Art. 2 Abs. 2 der Durchführungsrichtlinie 2004/72/EG eingefügt, so dass auch im Nachhinein Anerkennungen erfolgen können.[1069]

Hinsichtlich des Merkmals „nur" ist die Frage aufgeworfen worden, ob § 20a Abs. 2 S. 3 WpHG in einer restriktiven Weise dahingehend ausgelegt werden soll, dass sich der Normgehalt in einer nachträglichen, rückwirkenden Anerkennung einer zulässigen Marktpraxis erschöpft[1070] oder ob auch die Anerkennungs*fähigkeit* einer Marktpraxis ausreichend ist.[1071] Die Frage stellt im Grunde auf das Verhältnis von materieller Rechtmäßigkeit einer Anerkennung und formellem Anerkennungsakt ab. Folgt man der erstgenannten Ansicht, so ist nur auf die formale und konstitutive Anerkennung abzustellen. Im anderen Fall, bleibt eine materiellrechtlich anerkennungswürdige Marktpraxis auch dann zulässig, wenn der formale Anerkennungsakt fehlt.

Zwar mag es zunächst befremden, materiellrechtlich legitime, nach den Kriterien von § 8 MaKonV anerkennungsfähige Marktpraktiken mit der restriktiveren Auffassung auszuscheiden, die besseren Gründe sprechen gleichwohl für diese Ansicht. Zum einen ist es gerade Sinn und Zweck der Bereichsausnahme in einem komplexen Umfeld durch formale Rechtsgestaltung Rechtssicherheit zu schaffen. Dem widerspricht die Existenz von anerkennungsfähigen oder anerkennungswürdigen Marktpraktiken.[1072] Vielmehr richtet sich die Beurteilung solcher Marktpraktiken nach den allgemeinen Bestimmungen.[1073] Zudem steht die BaFin nach § 7 Abs. 1 S. 1 MaKonV in der *Pflicht* über die Anerkennungsmöglichkeit zu entscheiden und damit die notwendige Rechtssicherheit herzustellen.[1074] Dies ist zwangsläufiges Korrelat der Machtbe-

1069 Vgl. die Beschlussempfehlung des Finanzausschusses in BT-Drucks. 15/3493 S. 52; dazu *Dreyling*, Der Konzern 2005, 1, 4; *Mock/Stoll/Eufinger* in KölnKommWpHG § 20a Rn. 233.

1070 *Eichelberger* S. 297 f.; auch *Vogel* in Assmann/Uwe H. Schneider WpHG § 20a Rn. 174; offen lassend *Fleischer* in Fuchs WpHG § 20a Rn. 85.

1071 *Vogel* in Assmann/Uwe H. Schneider WpHG, 4. Aufl. (2006) § 20a Rn. 140; *Mock/Stoll/Eufinger* in KölnKommWpHG § 20a Rn. 230 ff., 233 die davon ausgehen, dass es sich um ein Redaktionsversehen handelt, dass der Zusatz „nur" nicht nach der Ergänzung des Tatbestandes gestrichen wurde; s.a. *Sorgenfrei* in Park, §§ 20a, 38 H, 39 I Nr. 1-2, II Nr. 11, IV WpHG Rn. 116.

1072 Zutreffend *Eichelberger* S. 297.

1073 RegE AnSVG S. 37, wonach der Marktteilnehmer die auf eine ex post Anerkennung einer zulässigen Marktpraxis spekuliert das Risiko trägt, dass er den Tatbestand des § 20a Abs. 1 S. 1 Nr. 2 WpHG verwirklicht hat.

1074 *Eichelberger* S. 298; *Vogel* in Assmann/Uwe H. Schneider WpHG § 20a Rn. 174.

fugnis, welche ihr durch das Anerkennungsmonopol[1075] zukommt. Dem kann der Marktteilnehmer auch i.R.v. § 42 VwGO Nachdruck verleihen.[1076]

III. Bindungswirkung der Anerkennung

Die Anerkennung einer Marktpraxis hat Bindungswirkung gegenüber allen Behörden und allen anderen Marktteilnehmern.[1077] Zwar geht diese Wirkung von einer Verwaltungsentscheidung und nicht von einem formellen Rechtsakt wie bei § 20a Abs. 3 WpHG aus, aufgrund ihrer Natur als Bereichsausnahme, muss jedoch hier wie dort eine rechtssicherheitserhöhende Wirkung bestehen. Insofern wird zutreffend von einer *Verwaltungsakzessorietät* gesprochen.[1078]

Bindung bedeutet in diesem Fall zunächst, dass anerkannte Marktpraktiken auch dann Rechtssicherheit bieten, wenn diese in der öffentlichen Kritik stehen oder wenn die Anerkennungsentscheidung gegen geltendes Recht verstößt. M.a.W. darf es keinen rückwirkenden Entzug der Legitimation geben. Dem kommt der Verordnungsgeber insofern nach, als er in § 7 Abs. 1 S. 3 MaKonV bestimmt, dass die BaFin die Anerkennung nur mit Wirkung für die Zukunft ändern oder widerrufen kann. Dies ist auch ein Indiz dafür, dass der Verordnungsgeber davon ausgeht, dass es sich bei der Anerkennung um einen Verwaltungsakt (§ 35 VwVfG) handelt, der in Bestandskraft er wachsen kann.[1079]

Die Grenze der Bindungswirkung ist im Rechtsmissbrauch zu suchen. Nutzt ein Marktteilnehmer eine rechtswidrige Anerkenntnis aus und hat er von der Rechtswidrigkeit positive Kenntnis, so kann er sich nicht in gutem Glauben auf Vertrauensschutz berufen.[1080] Ein Indiz für die positive Kenntnis kann die Nichtigkeit der Anerkennung gem. § 44 Abs. 1 VwVfG sein.

1075 BR-Drucks. 18/05, S. 19; S. 122, 167.

1076 Dazu auch S. 195; vgl. auch *Vogel* in Assmann/Uwe H. Schneider WpHG § 20a Rn. 193.

1077 *Mock/Stoll/Eufinger* in KölnKommWpHG § 20a Anh. I, § 7 MaKonV Rn. 15; *Vogel* in *Assmann/Uwe H. Schneider* § 20a WpHG Rn. 175; *Fleischer* in Fuchs WpHG § 20a Rn. 81.

1078 *Schröder* HWSt X2 Rn 74; *Fleischer* in Fuchs WpHG § 20a Rn. 81.

1079 Zur Rechtsnatur der Anerkennung sogleich S. 189.

1080 *Vogel* in Assmann/Uwe H. Schneider WpHG § 20a Rn. 175.

C. Konkretisierung durch § 20 Abs. 5 Nr. 5 WpHG i.V.m. §§ 7-10 MaKonV

I. Der Ablauf des Anerkennungsverfahrens

Das Verfahren beginnt nach § 7 Abs. 1 S. 1 MaKonV, wenn die BaFin im Rahmen ihrer Überwachungstätigkeit (§ 4 Abs. 2 WpHG) von einer „Gepflogenheit" Kenntnis erlangt, die geeignet sein könnte, den Tatbestand des § 20a Abs. 2 S. 1 Nr. 2 WpHG zu erfüllen.[1081] In diesem Fall entscheidet sie über die Anerkennung der Gepflogenheit als zulässige Marktpraxis, wobei sich ihre Entscheidung nach den §§ 7 Abs. 2, 8 und 9 MaKonV richtet. Bedauerlicherweise wurde durch diesen Verfahrenseinstieg rechtsinnnovatives Potenzial verspielt, welches durch ein *Antragsverfahren* hätte gehoben werden können.[1082]

Nach § 7 Abs. 1 S. 2 MaKonV hat die BaFin die von ihr als zulässig anerkannten Usancen regelmäßig zu überprüfen. Hierbei berücksichtigt sie insb. wesentliche Änderungen des Marktes, geänderte Handelsregeln und Infrastrukturänderungen des betreffenden Marktes.[1083] Zudem ist es der BaFin gem. § 7 Abs. 1 S. 3 MaKonV möglich, eine einmal erteilte Anerkennung mit Wirkung für die Zukunft zu widerrufen oder zu ändern.[1084] Dabei ist das Ermessen der BaFin in richtlinienkonformer Auslegung von Art. 2 Abs. 3 der Durchführungsrichtlinie 2004/72/EG auf Null reduziert, wenn sich wesentliche Änderungen im Handelsumfeld des betreffenden Marktes ergeben haben.[1085] Bei Widerrufen und Änderungen sind nach § 7 Abs. 1 S. 4 MaKonV wiederum die Regelungen der §§ 8 f. MaKonV entsprechend zu beachten.

Das heißt auch, dass die BaFin bei der Entscheidung, ob sie eine Gepflogenheit als zulässige Marktpraxis anerkennt – bzw. ob sie eine aner-

---

1081 BR-Drucks. 18/05, S. 19; *Sorgenfrei* in Park §§ 20a, 38 II, 39 I Nr. 1-2, II Nr. 11, IV WpHG Rn. 1315.

1082 *Mock/Stoll/Eufinger* in KölnKommWpHG § 20a Anh. I – § 7 MaKonV Rn. 5. *Vogel* in Assmann/Uwe H. Schneider WpHG § 20a Rn. 185, die zudem darauf hinweisen, dass die Mitwirkung von Marktteilnehmern – etwa im Wege eines Hinweises auf die möglicherweise zulässige Marktpraxis – sogar zu einer Verfolgung durch die BaFin führen kann; ebenso *Dreyling* Der Konzern 2006, 1, 3 der anmerkt, dass es nicht Sache der BaFin sei „vom grünen Manipulationsverfolgungstisch" über entsprechende Verhaltensweisen nachzudenken.

1083 BR-Drucks. 18/05, S. 19 f.

1084 Zu Rechtsnatur der Anerkennung und der Einordnung des Widerrufs s.u. S. 194.

1085 *Mock/Stoll/Eufinger*, in KölnKommWpHG § 20a Anh. I – § 7 MaKonV Rn. 36; *Vogel* in Assmann/Uwe H. Schneider WpHG § 20a Rn. 187.

kannte Marktpraxis widerruft oder ändert – die in § 8 Abs. 1 MaKonV aufgezählten Kriterien zu berücksichtigen hat.[1086]

In § 9 MaKonV ist die Beteiligung von Marktteilnehmern, Behörden und ausländischen Stellen geregelt. Nach § 9 Abs. 1 S. 1 MaKonV soll die BaFin, soweit es für eine sachgerechte Entscheidung erforderlich ist, vor der Anerkennung einer zulässigen Marktpraxis bestimmte Beteiligte anhören. Zu diesen zählen ausweislich der Regelung insb. die Spitzenverbände der Emittenten, der Wertpapierdienstleistungsunternehmen, Betreiber von Märkten, auf denen Finanzinstrumente gehandelt werden, Verbraucherverbände oder Behörden, deren Aufgabenbereiche von der Anerkennung der Marktpraxis berührt werden. Nach § 9 Abs. 1 S. 2 MaKonV sollen die zuständigen Stellen anderer Mitgliedstaaten der EU und Vertragsstaaten des EWR, die den Handel mit Finanzinstrumenten überwachen, angehört werden. Dies gilt insb. dann, wenn sie mit der Überwachung eines Marktes betraut sind, der vergleichbar mit dem Markt ist, auf welchem die Marktpraxis anerkannt werden soll.

Die BaFin hat nach § 9 Abs. 2 S. 1 MaKonV eine angemessene Frist für die Abgabe der Stellungnahmen nach § 9 Abs. 1 MaKonV zu setzen. Durch § 9 Abs. 1 S. 2 MaKonV wird sichergestellt, dass fristgerecht abgegebene Stellungnahmen berücksichtigt werden. Eine Ausnahmeregelung zu dem Verfahren nach § 9 Abs. 1 MaKonV findet sich in § 7 Abs. 2 S. 1 MaKonV. Danach kann die BaFin, wenn bereits ein Verfahren wegen des Verdachts der Marktmanipulation eingeleitet wurde, für den Einzelfall bei besonderer *Eilbedürftigkeit* ohne die in § 9 Abs. 1 MaKonV vorgesehene Beteiligung nur nach Maßgabe von § 8 Abs. 1 MaKonV entscheiden.[1087] Die Regelung erfolgt in Umsetzung von Art. 3 Abs. 4 Durchführungsrichtlinie 2004/72/EG. Allerdings ist nach § 7 Abs. 2 S. 2 MaKonV die Beteiligung nachzuholen. Vorläufige Anerkennungen sind nur für das *konkret-individuelle* Verfahren verbindlich (§ 35 S. 1 VwVfG) und erlangen erst mit der Nachholung *konkret-generelle* Wirkung (§ 35 S. 2 VwVfG).[1088] Zu beachten ist, dass gem. § 7 Abs. 2 S. 3 MaKonV die Befug-

1086 Diese Kriterien beruhen auf den Regelungen von Art. 2 Abs. 1 der Richtlinie 2004/72/EG; dazu bereits oben S. 82 ff.

1087 Da es sich hierbei v.a. um Anhörungen nach § 9 Abs. 1 S. 1 MaKonV handelt, stellt sich § 7 Abs. 2 S. 1 MaKonV als Spezialregelung zu § 28 Abs. 2 Nr. 1 VwVfG dar.

1088 Vgl. aber die Begründung zur MaKonV, BR-DruckS. 18/05, S. 20; *Fleischer* in Fuchs WpHG § 20a Rn. 83, wo jeweils von einer abstrakt-generellen Wirkung gesprochen wird. Diese ist jedoch nur bei Rechtsnormen gegeben. Richtigerweise handelt es sich bei der Entscheidung jedoch um eine Allgemeinverfügung (konkret-generelle Wirkung); dieser Ansicht folgt dann aber auch *Fleischer* in Fuchs WpHG § 20a Rn. 81; zur

nisse der Staatsanwaltschaft unberührt bleiben. Sie bleibt also Herrin des Ermittlungsverfahrens.[1089] Allerdings hat sie nach § 40a Abs. 1 S. 1 WpHG die BaFin von der Einleitung des Verfahrens zu informieren, so dass diese die Gelegenheit hat, über die abstrakte Anerkennung der Marktpraxis zu entscheiden.[1090]

Schließlich regelt § 10 MaKonV in Umsetzung von Art. 3 Abs. 3 der Durchführungsrichtlinie 2004/72/EG die Bekanntgabe der Anerkennung einer zulässigen Marktpraxis. Zunächst regelt § 10 Abs. 1 S. 1 MaKonV, dass die BaFin die Anerkennung zulässiger Marktpraktiken im elektronischen Bundesanzeiger und auf ihrer Homepage zu veröffentlichen hat.[1091] Nach dem Willen des Verordnungsgebers sind damit nur positive Entscheidungen zu veröffentlichen.[1092] Demgegenüber liegt es nahe, in richtlinienkonformer Auslegung von Art. 3 Abs. 3 S. 1 der Durchführungsrichtlinie 2004/72/EG und aus Gründen der Rechtssicherheit auch die Bekanntgabe negativer Entscheidungen zu fordern.[1093] Inhaltlich hat die BaFin gem. § 10 Abs. 1 S. 2 MaKonV in der Bekanntgabe das Verhalten zu beschreiben, welches die zulässige Marktpraxis kennzeichnet und die der Anerkennung zugrundeliegenden Erwägungen zu nennen.[1094] Gem. § 10 Abs. 1 S. 3 MaKonV sind Abweichungen von der Marktpraxis auf anderen, mit dem Markt vergleichbaren Märkten gesondert zu begründen. Letztlich hat die BaFin gem. § 10 Abs. 2 MaKonV die Bekanntgabe nach § 10 Abs. 1 MaKonV unverzüglich dem Ausschluss der Europäischen Wertpapierregulierungsbehörden zum Zweck der Veröffentlichung auf dessen Website mitzuteilen. Für die Veröffentlichung von Änderungen und Widerrufen gilt § 10 MaKonV ebenfalls entsprechend.[1095]

Rechtsnatur sogleich S. 189; allgemein zur Unterscheidung zw. Rechtsnorm und Verwaltungsakt *Wittern/Baslsperger* Rn. 220.

1089 BR-DrucksS. 18/05, S. 19; *Mock/Stoll/Eufinger* in KölnKommWpHG § 20a Anh. I, § 7 MaKonV Rn. 45; *Fleischer* in Fuchs WpHG § 20a Rn. 84.

1090 Vgl. die Begründung zur MaKonV, BR-DrucksS. 18/05, S. 20; *Fleischer* in Fuchs WpHG § 20a Rn. 84.

1091 S.a. *Mock/Stoll/Eufinger* in KölnKommWpHG § 20a Anh. I, § 10 MaKonV Rn. 2; *Fleischer* in Fuchs WpHG § 20a Rn. 89; *Vogel* in *Assmann/Uwe H. Schneider* § 20a WpHG Rn. 191.

1092 BR-Drucks. 18/05, S. 23 f.; *Vogel* in *Assmann/Uwe H. Schneider* § 20a WpHG Rn. 191; krit. *Mock/Stoll/Eufinger* in KölnKommWpHG § 20a Anh. I -§ 10 MaKonV Rn. 3.

1093 Die Richtlinie verlangt die Veröffentlichung der *Entscheidung*; zutreffend: *Mock/Stoll/Eufinger* in KölnKommWpHG § 20a Anh. I – § 10 MaKonV Rn. 3; a.A. BR-Drucks. 18/05, S. 24.

1094 BR-Drucks. 18/05, S. 24.

1095 *Mock/Stoll/Eufinger* in KölnKommWpHG § 20a Anh. I – § 10 MaKonV Rn. 3; *Fleischer* in Fuchs WpHG § 20a Rn. 90.

II. Rechtsnatur der Anerkennung

Bei der Anerkennung ist es hinsichtlich der Rechtsnatur umstritten, ob von einer Allgemeinverfügung nach § 35 S. 2 VwVfG oder von einer Rechtsverordnung auszugehen ist.[1096] Die Notwendigkeit dieses formalen Anerkenntnisaktes ist der Hauptunterschied zwischen zulässiger Marktpraxis und Handelsbrauch i.S.v. § 346 HGB.[1097]

Für den Charakter einer Rechtsverordnung wird angeführt, dass der Gesetzgeber von einer „abstrakt-generellen Wirkung" spricht.[1098] Zudem wird ins Feld geführt, dass die Anerkennungen im elektronischen Bundesanzeiger zu veröffentlichen sind, was gerade für die Verkündung von Rechtsverordnungen typisch ist.[1099] Schließlich wird auf ausländische Rechtsordnungen, insb. das österreichische und französische Recht verwiesen, die eine dahingehende Rechtsverordnung vorsehen.[1100]

Eine solche Sichtweise würde aber nicht nur zu verfassungsrechtlichen Problemen vor dem Hintergrund von Art. 80 Abs. 1 S. 4 GG führen, da in § 20a Abs. 5 S. 2 WpHG zwar die Möglichkeit einer Subdelegation vorgesehen ist, die §§ 7 ff. MaKonV aber keine Ermächtigung an die BaFin enthalten, die Anerkennung mittels Rechtsverordnung durchzuführen.[1101] Auch das Argument im Hinblick auf die Veröffentlichung im elektronischen Bundesanzeiger kann nicht durchgreifen. Zunächst erfolgt die Veröffentlichung in Umsetzung von Art. 3 Abs. 3 S. 1 der Durchführungsrichtlinie 2004/73/EG.[1102] Mit der Veröffentlichung soll eine weitestmögliche Publizität erreicht werden. Auch veröffentlicht die BaFin

---

1096 Auslegung i.S.e. Verwaltungsaktes: *Fleischer* in Fuchs WpHG § 20a Rn. 81; *Mock/Stoll/Eufinger* in KölnKommWpHG § 20a, Anh. I, § 7 MaKonV Rn. 7 ff.; a.A. *Vogel* in Assmann/Uwe H. Schneider § 20a WpHG Rn. 182; *Sorgenfrei* in Park, §§ 30a, 38 II, 39 I Nr. 1-2, II Nr. 11, IV WpHG Rn. 132 (Rechtsverordnung).

1097 *Fleischer* in Fuchs WpHG § 20a Rn. 80.

1098 BR-Drucks. 18/05, S. 20; *Vogel* in Assmann/Uwe H. Schneider § 20a WpHG Rn. 182.

1099 *Sorgenfrei* in Park, §§ 30a, 38 II, 39 I Nr. 1-2, II Nr. 11, IV WpHG Rn. 132; *Vogel* in Assmann/Uwe H. Schneider § 20a WpHG Rn. 182, die darüber hinaus vor dem Hintergrund von Art. 82 Abs. 1 i.V.m. § 1 des Gesetzes über die Verkündung von Rechtsverordnungen eine Veröffentlichung im Bundesanzeiger und im Bundesgesetzblatt fordern.

1100 *Vogel* in Assmann/Uwe H. Schneider § 20a WpHG Rn. 182.

1101 *Mock/Stoll/Eufinger* in KölnKommWpHG § 20a Anh. I § 7 MaKonV Rn. 12; dies erkennt auch *Vogel* trotz gegenläufiger Auffassung an, vgl. *Vogel* in Assmann/Uwe H. Schneider § 20a WpHG Rn. 183.

1102 *Mock/Stoll/Eufinger* in KölnKommWpHG § 20a Anh. I § 7 MaKonV Rn. 10.

andere Allgemeinverfügungen im elektronischen Bundesanzeiger.[1103] Einen entscheidenden Hinweis auf die Rechtsnatur der Anerkenntnis als Allgemeinverfügung gibt zudem die Regelungssystematik und der Wortlaut der §§ 7 ff. MaKonV. So spricht § 7 Abs. 1 S. 3 MaKonV davon anerkannte Marktpraktiken zu ändern oder zu widerrufen. Eine solche Befugnis ergibt sich bei Rechtsverordnungen aus der Ermächtigungsnorm selbst.[1104] Es ist vielmehr von einer Anlehnung an die §§ 48 f. VwVfG auszugehen, da diese teilweise von den § 8 f. MaKonV modifiziert und überlagert werden, § 7 Abs. 1 S. 4 MaKonV.[1105]

Im Ergebnis ist damit bei der Anerkennung einer zulässigen Marktpraxis von einer Allgemeinverfügung auszugehen.[1106] Die *konkret-generelle* Eigenschaft einer Allgemeinverfügung ergibt sich aus dem Fokus auf einen konkreten Sachverhalt auf einem konkreten Markt, wobei die Regelung aber für alle Marktteilnehmer, also generell gilt.[1107]

III. Rechtsschutzmöglichkeiten gegen die Anerkennungsentscheidung

Die Debatte um den Rechtscharakter der Anerkennung setzt sich bei der Frage der Rechtsschutzmöglichkeiten gegen Anerkennungsentscheidungen fort. In Ermangelung einer spezialgesetzlichen Regelung richtet sich die Frage nach den allgemeinen Vorschriften.[1108] Während die Ansicht, die von einer Rechtsverordnung ausgeht, auf Rechtsschutzprobleme im Hinblick auf das Fehlen eines allgemeinen Schutzes gegen Rechtsverordnungen in der VwGO stößt[1109], steht nach der hier vertretenen Ansicht der Verwaltungsrechtsweg für Anfechtungs- oder Verpflichtungsklagen

---

1103 Vgl. *Mock/Stoll/Eufinger* in KölnKommWpHG § 20aAnh. I § 7 MaKonV Rn. 10 mit den Bsp. der Bekanntmachung einer Allgemeinverfügung zu § 15a WpHG vom 03.07.2005.

1104 *Mock/Stoll/Eufinger* in KölnKommWpHG § 20a Anh. I § 7 MaKonV Rn. 11.

1105 Da nur der Widerruf genannt wird, bleibt es im Hinblick auf die Rücknahme bei der allgemeinen Regelung, also bei § 48 VwVfG; vgl. dazu *Mock/Stoll/Eufinger* in KölnKommWpHG § 20a Anh. I § 7 MaKonV Rn. 37.

1106 *Mock/Stoll/Eufinger* in KölnKommWpHG § 20a Anh. I – § 7 MaKonV Rn. 7 ff.; *Fleischer* in Fuchs WpHG § 20a Rn. 81.

1107 *Mock/Stoll/Eufinger* in KölnKommWpHG § 20a Anh. I § 7 MaKonV Rn. 8.

1108 *Mock/Stoll/Eufinger* in KölnKommWpHG § 20a Anh. I – § 7 MaKonV Rn. 27; *Vogel* in Assmann/Uwe H. Schneider § 20a WpHG Rn. 192.

1109 Einschlägig wäre dann die Verfassungsbeschwerde oder mit einer neueren Ansicht vor dem Hintergrund von Art. 19 Abs. 4 GG die Feststellungsklage, vgl. *Schenke* § 26 Rn. 1074 ff.; *Ehlers/Schoch* § 27 Rn. 2; *Hillgruber/Goos* § 3 VI 2 Rn. 281; dazu auch *Vogel* in Assmann/Uwe H. Schneider § 20a WpHG Rn. 193.

nach § 42 VwGO offen. Dabei ist jedoch die Klagebefugnis gem. § 42 Abs. 2 VwGO fraglich.[1110] Probleme öffnen sich vor dem Hintergrund von § 44a VwGO auch bei einer vorläufigen negativen Anerkennungsentscheidung i.R.v. § 7 Abs. 2 S. 1 MaKonV.[1111]

Mit Recht sieht *Vogel* diesbezüglich eine Rechtsschutzlücke, die in der Tat als verfassungsrechtlich[1112] und vor dem Hintergrund von Art. 15 MMR auch als europarechtlich problematisch erscheint.

Abhilfe könnte die Umgestaltung des Anerkennungsverfahrens durch die zusätzliche Möglichkeit eines Antrags auf Anerkennung einer Marktpraxis mit sich bringen.[1113] Dadurch würde nicht nur eine marktnahe Innovationsquelle, sondern auch ein für § 42 Abs. 1 S. 1 Alt. 2 VwGO notwendiger Anspruch respektive Klagebefugnis geschaffen.

D. Zulässige Marktpraxis anderer Mitgliedsstaaten

Insgesamt ist in den Mitgliedstaaten bisher nur sehr verhalten von der Möglichkeit zulässige Marktpraktiken zu definieren Gebrauch gemacht worden.[1114] Ein möglicher Hintergrund könnte sein, nicht für die Schaffung von Markthindernissen verantwortlich gemacht zu werden.[1115] Bsp. für die Anerkennung zulässiger Marktpraktiken, lassen sich u.a. in Österreich, Frankreich und Spanien finden.[1116] So hat die österreichische Finanzmarktaufsichtsbehörde *Kompensationsgeschäfte* in näher bezeichneten Schuldverschreibungen anerkannt, bei denen es nicht zum Wechsel der wirtschaftlich Berechtigten kommt. In Frankreich und Griechenland kam es zur Anerkennung der Zulässigkeit von *Aktienrückkaufprogrammen*, um die zurückgekauften Aktien als Transaktionswährung für spätere Übernahmen zu gebrauchen. Dabei orientierten sich die Behörden eng an den europäischen Vorgaben zu den Safe Harbor Regelungen betreffend

---

1110 *Mock/Stoll/Eufinger* in KölnKommWpHG § 20a Anh. I – § 7 MaKonV Rn. 28 f.

1111 *Vogel* in Assmann/Uwe H. Schneider § 20a WpHG Rn. 193.

1112 *Vogel* in Assmann/Uwe H. Schneider § 20a WpHG Rn. 194 nach dem eine Verletzung von Art. 19 Abs. 4 GG nicht „a limine zu verneinen" ist.

1113 *Vogel* in Assmann/Uwe H. Schneider WpHG Rn. 185; *Mock/Stoll/Eufinger* in KölnKommWpHG § 20a Anh. I – § 7 MaKonV Rn. 5.

1114 Dazu der Überblick bei *Mock/Stoll/Eufinger* in KölnKommWpHG § 20a Rn. 259 ff.; vgl. auch die Zusammenstellung der bisher anerkannten Praktiken auf der Seite des CESR (www.cesr.eu); s.a. *Knauth/Käsler*, WM 2006, 1041, 1049.

1115 Vgl. *Dreyling*, Der Konzern 2005, l, 3.

1116 Dazu die Zusammenstellungen bei *Mock/Stoll/Eufinger* in KölnKommWpHG § 20a Rn. 259 ff.; *Vogel* in Assmann/Uwe H. Schneider § 20a WpHG Rn. 203 ff.

Aktienrückkäufe. So müssen in beiden Fällen die Voraussetzungen von Art. 4 bis 6 VO (EG) Nr. 2273/2003 eingehalten werden.[1117]

E. Diskussion um einzelne Marktpraktiken

In Deutschland kam es bis jetzt noch nicht zur Anerkennung einer zulässigen Marktpraxis.[1118] Allerdings werden auf europäischer Ebene zwei Marktpraktiken diskutiert, für welche eine behördliche Anerkennung denkbar erscheint.[1119] Dabei betrifft der erste Vorschlag die Feststellung von dort näher spezifizierten Schuldverschreibungen und der zweite Vorschlag die Einsichtnahme des Lead Managers in das Orderbuch für die Feststellung eines ersten Handelspreises von Wertpapieren und Bezugsrechten.[1120] Vorschläge für zulässige Marktpraktiken betreffen etwa besondere Personengruppen, wie *Designated Sponsors, Market Maker* und *Skontroführer*.[1121]

1117 Vgl. dazu auch die auf der Website des CESR abgedruckten Anerkennungen „Acceptance by the Authorité des Marchés Financiers on 22 March 2005 of a market practice related to share by back programs: Buy and hold for future use as means of payment for aquiring another company on Euronext" und „Acceptance by the Hellenic Capital Market Commission on 2 January 2009: Purchase of own shares to hold them for future acquisition of shares of another company".

1118 Vgl. *Dreyling*, Der Konzern 2005, 1, 3, *Knauth/Käsler*, WM 2006, 1041, 1049; *Vogel* in Assmann/Uwe H. Schneider § 20a WpHG Rn. 203; *Schäfer* in *Schäfer/Hamann* KMG § 20a WpHG Rn. 60.

1119 CESR/04-505b Chapter II Accepted Market Practices Rn. 2.9 und CESR/04-505 S. 23 ff., 27 ff. Preliminary CESR guidance and information on the common operation of the Directive (CESR/04-505).

1120 Dazu *Knauth/Käsler*, WM 2006, 1041, 1049; *Mock/Stoll/Eufinger* in KölnKommWpHG § 20a Rn. 252 f.

1121 Dazu *Pfüller/Anders* WM 2003, 2445, 2448; *Feuring/Berrar* in Habersack/Mülbert/Schlitt § 34 Rn. 66; *Mock/Stoll/Eufinger* in KölnKommWpHG § 20a Rn. 254 ff.; *Fleischer* in Fuchs WpHG § 20a Rn. 88.

Kapitel 6: Rückkaufprogramme

A. Begriff

Aktienrückkäufen kommt in der Rechtspraxis eine große Bedeutung zu.[1122] So gehört es heute quasi zum Standard, dass die Hauptversammlung eine Ermächtigung zum Rückkauf eigener Aktien nach § 71 Abs. 1 Nr. 8 AktG beschließt.[1123] Kapitalmarktrechtlich gilt die Definition eines Rückkaufprogramms nach Art. 2 Nr. 3 VO (EG) Nr. 2273/2003. Danach ist unter einem solchen Programm der Handel mit eigenen Aktien gem. den Art. 19-24 der Richtlinie 77/91/EWG (sog. *Kapitalschutzrichtlinie*[1124]) zu verstehen. Entgegen dem Wortlaut ist jedoch nicht der „Handel", sondern nur der Rückerwerb von der Bereichsausnahme erfasst.[1125] Dazu können auch derivative Finanzinstrumente eingesetzt werden.[1126] Der Begriff des Aktienrückkaufs impliziert nicht, dass der Emittent selbst tätig werden muss. Vielmehr können auch andere Personen für Rechnung des Emittenten handeln (Art. 19 Abs. 1 S. 1 der Kapitalschutzrichtlinie bzw. § 71d AktG), die ebenfalls alle Anforderungen an die Bereichsausnahme erfüllen müssen.[1127]

1122 Vgl. nur *Singhof/Weber*, AG 2005, 549; *Huber* in FS Kropf 1997, S. 101 ff; *Habersack* in FS Lutter 2000, S. 1329; *Mock/Stoll/Eufinger* in KölnKommWpHG § 20a Rn. 281 f.

1123 *Geber/zur Megede*, BB 2005, 1861, 1861; *Fleischer* in Fuchs WpHG § 20a Rn. 93.

1124 Zweite Richtlinie des Rates v. 13.12.1976 zur Koordinierung der Schutzbestimmungen, die in den Mitgliedstaaten den Gesellschaften im Sinne des Artikels 58 Absatz 2 des Vertrages im Interesse der Gesellschafter sowie Dritter für die Gründung der Aktiengesellschaft sowie für die Erhaltung und Änderung ihres Kapitals vorgeschrieben sind, um diese Bestimmungen gleichwertig zu gestalten; geändert durch Richtlinie 2006/68/EG.

1125 Dazu *Singhof/Weber*, AG 2005, 549, 554; *Geber/zur Megede*, BB 2005, 1861, 1862; *Leppert/Stürwald*, ZBB 2004, 302, 305f.; *Fleischer* in Fuchs WpHG § 20a Rn. 93; s.a. *Schäfer/Gätsch* in Marsch-Barner/Schäfer § 50 Rn. 22; *Sorgenfrei* in Park, §§ 30a, 38 II, 39 I Nr. 1-2, II Nr. 11, IV WpHG Rn. 168.

1126 Vgl. Erwägungsgrund (8) der VO (EG) Nr. 2273/2003; *Kniehase* S. 212 ff.; *Vogel* in Assmann/Uwe H. Schneider § 20a WpHG Rn. 251; *Fleischer* in Fuchs WpHG § 20a Rn. 93.

1127 *Vogel* in Assmann/Uwe H. Schneider WpHG § 20a Rn. 251; *Sorgenfrei* in Park, §§ 30a, 38 II, 39 I Nr. 1-2, II Nr. 11, IV WpHG Rn. 168.

B. Ökonomischer Hintergrund

Wie bereits Erwägungsgrund (33) der MMR darlegt, können Aktienrückkaufprogramme, obwohl sie aufgrund ihres angebotsverknappenden und damit auch kurssteigernden Potenzials[1128] in den Regelungsbereich des Marktmanipulationsverbotes fallen (§ 20a Abs. 1 S. 1 Nr. 2 WpHG), aufgrund ihrer wirtschaftlichen Bedeutung gerechtfertigt sein.[1129] So werden durch Rückkaufprogramme etwa Mitarbeiteroptionen bedient, das Verhältnis von Eigen- und Fremdkapital optimiert oder dem Kapitalmarkt das Signal übermittelt, dass die Unternehmensleitung die momentane Bewertung des Unternehmens durch den Kapitalmarkt als unzutreffend niedrig ansieht.[1130] Darüber hinaus dienen im Wege von Rückkäufen erworbene Aktien als Akquisitionswährung bei Übernahmen oder kommen als Ausschüttungsalternative in Betracht.[1131] Für die Marktteilnehmer ist die Transparenz das entscheidende Kriterium, um das durch die anziehende Nachfrage entstandene Preissignal richtig zu beurteilen und nicht fälschlich als Investitionsentscheidung Dritter zu deuten.[1132]

C. Regelungsbereich

I. Erwerbszwecke

Unter den Schutz der Bereichsausnahme fallen nur bestimmte Erwerbszwecke. Diese sind in Art. 3 VO (EG) Nr. 2273/2003 abschließend aufgezählt.[1133] So dürfen Rückkaufprogramme nur zur Herabsetzung des

---

1128 Dieses Potenzial beruht maßgeblich auf der Erhöhung der Eigenkapitalrendite, da aufgrund von § 71a AktG der Gewinn auf die übrigen Aktien verteilt wird, vgl. *Flothen* S. 73.

1129 *Singhof/Weber* AG 2005, 549, 553; *Meißner* S. 198 f.; *Fleischer* in Fuchs WpHG § 20a Rn. 94. *Mock/Stoll/Eufinger* in KölnKommWpHG § 20a Rn. 281.

1130 Vgl. zu den Zwecken von Aktienrückkäufen *Vogel* in Assmann/Uwe H. Schneider WpHG § 20a Rn. 251; MünchKommAktG/*Oechsler* § 71 Rn.1 ff.

1131 *Fleischer* in Fuchs WpHG § 20a Rn. 94; *Vogel* in Assmann/Uwe H. Schneider WpHG § 20a Rn. 249.

1132 *Singhof/Weber* AG 2005, 549, 553; *von Rosen/Helm* AG 1996, 434, 437; *Huber* in FS Kropf 1997, S. 101, 113 f.; *Flothen* S. 73; s.a. MünchKommAktG/*Oechsler* § 71 Rn.25, 195.

1133 *Singhof/Weber* AG 2005, 549, 555; *Mock/Stoll/Eufinger* in KölnKommWpHG § 20a Anh. II – Art. 3 VO 2273/2003 Rn. 11; der zutreffend darauf hinweist, dass Art. 8

Aktienkapitals des Emittenten oder zur Erfüllung von dort genannten Verpflichtungen vorgenommen werden. Die Kapitalherabsetzung zur Einziehung (§ 237 Abs. 1 S. 1 Alt. 1 AktG) setzt ein Hauptversammlungsbeschluss gem. § 237 Abs. 6 S. 1 AktG voraus.[1134]

Als den Schutzbereich eröffnende Verpflichtung kommen zum einen Schuldtitel, die in Beteiligungskapital umgewandelt werden können (Art. 3 lit. a) VO (EG) Nr. 2273/2003), zum anderen Belegschaftsaktienprogramme und andere Formen der Zuteilung von Aktien an Mitarbeiter des Emittenten oder einer Tochtergesellschaft (Art. 3 lit. b VO (EG) Nr. 2273/2003) in Betracht. Unter den Begriff „Mitarbeiter" fallen auch Organmitglieder, allerdings ist die aktienrechtliche Beschränkung des § 71 Abs. 1 S. 1 Nr. 2 AktG zu beachten.[1135]

II. Bedingungen für Rückkaufprogramme und Bekanntgabe

Art. 4 VO (EG) Nr. 2273/2003 nennt Publizitätsvoraussetzungen und Anforderungen gesellschaftsrechtlicher Natur, die erfüllt sein müssen, damit das Rückkaufprogramm in den Genuss der Bereichsausnahme nach Art. 8 MMR kommt, vgl. Art. 3 VO (EG) Nr. 2273/2003. So muss das Rückkaufprogramm gem. Art. 4 Abs. 1 VO (EG) Nr. 2273/2003 zunächst die Voraussetzungen von Art. 19 Abs. 1 der Kapitalschutzrichtlinie erfüllen.[1136] Dies bedeutet, dass die nationalen Voraussetzungen von § 71 Abs. 1 Nr. 8 AktG gegeben sein müssen, folglich insb. eine entsprechende Ermächtigung der Hauptversammlung vorliegen muss.[1137]

MMR für die Aktivität „Handeln mit eigenen Aktien im Rahmen von Rückkaufprogrammen" noch kein abschließender Charakter für die einzelnen Praktiken vorgesehen ist; s.a. *Vogel* in *Assmann /Uwe H. Schneider* § 20a WpHG Rn. 252.

1134 *Mock/Stoll/Eufinger* in KölnKommWpHG § 20a Anh. II Art. 3 VO Rn. 3 f.; *Vogel* in Assmann/Uwe H. Schneider WpHG § 20a Rn. 252.

1135 *Singhof/Weber* AG 2005, 549, 555; *Mock/Stoll/Eufinger* in KölnKommWpHG § 20a Anh. II – Art. 3 VO 2273/2003 Rn. 9; *Schäfer/Gätsch* in Marsch-Barner/Schäfer § 50 Rn. 38; *Vogel* in Assmann/Uwe H. Schneider WpHG § 20a Rn. 252; a.A. *Geber/zur Megede* BB 2005, 1861, 1864

1136 *Geber/zur Megede*, BB 2005, 1861, 1862; *Singhof/Weber* AG 2005, 549, 555; *Mock/Stoll/Eufinger* in KölnKommWpHG § 20a Anh. II – Art. 4 VO 2273/2003 Rn. 3 ff; *Sorgenfrei* in Park, §§ 30a, 38 II, 39 I Nr. 1-2, II Nr. 11, IV WpHG Rn. 171 f.

1137 *Geber/zur Megede* BB 2005, 1861, 1862; *Vogel* in Assmann/Uwe H. Schneider WpHG § 20a Rn. 252.

Weitergehend sind die in Art. 4 Abs. 2 bis 4 VO (EG) Nr. 2273/2003 niedergelegten Publizitätsanforderungen zu erfüllen.[1138] Danach ist es erforderlich, dass der Inhalt des nach Abs. 1 gefassten Hauptversammlungsbeschlusses vor Beginn des Handels in der Weise angemessen bekannt gegeben wird, dass die wesentlichen Daten des genehmigten Programms, also der maximale Kaufpreis, die maximal zu erwerbende Aktienstückzahl und der Zeitraum, für den das Programm genehmigt wurde, für die Kapitalmarktöffentlichkeit ersichtlich sind, vgl. Art. 4 Abs. 2 S. 1, 2 VO (EG) Nr. 2273/2003.[1139] Nachträgliche Änderungen müssen ebenfalls angemessen bekannt gegeben werden, Art. 4 Abs. 2 S. 3 VO (EG) Nr. 2273/2003. [1140] Ob eine Bekanntgabe angemessen ist, bestimmt sich nach Art. 2 Nr. 5 VO (EG) Nr. 2273/2003.[1141] Dem ist nachgekommen, wenn die Veröffentlichung in einem Börsenpflichtblatt erfolgt.[1142]

Darüber hinaus muss der Emittent nach Art. 4 Abs. 3 VO (EG) Nr. 2273/2003 über Mechanismen verfügen, die gewährleisten, dass er seinen Meldepflichten gegenüber der zuständigen Behörde, also der BaFin, nachkommt.[1143] Diese Mechanismen müssen alle Informationen über die mit den Rückkaufprogrammen in Verbindung stehenden Transaktionen erfassen.[1144] Dazu gehören v.a. die Pflichten aus Art. 20 Abs. 1 der Richtlinie 93/22/EWG[1145] Dabei ist allerdings zu beachten, dass diese Pflichten Wertpapierfirmen und nicht Emittenten i.S.d. VO (EG) Nr. 2273/2003 treffen, letztgenannten also nur eine Pflicht zur Aufzeichnung zukommt. [1146]

1138 Dazu Erwägungsgrund (6) der VO (EG) Nr. 2273/2003; *Singhof/Weber*, AG 2005, 549, 556 ff.; *Mock/Stoll/Eufinger* in KölnKommWpHG § 20a Anh. II – Art. 4 VO 2273/2003 Rn. 7 ff.

1139 *Geber/zur Megede* BB 2005, 1861, 1863; *Singhof/Weber*, AG 2005, 549, 556; *Mock/Stoll/Eufinger* in KölnKomm-WpHG § 20a Anh. II – Art. 4 VO 2273/2003 Rn. 8.

1140 *Singhof/Weber*, AG 2005, 549, 557; *Mock/Stoll/Eufinger* in KölnKommWpHG § 20a, Anh. II, Art. 4 VO 2273/2003 Rn. 9.

1141 Der Verweis auf Richtlinie 2001/34/EG geht nunmehr auf Richtlinie 2004/109/EG (sog. Transparenzrichtlinie), vgl. Art. 32 dieser Richtlinie; dazu *Mock/Stoll/Eufinger* in KölnKommWpHG § 20a Anh. II – Art. 2 VO 2273/2003 Rn. 13.

1142 *Geber/zur Megede* BB 2005, 1861, 1862; *Fleischer* in Fuchs WpHG § 20a Rn. 100.

1143 *Singhof/Weber* AG 2005, 549, 557; *Leppert/Stürwald* ZBB 2004, 302, 307; *Mock/Stoll/Eufinger* in KölnKommWpHG § 20a Anh. II – Art. 4 VO 2273/2003 Rn. 11.

1144 *Singhof/Weber*, AG 2005, 549, 557; *Fleischer* in Fuchs WpHG § 20a Rn. 101; *Vogel* in Assmann/Uwe H. Schneider WpHG § 20a Rn. 256.

1145 Nunmehr Art. 25 Abs. 1, 3 der Richtlinie 2004/39/EG (MiFiD).

1146 *Singhof/Weber*, AG 2005, 549, 557; *Mock/Stoll/Eufinger* in KölnKommWpHG § 20a Anh. II – Art. 4 VO 2273/2003 Rn. 15; *Vogel* in Assmann/Uwe H. Schneider WpHG § 20a Rn. 256.

Schließlich muss der Emittent gem. Art. 4 Abs. 4 VO (EG) Nr. 2273/2003 spätestens am Ende des siebten Handelstages die Informationen i.S.v. Art. 4 Abs. 3 VO (EG) Nr. 2273/2003 bekannt geben.[1147] Dabei verzichtet Art. 4 Abs. 4 VO (EG) Nr. 2273/2003 im Gegensatz zu Art. 4 Abs. 2 VO (EG) Nr. 2273/2003 darauf, eine *angemessene* Bekanntgabe zu fordern. Dies wird z.T. als Redaktionsversehen betrachtet.[1148] Eine solche Auslegung lässt jedoch unberücksichtigt, dass der Publizität vor Vornahme des Rückkaufprogramms eine bedeutendere Wirkung für die Erwartungsbildung der Anleger zukommt, so dass für die Bekanntgabe i.R.v. Art. 4 Abs. 4 VO (EG) Nr. 2273/2003 eine Veröffentlichung auf der Website des Emittenten ausreicht.[1149]

III. Handelsbedingungen (Art. 5 Durchführungs-VO (EG) Nr. 2273/2003)

In Art. 5 VO (EG) Nr. 2273/2003 werden Handelsbedingungen niedergelegt, die erfüllt sein müssen, dass das Rückkaufprogramm in den Schutzbereich des „Safe Harbors" fällt, vgl. Art. 3 VO (EG) Nr. 2273/2003. Ziel ist es Marktmissbrauch über eine Begrenzung des Handelsvolumens i.R.v. Rückkaufprogrammen vorzubeugen, aber dennoch ein notwendiges Maß an Flexibilität aufrechtzuerhalten, vgl. Erwägungsgrund (9) der VO (EG) Nr. 2273/2003. Diese Überlegung hat Eingang in Art. 5 Abs. 2 und 3 VO (EG) Nr. 2273/2003 gefunden, während in Art. 5 Abs. 1 VO (EG) Nr. 2273/2003 Referenzkurse bestimmt werden, die nicht überschritten werden dürfen.

In der Sache ist dem Emittenten nach Art. 5 Abs. 1 VO (EG) Nr. 2273/2003 verboten, Aktien zu einem Kurs zu erwerben, die über dem des letzten unabhängig getätigten Abschlusses oder – sollte dieser höher sein – über dem des derzeit höchsten unabhängigen Angebots auf den Handelsplätzen, auf denen der Kauf stattfindet, liegt.[1150] Dabei stellt sich die Frage, ob sich der Vergleichszusatz „dieser" auf den letzten unabhängig getätigten Abschluss oder auf das höchste unabhängige Angebot be-

1147 *Fleischer* in Fuchs WpHG § 20a Rn. 102; *Mock/Stoll/Eufinger* in KölnKommWpHG § 20a Anh. II – Art. 4 VO 2273/2003 Rn. 16.

1148 *Singhof/Weber*, AG 2005, 549, 558; *Leppert/Stürwald*, ZBB 2004, 302, 306 f.

1149 *Geber/zur Megede*, BB 2005, 1861, 1863; *Mock/Stoll/Eufinger* in KölnKommWpHG § 20a Anh. II – Art. 4 VO 2273/2003 Rn. 17.

1150 *Geber/zur Megede* BB 2005, 1861, 1863 f.; *Singhof/Weber* AG 2005, 549, 558 f.; *Mock/Stoll/Eufinger* in KölnKommWpHG § 20a, Anh. II, Art. 5 VO 2273/2003 Rn. 2;

zieht.[1151] Richtigerweise möchte Art. 5 Abs. 1 VO (EG) Nr. 2273/2003 verhindern, dass das ein Rückkaufprogramm über seine legitimen Zwecke hinaus zu einer Kurssteigerung genutzt wird.[1152] Bezöge sich der Zusatz auf das Angebot, so könnte immer dann der höhere Referenzwert gewählt werden, wenn die derzeitigen Angebote unter dem letzten Abschluss liegen, so dass i.E. Stützungskäufe möglich wären, solange nicht ein neuer Abschluss getätigt ist.[1153] Stabilisierungsmaßnahmen sollen allerdings nur unter den Voraussetzungen von Art. 7 ff. (EG) Nr. 2273/2003 den Schutz einer Bereichsausnahme genießen. Insofern muss sich der Zusatz auf den *Abschluss* beziehen.[1154] Als unabhängiges Angebot gelten nur unabhängige Kaufangebote.[1155] Diese Vorgaben beschränken sich auf Referenzkurse an geregelten Märkten.[1156] Nutzte der Emittent für den Erwerb auf die eigenen Aktien bezogene Derivate, sollte der Basispreis dieser Instrumente nicht über dem Kurs des letzten unabhängigen Abschlusses oder – sollte dieser höher sein – über dem Kurs des derzeit höchsten unabhängigen Angebots liegen.[1157]

Art. 5 Abs. 2 S. 1 VO (EG) Nr. 2273/2003 bestimmt, dass der Emittent an einem Tag nicht mehr als 25 % des durchschnittlichen täglichen Aktienumsatzes auf dem geregelten Markt, auf welchem der Kauf erfolgt, erwerben darf.[1158] Für die Berechnung ist nach Art. 5 Abs. 2 S. 2 VO (EG) Nr. 2273/2003 auf den Tagesdurchschnitt im Monat vor der Veröffentli-

---

1151 *Singhof/Weber* AG 2005, 549, 558; *Mock/Stoll/Eufinger* in KölnKommWpHG § 20a Anh. II – Art. 5 VO 2273/2003 Rn. 2; *Vogel* in Assmann/Uwe H. Schneider WpHG § 20a Rn. 259.

1152 *Mock/Stoll/Eufinger* in KölnKommWpHG § 20a Anh. II – Art. 5 VO 2273/2003 Rn. 2; *Vogel* in Assmann/Uwe H. Schneider WpHG § 20a Rn. 258 f.

1153 *Vogel* in Assmann/Uwe H. Schneider WpHG § 20a Rn. 259 mit Bsp.

1154 *Mock/Stoll/Eufinger* in KölnKommWpHG § 20a Anh. II – Art. 5 VO 2273/2003 Rn. 2; *Vogel* in Assmann/Uwe H. Schneider WpHG § 20a Rn. 259; a.A. *Singhof/Weber*, AG 2005, 549, 558.

1155 *Geber/zur Megede* BB 2005, 1861, 1863; *Singhof/Weber* AG 2005, 549, 558; *Mock/Stoll/Eufinger* in KölnKommWpHG § 20a, Anh. II, Art. 5 VO 2273/2003 Rn. 3; *Vogel* in Assmann/Uwe H. Schneider WpHG § 20a Rn. 259; *Fleischer* in Fuchs WpHG § 20a Rn. 103.

1156 *Leppert/Stürwald* ZBB 2004, 302, 307; *Fleischer* in Fuchs WpHG § 20a Rn. 103.

1157 *Fleischer* in Fuchs WpHG § 20a Rn. 103; *Sorgenfrei* in Park, §§ 30a, 38 II, 39 I Nr. 1-2, II Nr. 11, IV WpHG Rn. 177.

1158 Dazu *Singhof/Weber* AG 2005 549, 559; *Geber/zur Megede* BB 2005, 1861, 1864; *Mock/Stoll/Eufinger* in KölnKommWpHG § 20a, Anh. II, Art. 5 VO 2273/2003 Rn. 7 ff.; *Sorgenfrei* in Park §§ 30a, 38 II, 39 I Nr. 1-2, II Nr. 11, IV WpHG Rn. 178; *Vogel* in Assmann/Uwe H. Schneider WpHG § 20a Rn. 260; *Fleischer* in Fuchs WpHG § 20a Rn. 104.

chung des Programms abzustellen. Dieser Wert gilt dann für die gesamte Dauer des Programms. Alternativ dazu besteht nach Art. 5 Abs. 2 S. 3 VO (EG) Nr. 2273/2003 die Möglichkeit, den „gleitenden" durchschnittlichen Tagesumsatz in Form des durchschnittlichen Handelsvolumens der letzten 20 Börsentage vor dem Kauftermin heranzuziehen. Da hierdurch eine größere Flexibilität erreicht werden kann, wird häufig zu diesem Verfahren geraten.[1159] Demgegenüber sollte eher danach differenziert werden, ob von sinkenden Volumina während der Rückkaufphase ausgegangen wird (dann Verfahren nach Art. 5 Abs. 2 S. 2 VO (EG) Nr. 2273/2003) oder nicht (dann Verfahren nach Art. 5 Abs. 2 S. 2 VO (EG) Nr. 2273/2003), um dem Emittenten ein möglichst großes Volumen zu sichern.[1160]

Werden für den Rückkauf Derivate eingesetzt, so kommt es auf deren Ausübung an, da erst zu diesem Zeitpunkt der Aktienkauf stattfindet.[1161] Zwar ist in der Tat denkbar, dass der Markt durch die Sicherungsgeschäfte der Stillhalter der Optionen ein höheres Volumen aufweist.[1162] Diese vorbereitenden Deckungskäufe stehen jedoch im Regelfall nicht im Belieben des Zeichners der Option. Solche Hedging-Aktivitäten stellen damit einen bloßen Reflex des späteren Rückkaufs dar.[1163]

Durch Art. 5 Abs. 3 VO (EG) Nr. 2273/2003 wird das Verbot vor dem Hintergrund des Verhältnismäßigkeitsgrundsatzes für außerordentlich niedrige Liquiditätssituationen flexibilisiert. So ist es dem Emittenten in einem solchen Fall erlaubt, die in Abs. 2 vorgegebene 25 %-Schwelle zu überschreiten, wenn er die in dem Absatz genannten Voraussetzungen kumulativ erfüllt. So muss der Emittent der für den Markt zuständigen Behörde vorab mitteilen, dass er beabsichtigt, den Schwellenwert zu überschreiten (lit. a), in angemessener Weise bekannt geben, dass dieser Wert unter Umständen überschnitten wird (lit. b) und nicht über 50 % des durchschnittlichen Tagesumsatzes hinausgegangen wird (lit. c). Fraglich ist v.a., wann eine außerordentlich niedrige Liquidität vorliegt.

1159 So *Geber/zur Megede* BB 2005, 1861, 1864; *Singhof/Weber* AG 2005, 549, 559; *Fleischer* in Fuchs WpHG § 20a Rn. 104.

1160 *Vogel* in Assmann/Uwe H. Schneider WpHG § 20a Rn. 260.

1161 *Singhof/Weber* AG 2005, 549, 560; *Mock/Stoll/Eufinger* in KölnKommWpHG § 20a Anh. II – Art. 5 VO 2273/2003 Rn. 11.

1162 *Singhof/Weber* AG 2005, 549, 560; *Mock/Stoll/Eufinger* in KölnKommWpHG § 20a Anh. II – Art. 5 VO 2273/2003 Rn. 12; *Vogel* in Assmann/Uwe H. Schneider WpHG § 20a Rn. 260, so geht auch eine Mandanteninformation von *SJ Berwin* („The Case of Volkswagen") davon aus, dass die im Fall VW (dazu bereits oben Fn. 250) zum Einsatz gekommenen Cash Settled Options durch die involvierten Banken hinterlegt wurden, abrufbar unter www.thehedgefundjournal.com.

1163 Zweifelnd *Vogel* in Assmann/Uwe H. Schneider WpHG § 20a Rn. 260.

Z.T. wird hierfür § 5 Abs. 4 WpÜG-Angebotsverordnung herangezogen.[1164] Zu beachten ist allerdings, dass die Regelungen unterschiedliche Schutzzwecke verfolgen, so dass eine Betrachtung im Einzelfall angezeigt erscheint.[1165]

IV. Einschränkungen (Art. 6 Durchführungs-VO (EG) Nr. 2273/2003)

In Art. 6 VO (EG) Nr. 2273/2003 werden weitere Beschränkungen für die Zeit des Rückkaufprogramms formuliert. Hierdurch soll die Transparenz das Rückkaufprogramms gesteigert und damit das Anlegervertrauen und die Marktintegrität gestärkt werden.[1166]

Nach Art. 6 Abs. 1 VO (EG) Nr. 2273/2003 sind dem Emittenten deshalb der Verkauf eigener Aktien während der Laufzeit des Programms (lit. a)[1167] und der Handel sowohl in Zeiten „geschlossener Zeiträume" (lit. b)[1168], als auch dann, wenn der Emittent beschlossen hat die Bekanntgabe von Insiderinformationen nach Art. 6 Abs. 2 der Richtlinie 2003/6/EG aufzuschieben[1169], verboten. Das Verbot nach Art. 6 Abs. 1 lit. a) VO (EG) Nr. 2273/2003 gilt nicht für die Ausgabe von Wandelschuldverschreibungen und Aktien für Belegschaftsprogramme.

Art. 6 Abs. 2 Hs. 1 VO (EG) Nr. 2273/2003 sieht sodann eine Ausnahme von Art. 6 Abs. 1 lit. a VO (EG) Nr. 2273/2003 vor. Danach findet das dort genannte Verbot keine Anwendung, wenn der Emittent auch Papierhaus[1170] oder Kreditinstitut ist und für den Handel mit eigenen Aktien wirksame Informationssperren (sog. *Chinese Walls*) zwischen der zuständige Abteilung für interne Informationen und der Abteilung welche die Entscheidung über den Handel mit eigenen Aktien trifft, implementiert

---

1164 *Singhof/Weber* AG 2005, 549, 560 (Fn. 122).

1165 *Fleischer* in Fuchs WpHG § 20a Rn. 105; auch *Singhof/Weber* AG 2005, 549, 560 (Fn. 122) erkennen die unterschiedliche Natur der Regelungen.

1166 *Vogel* in Assmann/Uwe H. Schneider WpHG § 20a Rn. 262; s.a. *Sorgenfrei* in Park, §§ 30a, 38 II, 39 I Nr. 1-2, II Nr. 11, IV WpHG Rn. 180 „Transparenz und Fairness".

1167 Dazu *Singhof/Weber* AG 2005, 549, 560 f.; *Mock/Stoll/Eufinger* in KölnKommWpHG § 20a, Anh. II, Art. 6 VO 2273/2003 Rn. 3; *Fleischer* in Fuchs WpHG § 20a Rn. 106.

1168 Geschlossener Zeiträume, in denen sämtliche Transaktionen untersagt sind, gibt es in Deutschland nicht, so dass die Regelungen auf nationaler Ebene keine Bedeutung erlangt; dazu *Singhof/Weber* AG 2005, 549, 561; *Vogel* in Assmann/Uwe H. Schneider WpHG § 20a Rn. 262; *Mock/Stoll/Eufinger* in KölnKommWpHG § 20a, Anh. II, Art. 6 VO 2273/2003 Rn. 4, vgl. auch CESR/02-089d Rn. 125.

1169 S. § 15 Abs. 3 WpHG; dazu auch *Singhof/Weber* AG 2005, 549, 561; *Mock/Stoll/Eufinger* in KölnKommWpHG § 20a, Anh. II, Art. 6 VO 2273/2003 Rn. 5.

1170 Vgl. die Definition in Art. 2 Nr. 1 VO (EG) 2273/2003.

hat. Die Beschränkung muss der Aufsicht der zuständigen Behörde unterliegen. Der Abteilung, welche für den Handel mit eigenen Aktien zuständig ist, werden auch solche Geschäfte zugerechnet, die im Namen von Kunden getätigt werden. Gleiches gilt nach Art. 6 Abs. 2 Hs. 2 VO (EG) Nr. 2273/2003 für die Beschränkung nach Art. 6 Abs. 1 lit. b) und c) VO (EG) Nr. 2273/2003.

Zudem findet Art. 6 Abs. 1 VO (EG) Nr. 2273/2003 allgemein dann keine Anwendung, wenn der Emittent ein *programmiertes* Rückkaufprogramm i.S.v. Art. 2 Nr. 4 VO (EG) Nr. 2273/2003 durchführt (lit. a)[1171] oder wenn das Rückkaufprogramm unter Führung eines Wertpapierhauses oder Kreditinstituts durchgeführt wird, das seine Entscheidungen über den Zeitpunkt des Erwerbs von Aktien des Emittenten unabhängig und unbeeinflusst von diesem trifft (lit. b)[1172]. Ein programmiertes Rückkaufprogrammen geht allerdings mit einer Einbuße an Flexibilität einher.[1173]

D. Verhältnis zu anderen Vorschriften

Wie bereits dargestellt, gibt es im Marktmanipulationsrecht keinen Grundsatz der Einheit der Rechtsordnung in dem Sinne, dass marktmanipulationsrechtlich zulässige Sachverhalte keiner weiteren Prüfung anhand anderer Rechtsvorschriften zugänglich wären.[1174] Somit ist es erforderlich, Rückkaufprogramme insb. auch vor dem Hintergrund aktienrechtlicher und anderer kapitalmarktrechtlicher Vorschriften zu beurteilen.[1175] Es folgt ein Überblick über die in diesem Kontext relevanten Regelungsmaterien.

1171 Ein programmiertes Rückkaufprogramm liegt danach dann vor, wenn bereits bei Bekanntgabe Termine und Menge der Wertpapiere, die während der Laufzeit des Programms gehandelt werden sollen, festgelegt sind; dazu *Geber/zur Megede* BB 2005, 1861, 1864; *Singhof/Weber* AG 2005, 549, 562.

1172 *Singhof/Weber*, AG 2005, 549, 562; *Mock/Stoll/Eufinger* in KölnKommWpHG § 20a, Anh. II, Art. 6 VO 2273/2003 Rn. 12.

1173 *Vogel* in Assmann/Uwe H. Schneider WpHG § 20a Rn. 263.

1174 Dazu bereits S. 180 f.

1175 *Vogel* in Assmann/Uwe H. Schneider WpHG § 20a Rn. 250; *Mock/Stoll/Eufinger* in KölnKommWpHG § 20a Rn. 293.

I. Aktienrechtliche Regelungen (§§ 71 ff. AktG)

Werden Aktienrückkaufprogramme durchgeführt, müssen aktienrechtlich insb. die §§ 71 ff. AktG beachtet werden. Danach ist es der Gesellschaft nur unter besonderen Voraussetzungen gestattet eigene Aktien zu erwerben oder dem gleichstehende Geschäfte zu tätigen. Die Regelung dient dem Kapitalschutz[1176] und der Wahrung der Kompetenzen in der Gesellschaft und hat ihre europarechtlichen Wurzeln in Art. 19 ff. der Kapitalschutzrichtlinie.[1177] Die Regelungen weichen damit vom Schutzzweck des Marktmanipulationsverbotes ab[1178], so dass im Gegensatz zur früheren Rechtslage (vgl. § 13 KuMaKV) kein Freistellungsgleichklang im Falle der aktienrechtlichen Zulässigkeit mehr gegeben ist.[1179] Etwas anderes wird allerdings im Hinblick auf § 71 Abs. 1 Nr. 8 S. 2 AktG vertreten, der auch eine kapitalmarktschützende Funktion haben soll.[1180] Die Ansicht sollte allerdings mit Neufassung des Marktmanipulationsrechts und dem damit einhergehenden Schutzniveau überholt sein.[1181] Damit bleibt die Regelung nunmehr nur noch der – rechtspolitisch fragwürdige[1182] – Schutzzweck das Gesellschaftsvermögen vor spekulativen Geschäften mit eigenen Aktien zu schützen.[1183]

1176 Das Problem wird am Bsp. der *Danat-Bank* deren Grundkapital z.Z. ihres Zusammenbruchs während der Weltwirtschaftskrise, zu über 58% aus eigenen Aktien bestand, besonders deutlich, dazu *Wilhelm* Rn. 56 f.; *Hopt/Hehl/Vollrath* Rn. 859 Fn. 3; eine historische Einführung findet sich bei MünchKommAktG/*Oechsler* § 71 Rn. 26 ff.

1177 *Wieneke* in Heidelberger Kommentar zum AktG § 71 Rn. 1; *Mock/Stoll/Eufinger* in KölnKommWpHG § 20a Rn. 289 f.; vgl. auch MünchKommAktG/*Oechsler* § 71 Rn. 33.

1178 *Mock/Stoll/Eufinger* in KölnKommWpHG § 20a Rn. 290, 292, die gleichsam in Rn. 291 darauf hinweisen, dass die Regelungen aufgrund der Anknüpfung an das Gesellschaftsstatut nur auf nationaler Ebene Bedeutung erlangen.

1179 Hintergrund der Erweiterung der Regelungsdichte ist, dass die in Art. 19 ff. Kapitalschutzrichtlinie formulierten Anforderungen auf europäischer Ebene als nicht mehr ausreichend betrachtet wurden, vgl. CESR/02-089d Rn. 111; *Mock/Stoll/Eufinger* in KölnKommWpHG § 20a Rn. 293.

1180 Vgl. *Huber* in FS Kropff, 1997, S. 101, 122 f.; *Meißner* S. 163; MüKommAktG/Oechsler § 71 Rn. 25.

1181 *Mock/Stoll/Eufinger* in KölnKommWpHG § 20a Rn. 295; s. aber *Singhof/Weber* AG 2005, 549, 554.

1182 Fragwürdig deshalb, weil ein solcher Schutz im Hinblick auf eigene Aktien nur sehr punktuell vorliegen würde, vgl. *Mock/Stoll/Eufinger* in KölnKommWpHG § 20a Rn. 295.

1183 *Mock/Stoll/Eufinger* in KölnKommWpHG § 20a Rn. 295.

II. Übernahmerecht (§ 33 WpÜG)

Der Verordnungsgeber der KuMaKV war noch der Ansicht, dass dann kein Verstoß gegen das Marktmanipulationsverbot vorliegen könne, wenn in einer Übernahmesituation die Voraussetzungen von § 33 WpÜG eingehalten worden waren.[1184] Wie im Falle der aktienrechtlichen Regelungen muss deshalb auch i.R.v. § 33 WpÜG eine getrennte Prüfung erfolgen.[1185]

III. Weitere Kapitalmarktrechtliche Regelungen

Nach § 14 Abs. 2 WpHG fallen Maßnahmen, die i.R.v. der VO (EG) Nr. 2273/2003 durchgeführt werden, nicht in den Anwendungsbereich des Verbotes nach § 14 Abs. 1 WpHG. Gleichwohl ist die Entscheidung über den Rückkauf von eigenen Aktien im Regelfall ad-hoc-publizitätspflichtig.[1186]

Werden durch den Rückerwerb die in §§ 21 Abs. 1, 25 Abs. 1 WpHG überschritten, so müssen die dort vorgesehenen Mitteilung gemacht werden.[1187]

E. Rückkauf von Aktien außerhalb der „Safe-Harbor"- Regelung

Auch außerhalb des Safe Harbors getätigte Rückkäufe können wirtschaftlich sinnvoll sein. Deshalb stellt Erwägungsgrund (2) der VO (EG) Nr. 2273/2003 noch einmal klar, dass nicht jede Form von Rückkaufmaßnahmen, die nicht in den Anwendungsbereich der Bereichsausnahme fällt, als Marktmissbrauch zu bewerten ist. Nicht von dem „Safe Harbor" erfasste Rückkäufe sind vielmehr nach den allgemeinen Regeln zu beurteilen.[1188]

1184 BR-Drucks. 639/03 S. 18.

1185 *Vogel* in Assmann/Uwe H. Schneider WpHG § 20a Rn. 248.

1186 *Vogel* in Assmann/Uwe H. Schneider WpHG § 20a Rn. 250; *Mock/Stoll/Eufinger* in KölnKommWpHG § 20a Rn. 299 ff.

1187 *Mock/Stoll/Eufinger* in KölnKommWpHG § 20a Rn. 301; *Vogel* in Assmann/Uwe H. Schneider WpHG § 20a Rn. 250.

1188 *Geber/zur Megede* BB 2005, 1861, 1862; *Singhof/Weber* AG 2005, 549, 555; *Leppert/Stürwald* ZBB 2004, 302, 306; *Vogel* in Assmann/Uwe H. Schneider WpHG § 20a Rn. 252. *Schwark* in Schwark § 20a WpHG Rn. 35; *Fleischer* in Fuchs WpHG § 20a Rn. 92; s. schon *Vogel* WM 2003, 2437, 2442; *Pfüller/Anders* WM 2003, 2445, 2448.

Kapitel 7: Stabilisierungsmaßnahmen

A. Begriff

Stabilisierungsmaßnahmen werden begrifflich in einem weiten Kontext gebraucht. Allgemein wird unter solchen Maßnahmen ein Sachverhalt verstanden, bei welchem durch die Einwirkung auf den Marktpreis eine „Stützung", „Stabilisierung", „Pflege" oder „Dämpfung" der Kurse erreicht werden soll.[1189] Dieser weite Stabilisierungsbegriff findet jedoch keine Entsprechung im geltenden Recht, wenn die zulässige Stabilisierung i.R.e. „Safe Harbors" in Rede steht. Vielmehr gilt heute ein europarechtlich einheitlich vorgegebener Begriff der Stabilisierungsmaßnahmen[1190], welche in den Genuss einer Bereichsausnahme fallen. So versteht Art. 2 Nr. 7 VO (EG) Nr. 2273/2003 unter Kursstabilisierung jeden Kauf bzw. jedes Angebot zum Kauf relevanter Wertpapiere und jede Transaktion mit vergleichbaren verbundenen Instrumenten, die Wertpapierhäuser oder Kreditinstitute i.R.e. signifikanten Zeichnungsangebotes für diese Wertpapiere mit dem alleinigen Ziel tätigen, den Marktkurs dieser relevanten Wertpapiere für einen im Voraus bestimmten Zeitraum zu stützen, wenn auf diese Wertpapiere Verkaufsdruck besteht. Aus dieser Definition ist bereits ersichtlich, dass der „sichere Hafen" ein sehr begrenztes Gebiet umfasst, auf welchem er Schutz vor etwaigen Sanktionen i.R.d. Marktmanipulationsverbots gewährt. So findet in Anlehnung an die Rechtsentwicklung im angelsächsischen Rechtskreis[1191], eine Beschränkung auf Primär- um Sekundäremissionen von Finanzinstrumenten unter sachlich und zeitlich näher beschriebenen Voraussetzungen statt.[1192]

1189 Dazu *Fleischer* ZIP 2003 2045, 2045; *Vogel* WM 2003 2437, 2437; *Crüwall/Fürhoff* in Wirtz/Salzer S. 336 f.; *Grüger* S. 15 f.; *Meißner* S. 27; *Flothen* S. 28; *Schwark* in FS Kümpel 2002, S. 485, 493; *Mock/Stoll/Eufinger* in KölnKommWpHG § 20a Rn. 308; *Fleischer* in Fuchs WpHG § 20a Rn. 108.

1190 Damit ist dem nationalen Gesetzgeber zumindest in dem europarechtlich definierten Bereich die Rechtsetzung untersagt, so dass auch eine eigenständige Umsetzung in der MaKonV, wie sie noch in §§ 4 ff KuMaKV enthalten war, nicht mehr besteht. Vielmehr beschränkt sich das deutsche Recht auf eine deklaratorische Widergabe mittels statischem Verweis, vgl. § 20a Abs. 3 WpHG bzw. § 5 MaKonV; dazu S. 21, S. 171.

1191 S. zur amerikanischen *Regulation M* bereits oben S. 12; dazu auch *Pfüller/Anders* WM 2003, 2445, 2446 ; *Fleischer* in Fuchs WpHG Vor § 20a Rn. 21.

1192 Dazu im einzelnen sogleich S. 211 ff, 228 ff.

B. Ökonomischer Hintergrund

Der ökonomische Hintergrund kursstabilisierender Maßnahmen wird insb. auch für die Rechtfertigung der Bereichsausnahme herangezogen.[1193] Häufig antizipieren Marktteilnehmer einen zumindest kurzfristigen Kursanstieg bei Erstemissionen, für die ein Zeichnungsüberhang besteht. Einige der Zeichner nutzen diese Entwicklung dahingehend aus, dass sie die ihnen zugeteilten Papiere kurzfristig Gewinn bringend veräußern und sie ggf. später zu einem günstigeren Kurs zurückkaufen (sog. *Flipping*).[1194] Dies erhöht die Risikozuschläge und kann bei starker Volatilität auch das Vertrauen anderer Anleger belasten.[1195] Damit ist zum einen die Kapitalallokationsfunktion der Kapitalmärkte angesprochen, welche folglich durch die Vornahme von Stabilisierungsmaßnahmen gestärkt werden kann.[1196] Zum anderen sind positive volkswirtschaftliche Effekte aus der besseren Kapitalversorgung von solchen Unternehmen zu erwarten, die sich (auch) aufgrund eines stabileren Marktumfeldes für eine Emissionen entscheiden.

Vor dem Hintergrund der oben aufgezeigten Grundlagen für die Zulässigkeit von Bereichsausnahmen[1197] ist es deshalb geboten, eine solche Ausnahmebestimmung zuzulassen. Gleichwohl lassen sich auch erste teleologische Grenzen der Bereichsausnahme ableiten. So verliert die Stabilisierung umso mehr an Legitimation, je länger sie andauert und je fundamentaler sie damit in die Preisbildung eingreift.[1198] Der Dualismus von Vertrauensschutz in unbeeinflusste Marktpreise und Vertrauensschutz durch stabile Marktpreise lässt sich jedoch v.a. durch Transparenz

---

1193 Vgl. dazu *Fleischer*, ZIP 2003, 2045, 2046 mit historischen Hinw. in Fn. 25; s.a. *Meißner* S. 76 ff. zur historischen Entwicklung des Verhältnisses von Stabilisierung und Kursbetrug.

1194 *Fleischer* in Fuchs WpHG § 20a Rn. 114; *Vogel* in Assmann/Uwe H. Schneider WpHG § 20a Rn. 267; bei Zweitemissionen ist das Flipping häufiger bei bezugsrechtsfreien Emissionen anzutreffen, da die Altaktionäre bei Bezugsemissionen häufig ein Interesse daran haben, ihren Anteil an der Gesellschaft nicht zu verwässeren; ansonsten besteht die Möglichkeit des Bezugsrechtshandels, vgl. *Mock/Stoll/Eufinger* in KölnKommWpHG § 20a Rn. 313.

1195 *Fleischer* in Fuchs WpHG § 20a Rn. 113; zum ökonomischen Hintergrund und zur Berechnung des Risikoaufschlags nach dem CAPM bereits oben S. 58 ff.

1196 Dies ist insofern von besonderer Bedeutung, als die Funktion gleichsam zur Rechtfertigung des Marktmanipulationsverbots selbst herangezogen wird.

1197 Vgl. dazu S. 175 ff.

1198 *Fleischer* ZIP 2003, 2045, 2047; *ders.* in Fuchs WpHG § 20a Rn. 114.

bei der Durchführung von Kursstabilisierungsmaßnahmen überwinden.[1199]

C. Regelungsbereich

Der vormals in § 4 Abs. 2 und 3 KuMaKV benannte Regelungsbereich von Kursstabilisierungsmaßnahmen ergibt sich nunmehr aus einem Zusammenspiel der in Art. 2 Nr. 7 bis 14 VO (EG) Nr. 2273/2003 genannten Legaldefinition bzw. der Art. 7 ff. VO (EG) Nr. 2273/2003 auf der einen und den Erläuterungen in den Erwägungsgründen (12) bis (14) auf der anderen Seite.[1200]

I. Sachlicher Anwendungsbereich

1. Ziele der Durchführenden

Nach der Definition der Kursstabilisierungsmaßnahmen in Art. 2 Nr. 7 VO (EG) Nr. 2273/2003 und unter Berücksichtigung des dritten Erwägungsgrundes der Verordnung, darf eine Kursstabilisierungsmaßnahme nur mit dem Ziel, unter Verkaufsdruck geratene Wertpapiere zu stützen, erfolgen. Andere Zwecke, wie etwa eine besonders positive und publikumswirksame Beeinflussung des Emissionsverlaufs, sind nicht vom Anwendungsbereich der Bereichsausnahme erfasst. Dies gilt insb. für die gezielte Umkehrung eines Markttrends.[1201] Bei Motivbündeln ist auf die überwiegende Motivation abzustellen. Das bedeutet etwa, dass das Interesse der transaktionsleitenden Banken keine Verluste zu erzielen, nicht im Vordergrund stehen darf.[1202]

1199 *Mock/Stoll/Eufinger* in KölnKommWpHG § 20a Rn. 311; *Fleischer* in Fuchs WpHG § 20a Rn. 115 ff.; die Transparenz ist generell ein entscheidender Faktor für die Freistellung vom Marktmanipulationsverbot, vgl. etwa § 8 Abs. 1 S. 1 MaKonV, Art. 4 Abs. 2, 3 VO Nr. 2273/2003 sowie Art. 9 VO Nr. 2273/2003.

1200 *Flothen* S. 67; *Vogel* in Assman/Uwe H. Schneider WpHG § 20a Rn. 271 ff.; *Sorgenfrei* in Park §§ 30a, 38 II, 39 I Nr. 1-2, II Nr. 11, IV WpHG Rn. 186 ff.

1201 *Schwark* in FS Kümpel S. 485, 493 f.; *Feuring/Berrar* in Habersack/Mülbert/Schlitt § 34 Rn. 34; s. schon *Krämer/Hess* in FG Döser 1999, 171, 177, 186; weitergehend *Meißner* S. 84; 136 f.

1202 So bereits *Krämer/Hess* in FG Döser 1999, 171, 185 f., der eine Aufwandsentschädigung in Form einer Stabilisierungsprovision bei andauernder, gegen den Trend vorgenommener, Kursstützung als möglichen Verstoß gegen §§ 71, 71a AktG verortet.

2. *Transaktionsform und Transaktionsgegenstand*

a. Erfasste Wertpapiere

Die in der Legaldefinition von Stabilisierungsmaßnahmen gem. Art. 2 Nr. 7 VO (EG) Nr. 2273/2003 genannten „relevanten Wertpapiere" werden in Art. 2 Nr. 6 VO (EG) Nr. 2273/2003 definiert. Danach orientiert sich der Begriff an der MMR, welche Wertpapiere als Unterpunkt der Finanzinstrumente versteht und selbst wiederum zur Definition des Begriffs in Art. 1 Nr. 3 erster Spiegelstrich auf die Richtlinie 93/22/EWG verweist.[1203] Diese wurde durch Richtlinie 2004/39/EG (MiFiD) ersetzt.[1204] Der Wertpapierbegriff wurde damit weiter gefasst.[1205] Als Wertpapiere gelten nach Art. 4 Nr. 18 MiFiD Aktien, diesen gleichgestellte Wertpapiere, Aktienzertifikate, Schuldverschreibungen und andere verbriefte Schuldtitel einschließlich von Zertifikaten (Hinterlegungsscheinen) für solche Wertpapiere sowie alle sonstigen Wertpapiere, die zum Kauf oder Verkauf der genannten Wertpapiere berechtigen oder zu einer Bezahlung führen, die anhand solcher Wertpapiere [...] bestimmt wird.

Die genannten Wertpapiere müssen zudem nach Art. 2 Nr. 6 VO (EG) Nr. 2273/2003 auf einem geregelten Markt zugelassen oder ein Antrag auf Zulassung gestellt worden sein. Damit scheidet die Stabilisierung von Freiverkehrswerten aus dem Anwendungsbereich der „Safe Harbor"-Regelung aus.[1206]

Weiterhin ist nach Art. 2 Nr. 6, 7 VO (EG) Nr. 2273/2003 erforderlich, dass ein signifikantes Zeichnungsangebot für die relevanten Wertpapiere besteht. Darunter sind nach Art. 2 Nr. 9 VO (EG) Nr. 2273/2003 öffentlich angekündigte *Erst- und Zweitplatzierungen* zu verstehen, die sich sowohl hinsichtlich des Wertes der angebotenen Wertpapiere, als auch hinsichtlich der Verkaufsmethoden vom üblichen Handel unterscheiden.

Transaktionstechnisch können zur Stabilisierung nach Art. 2 Nr. 6, 7 VO (EG) Nr. 2273/2003 zunächst die relevanten Wertpapiere selbst eingesetzt werden, die an einem geregelten Markt zum Handel zugelassen

---

1203 S.a. S. 88 ff.

1204 Vgl. Art. 69 MFiD.

1205 Vgl. Art. 4 Nr. 18 MiFiD mit Art. 1 Nr. 4 WertpapierdienstleistungsRL a.F.

1206 *Mock/Stoll/Eufinger* in KölnKommWpHG § 20a Rn. 383. Der Begriff des geregelten Marktes ist nicht mittels § 2 Abs. 5 WpHG sondern rein europarechtlich zu bestimmen, insoweit ist auf die Definition in Art. 1 Nr. 4 MMR i.V.m. Art. 4 Nr. 14, 69 S. 3 MiFiD abzustellen, was im Hinblick auf die Nichterfassung des Freiverkehrs zu keinem anderen Ergebnis führt, *Assmann* in *Assmann/Uwe H. Schneider* § 2 WpHG Rn. 158 ff.

sind oder für die eine solche Zulassung beantragt worden ist. Darüber hinaus können Kursstabilisierungsmaßnahmen jedoch auch außerhalb geregelter Märkte, insb. durch verbundene Instrumente erfolgen.[1207] Eine Legaldefinition der verbundenen Instrumente ist in Art. 2 Nr. 8 VO (EG) Nr. 2273/2003 enthalten. Danach sind insb. Derivate erfasst.

b. Erfasste Transaktionen

aa. Allgemeines

Art. 2 Nr. 7 VO (EG) Nr. 2273/2003 nennt als legitime Transaktionen zunächst Käufe und Kaufangebote in den relevanten Wertpapieren. Folglich stellt bereits ein Kaufangebot eine Stabilisierungsmaßnahme dar.[1208] Ziel dieser Maßnahmen ist es, einen Angebotsüberhang zu kompensieren, um ein weiteres Absinken des Kurses zu verhindern.[1209] Der Umfang solcher Stabilisierungskäufe wird sich im Regelfall i.R.d. Umfangs einer Mehrzuteilung halten.[1210] Legitim ist auch jede Transaktion in verbundenen Instrumenten[1211], solange sie mit den soeben genannten Käufen und Kaufaufträgen vergleichbar ist.[1212] So kann es etwa durch den Verkauf von Kaufoptionen zu kursstützenden Effekten kommen.[1213]

bb. IPO/SPO

Zunächst sind *Initial Public Offerings* (IPOs) und *Secondary Public Offerings* (SPOs) erfasst.[1214] Unter IPOs wird der erstmalige Börsengang eines Un-

---

1207 Vgl. Erwägungsgrund (12) sowie Art. 2 Nr. 7, 8 der VO (EG) Nr. 2273/2003. Erforderlich ist jedoch, dass die jeweils zuständigen Aufsichtsbehörden Transparenzstandards für den Handel mit solchen Finanzinstrumenten vereinbart haben.

1208 *Feuring/Berrar* in Habersack/Mülbert/Schlitt § 34 Rn. 23; *Vogel* in Assman/Uwe H. Schneider WpHG § 20a Rn. 276; *Mock/Stoll/Eufinger* in KölnKommWpHG § 20a, Anh. II, Art. 2 VO 2273/2003 Rn. 19 ff.

1209 *Ekkenga* WM 2002, 317, 317; *Fleischer* ZIP 2003, 2045, 2046; *Mock/Stoll/Eufinger* in KölnKommWpHG § 20a, Anh. II, Art. 2 VO 2273/2003 Rn. 19; *Sorgenfrei* in Park, §§ 30a, 38 II, 39 I Nr. 1-2, II Nr. 11, IV WpHG Rn. 188.

1210 *Meyer* AG 2004, 289, 289 f.; zur Mehrzuteilung sogleich S. 218 ff.

1211 Vgl. BR-Drucks. 639/03 S. 14.

1212 Dazu *Mock/Stoll/Eufinger* in KölnKommWpHG § 20a, Anh. II, Art. 2 VO 2273/2003 Rn. 22.

1213 *Vogel* in Assmann/Uwe H. Schneider WpHG § 20a Rn. 276; zu den kursstabilisierenden Effekten von Derivaten auch *Leppert/Stürwald* ZBB 2004, 302, 310.

1214 *Fleischer* ZIP 2003, 2045, 2046; *Vogel* in Assmann/Uwe H. Schneider WpHG § 20a Rn. 273; *Sorgenfrei* in Park, §§ 30a, 38 II, 39 I Nr. 1-2, II Nr. 11, IV WpHG Rn. 187.

ternehmens, unter SPOs die Umplatzierungen von Aktien bereits börsennotierter Gesellschaften durch ein öffentliches Angebot verstanden.[1215] Zur Preisfindung wird häufig das Bookbuilding-Verfahren genutzt.[1216] Dabei werden die Kaufaufträge der Investoren unter Berücksichtigung ihrer Preisvorstellungen in einem Orderbuch gesammelt und nach Schließung dieses Buchs ein Zuteilungspreis ermittelt.[1217]

Da insb. bei volumenstarken Erstemissionen häufig ein Graumarkthandel in den betreffenden Aktien stattfindet[1218], ist die Gefahr gegeben, dass Manipulatoren auf den i.d.R. illiquiden Handel durch *Baisse-Angriffe* einwirken, was die Erwartungsbildung der Anleger beeinträchtigt und zu einer für sie günstigen Verzerrung des Preisbildungsprozesses führt.[1219] Ungeachtet dessen können solche Preisschwankungen nicht durch Stabilisierungsmaßnahmen abgefangen werden, da nach Art. 8 Abs. 2 VO (EG) Nr. 2273/2003 solche Maßnahmen erst ab dem Tag, an dem auf dem geregelten Markt der Handel mit den relevanten Papieren aufgenommen wird, zulässig sind.[1220]

Da aber eine solche Stabilisierung insb. die Liquidität und die Leistungsfähigkeit des Marktes erhöhen würde (§ 8 Abs. 1 Nr. 2 MaKonV), wäre eine Anerkennung i.R.v. § 20a Abs. 2 WpHG dann wünschenswert, wenn es zu Verzerrungen, wie etwa durch Störaktionen Dritter kommt.[1221] Zur Sicherung der Marktintegrität (§ 8 Abs. 1 Nr. 3 und 4 MaKonV) darf eine solche Marktpraxis jedoch in analoger Anwendung von § 10 Abs. 1 VO (EG) Nr. 2273/2003 nicht über die Bookbuilding-Spanne hinausgehen und muss vor dem Hintergrund des Transparenz-

---

1215 Vgl. auch *Flothen* S. 67 Fn. 210; *Ries* in Grunewald/Schlitt § 2 I, § 4 I.

1216 Eigehend zu den verschiedenen Preisfindungsverfahren *Schlitt/Ries* in FS Schwark 2009, 241 ff.

1217 Dazu *Schlitt/Ries* in FS Schwark 2009, 241, 242 ff., 244; *Busse* S. 196 ff.; *Groß* ZHR 162 (1998), 318 ff.; *Schäcker/Brehm* in Habersack/Mülbert/Schlitt § 2 Rn. 39, Praxishandbuch Börsengang 2006 S. 300 f.; zum häufig bei Privatplatzierungen verwendeten Accelerated Bookbuilding-Verfahren *Schlitt/Singhof/Schäfer* BKR 2005, 251, 261 *Specht-Jonen/Wuntke* in Henn/Frodermann/Jannot Kap. 13 Rn. 164 letztere auch zum Decoupled Bookbuilding-Verfahren; ebenso Praxishandbuch Börsengang 2006, S. 302 ff.

1218 *Krämer/Hess* in FG Döser 1999, 171, 187.

1219 Zudem besteht auch in umgekehrter Richtung die Gefahr, dass ausgehend vom Emittenten in positiver Richtung versucht wird, eine nicht gerechtfertigte Preiserwartung zu wecken, vgl. *Schäfer* WM 1999, 1345, 1346; *Fleischer* ZIP 2003, 2045, 2051 f.; *Krämer/Hess* in FG Döser 1999, 171, 174 f., 187.

1220 Dazu *Schlitt/Singhof/Schäfer* BKR 2005, 251, 263; *Feuring/Berrar* in Habersack/Mülbert/Schlitt § 34 Rn. 33.

1221 Vgl. *Schlitt/Singhof/Schäfer* BKR 2005, 251, 263; *Krämer/Hess* in FG Döser 1999, 171, 187.

gebotes (§ 8 Abs. 1 MaKonV) die Anforderungen nach Art. 9 VO (EG) Nr. 2273/2003 erfüllen.[1222]

Eine vergleichbare Situation entsteht bei einem SPO, wenn während der Emissionspreisfindung eine Einwirkung auf die im Streubesitz befindlichen Aktien stattfindet.[1223]

cc. Bezugsrechtsemission

Eine Kapitalerhöhung wird im Regelfall durch eine Bezugsrechtsemission vorgenommen. Hierbei steht das mittelbare Bezugsrecht nach § 186 Abs. 5 AktG im Vordergrund, bei welchem die Aktien zunächst von einem Konsortium gezeichnet und anschließend von dem Konsortium den berechtigten Aktionären zum Kauf angeboten werden.[1224] Dabei bestehen zwei Möglichkeiten im Hinblick auf den Bezugspreis. Insb. bei großen Volumina wird ein Festpreisemission gewählt, bei welchem der Bezugspreis bereits anfänglich festgelegt ist, § 186 Abs. 2 S. 1 Alt. 1 AktG. Dabei kommt es häufig zu einem Sicherheitsabschlag aufgrund des Marktänderungsrisikos während der Bezugsfrist.[1225] Daneben besteht jedoch auch die Möglichkeit, nur die Grundlagen für die Festlegung des Ausgabebetrages anzugeben, § 186 Abs. 2 S. 1 Alt. 2 AktG. Hierdurch wird auch bei der Bezugsrechtsemission die Möglichkeit der Anwendung des Bookbuilding-Verfahrens eröffnet.[1226] Zumindest bei Festpreisemissionen mit einem Sicherheitsabschlag finden Stabilisierungsmaßnahmen seltener statt, da ein eventuell entstehender Angebotsüberhang bereits i.R.d. Bezugsrechtshandels während der Bezugsfrist reguliert wird.[1227]

Ungeachtet dessen besteht auch bei Bezugsrechteemissionen die Gefahr, dass während der Bezugsfrist von zwei Wochen (§ 186 Abs. 1 S. 2 AktG) durch Dritte auf den Kurs der bereits am Markt gehandelten (al-

1222 *Schlitt/Singhof/Schäfer* BKR 2005, 251, 263; *Feuring/Berrar* in Habersack/Mülbert/Schlitt § 34 Rn. 35.

1223 *Krämer/Hess* in FG Döser 1999, 171, 188 f.

1224 Vgl. *Schlitt/Ries* in FS Schwark 2009, S. 241, 250 (für das Festpreisverfahren); eingehend zu Bezugsrechtsemissionen *Herfs* in Habersack/Mülbert/Schlitt § 4; dazu auch *Meißner* S. 32 f., 57.

1225 *Schlitt/Ries* in FS Schwark 2009, S. 241, 251 nennen einen Discount von 10-25%, weisen darauf hin, dass diese Werte auch deutlich überstiegen werden können.

1226 Dies war nach § 186 Abs. 5 S. 2 AktG a.F. noch nicht möglich; dazu eingehend *Schlitt/Ries* in FS Schwark 2009, S. 241, 254 ff.

1227 *Meyer* in Marsch-Barner/Schäfer § 8 Rn. 64, 72.

ten) Aktien Einfluss genommen wird.[1228] Es stellt sich demnach die Frage, welche Besonderheiten bei einer eventuellen Stabilisierung zu beachten sind.

Zunächst ist fraglich, ob Bezugsrechtsemissionen als Erst- oder Zweitplatzierungen zu definieren sind.[1229] So könnte entweder darauf abgestellt werden, ob die Aktien zum ersten Mal platziert werden oder, ob das Unternehmen bereits Aktien ausgegeben hat. Der Wortlaut der deutschsprachigen VO (EG) Nr. 2273/2003 scheint auf die zuerst genannte Auslegung hinzudeuten.[1230] Dies würde aufgrund von Art. 8 Abs. 2 S. 1 VO (EG) Nr. 2273/2003 bedeuten, dass eine Stabilisierung vor dem Ablauf der Bezugsfrist nicht möglich ist.[1231] Damit käme es jedoch für die Marktteilnehmer und Emittenten zu dem o.g. Risiko, so dass Bezugsrechtemission als Zweitplatzierungen angesehen und damit unter den Voraussetzungen von Art. 8 Abs. 3 VO (EG) Nr. 2273/2003 dem Schutz des Safe Harbors unterliegen sollten.[1232] Dadurch könnte eine Stabilisierung bereits ab Festlegung des Bezugspreis erfolgen.[1233] Für dieses Ergebnis spricht auch die englischsprachige Fassung der VO (EG) Nr. 2273/2003.[1234]

Wird der Bezugspreis unter Nutzung von § 186 Abs. 2 S. 2 AktG im Bookbuilding-Verfahren und erst drei Tage vor Ablauf der Bezugsfrist festgelegt, stellt sich, wie beim IPO, die Frage ob Stabilisierungen *vor Festsetzung* des endgültigen Stabilisierungspreises i.R.e. zulässigen Marktpraxis gem. § 20a Abs. 2 WpHG anerkannt sein sollten. Zwar würde eine Stabilisierungsmaßnahme nicht auf dem grauen Markt, sondern

---

1228 In Betracht kommt etwa eine Beeinflussung in negativer Richtung zwecks Einflussnahme auf das Bezugsverhalten oder in positiver Richtung zur Erhöhung des Wertes eigener Bezugsrechte.

1229 *Mock/Stoll/Eufinger* in KölnKommWpHG § 20a, Anh. II, Art. 8 VO 2273/2003 Rn. 4.

1230 Vgl. etwa Art. 2 Nr. 7 „Erst- oder Zweitplatzierung relevanter Wertpapiere".

1231 *Mock/Stoll/Eufinger* in KölnKommWpHG § 20a, Anh. II, Art. 8 VO 2273/2003 Rn. 4; nach dem Regelungssystem der KuMaKV kamen reinen Bezugsrechtsemissionen in Ermangelung eines öffentlichen Angebots (§ 4 Abs. 3 KuMaKV) nicht der Schutz des Safe Harbors zugute, dazu *Pfüller/Anders* WM 2003, 2445, 2450.

1232 *Meyer* AG 2004, 289, 293; *Leppert/Stürwald* ZBB 2004, 302, 310; *Mock/Stoll/Eufinger* in KölnKommWpHG § 20a, Anh. II, Art. 8 VO 2273/2003 Rn. 8; *dies.* in KölnKommWpHG § 20a Anh. II – Art. 2 VO 2273/2003 Rn. 28.

1233 Das Merkmal „Schlusskurs" i.S.v. Art. 8 Abs. 3 VO (EG) Nr. 2273/2003 ist irreführend. Gemeint ist der endgültige Emissionspreis, vgl. *Mock/Stoll/Eufinger* in KölnKommWpHG § 20a, Anh. II, Art. 8 VO 2273/2003 Rn. 8; *Meyer* in Marsch-Barner/Schäfer § 8 Rn. 79.

1234 Dort wird in Art. 8 Abs. 2 S. 1 von einer „initial offer" gesprochen; vgl. auch *Mock/Stoll/Eufinger* in KölnKommWpHG § 20a, Anh. II, Art. 8 VO 2273/2003 Rn. 8.

in den bereits emittierten Aktien stattfinden, die Ausgangslage für die Befürwortung einer zulässigen Marktpraxis ist jedoch dieselbe.[1235]

Weiterhin stellt sich die Frage nach der *Stabilisierungsobergrenze*. Diese ist je nach Ausgestaltung der Bezugsrechtsemission zu bestimmen: Bei der Festpreisemission spricht die Gefahr eines künstlich erzeugten Verkaufsdrucks dafür, den im Vorfeld festgelegten Bezugspreis als Stabilisierungsobergrenze anzunehmen.[1236] Wird stattdessen das Bookbuilding-Verfahren gewählt und der Bezugspreis erst drei Tage vor Ablauf der Bezugsfrist festgestellt, so ist die Stabilisierung an die Bookbuilding-Spanne geknüpft.[1237]

dd. Equity-Linked Emissionen

Von Equity-Linked-Emissionen wird gesprochen, wenn Schuldverschreibungen emittiert werden, die mit einem Aktienelement gekoppelt sind.[1238] Bsp. hierfür finden sich in § 221 AktG mit den sog. Wandelanleihen (sog. *Convertibles*) und Optionsanleihen (sog. *Bonds with Warrents*), welche dem Inhaber die Möglichkeit zugestehen, im Tausch gegen die Anleihe Aktien zu erhalten oder zusätzlich zu der Anleihe Aktien des Emittenten zu erwerben. Richtet sich das Umtauschrecht auf Aktien eines dritten Unternehmens, handelt es sich um eine Umtauschanleihe (sog. *Exchangeable*).[1239] Equity-Linked-Emissionen sind insb. dann beliebt, wenn der Kapitalmarkt für eine Aktienemissionen nicht attraktiv erscheint.[1240]

Bei Equity-Linked-Emissionen stellt sich insb. die Frage, ob die Stabilisierungsmaßnahme nur in dem emittierten Instrument oder auch in den Basiswert (sog. Underlying) durchgeführt werden kann. Dies wird dann relevant, wenn über den Verwässerungseffekt hinausgehende Fluktuationen im Basiswert, bspw. aufgrund der Leerverkaufsaktivitäten von

---

1235 D.h., dass eine solche Marktpraxis nur eng umfasste Ausnahmesituationen, wie Störaktionen Dritter rechtfertigen würden und die maßgeblichen Vorschriften der VO (EG) Nr. 2273/2003 entsprechend herangezogen werden sollten.

1236 Im Ergebnis auch *Feuring/Berrar* in Habersack/Mülbert/Schlitt § 34 Rn. 36.

1237 So im Zusammenhang mit der Stabilisierung von Graumarktpreisen *Feuring/Berrar* in Habersack/Mülbert/Schlitt § 27 Rn. 35.

1238 *Schlitt* in Grunewald/Schlitt S. 7 f.

1239 *Schlitt* in Grundewald/Schlitt S. 7 f.; *Ziriakus* in Grundewald/Schlitt S. 99 ff.

1240 Vgl. ausführlich zu Equity-Linked-Emissionen *Madjlessi/Leopold* in Habersack/Mülbert/Schlitt § 9; zu Wandel- und Optionsanleihen *Schlitt/Hemeling* in Habersack/Mülbert/Schlitt, § 10; zu Umtauschanleihen *Schlitt/Kamerlohr* in Habersack/Mülbert/Schlitt, § 11.

Hedgefonds, zu erwarten sind.[1241] Zwar stellt Art. 2 Nr. 7 VO (EG) Nr. 2273/2003 bei der Definition der Kursstabilisierung nur auf die „relevanten Wertpapiere", im vorliegenden Fall also auf die Equity-Linked-Instrumente selbst ab, allerdings erfasst die Norm die Stabilisierung von relevanten Wertpapieren durch verbundene Instrumente. Damit fällt die Stabilisierung des Basiswertes mittels verbundener Instrumente in die Bereichsausnahme, was eine entsprechende Anwendung auf den umgekehrten Fall rechtfertigen dürfte. Zudem wird in Art. 10 Abs. 2 VO (EG) Nr. 2273/2003 der Kurs des Basiswertes als Stabilisierungsobergrenze erkannt, womit die schützenswerte Referenzwirkung dieses Wertes zum Ausdruck kommt. Hierfür spricht schließlich auch der Sinn und Zweck der Bereitstellung der Bereichsausnahme. So soll nicht fundamentaler, von spekulativen Anlegern verursachter, Verkaufsdruck abgefedert werden.[1242]

ee. Privatplatzierungen

Von Privatplatzierungen wird gesprochen, wenn kein öffentliches Angebot der Wertpapiere erfolgt, sondern die Wertpapiere ausschließlich bei institutionellen Investoren untergebracht werden.[1243] Da nach Art. 2 Nr. 9 VO (EG) Nr. 2273/2003 die *öffentliche Ankündigung* einer Transaktion ausreicht, also ein öffentliches Angebot nicht zwangsläufig erforderlich ist[1244], kann vom Anwendungsbereich des „Safe Harbors" auch eine Privatplatzierungen erfasst sein, sofern diese öffentlich angekündigt ist.[1245] Relevant in diesem Kontext sind insb. Block Trades, Paketverkäufe und sog. 10%-Kapitalerhöhungen.

Bei *10%-Kapitalerhöhungen* nach § 186 Abs. 3 S. 4 AktG, die im Regelfall auf genehmigtem Kapital beruhen, wird häufig ein beschleunigtes Bookbuilding-Verfahren (sog. *Accelerated Bookbuilding*) angewendet, um die Anteile anschließend bei institutionellen Investoren zu platzieren.[1246] Hinsichtlich der Stabilisierungsobergrenze ist Voraussetzung für den er-

---

1241 *Madjlessi/Leopold* in Habersack/Mülbert/Schlitt § 9 Rn. 84.

1242 Vgl. Art. 2 Nr. 7 sowie in Erwägungsgrund Nr. 11 VO (EG) Nr. 2273/2003.

1243 Dazu *Rudolph* S. 295 f; Praxishandbuch Börsengang S. 194 f.; *Meyer* in Marsch-Barner/Schäfer § 7 Rn. 84 ff.

1244 *Leppert/Stürwald* ZBB 2004, 302, 310. § 4 Abs. 3 KuMaKV verlangte dagegen noch ein öffentliches Angebot, dazu *Meyer* AG 2004, 289, 298.

1245 *Leppert/Stürwald* ZBB 2004, 302, 310; *Meyer* AG 2004, 289, 298; *Vogel* in Assman/Uwe H. Schneider WpHG § 20a Rn. 273.

1246 *Schlitt/Schäfer* AG 2005, 67; *Schlitt/Ries* in FS Schwark 2009, S. 241, 259.

leichtertem Bezugsrechtsausschluss nach § 186 Abs. 3 S. 4 AktG, dass der Ausgabepreis nicht wesentlich unterhalb des Börsenkurses liegt.[1247] Da die Anteile deshalb einen marktnahen Bezugspreis aufweisen, sollte der Schlusskurs der Aktien ohne Abschlag die Stabilisierungsobergrenze bilden. Aufgrund des beschleunigten Bookbuilding-Verfahrens wird es nicht möglich sein, die zeitlichen Anforderungen von Art. 2 Nr. 5 VO (EG) Nr. 2273/2003 einzuhalten. Vor diesem Hintergrund ist die Vorschrift dahingehend teleologisch zu reduzieren, dass eine Bekanntgabe in der Presseerklärung zur erfolgten Durchführung der Transaktion genügt.[1248]

Bei *Block Trades* handelt es sich um Umplatzierungen bereits emittierter Aktien. Stabilisierungsmaßnahmen sind aber in der Praxis selten.[1249] Die Aktien werden meist im Wege des beschleunigten Bookbuilding-Verfahrens institutionellen Investoren angeboten.[1250] Die Flexibilität und Geschwindigkeit solcher Transaktionen macht Block Trades insb. für volatile Marktphasen interessant. Vor dem Hintergrund von Erwägungsgrund (14) der VO (EG) Nr. 2273/2003 ist allerdings fraglich, ob sie vom Anwendungsbereich der Bereichsausnahme erfasst sind.[1251] Nach dem Erwägungsgrund ist der Handel mit Wertpapierblöcken nicht als signifikantes Zeichnungsangebot relevanter Wertpapiere anzusehen, da es sich ausschließlich um Privattransaktionen handelt, so dass der Anwendungsbereich vom Wortlaut her nicht eröffnet wäre.[1252] Schwerpunkt der Regelung ist jedoch der private Charakter der Transaktion. Block Trades können jedoch eine Vielzahl institutioneller Investoren treffen, obwohl sie außerbörslich abgewickelt werden.[1253] Wird der Kaufpreis in Abhän-

---

1247 Dazu *Schlitt/Schäfer* AG 2005, 67, 70 f.

1248 *Feuring/Berrar* in Habersack/Mülbert/Schlitt § 34 Rn. 41.

1249 *Schlitt/Schäfer* AG 2004, 346, 355.

1250 *Schlitt/Ries* in FS Schwark 2009, S. 241, 260, die darauf hinweisen, dass sich das beschleunigte Bookbuilding-Verfahren i.R.v. Block Trades von dem bei Börsengängen dadurch unterscheidet, dass die institutionellen Investoren zur telefonischen Abgabe von Angeboten, ohne Kenntnis der Preisspanne aufgefordert werden.

1251 *Mock/Stoll/Eufinger* in KölnKommWpHG § 20a Rn. 254 der zur Schaffung von Rechtssicherheit die Anerkennung einer entsprechenden Marktpraxis anregt, dazu auch *Vogel* in Assman/Uwe H. Schneider WpHG § 20a Rn. 273, 302.

1252 *Mock/Stoll/Eufinger* in KölnKommWpHG § 20a Anh. II, Art. 2 VO 2273/2003 Rn. 48. So im Ergebnis auch *Leppert/Stürwald* ZBB 2004, 302, 310.

1253 *Vogel* in Assman/Uwe H. Schneider WpHG § 20a Rn. 273, *Wolf* in Habersack/Mülbert/Schitt § 6 Rn. 2; *Mock/Stoll/Eufinger* in KölnKommWpHG § 20a, Anh. II, Art. 2 VO 2273/2003 Rn. 50.

gigkeit eines stichtagsbezogenen Börsenkurses festgelegt, besteht zudem die Gefahr der Beeinflussung durch Dritte.[1254] Die durch Erwägungsgrund (14) vorgenommene Ausnahme sollte deshalb auf solche Konstellation beschränkt bleiben, bei denen die Vertragspartner bereits im Vorfeld feststehen.[1255]

Paketverkäufe zeichnen sich dadurch aus, dass die umzuplatzierenden Aktien nur an einen oder wenige, im Vorfeld feststehende, Investoren, ohne öffentliche Ankündigung, weiterveräußert werden.[1256] Da i.d.R. ein qualifiziertes Volumen und damit strategischer Einfluss transferiert wird, kommt es häufig zu einem Paketzuschlag beim Kaufpreis. Auf diese Gestaltungsformen ist der „Safe Harbor" im Hinblick auf Erwägungsgrund (14) nicht anwendbar.

3. Bekanntgabe- und Meldevoraussetzungen

Die VO (EG) Nr. 2273/2003 sieht umfangreiche Publizitäts-, Dokumentations-und Organisationspflichten vor.[1257] Solche waren bereits in der KuMaKV in §§ 9 f. enthalten.[1258] Wird gegen diese Pflichten verstoßen, entfällt der Schutz der Bereichsausnahme, vgl. Art. 7 VO (EG) Nr. 2273/2003.[1259]

Für *prospektpflichtige Emissionen* nach § 3 Abs. 1 WpPG bestimmen sich die Publizitätsanforderungen nach der VO (EG) Nr. 809/2004 (sog.

1254 Vgl. auch *Schlitt/Schäfer* AG 2004, 346, 356, welche die Manipulationsgefahr erkennen, aber eher beim Verkäufer verorten.

1255 *Vogel* in Assman/Uwe H. Schneider WpHG § 20a Rn. 273, *Feuring/Berrar* in Habersack/Mülbert/Schlitt § 34 Rn. 18; so schon *Pfüller/Anders* WM 2003, 2445, 2450 (face-to-face); offen lassend noch *Schlitt/Schäfer* AG 2004, 346, 356, Fn. 99.

1256 *Pfüller/Anders* WM 2003, 2445, 2450; *Mock/Stoll/Eufinger* in KölnKommWpHG § 20a Anh. II – Art. 2 VO 2273/2003 Rn. 49 f.; *Vogel* in Assman/Uwe H. Schneider WpHG § 20a Rn. 273.

1257 Die Publizitätspflichten in Art. 9 VO (EG) Nr. 2273/2003 treffen jeweils Emittent und diejenigen Unternehmen, die die Stabilisierungsmaßnahme durchführen, unabhängig davon, ob dies im eigenen Namen oder im Namen des Emittenten geschieht. Es ist jedoch insoweit keine mehrfache Bekanntgabe erforderlich, so dass sich die Publizitätspflichtigen untereinander abstimmen können, *Leppert/Stürwald* ZBB 2004, 302, 311 ff.; s.a. Art. 9 Abs. 5 VO (EG) Nr. 2273/2003.

1258 Dazu BR-Drucks. 639/03, S. 16 f.

1259 Kritisch unter Hinweis auf die mögliche Folge einer Strafbarkeit bzw. der Begründung einer Ordnungswidrigkeit *Feuring/Berrar* in Habersack/Mülbert/Schlitt § 34 Rn. 46.

ProspektVO) und nicht nach Art. 9 Abs. 1 S. 1 VO (EG) 2273/2003.[1260] Ziel ist, Wiederholungen zu den bereits im Prospekt gemachten Angaben zu vermeiden.[1261] Dabei handelt es sich grds. um alle öffentlichen Angebote von Wertpapieren, sofern nicht die Ausnahmeregelungen der §§ 3 Abs. 2, 4 WpPG zur Anwendung kommen. Werden Stabilisierungsmaßnahmen in Betracht gezogen, so ist es von besonderer Bedeutung darauf hinzuweisen, dass diese zwar möglicherweise erfolgen können, es hierfür jedoch keine Garantie gibt und sofern solche vorgenommen werden, eine jederzeitige Beendigung der Maßnahmen möglich ist.[1262] Dies stellt v.a. dann ein Problem dar, wenn eine rechtsverbindliche Abrede zwischen Emittenten und Bank getroffen wurde. Nach überwiegender Ansicht kann eine solche Angabe jedoch gemacht werden, da aus der schuldrechtlichen Bindung noch keine Garantie erwächst.[1263] Weitergehend müssen Beginn und Ende des Stabilisierungszeitraums und die Person des Stabilisierungsmanagers offen gelegt werden.[1264] Dieser wird grds. vom Emittenten bestimmt und war bereits in § 5 KuMaKV vorgesehen.[1265] Weiterhin müssen Angaben über Mehrzuteilungs- und Greenshoe-Optionen gemacht werden[1266], wobei auf ein Refreshing the Shoe nicht gesondert hingewiesen werden muss.[1267] Schließlich ist darauf hinzuweisen, dass die möglicherweise in Betracht gezogenen Stabilisierungsmaßnahmen zu einem über den normalen Niveau liegenden Kurs führen können.[1268]

1260 Vgl. Art. 9 Abs. 1 S. 2 VO (EG) Nr. 2273/2003. Der Wortlaut ist insoweit missverständlich, als die Prospektrichtlinie die Nummerierung 2003/71/EG trägt und nicht „2004/.../EG"). Die Anforderungen an den Inhalt des Prospekts bestimmen sich nach der VO (EG) Nr. 809/2004 (ProspektVO); s.a. den deklaratorischen § 7 WpPG .

1261 *Fleischer* in Fuchs WpHG § 20a Rn. 122.

1262 Vgl. Anhang III Ziff. 6.5.1. ProspektVO.

1263 Dazu *Vogel* WM 2003, 2437, 2440 f.; *Mock/Stoll/Eufinger* in KölnKommWpHG § 20a Rn. 318.

1264 Anhang III Ziff. 6.5.2. und 6.5.3. ProspektVO; soll der Stabilisierungsmanager zum Outsourcing der Durchführung der Stabilisierungsmaßnahmen berechtigt sein, ist auch dies bekannt zu machen, *Feuring/Berrar* in Habersack/Mülbert/Schlitt § 34 Rn. 27.

1265 Dazu *Pfüller/Anders* WM 2003, 2445, 2451; *Vogel* in Assmann/Uwe H. Schneider WpHG § 20a Rn. 282;

1266 Anhang III Ziff. 5.2.5. ProspektVO.

1267 Zu achten ist allerdings darauf, dass diese Möglichkeit nicht direkt oder indirekt ausgeschlossen wird, *Feuring* in Habersack/ Mülbert/Schlitt § 27 Rn. 54.

1268 Anhang III Ziff. 6.5.4. ProspektVO, vgl. schon § 9 Abs. 1 Nr. 4, 5 KuMaKV.

Bei *prospektfreien Emissionen* richten sich die Anforderungen an die Publizität allein nach Art. 9 Abs. 1 S. 1 VO (EG) Nr. 2273/2003.[1269] Dies gilt insb. für Privatplatzierungen bei ausschließlich qualifizierten Anlegern nach § 3 Abs. 2 S. 1 Nr. 1 WpPG.[1270] Die danach zu machenden Angaben gleichen denen aus der ProspektVO (s. soeben).[1271] Für eine angemessene Bekanntgabe genügt die Veröffentlichung in einem Börsenpflichtblatt in deutscher oder englischer Sprache.[1272]

Weiterhin ist die *Emissionsfolgepublizität* nach Art. 9 Abs. 3 VO (EG) 2273/2003 zu beachten. So muss nach Ablauf des Stabilisierungszeitraums innerhalb von einer Woche in angemessener Weise bekannt gegeben werden, ob Stabilisierungsmaßnahmen stattgefunden haben, wann sie begonnen haben, zu welchem Termin letztmalig stabilisiert wurde und in welcher Kursspanne Stabilisierungsmaßnahmen erfolgten. Das jeweilige Transaktionsvolumen muss nicht angegeben werden. Im Falle der Ausübung einer Greenshoe-Option ist nach Art. 11 lit. f) VO (EG) 2273/2003, ist die Öffentlichkeit unverzüglich zu informieren. Inhaltlich müssen alle angemessenen Einzelheiten bekannt gemacht werden. Dies betrifft insb. den Zeitpunkt der Ausübung und Art und Anzahl der Wertpapiere. Die Bekanntgabe hinsichtlich der übrigen Stabilisierungsmaßnahmen kann mit der unverzüglichen Bekanntgabe bzgl. der Greenshoe-Option kombiniert werden.[1273] Kommt es zu einer vorzeitigen Verkürzung des Stabilisierungszeitraums durch Beendigung, ist ebenfalls eine Bekanntgabe empfehlenswert.[1274] Die nachträgliche Publizitätspflicht ist rechtspolitisch kritisiert worden, da der Stabilisierungserfolg mit Ver-

---

1269 *Leppert/Stürwald* ZBB 2004, 302, 312.

1270 Der Begriff des qualifizierten Anlegers ist in § 2 Nr. 6 WpPG definiert und umfasst neben institutionellen Anlegern auch Privatanleger, die sich als qualifizierte Anleger registriert haben.

1271 Als Unterschied lässt sich erkennen, dass Art. 9 Abs. 1 S. 1 lit. b) VO (EG) Nr. 2273/2003 auf die Angabe gem. Anh. III, Ziff. 6.5.4. Prospekt-VO verzichtet, dass sich der stabilisierte Marktpreis über demjenigen befinden kann, der sich ohne Stabilisierungsmaßnahmen gebildet hätte.

1272 Art. 2 Nr. 5 VO (EG) Nr. 2273/2003 i.V.m. Art. 102 Abs. 1, 103 Richtlinie 2001/34/EG; *Mock/Stoll/Eufinger* in KölnKommWpHG § 20a, Anh. II, Art. 9 VO 2273/2003 Rn. 6. Der Verweis auf Richtlinie 2001/34/EG geht nunmehr auf Richtlinie 2004/109/EG (sog. Transparenzrichtlinie), vgl. Art. 32 i.V.m. 20 f. dieser Richtlinie; dazu *Mock/Stoll/Eufinger* in KölnKommWpHG § 20a Anh. II – Art. 2 VO 2273/2003 Rn. 13 ff.

1273 *Leppert/Stürwald* ZBB 2004, 302, 312 f.; *Feuring/Berrar* in Habersack/Mülbert/Schlitt § 34 Rn. 45.

1274 *Feuring/Berrar* in Habersack/Mülbert/Schlitt § 34 Rn. 37.

öffentlichung der Maßnahmen konterkariert werden kann.[1275] Nach überwiegender Ansicht ist sie dennoch begrüßenswert, da keine Rechtspflicht für die Handlungen nach Art. 9 Abs. 1 VO (EG) 2273/2003 bestehen (s.o.) und informationsbedingte Marktverwerfungen zu vermeiden sind.[1276]

Schließlich sind *Aufzeichnungs- und Meldepflichten* zu beachten. So müssen sämtliche i.R.d. Stabilisierungsmaßnahme erteilten Aufträge und Transaktionen aufgezeichnet und deren Einzelheiten der BaFin spätestens am Ende des siebten Handelstages nach der Ausführung mitgeteilt werden, vgl. Art. 9 Abs. 2, 4 VO (EG) Nr. 2273/2003.[1277] Deshalb ist eine Zusammenfassung im Gegensatz zur Bekanntgabe nach Ablauf der Stabilisierungszeitraums immer nur für maximal sieben Tage möglich.[1278] Eine Aufbewahrungsfrist wird durch die VO (EG) Nr. 2273/2003 nicht implementiert. In Anlehnung an § 10 Abs. 1 S. 3 KuMaKV und Art. 25 MiFID wird eine Aufbewahrungsfrist von fünf Jahren vorgeschlagen.[1279] Was die Regelung in Art. 9 Abs. 2 VO (EG) Nr. 2273/2003 unter Einzelheiten versteht, wird ebenfalls nicht näher definiert. Als Orientierung kann Art. 20 Abs. 1 der Richtlinie 93/22/EWG a.F. dienen.[1280]

4. Voraussetzungen hinsichtlich des Stabilisierungskurses

Um die Marktteilnehmer nicht zu verunsichern, sollten nach Erwägungsgrund (18) der VO (EG) Nr. 2273/2003 die Stabilisierungsmaßnahmen unter Berücksichtigung der Marktbedingungen und des Emissionskurses der relevanten Wertpapiere durchgeführt werden. Im Gleichklang damit bestimmt Art. 10 Abs. 1 VO (EG) Nr. 2273/2003, das die Stabilisierung bei Zeichnungsangeboten für Aktien oder Aktien vertretende Wert-

---

1275 *Pfüller/Anders* WM 2003, 2445, 2452 f. (noch zu § 9 Abs. 2 KuMaKV); *Vogel* in Assmann/Uwe H. Schneider WpHG § 20a Rn. 285.

1276 *Vogel* in Assmann/Uwe H. Schneider WpHG § 20a Rn. 285; *Mock/Stoll/Eufinger* in KölnKommWpHG § 20a, Anh. II, Art. 9 VO 2273/2003 Rn. 10.

1277 Der Verweis in Art. 9 Abs. 4 VO (EG) 2273/2003 betrifft nunmehr Art. 25 MiFiD, *Vogel* in Assmann/Uwe H. Schneider WpHG § 20a Rn. 286.

1278 A.A. *Fleischer* in Fuchs WpHG § 20a Rn. 123 (keine Zusammenfassung möglich).

1279 Zur alten Rechtslage *Meyer*, AG 2004, 289, 294; dazu auch *Vogel* in Assmann/Uwe H. Schneider WpHG § 20a Rn. 286; *Mock/Stoll/Eufinger* in KölnKomrnWpHG § 20a, Anh. II, Art. 9 VO 2273/2003 Rn. 14.

1280 *Leppert/Stürwald*, ZBB 2004, 302, 312; *Fleischer* in Fuchs WpHG § 20a Rn. 123, das bedeutet, dass Datum, Zeit, Anzahl der für die Transaktion gehandelten Wertpapiere und deren Preis anzugeben sind.

papiere unter keinen Umständen zu einem höheren Kurs als dem Emissionskurs erfolgen darf.[1281]

Nach Art. 10 Abs. 2 (EG) Nr. 2273/2003 darf bei Equity-Linked-Emissionen die Stabilisierung des Underlyings unter keinen Umständen zu einem höheren Kurs als dessen Marktkurs im Zeitpunkt der Bekanntgabe der endgültigen Modalitäten des Equity-Linked-Angebotes erfolgen.[1282] Eine dem früheren § 8 Nr. 4 KuMaKV entsprechende Regelung ist nicht vorgesehen, so dass eine Bereinigung der Preisobergrenze etwa im Hinblick auf Zins- und Dividendenberechtigiungen, um die Vergleichbarkeit der Preise über den Stabilisationszeitraum aufrecht zu erhalten, nach geltendem Recht ausscheidet.[1283]

Daraus lässt sich allgemein ableiten, dass es sich bei den von der Bereichsausnahme erfassten Maßnahmen nie um eine „Umkehrung des Markttrends" oder ein „Hochpflegen der Kurse" handeln kann.[1284] In den Safe Harbor fallen vielmehr nur solche Maßnahmen, die kurzfristige, emissionsbedingte Kursstützungen zum Ziel haben.[1285]

Schließlich ist darauf zu achten, dass im Zuge der Stabilisierungsmaßnahmen geöffnete Positionen wieder geschlossen werden, um den Markt zu schonen.[1286]

5. Bedingungen für ergänzende Stabilisierungsmaßnahmen

Als ergänzende Kursstabilisierungsmaßnahmen sind nach Art. 2 Nr. 12 VO (EG) Nr. 2273/2003 die *Überzeichnung* und die Ausübung einer *Greenshoe-Option*[1287] zu nennen.[1288] Unter einer Überzeichnung wird eine

---

1281 *Krämer/Hess* in FG Döser 1999, 171, 186.

1282 Dazu *Meyer* AG 2004, 289, 293; *Leppert/Stürwald* ZBB 2004, 302, 313; *Fleischer* in Fuchs WpHG § 20a Rn. 127.

1283 Zum früheren Recht Br-Drucks. 639/03 S. 16; dazu auch *Mock/Stoll/Eufinger* in Köln-KommWpHG § 20a, Anh. II, Art. 10 VO 2273/2003 Rn. 4; *Vogel* in Assmann/Uwe H. Schneider WpHG § 20a Rn. 288 mit dem Hinweis, dass die Frage ggf. im Vorabentscheidungsverfahren vor dem EuGH zu klären sei.

1284 Vgl. nur *Meyer* AG 2004, 289, 293; *Pfüller/Anders* WM 2003, 2445, 2452; *Leppert/Stürwald* ZBB 2004, 302, 309; *Vogel* in Assmann/Uwe H. Schneider WpHG § 20a Rn. 274.

1285 Ebenso früher § 4 Abs. 2 KuMaKV wonach nur Maßnahmen zur Stützung des Börsen- oder Marktpreises i.R.e. Wertpapieremission, um kurzfristig sinkende Kursbewegungen auszugleichen, welche typischerweise im Zusammenhang mit einer solchen Wertpapieremission auftreten, legitim waren.

1286 Erwägungsgrund Nr. (18) der VO (EG) Nr. 2273/2003.

1287 Der Begriff geht auf die *Greenshoe Manufacturing Co.* in Boston zurück, bei der dieses Verfahren erstmals praktiziert wurde, vgl. *Thießen* WiSt 2002, 522, 524, *Meißner* S. 30.

1288 *Meyer* AG 2004, 289, 289 f.; *Vogel*, WM 2003, 2437, 2437 f.

Klausel im Emissions- bzw. Garantievertrag verstanden, die es erlaubt Zeichnung oder Kaufangebote für relevante Wertpapiere über die ursprünglich geplante Menge (sog. *Basistranche*) hinaus anzunehmen, Art. 2 Nr. 13 VO (EG) Nr. 2273/2003.[1289] Richtigerweise handelt es sich folglich um eine *Mehrzuteilungs-Option.*[1290]

Eine Greenshoe-Option gesteht der Emissionsbank das Recht zu, vom Bieter, also dem Emittenten (insb. bei IPOs) oder anderen Vorbesitzern der relevanten Wertpapiere (insb. bei SPOs)[1291], innerhalb eines bestimmten Zeitraums nach der Emission, eine bestimmte Menge der angebotenen Wertpapiere zum Ausgabepreis erwerben zu können, Art. 2 Nr. 14 VO (EG) Nr. 2273/2003. Die Greenshoe-Option darf gem. Art. 11 lit. d) VO (EG) Nr. 2273/2003 nicht mehr als 15 % der Basistranche ausmachen.[1292] Da die mehr zugeteilten Aktien in kurzer Zeit zu liefern sind[1293], werden diese typischerweise im Wege eines Wertpapierdarlehens von den Altaktionären zur Verfügung gestellt.[1294] Kommt es nach der Emission zu steigenden Kursen, so kann das Darlehen marktrisikofrei durch die Ausübung der Greenshoe-Option zurückgeführt werden.[1295] Bei fallenden Kursen können Stabilisierungsmaßnahmen stattfinden, so dass die auf diesem Wege erworbenen Aktien zur Bedienung des Darlehens zur Verfügung stehen.[1296]

1289 Vgl. *Meißner* S. 28 ff.; *Flothen* S. 71; *Meyer* AG 2004, 289, 289 f.; *Sorgenfrei* in Park, §§ 30a, 38 II, 39 I Nr. 1-2, II Nr. 11, IV WpHG Rn. 203.

1290 Vgl. die englische Fassung der VO (EG) Nr. 2273/2003 „overallotment facility", s.a. *Meyer*, AG 2004, 289, 296 (Fn. 63); *Leppert/Stürwald*, ZBB 2004, 302, 314; *Flothen* S. 71; *Feuring/Berrar* in Habersack/Mülbert/Schlitt § 34 Rn. 49.

1291 Räumt der Emittent die Option ein, so erwirbt die Emissionsbank das Recht neue, im Wege der Kapitalerhöhung geschaffene Aktien, zum Emissionspreis zu beziehen. Dabei ist ein Bezugsrechtsausschluss erforderlich ist, dazu *Meyer*, AG 2004, 289, 290; *Trapp* AG 1997, 115; zur Frage der aktienrechtlichen Zulässigkeit s. sogleich.

1292 Auch nach alter Rechtslage waren größere Volumina unüblich, vgl. *Krämer/Hess* in FG Döser 1999, 171, 185.

1293 Vgl. § 7 der Bedingungen für Geschäfte an der FWB i.d.F. v. 08.03.2010, abrufbar unter www.deutsche-boerse.com; s.a. *Meyer* in Marsch-Barner/Schäfer § 8 Rn. 68.

1294 Vgl. nur *Schäfer* WM 1999, 1345, 1346; *Meyer* AG 2004 289, 290 (Fn. 6); *Vogel* in Assmann/Uwe H. Schneider WpHG § 20a Rn. 289; *Mock/Stoll/Eufinger* in Köln-KommWpHG § 20a, Anh. II, Art. 2 VO 2273/2003 Rn. 55.

1295 Fungieren dieselben Personen, die bereits das Wertpapierdarlehen gegeben haben als Verpflichtete aus der Greenshoe-Option, so kann ein Cash-Settlement dergestalt vereinbart werden, dass die Emissionsbank nur den Platzierungserlös abzüglich der Provision und der Kosten an den Darlehensgeber auskehrt, vgl. *Meyer* AG 2004, 289, 290.

1296 *Vogel* in Assmann/Uwe H. Schneider WpHG § 20a Rn. 289.

Nach der VO (EG) Nr. 2273/2003 ist ebenfalls eine nicht von einer Greenshoe-Option gedeckte Mehrzuteilung zulässig (sog. *Naked Short*).[1297] Dies kann insb. in Fällen steigender Kurse und einem Ausbleiben von Stabilisierungskäufen zu einem erheblichen wirtschaftlichen Risiko der Bank führen, da diese zur Erfüllung des Wertpapierdarlehens Deckungskäufe am Markt vornehmen muss.[1298] Das Volumen einer insofern ungedeckten Mehrzuteilung ist nach Art. 11 lit. b) VO (EG) Nr. 2273/2003 auf maximal 5 % der Basistranche beschränkt.[1299] Durch die Kombination eines Naked Short und einer Greenshoe-Option kann demnach eine maximale Mehrzuteilung in Höhe von 20 % der Basistranche sichergestellt werden.[1300]

Mehrzuteilung und Greenshoe-Option dürfen ausschließlich zur Vereinfachung der eigentlichen Kursstabilisierungsmaßnahmen dienen, vgl. Art. 2 Nr. 12 VO (EG) Nr. 2273/2003. Dabei darf die Mehrzuteilung gem. Art. 11 lit. a) VO (EG) Nr. 2273/2003 nur gleichzeitig mit der Zuteilung der Basistranche und nur zum Emissionskurs erfolgen.[1301] Zudem ist der Ausübungszeitraum für die Greenshoe-Option nach Art. 11 lit. e) VO (EG) Nr. 2273/2003 (in Abweichung zum früheren § 12 Abs. 1 S. 1 KuMaKV[1302]) auf den Stabilisierungszeitraum begrenzt. Dies kann unter Berücksichtigung der Zeit für eine Bestandsaufnahme zu einer faktischen Verkürzung des Stabilisierungszeitraums führen.[1303]

Unklar ist, ob und unter welchen Voraussetzungen ein sog. *Refreshing the Shoe* zulässig ist.[1304] Darunter versteht man, in Anlehnung an die

---

1297 *Meyer* AG 2004, 289, 290, 296; *Meißner* S. 30 f.; *Flothen* S. 72.

1298 Vgl. *Meyer* AG 2004, 289, 290; *Krämer/Hess* FG 1999, S. 171, 173 (Fn. 18); *Flothen* S. 72, die zudem auf die Gefahr eines Short Squeezes hinweist.

1299 Aufgrund des wirtschaftlichen Risikos ist ein Naked Short in der Praxis selten, vgl. *Meyer* AG 2004, 289, 290; *Krämer/Hess* FG 1999, S. 171, 173 (Fn. 18).

1300 *Leppert/Stürwald* ZBB 2004, 302, 314.

1301 Der Wortlaut „während der Zeichnungsfrist" ist insoweit missverständlich, da während der Zeichnungsfrist das genaue Platzierungsvolumen häufig noch nicht feststeht. Nach international üblicher Praxis ist daher auf eine Zuteilung unmittelbar nach Ablauf der Zeichnungsfrist abzustellen, *Meyer* AG 2004, 289, 296; *Leppert/Stürwald*, ZBB 2004, 302, 314; *Fleischer* in Fuchs WpHG Rn. 132.

1302 Vgl. BR-Drucks. 639/03 S. 17 f.; danach konnte die Option während oder nach dem Stabilisierungszeitraum ausgeübt werden, vgl. auch *Feuring/Berrar* in Habersack/Mülbert/Schlitt § 34 Rn. 50.

1303 *Feuring/Berrar* in Habersack/Mülbert/Schlitt § 34 Rn. 51 sprechen von einer Verkürzung von mindestens einem Tag.

1304 Grds. von der Zulässigkeit ausgehend: *Feuring/Berrar* in Habersack/Mülbert/Schlitt § 34 Rn. 55 ff.; *Mock/Stoll/Eufinger*, in KölnKomm.WpHG § 20a Anh. H – Art. 11 VO

angloamerikanische Rechtspraxis, ein Verfahren, bei welchem der Stabilisierungsmanager Aktien i.R.v. Stabilisierungsmaßnahmen erwirbt und zusätzlich die Greenshoe-Option in vollem Umfang ausübt, so dass ihm im Endeffekt mehr Anteile zur Verfügung stehen, als er zur Deckung der Mehrzuteilungs-Option benötigt. Es entsteht folglich eine Long-Position.

Zweifel an der Zulässigkeit ergeben sich insb. vor denen der Grund von Art. 11 lit. c) VO (EG) Nr. 2273/2003, wonach die Greenshoe-Option von dem durch sie Begünstigten nur i.R.e. Mehrzuteilung relevanter Wertpapiere ausgeübt werden darf. In gleicher Weise lässt sich Art. 2 Nr. 14 VO (EG) Nr. 2273/2003 verstehen, der die Greenshoe-Option als Überzeichnungs*reserve* definiert.

Richtigerweise ist zwischen Schaffung der Long-Position und deren Nutzung zu unterscheiden. Die gegen die Schaffung der Long-Position angeführten Argumente können nicht durchgreifen. Art. 11 lit. c) VO (EG) Nr. 2273/2003 begrenzt nur das Volumen der Greenshoe-Option auf das Volumen der Mehrzuteilungs-Option, macht jedoch keine weitergehenden Aussagen zu dem Verhältnis zwischen Stabilisierungsmaßnahmen und Greenshoe-Option.[1305] Beide Verhaltensweisen stehen deshalb für sich allein genommen und kombiniert auf dem Boden der Bereichsausnahme.[1306] Auch in Art. 2 Nr. 14 VO (EG) Nr. 2273/2003 wird gerade keine volumenmäßige Beschränkung genannt, sondern eher eine funktionale bzw. begriffliche Beschreibung vorgenommen.

Vielmehr spricht für die Zulässigkeit eines Refreshing the Shoe, dass allen involvierten Interessengruppen mit dem Verfahren gedient ist. Die hinter dem Manipulationsverbot stehende Kapitalaufbringungs- und allokationsfunktion wird dadurch gestärkt, dass das volle Absatzpotenzial des Marktes genutzt wird und eine optimale Verteilung stattfindet. Da die Öffentlichkeit über die Möglichkeit von Stabilisierungsmaßnahmen und die Greenshoe-Option informiert ist, besteht auch keine Gefahr für die Marktintegrität.[1307] Vielmehr wird das vorliegende Problem immer dann virulent, wenn der Kurs der relevanten Wertpapiere zunächst

---

2273/2003 Rn. 5 ff.; zweifelnd: *Bingel* S. 190 ff.; *Vogel* in Assmann/Uwe H. Schneider WpHG § 20a Rn. 291; *Fleischer* in Fuchs WpHG § 20a Rn. 134.

1305 *Feuring/Berrar* in Habersack/Mülbert/Schlitt § 34 Rn. 56.

1306 *Mock/Stoll/Eufinger*, in KölnKomm.WpHG § 20a Anh. II – Art. 11 VO 2273/2003 Rn. 7; zweifelnd *Vogel* in Assmann/Uwe H. Schneider WpHG § 20a Rn. 291; kritisch auch *Hopt/Waschkeit*, in FS Lorenz, 2001 S. 147, 160; unklar *Feuring/Berrar* in Habersack/Mülbert/Schlitt § 34 Rn. 56 f.

1307 *Feuring/Berrar* in Habersack/Mülbert/Schlitt § 34 Rn. 57; *Mock/Stoll/Eufinger*, in KölnKomm.WpHG § 20a Anh. H – Art. 11 VO 2273/2003 Rn. 7.

nachgeben hat, so dass Stabilisierungsmaßnahmen vorgenommen werden mussten, anschließend jedoch eine solche Kurssteigerung zu beobachten war, dass die Ausübung der Greenshoe-Option in vollem Umfang wirtschaftlich sinnvoll erscheint. Dann ist es aber gerade im Interesse der Marktintegrität, dass über ein höheres Volumen der Nachfrageüberhang gedämpft wird. Schließlich ist ein solches Vorgehen auch für den Bieter und die Emissionsbanken aufgrund des erhöhten Emissionserlöses wünschenswert.[1308]

Davon zu unterscheiden ist die *Ausnutzung*, d.h. der Abbau, der entstandenen Long-Position. Diese unterliegt, wie jede andere am Markt aufgebaute Position, den allgemeinen Beschränkungen des § 20a WpHG.[1309]

Schließlich ist im Zusammenhang mit der Greenshoe-Option eine Entscheidung des Kammergerichts zu nennen, die für Aufsehen gesorgt hat.[1310] Dabei hat das Gericht die Zulässigkeit einer von der Emittentin eingeräumten Greenshoe-Option vor dem Hintergrund von § 255 Abs. 2 AktG wegen des niedrigen Emissionskurses bemängelt. Die Entscheidung wurde jedoch durchgängig kritisiert, eine höchstrichterliche Klärung steht noch aus.[1311] Offensichtlich hält das Gericht jedoch selbst nicht mehr an seiner Ansicht fest.[1312]

II. Zeitlicher Anwendungsbereich

Der „Safe Harbor" für Stabilisierungsmaßnahmen gilt nach Art. 8 Abs. 1 VO (EG) Nr. 2273/2003 nur in einem zeitlich eng umgrenzten Rahmen, wodurch eine kontinuierliche Kurspflege ausgeschlossen wird.[1313] Eine ähnliche Regelung war bereits in § 7 KuMaKV vorzufinden. Dabei ist der endgültig anzusetzende Stabilisierungszeitraum von der Art des zu sta-

---

1308 *Feuring/Berrar* in Habersack/Mülbert/Schlitt § 34 Rn. 55.

1309 *Mock/Stoll/Eufinger* in KölnKomm.WpHG § 20a Anh. H – Art. 11 VO 2273/2003 Rn. 7; *Feuring/Berrar* in Habersack/Mülbert/Schlitt § 34 Rn. 57.

1310 Vgl. KG Berlin, Urteil vom 22.08.2001, Az. 23 U 6712/99; KG ZIP 2001, 217 8= AG 2002, 243 = DB 2002, 313.

1311 S. etwa *Groß* ZIP 2002, 160; *Meyer* WM 2002, 1106; *ders.* AG 2004, 289, 290; *Busch* AG 2002, 230; *Schanz* BKR 2002, 439; *Flothen* S. 71 f.; *Fleischer* in Fuchs WpHG § 20a Rn. 136.

1312 KG ZIP 2007, 1660; dazu auch *Specht-Jonen/Wuntke* in Henn/Frodermann/Jannot Kap. 13 Rn. 186.

1313 *Vogel* in Assmann/Uwe H. Schneider WpHG § 20a Rn. 275; *Mock/Stoll/Eufinger* in KölnKommWpHG § 20a, Anh. II, Art. 8 VO 2273/2003 Rn. 2.

bilisierenden Wertpapiers und der Emission abhängig, vgl. Art. 8 Abs. 2 bis 5 VO (EG) Nr. 2273/2003.[1314]

Bei Aktienerstemissionen und Aktien entsprechenden Wertpapieren (insb. ADR) beträgt er gem. Art. 8 Abs. 2 VO (EG) Nr. 2273/2003 30 Kalendertage und beginnt an dem Tag der Handelsaufnahme der relevanten Wertpapiere an einem geregelten Markt. Darf das relevante Wertpapier bereits vor Handelsaufnahme gehandelt werden (sog. *When issued Trading*) und entspricht ein solcher Handel allen Vorschriften eines geregelten Marktes, so beginnt der Stabilisierungszeitraum nach Art. 8 Abs. 2 S. 2 VO (EG) Nr. 2273/2003 mit der Emissionspreisbekanntgabe. Da in Deutschland nicht alle Anforderungen erfüllt sind, kommen die Regelungen der Bereichsausnahme auf den Handel per Erscheinen nicht zur Anwendung.[1315]

Bei Zweitplatzierungen beginnt der Stabilisierungszeitraum mit dem Tag der Veröffentlichung des endgültigen Emissionspreises, Art. 8 Abs. 3 VO (EG) Nr. 2273/2003.[1316]

Bei Emissionen von Schuldverschreibungen und Equity-Linked-Instrumenten nach Art. 8 Abs. 4 und 5 VO (EG) Nr. 2273/2003 beginnt die Frist an den Tag, an welchem die Konditionen des Angebots der relevanten Wertpapiere bekannt gegeben werden.[1317] Es gelten allerdings zwei Zeitraumabläufe, wobei der früher endende den Stabilisierungszeitraum begrenzt. Zum einen endet der Stabilisierungszeitraum spätestens 30 Tage nach dem Tag, an dem der Emittent den Emissionserlös erhalten hat, zum anderen spätestens 60 Tage nach Zuteilung der relevanten Wertpapiere. Eine Pflicht den Stabilisierungszeitraum voll auszuschöpfen be-

---

1314 *Fleischer* in Fuchs WpHG § 20a Rn. 116; *Mock/Stoll/Eufinger* in KölnKommWpHG § 20a, Anh. II, Art. 8 VO 2273/2003 Rn. 1; *Sorgenfrei* in Park, §§ 30a, 38 II, 39 I Nr. 1-2, II Nr. 11, IV WpHG Rn. 192 f.

1315 *Leppert/Stürwald*, ZBB 2004, 302, 310; *Hopt/Waschkeit* in FS Lorenz 2001, 147, 155 f.; *Mock/Stoll/Eufinger* in KölnKommWpHG § 20a Anh. II – Art. 8 VO 2273/2003 Rn. 7; *Vogel* in Assmann/Uwe H. Schneider WpHG § 20a Rn. 278; *Fleischer* in Fuchs WpHG § 20a Rn. 117.

1316 Das Merkmal „Schlusskurs" ist irreführend. Gemeint ist der endgültige Emissionspreis, vgl. *Mock/Stoll/Eufinger* in KölnKommWpHG § 20a, Anh. II, Art. 8 VO 2273/2003 Rn. 8; *Meyer* in Marsch-Barner/Schäfer § 8 Rn. 79; *Fleischer* in Fuchs WpHG § 20a Rn. 118.

1317 *Mock/Stoll/Eufinger* in KölnKommWpHG § 20a, Anh. II, Art. 8 VO 2273/2003 Rn. 12 f., 14 f.; *Vogel* in Assman/Uwe H. Schneider WpHG § 20a Rn. 280; *Sorgenfrei* in Park, §§ 30a, 38 II, 39 I Nr. 1-2, II Nr. 11, IV WpHG Rn. 193.

steht nicht.[1318] Mit dem weitergehenden, differenzierten Stabilisierungszeitraum wird der Umstand berücksichtigt, dass bei den entsprechenden Instrumenten im Regelfall erst deutlich nach der Platzierung die Notierung erfolgt.[1319] Hier ergeben sich flexible Gestaltungsmöglichkeiten, durch welche dem Emittenten ein Stabilisierungszeitraum von bis zu 60 Tagen entstehen kann. So kann der maximale Stabilisierungszeitraum dadurch erreicht werden, dass im Übernahme- und Platzierungsvertrag zwischen Emissionsbank und Emittent eine dahingehende Vereinbarung getroffen wird, dass die Bank den Emissionserlös erst 30 Tage nach Zuteilung der relevanten Papiere an die Investoren, an den Emittenten auskehrt. Durch eine solche Vorgehensweise werden lediglich die beiden Ablaufzeiträume koordiniert, was vor dem Hintergrund der zu beachtenden Transparenzvorgaben nicht als rechtsmissbräuchlich angesehen werden kann.[1320]

Bei kombinierten Angeboten können verschiedene Transaktionen in einem zeitlichen Zusammenhang abgewickelt werden. So kann es etwa zu einer Kombination von einer Umtauschanleihe und einem Block Trade oder von einer Bezugsrechtsemissionen und einer 10%-Kapitalerhöhung (sog. *Doppeldecker-Kapitalerhöhung*) kommen.[1321] Wie sich aus Art. 8 Abs. 2 bis 5 VO (EG) Nr. 2273/2003 ergibt, sind die Stabilisierungszeiträume transaktionsbezogen zu betrachten.[1322] D.h., dass jede Stabilisierungsmaßnahme i.R.d. der Vorgaben der eigenen Transaktion stattzufinden hat.[1323] Gleichwohl kann es zu Überschneidungen kommen. Da jedoch jede Transaktion ein eigenes Stabilisierungsinteresse hat, sind Auswirkungen auf andere Transaktionen als bloßer Reflex hinzunehmen.[1324] Allerdings wäre es empfehlenswert, vor dem Hintergrund von Erwägungsgrund (18) VO (EG) Nr. 2273/2003 eine Abstimmung vorzunehmen.

1318 Vgl. den Wortlkaut von Art. 8 Abs. 2 bis 5 VO (EG) Nr. 2273/2003: „spätestens", s. auch *Feuring/Berrar* in Habersack/Mülbert/Schlitt § 34 Rn. 37.

1319 *Meyer*, AG 2004, 289, 293; *Leppert/Stürwald*, ZBB 2004, 302, 311; *Fleischer* in Fuchs WpHG § 20a Rn. 119 *Mock/Stoll/Eufinger* in KölnKommWpHG § 20a, Anh. II, Art. 8 VO 2273/2003 Rn. 10.

1320 Vgl. auch die Erwägungsgründe (6) und (16) der VO (EG) Nr. 2273/2003.

1321 Vgl. etwa *Meyer* in Marsch-Barner/Schäfer § 7 Rn. 39; *Schäcker/Brehm* in Habersack/Mülbert/Schlitt § 2 Rn. 70 f.

1322 Vgl. *Feuring/Berrar* in Habersack/Mülbert/Schlitt § 34 Rn. 38.

1323 *Mock/Stoll/Eufinger* in KölnKommWpHG § 20a Anh. II – Art. 8 VO 2273/2003 Rn. 16 f.; *Vogel* in Assmann/Uwe H. Schneider WpHG § 20a Rn. 280.

1324 *Feuring/Berrar* in Habersack/Mülbert/Schlitt § 34 Rn. 38.

III. Persönlicher Anwendungsbereich

Der persönliche Anwendungsbereich ist nur öffnet, wenn die Stabilisierungsmaßnahmen von einem *Wertpapierhaus* oder *Kreditinstitut* ausgeführt werden.[1325] Diese erfüllen dann die Funktionen des früheren „Stabilisierungsmanagers" nach § 5 Abs. 1 KuMaKV. Der Begriff ist auch heute noch gebräuchlich.[1326] Werden mehrere Institute beauftragt, muss einem der Konsortialmitglieder nach Art. 9 Abs. 5 VO (EG) Nr. 2377/2003 eine koordinierende Funktion zugewiesen werden. Dies entspricht dem früheren „führenden Stabilisierungsmanager" nach § 5 Abs. 2 KuMaKV. Die Rolle erfüllt meist die *Lead Bank,* die damit auch zur zentralen Auskunftsstelle für alle Anfragen seitens der BaFin wird.[1327] Damit wird jedoch nicht das Recht der übrigen Mitglieder des Emissionskonsortiums, Stabilisierungsmaßnahmen durchzuführen, ausgeschlossen.[1328] Andererseits sind diese nur auf vertraglicher Grundlage, nicht jedoch aus einer gesellschaftsrechtlichen Nebenpflicht zur Stabilisierung verpflichtet.[1329] Der Stabilisierungsmanager ist zum Outsourcing berechtigt, kann also Stabilisierungsmaßnahmen insb. über Konzernunternehmen durchführen.[1330] Zudem ist der Stabilisierungsmanager bei der Durchführung der Maßnahmen vor dem Hintergrund von Art. 9 Abs. 1 lit. a) VO (EG)

1325 Art. 2 Nr. 7 VO (EG) Nr. 2273/2003. Für den Begriff des Wertpapierhauses bestimmt Art. 2 Nr. 1 VO (EG) Nr. 2273/2003 i.V.m. Art. 69 Satz 3 MiFiD nunmehr eine Definition nach Art. 4 Abs. 1 Nr. 1 MiFiD. Die Wertpapierfirma umfasst jede juristische Person, die im Rahmen ihrer üblichen beruflichen oder gewerblichen Tätigkeit gewerbsmäßig Wertpapierdienstleistungen erbringt oder Anlagetätigkeiten ausübt. Der Begriff des Kreditinstituts bestimmt sich gem. Art. 2 Nr. 2 VO (EG) Nr. 2273/2003 nach Art. 1 Nr. 1 der Richtlinie 2000/12/EG.

1326 Zum Begriff des Stabilisierungsmanagers *Fleischer* in Fuchs WpHG § 20a Rn. 126, 111; *Grüger* S. 100.

1327 Art. 9 Abs. 5 VO (EG) Nr. 2273/2003. Bei in mehreren Mitgliedstaaten durchgeführten Stabilisierungsmaßnahmen kann für jeden Staat eine andere Bank als Auskunftsstelle fungieren, Erwägungsgrund (17) der VO (EG) Nr. 2273/2003.

1328 *Meyer* AG 2004, 289, 292 mit dem Hinweis, dass die Stabilisierung am effizientesten auf einem Markt auf einen Manager begrenzt wird; s.a. *Feuring/Berrar* in Habersack/Mülbert/Schlitt § 34 Rn. 26.

1329 Vgl. etwa *Fleischer* ZIP 2003, 2045, 2046; *Mock/Stoll/Eufinger* in KölnKommWpHG §20aRn. 317 m.w.N.

1330 *Feuring/Berrar* in Habersack/Mülbert/Schlitt § 34 Rn. 27.

Nr. 2377/2003 nicht den Weisungen des Emittenten unterworfen.[1331] Es steht ihm ein eigenes Ermessen zu.

IV. Räumlicher Anwendungsbereich

Von der VO (EG) Nr. 2377/2003 sind nur Wertpapiere erfasst, die auf einem regulierten Markt, in der EU oder des EWR entweder zugelassen sind oder für die ein Antrag auf Zulassung stellt wurde. Fraglich ist, wie mit anderen, internationalen Finanzinstrumenten umzugehen ist. Da diesbzgl. keine europarechtlich Regelung steht[1332], hat der nationale Verordnungsgeber in § 6 MaKonV entsprechende Grundsätze niedergelegt.[1333] Die Norm erfasst also Stabilisierungsmaßnahmen aus dem Nicht-EU und EWR-Ausland, darüber hinaus aber auch das EU- und EWR-Ausland, sofern die Instrumente nur in den geregelten Markt oder den Freiverkehr einbezogen sind.[1334]

In der Sache müssen die im Ausland vorgenommenen Stabilisierungsmaßnahmen entweder den Anforderungen der VO (EG) Nr. 2377/2003 genügen oder i.R.d. an dem betreffenden ausländischen Märkten bestehenden Regeln getätigt werden, sofern diese Regeln mit den Bestimmungen der VO (EG) Nr. 2377/2003 gleichwertig sind. Gleichwertig sind solche Regelungen dann, wenn sie in gleicher Weise geeignet sind die Marktintegrität, die Transparenz und den Anlegerschutz zu achten.[1335] Dies dürfte insb. im Hinblick auf die Regulation M der Fall sein.[1336] Letztlich ist zur Entscheidung aber die BaFin berufen.[1337]

1331 *Meyer* in Marsch-Barner/Schäfer § 8 Rn. 77; verbindliche Weisungen des Emittenten wären auch vor dem Hintergrund von § 71a Abs. 2 AktG mit Schwierigkeiten behaftet.

1332 BR-Drucks. 18/05 S. 18.

1333 Die Norm ist Nachfolgeregelung von § 11 KuMaKV.

1334 Zutreffend *Vogel* in Assmann/Uwe H. Schneider WpHG § 20a Rn. 293; *Fleischer* in Fuchs WpHG § 20a Rn. 128.

1335 *Vogel* in Assmann/Uwe H. Schneider WpHG § 20a Rn. 293.

1336 *Meyer* AG 2004, 289, 294; *Fleischer* in Fuchs WpHG § 20a Rn. 128; *Vogel* in Assmann/Uwe H. Schneider WpHG § 20a Rn. 293.

1337 Vgl. schon *Pfüller/Anders* WM 2003, 2445, 2453; *Meyer* AG 2004, 289, 294; *Fleischer* in Fuchs WpHG § 20a Rn. 128.

Kapitel 8: Zulässigkeit der Schaffung weiterer „Safe-Harbors"

Sowohl auf europäischer als auch auf nationaler Ebene besteht die Möglichkeit kapitalmarktrechtlich wünschenswertes Verhalten vom Verbotstatbestand auszunehmen und dadurch Rechtssicherheit zu schaffen. Zunächst ist allerdings zu bedenken, dass die Regelung des § 20a Abs. 3 WpHG keine abschließende Regelung darstellt.[1338] Vielmehr sind die nicht von der Bereichsausnahme erfassten Verhaltensweisen an den allgemeinen Vorschriften (§ 20a Abs. 1 S. 1 WpHG) zu messen.[1339] Das bedeutet, dass Stabilisierungsmaßnahmen und Rückkaufprogramme, welche nicht die Voraussetzungen der Bereichausnahmen erfüllen nicht als solche marktmanipulativ sind.

Darüber hinaus besteht auf gemeinschaftsrechtlicher Ebene die Möglichkeit, zum einen weitere Praktiken i.R.v. Art. 8 MMR freizustellen. Dies könnte bspw. den Rückkauf eigener Aktien als Aquisitionswährung betreffen.[1340] Zum anderen kann die Kommission vor dem Hintergrund von Art. 1 S. 2 MMR weitere Aktivitäten als Safe Harbors definieren.[1341]

Auf nationaler Ebene besteht insb. die Möglichkeit der Anerkennung von zulässigen Marktpraktiken. Zudem steht es dem deutschen Gesetzgeber frei außerhalb des Regelungsbereichs der Durchführungs-Verordnung (EG) Nr. 2273/2003 und der MMR weitere Safe Harbors zu schaffen, vgl. § 20a Abs. 5 Nr. 4 WpHG.[1342]

1338 *Vogel* in Assmann/Uwe H. Schneider WpHG § 20a Rn. 245; *Fleischer* in Fuchs WpHG § 20a Rn. 92.

1339 *Schlitt/Schäfer* AG 2004, 346, 356; *Singhof/Weber* AG 2005, 549, 555; *Geber/zur Megede* BB 2005, 1861; 1861; *Fleischer* in Fuchs WpHG § 20a Rn. 92.

1340 Vgl. dazu und zu weiteren Fallgruppen *Vogel* in Assmann/Uwe H. Schneider WpHG § 20a Rn. 296 ff., 299 ff.

1341 *Vogel* in Assmann/Uwe H. Schneider WpHG § 20a Rn. 294; als Fallgruppe wird etwa die Tätigkeit des Designated Sponsors oder der Skontroführer genannt, vgl. *Vogel* in Assmann/Uwe H. Schneider WpHG § 20a Rn. 305 f.

1342 *Vogel* in Assmann/Uwe H. Schneider WpHG § 20a Rn. 240; *Mock/Stoll/Eufinger* in KölnKommWpHG §20a Rn. 317, die darauf hinweisen, dass das nationale Betätigungsfeld durch das Europarecht sehr eingeschränkt ist.

Vierter Teil: Schluss

Kapitel 9: Zusammenfassung und Ergebnisse

A. Begriff, Entwicklung und theoretische Grundlagen

Eine einheitliche abstrakte Definition der Marktmanipulation muss aufgrund der Vielschichtigkeit und Innovationskraft des Regelungsumfeldes misslingen. Deshalb ist es sachgerecht von der Manipulationshandlung aus verbotene Verhaltensweisen zu formulieren.

In einem internationalen Vergleich bildet sich immer mehr der Standard heraus, dass die abstrakte Definition der Marktmanipulationshandlung in einem Parlamentsgesetz vorgenommen wird und konkretisierende Definitionen untergesetzlich erfolgen. Dadurch kann sowohl das Strafrecht als Sanktionsmittel nutzbar gemacht, als auch die notwendige Flexibilität sichergestellt werden. Die deutsche Regelung entspricht diesen modernen Grundsätzen.

Die Rechtspraxis zeichnet ein ambivalentes Bild. So steigt die Zahl der von der BaFin eingeleiteten Untersuchungen zwar stetig an, dies geschieht jedoch auf einem zahlenmäßig geringen Niveau. Noch unvorteilhafter wird die Bilanz, wenn die Zahl der tatsächlichen Verurteilungen betrachtet wird. Als Lösungsansätze werden die Bildung von Schwerpunktstaatsanwaltschaften und die weitere Funktionalisierung des materiellen Rechts vorgeschlagen.

Der nationale Gesetzgeber hat die europarechtlichen Vorgaben teilweise überschießend umgesetzt. Für diese Regelungsinhalte ist keine Pflicht zur richtlinienkonformen Auslegung und keine Vorlagepflicht nach Art. 267 AEUV gegeben. Gleichwohl ist auf eine einheitliche Rechtsanwendung zu drängen.

Hinsichtlich des Zusammenspiels von Kapitalmarktrecht und Strafrecht eröffnet sich ein methodisches Spannungsfeld, welches am besten durch einen starken strafrechtlichen Fokus auf die Rechtsgüterlehre bearbeitet wird. Dadurch könne insb. unbestimmte Rechtsbegriffe strafrechtlichen Anforderungen entsprechend ausgelegt werden.

Die ökonomische Analyse des Marktmanipulationsrechts ergibt, dass ein Verbot – entgegen einzelner Stimmen – insb. aufgrund seiner Präventivwirkung und möglicher Beeinträchtigungen der Kapitalmarktfunktionen notwendig ist. Gleichwohl muss v.a. bei handelsgestützten Manipulationen besonderer Wert auf die tatsächlichen ökonomischen Gegebenheiten gelegt werden. Zudem darf es nicht zu einer Überregulierung kommen.

Durch die in den Wirtschaftswissenschaften vorgenommene Unterteilung in informations-, handels- und handlungsgestützte Manipulationen kann das Manipulationsverhalten plastisch aufgegliedert und am Kapitalmarkt vorgefundene Manipulationsstrategien verortet werden.

Die Kapitalmarkttheorie, die dem Marktmanipulationsrecht als wirtschaftlicher Unterbau dient, wurde in der Vergangenheit insb. durch neoklassiche Ansätze geprägt. Dieses auf der Markteffizienzhypothese fußende Theoriengebäude baut damit auf Annahmen auf, welche für sich genommen Marktmanipulationen ausschließen. Erst durch eine realitätsnahere Erweiterung dieser Annahmen wird marktmanipulatives Verhalten erklärbar. Dafür können die Erkenntnisse der Behavioral Finance nutzbar gemacht werden.

B. Der Verbotstatbestand

Das Marktmanipulationsrecht wird in weiten Teilen von europarechtlichen Vorgaben bestimmt. Diesbezüglicher Ausgangspunkt ist die Marktmissbrauchsrichtlinie. Diese ist als Rahmenrichtlinie konzipiert und wird durch drei Durchführungsrichtlinien und eine Durchführungsverordnung ergänzt.

Bei der Beurteilung, ob internationale Sachverhalte in den räumlichen Anwendungsbereich des nationalen Marktmanipulationsrechts fallen, ist zwischen strafrechtlich bzw. ordnungsrechtlich relevanten Sachverhalten (§§ 38 Abs. 2, 39 Abs. 1 Nr. 1, 2, Abs. 2 Nr. 11 WpHG) und solchen zu unterschieden, die nur verwaltungsrechtliche Anknüpfung haben. Im ersten Fall gelten die allgemeinen Bestimmungen (§§ 3 ff, 9 StGB, §§ 5, 7 OWiG), während im Verwaltungsrecht zwischen Geltungsbereich (Territorialprinzip) und Anwendungsbereich (Reasonable Link erforderlich) zu unterscheiden ist.

Zentrale Norm des Marktmanipulationsrechts ist § 20a WpHG. Telos der Regelung ist der Schutz der Zuverlässigkeit und Wahrheit der Preisbildung an den Märkten und ein damit einhergehend der Anlegerschutz.

Ob unvollständige Angaben ein Unterlassen der vollständigen Angabe nach § 20a Abs. 1 S. 1 Nr. 1 Alt. 2 WpHG darstellen oder als unrichtige Angaben i.S.v. § 20a Abs. 1 S. 1 Nr.1 Alt.1 WpHG angesehen werden müssen, ist differenziert zu betrachten. Wird ein Teilbereich angesprochen, aber durch Auslassung ein unrichtiger Eindruck erweckt liegt eine unrichtige Angabe vor. Bei vollständiger Nichterwähnung ein Unterlassen.

Ein Machen der Angaben i.S.v. § 20a Abs. 1 S. 1 Nr. 1 WpHG setzt Konzeptionsherrschaft voraus, so dass unselbstständige Hilfspersonen auszuscheiden sind.

Da bei der Einwirkungseignung i.S.v. § 20a Abs. 1 S. 1 Nr. 1 WpHG kein de-minimis-Vorbehalt gegeben ist, ist um den Tatbestand praktikabel zu machen, eine Überprüfung danach vorzunehmen, ob nach kapitalmarktbezogenen Erfahrungssätzen vor dem Hintergrund der zum Handlungszeitpunkt vorherrschenden Marktkenntnisse die ernstzunehmende (abstrakte) Möglichkeit bestand, dass durch die konkrete Handlung auf die Preisbildung eingewirkt wird.

Die Bewertungserheblichkeit gem. § 20a Abs. 1 S. 1 Nr. 1 WpHG ist aus den Augen eines verständigen Anlegers zu entscheiden. Dabei handelt es sich um einen objektiven Maßstab, der nur rationales Verhalten berücksichtigt. Dazu können aber etwa auch (gruppen-) psychologische Prozesse gehören, so dass irrationales Verhalten rationalisiert werden kann.

Die Merkmale „Bewertungserheblichkeit" und „Preisbeeinflussungseignung" haben einen eigenen Anwendungsbereich, wenn man mit der hier vertretenen Auffassung anerkennt, dass Kurs und Wert eines Instrumentes divergieren können. Dann kommt auch der Bewertungserheblichkeit die Funktion eines weiteren Filterkriteriums zu, so dass das Merkmal auch zukünftig erhalten werden sollte.

„Bestehende Rechtsvorschriften" i.S.v. § 20a Abs. 1 S. 1 Nr. 1 Alt. 2 WpHG sind Parlamentsgesetze und Rechtsverordnungen. Auf europäischer Ebene sind Verordnungen erfasst. Nicht rechtzeitig umgesetzte Richtlinien scheiden mangels Geltung auf horizontaler Ebene, ebenso wie rein privatrechtliche Regelungen und Richterrecht, aus. Die insofern in Betracht kommenden Regelungen müssen zudem im weitesten Sinne kapitalmarktschützend sein.

Aus Generalklauseln (§§ 242 BGB, 13 StGB) lässt sich grds. keine Offenlegungspflicht gem. § 20a Abs. 1 S. 1 Nr. 1 Alt. 2 WpHG ableiten. Etwas anderes gilt für Ingerenzsachverhalte.

In europarechtskonformer Auslegung von § 20a Abs. 1 S. 1 Nr. 2 WpHG muss bereits der Abschluss eines Geschäfts als Vornahme, also Ausführung, eines Geschäftes betrachtet werden.

Die in § 20a Abs. 1 S. 1 Nr. 2 WpHG vorgenommene Klassifizierung der Signale als falsch und irreführend ist misslungen und wirft Auslegungsprobleme auf. Unter Berücksichtigung der Vorgehensweise des Manipulators wird vorgeschlagen, dass zur Abgrenzung zu legitimer Marktteilnahme, als Indiz, auf die subjektive Seite des Verhaltens abgestellt wird. Danach ist ein Signal dann „falsch" bzw. „irreführend", wenn es nach einer objektiven Analyse der Handlungen des Manipulators, aus welcher dessen Ziele abgeleitet werden, nicht als Mittel zur Gestaltung der wahren wirtschaftlichen Verhältnisse, sondern als Mittel einer Täuschung anderer und damit als irreführend anzusehen ist. Mit *Mock/Stoll/Eufinger* wird somit von einem einheitlichen Begriffsverständnis von irreführenden und falschen Signalen ausgegangen.

Ebenso ist das Merkmal des künstlichen Preisniveaus problematisch. Richtigerweise ist das Preisniveau künstlich, wenn es sich als nicht von manipulativem Verhalten beeinflusst darstellt. Dazu kann es erforderlich sein, als Indiz, auf die subjektive Seite des Handelnden abzustellen.

Auch bei der Beurteilung von sonstigen Täuschungshandlungen i.S.v. § 20a Abs. 1 S. 1 Nr. 3 WpHG sollte bei Manipulationen, die rein äußerlich nicht vom marktgerechten Verhalten unterscheidbar sind, zur Klärung des objektiven Sachverhalts auf die Preiseinwirkungsabsicht abgestellt werden. Eine weitere Einschränkungsmöglichkeit bietet die Professionsadäquanz.

Auch von kapitalmarktrechtlicher Seite her ist eine subjektive Entsprechung des rein objektiv formulierten Tatbestandes zu verlangen, da eine Manipulation in tatsächlicher Hinsicht immer ein subjektives Element aufweist.

Bei der strafrechtlichen Anknüpfung (§§ 38 Abs. 2, 39 Abs. 1 Nr. 1, 2, Abs. 2 Nr. 11 WpHG) ergeben sich insb. Probleme bei der Ermittlung des Taterfolges. Hauptprobleme sind dabei die Ermittlung des Taterfolges selbst und die Feststellung der Kausalität zwischen Manipulationsverhalten und Kursentwicklung. Die Lösung dieses Problems ist im Spannungsfeld zwischen Unschuldsvermutung und Justiziabilität zu suchen. Es wird vorgeschlagen, das Problem zunächst methodisch durch eine instrumenteninterne Analyse (Mikroanalyse), die von einer übergeordneten Marktanalyse (Makroanalyse) kontrastiert wird, aufzubereiten. I.R.d. Mikroanalyse wird wiederum zwischen den Kategorien einer informations-, handels- und handlungsgestützten Marktmanipulation unterschieden. Es zeigt sich, dass sich die Problematik in der Praxis dadurch entschärft, dass Marktmanipulationen hauptsächlich auf illiquiden und ineffizienten Märkten mit geringem Umsatz, also tendenziell in einfachen Kausalverhältnissen stattfinden, so dass in der Hauptzahl aller Fälle auf einen Indizienbeweis zurückgegriffen werden kann.

Entgegen einer im Vordringen befindlichen Auffassung ist § 20a WpHG nicht als Schutzgesetz i.S.v. § 823 Abs. 2 BGB einzuordnen. Allerdings kommen Ansprüche aus § 826 BGB in Betracht.

Bei der Auslegung von § 2 Abs. 3 Nr. 4 MaKonV ist zu beachten, dass ein hoher Streitwert eine notwendige aber keine hinreichende Bedingung darstellt. Ein rationaler Investor wird allerdings in seiner Erwartungsbildung eine geringere Wahrscheinlichkeit für einen bewertungserheblichen Ausgang eines Verfahrens genügen lassen, je größer der Streitwert ist.

Bei der Beurteilung, ob Kauf- oder Verkaufsaufträge einen bedeutenden Anteil am Tagesvolumen i.S.v. § 3 Abs. 1 Nr. 1 lit. a) MaKonV ausmachen, muss als Abgrenzungskriterium darauf abgestellt werden, ob den Transaktionen wirtschaftliche legitime Gründe zugrunde liegen.

§ 4 Abs. 3 Nr. 1 MaKonV ist außerhalb der Verordnungsermächtigung angesiedelt und auch in dogmatischer und systematischer Hinsicht nicht überzeugend, da die Schaffung einer marktbeherrschenden Stellung keinen Täuschungscharakter aufweist und besser bei § 20a Abs. 1 S. 1 Nr. 2 WpHG verortet worden wäre. Es wird vorgeschlagen, die Regelung bis zu einer gebotenen Neufassung restriktiv anzuwenden.

C. Die Safe Harbors

In komplexen Systemen dienen Safe Harbor der Schaffung von Rechtssicherheit, indem sie das Haftungssystem selbst begrenzen. Ihnen kommt damit eine die Verhältnismäßigkeit wahrende Funktion zu.

Im Kapitalmarktrecht lassen sich allgemein zwei Situationen erkennen, bei deren Vorliegen über die Schaffung eines Safe Harbors nachgedacht werden kann. Zum einen kann professionsadäquates Verhalten für die Befreiung vom Verbot sprechen, wenn die Verhaltensweisen entweder nicht den Schutzzweck des Marktmanipulationsverbots berühren oder nach einer Abwägung mit dem Schutzzweck zu vereinbarende oder diesen überwiegende wirtschaftliche Gründe aufweisen. Zum anderen ist dann eine Bereichsausnahme erwägenswert, wenn eine solche für das Funktionieren der Volkswirtschaft und ihrer Teilmärkte von überragender Bedeutung ist.

§ 20a Abs. 2 WpHG und § 20a Abs. 3 WpHG unterscheiden sich im räumlichen und sachlichen Anwendungsbereich. So nimmt § 20a Abs. 3 WpHG die dort aufgeführten Vorgänge vom gesamten Verbotstatbestand aus, während § 20a Abs. 2 WpHG nur für den handelsbezogenen Bereich des § 20a Abs. 1 S. 1 Nr. 2 WpHG gilt. Weiterhin gelten die als zulässig anerkannten Markpraktiken jeweils nur in dem betreffenden Mitgliedsstaat.

Überschneiden sich die beiden Bereichsausnahmen nach § 20a Abs. 3 WpHG, so müssen je nach Ziel der Handlung die jeweiligen Voraussetzungen der Bereichsausnahme gegeben sein.

Auch eine anerkannte Marktpraxis nach § 20a Abs. 2 WpHG stellt rechtsdogmatisch einen Safe Harbor dar.

Aus strafrechtlicher Sicht, sind die Safe Harbors als Tatbestandsausschlüsse und nicht erst als Rechtfertigungsgründe einzuordnen.

§ 20a Abs. 2 S. 1 WpHG wird hinsichtlich der Tatfragen differenziert ausgelegt. Während hinsichtlich des Straf- und Bußgeldverfahrens im Hinblick auf den Amtsermittlungsgrundsatz keine Nachweispflicht besteht, sollte aus Gründen der Effektivität der Gefahrenabwehr im Überwachungsverfahren in richtlinienkonformer Auslegung (Art. 1 Nr. 2 lit. a MMR) von einer Nachweispflicht ausgegangen werden.

Das die zulässige Marktpraxis auf legitimen Gründen fußen muss, ist nicht als systemfremd anzusehen. Vielmehr handelt es sich bei den legitimen Gründen um objektiv erkennbare, normative und kapitalmarktrechtlich relevante Gründe, welche allerdings über die Sozialisation auf einem subjektiven Fundament fußen.

Das Verhältnis von § 20a Abs. 2 S. 2 WpHG und § 20a Abs. 2 S. 3 WpHG ist umstritten. Richtigerweise kommt eine anerkennungsfähige Marktpraxis noch nicht in den Genuss der Bereichsausnahme, sofern ihr der formale Anerkennungsakt der BaFin fehlt. Hierfür spricht insb. das Ziel, durch die Bereichsausnahme Rechtssicherheit zu erreichen und die in § 7 Abs. 1 S. 1 MaKonV normierte Pflicht der BaFin, über die Anerkennungsmöglichkeit zu befinden.

Die Anerkennung einer Marktpraxis durch die BaFin hat Bindungswirkung gegenüber allen Behörden und allen anderen Marktteilnehmern. Es liegt damit ein Fall der Verwaltungsakzessorietät vor. Die Bindungswirkung endet, wenn die Anerkennung mit Wirkung für die Zukunft widerrufen wird (§ 7 Abs. 1 S. 3 MaKonV) oder auf Rechtsmissbrauch beruht.

Die Einleitung des Anerkennungsverfahren durch die BaFin kann Marktteilnehmer abschrecken an der Schaffung von neuen zulässigen

Marktpraktiken mitzuarbeiten. Aus diesem Grund wird vorgeschlagen, das Anerkenntnisverfahren (auch) als Antragsverfahren auszugestalten.

Bei der Anerkennungsentscheidung i.R.v. § 20a Abs. 2, 5 Nr. 5 WpHG i.V.m. §§ 7-10 MaKonV handelt es sich um einen Verwaltungsakt i.S.v. § 35 S. 2 VwVfG.

Damit stellt sich als Folgeproblem die Frage nach einem angemessenen Rechtsschutz gegen Anerkennungsentscheidungen. Zwar stehen dem Kläger grds. die Möglichkeiten nach § 42 VwGO offen, indes scheint seine Klagebefugnis fragwürdig. Auch vor diesem Hintergrund wäre es wünschenswert ein eigenes, subjektives Recht durch die Modifikation des Anerkennungsverfahrens als Antragsverfahrens zu schaffen.

Umstritten ist, wie Art. 5 Abs. 1 VO (EG) Nr. 2273/2003 auszulegen ist. Da Art. 5 Abs. 1 VO (EG) Nr. 2273/2003 verhindern will, dass das ein Aktienrückkaufprogramm, über seine legitimen Zwecke hinaus, zu einer Kurssteigerung genutzt wird, muss sich der Zusatz auf den letzten unabhängig getätigten Abschluss beziehen. Ansonsten wären bei niedrigeren Angeboten Stützungen möglich, bis ein neuer Abschluss vorliegt.

Für die Berechnungsgrundlage der in Art. 5 Abs. 2 S. 1 VO (EG) Nr. 2273/2003 genannten Volumenbegrenzung bei Aktienrückkäufen wird wegen der Flexibilität häufig zu dem Verfahren nach Art. 5 Abs. 2 S. 3 VO (EG) Nr. 2273/2003 geraten. Um dem Emittenten jedoch ein maximales Volumen zu sichern, sollte eher danach differenziert werden, ob von sinkenden Volumina während der Rückkaufphase ausgegangen wird oder nicht.

Die Einhaltung der Voraussetzungen der Safe Harbor-Regeln führt nach geltendem Recht nicht zu einer Befreiung von der Prüfung anderer Rechtsvorschriften. Das bedeutet für Rückkaufprogramme, dass sich diese etwa an aktien- und übernahmerechtlichen Voraussetzungen messen lassen müssen.

Bei Erstemissionen besteht die Gefahr, dass es beim Graumarkthandel zu Störaktionen Dritter kommt. Stabilisierungsmaßnahmen kommen aber vor dem Hintergrund der zeitlichen Begrenzung in Art. 8 Abs. 2 VO (EG) Nr. 2273/2003 nicht in Betracht. Zustimmung verdienen deshalb die Stimmen, die unter engen Voraussetzungen die Stabilisierung von Graumarktpreisen i.R.e. zulässigen Marktpraxis befürworten.

Bezugsrechtemission sind als Zweitplatzierungen anzusehen und unterliegen damit unter den Voraussetzungen von Art. 8 Abs. 3 VO (EG) Nr. 2273/2003 dem Schutz des Safe Harbors. Eine Stabilisierung kann folglich bereits ab Festlegung des Bezugspreises erfolgen.

Auch bei Bezugsrechtsemissionen bei denen der Bezugspreis unter Nutzung von § 186 Abs. 2 S. 2 AktG im Bookbuilding-Verfahren und erst drei Tage vor Ablauf der Bezugsfrist festgelegt wird, sollten wie beim IPO, Stabilisierungen vor Festsetzung des endgültigen Stabilisierungspreises i.R.e. zulässigen Marktpraxis gem. § 20a Abs. 2 WpHG für den Fall von Störaktionen Dritter anerkannt werden.

Bei Equity-Linked-Emissionen können Stabilisierungsmaßnahmen nicht nur in dem emittierten Instrument, sondern auch in dem Basiswert (sog. Underlying) durchgeführt werden.

Werden Privatplatzierungen öffentlich angekündigt, so fallen auch sie in den Schutzbereich der Bereichsausnahme. Folglich ist Erwägungsgrund (14) der VO (EG) Nr. 2273/2003 dahingehend auszulegen, dass Block Trades dann in den Safe Harbor fallen, wenn die Vertragspartner nicht bereits im Vorfeld feststehen.

Bei der Frage, unter welchen Voraussetzungen ein sog. Refreshing the Shoe zulässig ist, ist zwischen Schaffung der Long-Position und deren Nutzung zu unterscheiden. Während der Aufbau der Long-Position nach umstrittener Ansicht zulässig ist, unterliegt deren Abbau den allgemeinen Voraussetzungen des § 20a WpHG.

Bei Emissionen von Schuldverschreibungen und Equity-Linked-Instrumenten nach Art. 8 Abs. 4 und 5 VO (EG) Nr. 2273/2003 gelten zwei den Stabilisierungszeitraum begrenzende Ablaufzeiträume. Durch deren flexible Gestaltung kann dem Emittenten ein Stabilisierungszeitraum von bis zu 60 Tagen entstehen. Dies ist nicht als rechtsmissbräuchlich einzuschätzen.

Die Safe Harbor haben keinen abschließenden Charakter. Handlungen, die nicht deren Voraussetzungen erfüllen sind damit am allgemeinen Marktmanipulationsverbot zu messen.

Literaturverzeichnis

Achenbach, Hans/*Ransiek*, Andreas: Handbuch Wirtschaftsstrafrecht, 2. Aufl., Heidelberg, München, Landsberg, Berlin, 2008; (zit.: *Bearbeiter* in HWSt)

Aggarwal, Rajesh K./*Wu*, Goujun: Stock Market Manipulation – Theory and Evidence; 79 Journal of Business (2006) S. 1915-1953; (zit.: *Aggarwal/Wu* Journal of Business 79 (2006))

Aichner, Josef/*Kalss*, Susanne/*Oppitz*, Martin: Grundfragen des neuen Börsenrechts, Wien, 1998 (zit.: *Bearbeiter* in Aichner/Kalss/Oppitz)

Aitken, Michael/*Siow*, Audris: Ranking World Equity Markets on the Basis of Market Efficiency and Integrity, The HP Handbook of world stock, Derivative & Commodity Exchaanges, Herbie Skeete, ed., pp. xlix-lv, Mondo Visione Ltd., 2003 (zit.: *Aitken/Siow* HP Handbook 2003)

Allen, Franklin/*Gale*, Douglas: Stock Price Manipulation ; Rev. Fin. Stud. 5 (1992), S. 512-529 (zit.: *Allen/Gale* Rev. Fin. Stud. 5 (1992))

Allen, Franklin/*Gorton*, Gary: Stock price manipulation, market microstructure and asymmetric Information; Economic European Review 36 (1992), S. 624-630 (zit.: *Allen/Gorton* EER 36 (1992))

Altenhain, Die Neuregelung der Marktpreismanipulation durch das Vierte Finanzmarktförderungsgesetz, BB 2002, 1874;

Arlt, Michael: Der strafrechtliche Anlegerschutz vor Kursmanipulationen, Frankfurt a. M., Berlin, Bern, Bruxelles, New York, Oxford, Wien, 2004 (zit.: *Arlt*)

Arrow, Kenneth J., The use of unbounded utility functions in expected-utility maximization: Response, Quart. J. Econ., 88 (1974), S. 136-138; (zit.: *Arrow* Quart. J. Econ. 88 (1974))

Aschinger, Gerhard: Börsenkrach und Spekulation. Eine ökonomische Analyse, München 1995 (zit.: *Aschinger*)

Asquith, Paul/*Mullins*, David W.: Equity Issues and Offering Dilution, J. Fin. Econ. 15 (1986), S. 61-89 (zit.: *Asquith/Mullins* J. Fin. Econ. 15 (1986))

Assmann, Dieter-Heinz/*Schneider*, Uwe H.: Wertpapierhandelsgesetz (Kommentar), 5. Aufl., Köln, 2009 (zit.: *Bearbeiter* in Assmann/Uwe H. Schneider WpHG)

–: Wertpapierhandelsgesetz (Kommentar), 4. Aufl., Köln, 2006 (zit.: *Bearbeiter* in Assmann/Uwe H. Schneider WpHG, 4. Aufl. (2006))
Avgouleas, Emilios: The mechanics and regulation of market abuse. A legal and economic analysis; Oxford; 2005; (zit.: Avgouleas)
Bagnoli, Mark/*Lipman,* Barton L.: Stock Price Manipulation Through Take Over Bids, RAND J. Econ 27 (1996), S. 124-147 (zit.: *Bagnoli/Lipman* RAND J. Econ. 27 (1996))
Barnert, Thomas: Deliktischer Schadensersatz bei Kursmanipulationen de lege lata und de lege ferenda, WM 2002, S. 1473-1483; (zit.: *Barnert* WM 2002)
Bartos, Jim: United States Securities Law: A Practical Guide, 2006, Alphen aan den Rijn, 3th ed. (zit.: *Bartos*)
Benabou, Roland / *Laroque,* Guy: Using Privileged Information to Manipulate Markets: Insiders, Gurus and Credibility, Quart. J. Econ. 107 (1992), S. 921-928 (zit.: *Benabou/Laroque* Quart. J. Econ. 107 (1992))
Benda, Ernst/*Maihofer,* Werrner/*Vogel,* Hans-Jochen: Handbuch des Verfassungsrechts der Bundesrepublik Deutschland, 2. Aufl., Berlin, New York, 1995 (zit.: *Bearbeiter* in Hndb. VerfR)
Bergmann, Thomas: Die verschleierte Sacheinlage bei AG und GmbH, AG 1987, S. 57-88 (zit.: *Bergmann* AG 1987)
Bingel, Adrian: Rechtliche Grenzen der Kursstabilisierung nach Aktienplatzierungen, Berlin 2006 (zit.: *Bingel*)
Bisson, Frank/*Kunz,* Anna: Die Kurs- und Marktpreismanipulation nach In-Kraft-Treten des Gesetzes zur Verbesserung des Anlegerschutzes vom 28. 10. 2004 und der Verordnung zur Konkretisierung des Verbots der Marktmanipulation vom 1. 3. 2005, BKR 2005, S. 186-190 (zit.: *Bisson/Kunz* BKR 2005)
Böhme, Rainer/*Holz,* Thorsten, The Effect of Stock Spams on Financial Markets, Working Paper, Cambridge; 2006 (zit.: *Böhme/Holz*)
Busch, Thorsten: Aktuelle Rechtsfragen des Bezugsrechts und des Bezugsrechtsausschlusses beim Greenshoe im Rahmen von Aktienemissionen, AG 2002, S. 230
Büschgen, Hans E.: Bankbetriebslehre – Bankgeschäfte und Bankmanagement, 5. Aufl., Wiesbaden, 1998 (zit.: *Büschgen*)
Busse, Franz-Joseph: Grundlagen der betrieblichen Finanzwirtschaft, 5. Aufl., München, 2003 (zit.: *Busse*)
Cahn, Andreas: Grenzen des Markt- und Anlegerschutzes durch das WpHG, ZHR 162 (1998), S. 1-50; (zit.: Cahn ZHR 162 (1998)
Campbell, Dennis: International Securities Law and Regulation Vol. II, 2008 (zit.: *Bearbeiter* in Campbell)

Carlton, Dennis W./*Fischel*, Daniel R.: The Regulation of Insider Trading, 35 Stan. L. Rev. S. 857-895 (1983); (zit.: *Carlton/Fischel* Stan. L. Rev. 35 (1983))

Chance, Don/*Brooks*, Robert: An Introduction to Derivatives and Risk Management, 8th ed., International Student Edition, 2010 (zit.: *Chance/Brooks*)

Claussen, Carsten P./*Florian*, Ulrich: Emittentenleitfaden, AG 2005. S. 745-765 (zit.: *Claussen/Florian* AG 2005)

Coenenberg, Adolf G./*Haller*, Axel/*Schultze*, Wolfgang: Jahresabschluss und Jahresabschlussanalyse, 21. Aufl., Stuttgart, 2009, (zit.: *Coenenberg/Haller/Schultze*)

Cunningham, Lawrence A.: Facilitating Auditing's New Early Warning System: Control Disclosure, Auditor Liability and Safe Harbors; Research Paper No. 35 (2004); (zit.: *Cunningham* Research Paper No. 35 (2004))

Czink, Marcel: Untersuchung des Anlegerverhaltens von Privatanlegern. Messungen von Anlegerstimmung und ihre Auswirkungen auf zukünftige Aktienkurse, Hamburg, 2009; (zit.: *Czink*)

Daniel, Kent/*Hirshleifer*, David/*Subrahmanyam*, Avanidhar: Investor Psychology and Security Market Under- and Overreactions, Journal of Finance, 53 (1998), S. 1839-1885 (zit.: *Daniel/Hirshleifer/Subrahmanyam* Journal of Finance, 53 (1998))

Danwitz, Thomas von: Die Gestaltungsfreiheit des Verordnungsgebers. Zur Kontrolldichte verordnungsgeberischer Entscheidungen, Berlin, 1989; (zit.: *Danwitz*)

De Bondt, Werner/*Thaler*, Richard: Does The Stock Market Overreact?, Journal of Finance 40 (1985), S. 793-805 (zit.: *De Bondt/Thaler* Journal of Finance 40 (1985))

–: Further Evidence on Investor Overreaction and Stock Market Seasonality, Journal of Finance 42 (1987), S. 557-581 (zit.: *De Bondt/Thaler* Journal of Finance 42 (1987))

Deutsche Börse AG: Praxishandbuch Börsengang, Wiesbaden, 2006; (zit.: Praxishandbuch Börsengang 2006)

Dier, Christian/ *Fürhoff*, Jens: Die geplante europäische Marktmissbrauchsrichtlinie, AG 2002, S. 604-610 (zit.: *Dier/Führhoff* AG 2002)

Domagalski, Patrik: Reziprozität, Vertrauen und Moral – das Verhalten der Akteure des Finanzmarkts, Norderstedt, 2006; (zit.: *Domagalski*)

Downes, John/*Goodman*, Jordan Elliot: *Barrons's* Finance and Investment Handbook, 6th ed., New York, 2003 (zit.: *Downes/Goodman*)

Dreyling, Georg: Die Umsetzung der Marktmissbrauchsrichtlinie über Insider-Geschäfte und Marktmanipulation, Der Konzern, 2005, S. 1-4; (zit.: *Dreyling* Der Konzern 2005)

Duden: Das Fremdwörterbuch, 5. Band, 4. Aufl., Mannheim, Wien, Zürich, 1982 (zit.: Duden, Das Fremdwörterbuch)

Edelmann, Herve: Haftung von Vorstandsmitgliedern für fehlerhafte Adhoc-Mitteilungen – Besprechung der Infomatec-Urteile des BGH, BB 2004. 2031-2033 (zit.: *Edelmann* BB 2004)

Ehlers, Dirk/*Schoch*, Friedrich: Rechtsschutz im öffentlichen Recht, Berlin, 2009 (zit.: *Bearbeiter* in Ehlers/Schoch)

Eichelberger, Jan: Das Verbot der Marktmanipulation (§ 20a WpHG), Berlin, 2006; (zit.: *Eichelberger*)

–: Scalping – ein Insiderdelikt? WM 2003, S. 2121-2168 (zit.: *Eichelberger* WM 2003)

Ekkenga, Jens: Kurspflege und Kursmanipulation nach geltendem und künftigen Recht, WM 2002, S. 317-325; (zit.: *Ekkenga* WM 2002)

–: Fragen der deliktischen Haftungsbegründung bei Kursmanipulationen und Insidergeschäften, ZIP 2004. 781-793 (zit.: *Ekkenga* ZIP 2004)

Enderle, Bettina: Blankettstrafgesetze. Verfassungs- und strafrechtliche Probleme von Wirtschaftstatbeständen,

Frankfurt a.M., Berlin, Bern, Bruxelles, New York, Oxford, Wien, 2000 (zit.: *Enderle*)

Eom, Kyong Shik/Lee, Eunjung/Park, Kyung Suh: Microbased Manipulation: Strategic Performance and of spoofing traders, Working Paper Series, 2009; (zit.: Eom/Lee/Park Working Paper Series (2009))

Fama, Eugene Efficient Capital Markets: A Review of Theory and Empirical Work, Journal of Finance 25 (1970), S. 383-417 (zit.: *Fama* Journal of Finance 25 (1970))

Feess, Eberhard: Mikroökonomie – Eine spieltheoretisch und anwendungsorientierte Einführung, Marburg, 2004, (zit.: *Feess*)

Feingold, Benjamin/*Lang*, Roland: Handeln mit Futures und Optionen, München 2004 (zit.: *Feingold/Lang*)

Fiege, Stefanie: Risikomanagement- und Überwachungssystem nach dem KonTraG, Berlin, 2005 (zit.: *Fiege*)

Fischel Daniel R./*Ross*, David J.: Should the Law Prohibit „Manipulation" in Financial Markets? 105 Harvard Law Review, S. 503-553 (1991); (zit.: *Fishel/Ross*, 105 Harvard Law Review (1991))

Fischer, Robert: Der Mißbrauch einer marktbeherrschenden Stellung (§ 22 GWB) in der Rechtsprechung des Bundesgerichtshofs, ZGR 1978, S. 235-250 (zit.: *Fischer* ZGR 1978)

Fleischer, Holger: Informationsasymmetrie im Vertragsrecht: Eine rechtsvergleichende und interdisziplinäre Abhandlung zu Reichweite und Grenzen vertragsschlussbezogener Aufklärungspflichten, München, 2001 (zit.: *Fleischer*)

–: Empfielt es sich, im Interesse des Anlegerschutzes und zur Förderung des Finanzplatzes Deutschland das Kapitalmarkt- und Börsenrecht neu zu regeln?, Gutachten F für den 64 Deutschen Juristentag, München, 2002; (zit.: *Fleischer,* Gutachten F für den 64. DJT)

–: Das Vierte Finanzmarktförderungsgesetz, NJW 2002, S. 2977-2977 (zit.: *Fleischer* NJW 2002)

–: Statthaftigkeit und Grenzen der Kursstabilisierung, ZIP 2003 S. 2045-2053 (zit.: *Fleischer* ZIP 2003)

–: Das Haffa-Urteil: Kapitalmarktstrafrecht auf dem Prüfstand, NJW 2003, S. 2584-2586 (zit.: *Fleischer* NJW 2003)

–: Scalping zwischen Insiderdelikt und Kursmanipulation, DB 2004, S. 51-55 (zit.: *Fleischer* DB 2004)

–: Stock-Spams, Anlegerschutz und Marktmanipulation, ZBB 2008, S. 137-147 (zit.: *Fleischer* ZBB 2008)

Fleischer, Holger/*Schmolke,* Ulrich: Gerüchte im Kapitalmarkt, AG 2007, S. 841-854 (zit.: *Fleischer/Schmolke* AG 2007)

Flothen, Katrin: Marktmaipulation und Kurspflege – eine Konkretisierung unter Berücksichtigung des § 20a WpHG und der MaKonV, Baden-Baden, 2009 (zit.: *Flothen*)

Flume, Werner: Allgemeiner Teil des bürgerlichen Rechts – Das Rechtsgeschäft, 2. Band, 4. Aufl., New York u.a. 1994 (zit.: *Flume*)

Franz, Stephan: Grundlagen des ökonomischen Ansatzes: Das Erklärungskonzept des Homo Oeconomicus, International Oeconomics, Working Paper 2004-02 (zit.: *Franz* International Oeconomics, Working Paper 2004-02)

Frenz, Walter: Öffentliches Recht, Köln, Berlin, München, 3. Aufl., 2007 (zit.: *Frenz*)

Friess, Rüdiger: Die Sanierungsentscheidung bei der Sanierung des Unternehmensträgers und die Auswirkung bilanzieller, finanzieller sowie umwandlungsrechtlicher Sanierungsmaßnahmen auf den Fortführungswert, Berlin, 2002 (zit.: *Friess*)

Fuchs, Andreas: Wertpapierhandelsgesetz (Kommentar), München, 2009 (zit.: *Bearbeiter* in Fuchs WpHG)

Gaede, Karsten/Mühlbauer, Tilo: Wirtschaftsstrafrecht zwischen europäischem Primärrecht, Verfassungsrecht und der richtlinienkonformen

Auslegung am Beispiel des Scalping, wistra 2005, S. 9-17 (zit.: *Gaede/Mühlbauer*)

Geber, Susanne/*zur Megede,* Ekkhard: Aktienrückkauf – Theorie und Kapitalmarktpraxis unter Beachtung der „Safe-harbor-Verordnung" (EG-Nr. 2273/2003), BB 2005, S. 1861-1865; (zit.: *Geber/zur Megede* BB 2005)

Geisst, Charles R.: Die Geschichte der Wallstreet, München, 2007 (zit.: *Geisst*)

Gerber, Olaf: Die Haftung für unrichtige Kapitalmarktinformationen, Zugleich eine Besprechung der BGH-Entscheidung vom 19. 7. 2004 „Infomatec", DStR 2004, 1793-1798 (zit.: *Gerber* DStR 2004)

Graham, Bejamin/*Dodd,* David L.: Security Analysis, New York, Toronto, London, 1952 (zit.: Graham/Dodd)

Goldberg, Joachim/*von Nitsch,* Rüdiger: Behavioral Finance, München, 4. Aufl. 2004; (zit.: *Goldberg/von Nitsch*)

Groß, Wolfgang: Bookbuilding, ZHR 162 (1998), S. 318-339; (zit.: *Groß* ZHR 162 (1998))

–: Das Ende des sogenannten „Greenshoe"?, ZIP 2002, S. 160-165; (zit.: *Groß* ZIP 2002)

Großmann, Klaus/*Nikoleyczik,* Tobias: Praxisrelevante Änderungen des Wertpapierhandelsgesetzes – Die Auswirkungen des Vierten Finanzmarktförderungsgesetzes, DB 2002, S. 2031-2037 (zit.: *Großmann/Nikoleyczik* DB 2002)

Grüger, Wolfgang Tobias: Kurspflege –Zulässige Kurspflegemaßnahmen oder verbotene Marktmanipulation?, Bonn, 2005; (zit.: *Grüger*)

Grunewald, Barbara/*Schlitt,* Michael: Einführung in das Kapitalmarktrecht, 2. Aufl., 2009, (zit.: *Bearbeiter* in Grunewald/Schlitt)

Gutenberg, Erich: Einführung in die Betriebswirtschaftslehre, Wiesbaden, 1958 (zit.: *Gutenberg*)

Habersack, Mathias: Rückerwerbbare Aktien auch für deutsche Unternehmen! in Schneider, Uwe H.; Hommelhoff, Peter; Schmidt, Karsten; Timm, Wolfram; Grunewald, Barbara; Drygala, Tim (Hrsg.); Festschrift für Marcus Lutter zum 70. Geburtstag; Köln, 2000; S. 1329-1346 (zit.: *Habersack* in FS Lutter 2000)

Habersack, Mathias/*Mülbert,* Peter O./*Schlitt,* Michael: Unternehmensfinanzierung am Kapitalmarkt, 2. Aufl.; Köln, 2008 (zit.: *Bearbeiter* in Habersack/Mülbert/Schlitt)

Hagemann, Michael H.: „Grauer" Kapitalmarkt und Strafrecht, Göttingen, 2005 (zit.: *Hagemann*)

Hanson, Jon D./*Kysar,* Douglas A.: Taking Behavioralism seriously – The Problem of Market Manipulation, Harvard Public Law Working Paper

No. 08-54 S. 103-217 (zit.: *Hanson/Kysar* Harvard Public Law Working Paper No. 08-54)

Hartmuth, Armin J.: Institutioneller Wandel von Börsen: eine evolutionsökonomische Analyse, Wiesbaden, 2004; (zit.: *Hartmuth*)

Heidorn, Thomas: Finanzmathematik in der Bankpraxis, 6. Aufl., Wiesbaden, 2009 (zit.: *Heidorn*)

Heidelberger Kommentar zum AktG: Becker, Florian; Bürgers, Thomas; Körber, Thorsten; Heidelberg, München, Landsberg, Berlin, 2008; (zit.: *Bearbeiter* in Heidelberger Kommentar zum AktG)

Hellgardt, Alexander: Fehlerhafte Ad-hoc-Publizität als strafbare Marktmanipulation, ZIP 2005, S. 2000-2008; (zit.: *Hellgardt* ZIP 2005)

Henn, Günter/*Frodermann,* Jürgen/*Jannot,* Dirk: Handbuch des Aktienrechts, 8. Aufl., Heidelberg, München, Landsberg, Frechen, Hamburg, 2009; (zit.: *Bearbeiter* in Henn/Frodermann/Jannot)

Heun, Michael: Finanzsimulation mit Multiagentensystemen – Entwicklung eines methodischen Frameworks, Wiesbaden, 2007; (zit.: *Heun*)

Hienzsch, André: Das Scheitern der Staatsanwaltschaften bei der Verfolgung von Börsenkriminalität – eine empirische Problemanalyse mit Lösungsvorschlägen am Beispiel des Insiderhandelsverbotes, HRRS 2006, S. 144-151 (zit.: *Hienzsch* HRRS 2006)

Hillgruber, Christian/*Goos,*Christoph: Verfassungsprozessrecht, 2. Aufl., Heidelberg, München, Landsberg, Berlin, 2006 (zit.: *Hillgruber/Goos*)

Hirshleifer, David: Investor Psychology and Asset Pricing, Journal of Finance, Vol. 56 (2001), S. 1533-1597; (zit.: *Hirshleifer* Journal of Finance, Vol. 56 (2001))

Hirte, Heribert/*Möllers,* Thomas M. J.: Kölner Kommentar zum WpHG, Köln, 2007, (zit.: *Bearbeiter* in KölnKommWpHG)

Holzamer, Matthias: Shareholder-Value-Management von Banken, München, 2004 (zit.: *Holzamer*)

Holzborn, Timo/Foelsch, Martin Eberhard: Schadensersatzpflichten von Aktiengesellschaften und deren Management bei Anlegerverlusten – Ein Überblick, NJW 2003, S. 932-940 (zit.: *Holzborn/Foelsch* NJW 2003)

Holzborn, Timo/*Israel,* Alexander: Das Anlegerschutzverbesserungsgesetz, WM 2004, S. 1948-1956 (zit.: *Holzborn/Israel* WM 2004)

Hopt, Klaus J.: der Kapitalanlegerschutz im Recht der Banken. Gesellschafts-, bank- und börsenrechtliche Anforderungen an das Beratungs- und Verwaltungsverhalten der Kreditinstitute, München, 1975; (zit.: *Hopt*)

Hopt, Klaus J./*Hehl,* Günther/*Vollrath,* Hans-Joachim: Handels- und Gesellschaftsrecht Band 2 (Gesellschaftsrecht) 4. Aufl., München, 1996 (zit.: *Hopt/Hehl/Vollrath*)

Hopt, Klaus/*Waschkeit,* Indre: „Stabilisation and Allotment – A European Supervisory Approach" – Stellungnahme zum FESCO-Konsulatationsdokument vom 15.9.2000; in Rauscher, Thomas; Mansel, Heinz-Peter (Hrsg.), Festschrift für Werner Lorenz zum 80. Geburtstag, München, 2001 (zit.: *Hopt/Waschkeit* in FS Lorenz 2001)

Hopt, Klaus J./*Rudolph,* Bernd/*Baum,* Harald: Börsenreform. Eine ökonomische, rechtsvergleichende und rechtspolitische Untersuchung, Stuttgart, 1997 (zit.: Bearbeiter in *Hopt/Rudolf/Baum*)

Hörn, Norbert: Zur Haftung der AG und ihrer Organmitglieder für unrichtige oder unterlassene Ad-hoc-Informationen, in Habersack, Mathias u.a. (Hrsg.), Festschrift für Peter Ulmer zum 70. Geburtstag, Berlin, 2003, S. 817-828 (zit.: *Hörn* in FS Ulmer 2003)

Huber, Ulrich: Rückkauf eigener Aktien; in Foster, Karl-Heinz; Grunewald, Barbara; Lutter, Marcus; Semler, Johannes (Hrsg.); Festschrift für Bruno Kropff, Düsseldorf 1997, S. 101-125 (zit.: *Huber* in FS Kropff 1997)

Huchzermeier, Malte: Investor Relations beim Börsengang, Wiesbaden, 2006 (zit.: *Huchzermeier*)

Hugenberg, Harald/*Wulf,* Torsten: Grundlagen der Unternehmensführung, 2. Aufl., Heidelberg, Berlin, New York, 2006 (zit.: *Hugenberg/Wulf*)

Jarrow, Robert A.: Derivative Security Markets, Market Manipulation, and Option Pricing Theory; J. Financial & Quant. Anal. 29 (1994) S. 241-261 (zit.: *Jarrow,* J. Financial & Quant. Anal. 29 (1994))

Jarrow, Robert A./*Maksimovic,* Vojislav/*Ziemba,* William T.: Handbooks in Operations Research and Management Sience, Volume 9, Finance, Oxford, 1995; (zit: *Bearbeiter* in Jarrow/Maksimovic/Ziemba)

Jaunich, Arthur Oliver: Anlagestrategie Behavioral Finance. Die Bedeutung verhaltensorientierter Anlagestrategien in der amerikanischen und deutschen Fondindustrie, München, 2008; (zit.: *Jaunich*)

Jensen, Michael/*Meckling,*William: Theory of the firm. Managerial behavior, agency costs, and ownership structure; J. Fin. Econ. Band 3, 1976, Nr. 4, S. 305–360 (zit.: Jensen/Meckling J. Fin. Econ. Band 3, 1976, Nr. 4)

Jiang, Guolin/*Mahoney,* Pual G./*Mei,* Jianping: Market Manipulation a comprehensive Study on Stock Pools, J. Fin. Econ. 77 (2005), S. 147-170 (zit.: *Jiang/Mahoney/Mei* J. Fin. Econ. 77 (2005))

Joecks, Wolfgang: Anleger- und Verbraucherschutz durch das 2. WiKG, wistra 1986, S. 142-150 (zit.: *Joecks* wistra 1986)

Kaya, Michael: Eine Analyse der Strategieindizes der Deutschen Börse AG, Bremen, 2007; (zit. *Kaya*)

Kahneman, Daniel/*Tversky,* Amos: Prospect Theory: An Analysis of Decision under Risk, Econometrica, 47 (1979) , S. 263-292 (zit.: *Kahneman/Tversky* Econometrica 47 (1979))

Kasperzak, Rainer: Aktienkursbildung. Eine handlungstheoretisch fundierte „Erklärung des Prinzips"; Berlin; 1997; (zit.: *Kasperzak*)

Kiefer, Marcus: Kritische Analyse der Kapitalmarktregulierung der U.S. Securities and Exchange Commission, Wiesbaden, 2003 (zit.: *Kiefer*)

Knauth, Oliver/*Käsler,* Corina: § 20a WpHG und die Verordnung zur Konkretisierung des Marktmanipulationsverbotes (MaKonV), WM 2006, S. 1041-1052 (zit.: *Knauth/Käsler* WM 2006)

Kniehase, Martin: Derivate auf eigene Aktien: Derivative Geschäfte von Aktiengesellschaften im Hinblick auf die physische Lieferung neuer bzw. existierender Aktien sowie die Vereinbarung eines Kursdifferenzausgleichs Berlin, 2005 (zit.: *Kniehase* 2005)

Kort, Michael: Die Haftung von Vorstandsmitgliedern für falsche Ad-hoc-Mitteilungen, AG 2005, 21-26 (zit.: *Kort* AG 2005)

Kubka, Janina: Economics and Values, Gdansk, 2002 (zit.: *Bearbeiter* in *Kubka*)

Kumar, Praveen/*Seppi,* Duane J.: Futures Manipulation with „Cash Settlement", J. Finance 47 (1992), S. 1485-1502 (zit.: *Kumar/Seppi* J. Fin. 47 (1992))

Kübler, Friedrich/*Scherer,* Joachim/Treeck, Joachim: The International Lawyer: Freundesgabe für Wulf H. Döser, Baden-Baden, 1999; (zit.: *Bearbeiter* in FG Döser 1999)

Kuthe, Thorsten: Änderungen des Kapitalmarktrechts durch das Anlegerschutzverbesse-rungsgesetz, ZIP 2004. 883-888 (zit.: *Kuthe* ZIP 2004)

Kuttke, Nils: Entscheidungs- und Anlageverhalten von Privatinvestoren – psychologische Aspekte der Wertpapieranalyse, Wiesbaden 2005; (zit.: *Kuttke*)

Kutzner, Lars: Das Verbot der Kurs- und Marktpreismanipulation nach § 20a WpHG — Modernes Strafrecht?, WM 2005 S. 1401:1408 (zit.: *Kutzner* WM 2005)

Langevoort, Donald C., Taming the Animal Spirits of the Stock Markets: A Behavioral Approach to Securities Regulation, Nw. U. L. Rev. 97(2002), S 135-188; (zit.: *Langevoort* Nw. U. L. Rev 97 (2002))

Lemley, Marc A.: Rationalising Internet Safe Harbors, Stanford Law Working Paper No. 979836 (2007); (zit.: *Lemley* Stanford Law Working Paper No. 979836 (2007))

Lenzen, Ursula: Unerlaubte Eingriffe in die Börsenkursbildung, Frankfurt a.M., Berlin, Bern, Brüssel, New York, Oxford, Wien; 2000 (zit.: *Lenzen*)

–: Verbot der Kurs- und Marktpreismanipulation im Referenten-Entwurf für das 4. Finanzmarktförderungsgesetz, Finanz Betrieb 2001, S. 603-609 (zit.: *Lenzen* Finanz Betrieb 2001)

–: Das neue Recht der Kursmanipulation, ZBB 2002, S. 279-280 (zit.: *Lenzen* ZBB 2002)

Leppert, Michael/*Stürwald*: Aktienrückkauf und Kursstabilisierung – Die Safe-Harbour-Regelungen der Verordnung (EG) Nr. 2273/2003 und der KuMaKV, ZBB 2004, S. 302-314 (zit.: *Leppert/Stürwald* ZBB 2004)

Linke, Christine: Europäisches Internationales Verwaltungsrecht, Frankfurt am Main, Berlin,. Bern, Bruxelles, New York, Oxford, Wien 2001. (zit.: *Linke*)

Loke, Alexander F.: Removing the Frog from the Private Offer Exemption: From Concept to Safe Harbors, Working Paper Series (2001), (zit.: *Loke* Working Paper Series (2001))

Loss, Luis/*Seligman*, Joel: Fundamentials of Securities Regulations, New York, 5th ed., 2004 (zit.: *Loss/Seligman*)

Luhmann, Niklas: Soziale Systeme – Grundriss einer allgemeinen Theorie, Frankfurt a.M., 1984 (zit. *Luhmann*)

–: Einführung in die Systemtheorie, Heidelberg, 2002 (zit.: *Luhmann* Einf. Systh.)

MacKinlay, Craig: Multifactor Models Do Not Explain Deviations from the CAPM, Journal of Financial Economics, 38 (1995), S. 3-28 (zit.: *MacKinlay* Journal of Financial Economics, 38 (1995))

Maier, Wolfgang: Optionsbasierte Kapitalkostenbestimmung als Alternative zum Capital Asset Pricing Model?, Hamburg, 2009 (zit.: *Maier*)

Maier-Reimer, Georg/*Webering*, Anabel: Ad hoc-Publizität und Schadensersatzhaftung – Die neuen Haftungsvorschriften des Wertpapierhandelsgesetzes WM 2002, S. 1857-1904 (zit.: *Maier-Reimer/Webering* WM 2002)

Manch, Ingo *von/Kunig*, Philip: Grundgesetz-Kommentar, 5. Aufl., München, 2003 (zit.: *Bearbeiter* in v. Manch/Kunig GG)

Mankiw, Gregory N.: Grundzüge der Volkswirtschaftslehre, 3. Aufl., 2004, (zit.: *Mankiw*)

Manne, Henry G.: Insider trading and the Stock Market, New York, 1966 (zit.: *Manne*)

Markowitz, Harry M.: Portfolio Selection – die Grundlagen der optimalen Portfolioauswahl, München, 2008 (zit.: Markowitz)

Marsch-Barner, Reinhard/*Schäfer,* Frank: Handbuch börsennotierte AG; 2. Aufl.; Köln, 2009; (zit.: *Bearbeiter* in Marsch-Barner/Schäfer)

Mei, Jianping/*Wu,* Guojun/*Zhou,* Chunsheng: Behavior Based Manipulation: Theory and Prosecution Evidence, Working Paper Series, 2004 (zit.: *Mei/Wu/Zhou* Working Paper Series 2004)

Meißner, Jörg: Die Stabilisierung und Pflege von Aktienkursen im Kapitalmarkt- und Aktienrecht, Berlin, 2005 (zit.: *Meißner*)

Meyer, Andreas: Der „Greenshoe" und das Urteil des Kammergerichts – Neue Entwicklungen bei der Ausgestaltung von Aktienplatzierungen, WM 2002, S. 1106-1116; (zit.: *Meyer* WM 2002)

–: Neue Entwicklungen bei der Kursstabilisierung – Anwendungsfragen der Verordnung zur Konkretisierung der Kurs- und Marktpreismanipulation und der Durchführungsmaßnahmen der Marktmissbrauchsrichtlinie, AG 2004, S. 289-299; (zit.: *Meyer* AG 2004)

Miller, Axel C: Erwartungsbildung ökonomischer Akteure, Wiesbaden 2003; (zit.: *Miller*)

Möller, Andreas: Die Neuregelung des Verbots der Kurs- und Marktpreismanipulation im Vierten Finanzmarktförderungsgesetz, WM 2002, S. 309-317 (zit.: *Möller* WM 2002)

Möller, H. P.: Die Informationseffizienz des deutschen Aktienmarktes. Eine Zusammenfassung und Analyse empirischer Untersuchungen, Zeitschrift für betriebswirtschaftliche Forschung 37 (1985), S. 500-518 (zit.: *Möller* zfbf 37 (1985))

Moloney, Niamh: Building a Retail Investment Culture through Law: The 2004 Markets in Financial Instruments Directive, EBOR 2005, S. 324-421 (zit.: *Moloney* EBOR 2005)

Moosmayer, Klaus: Straf- und bußgeldrechtliche Regelungen im Entwurf eines Vierten Finanzmarktförderungsgesetzes, wistra 2002, S. 161-170 (zit.: *Moosmayer* wistra 2002)

Müller, Thomas/*Lindner,* Wolfgang: Das grosse Buch der Technischen Indikatoren, 8 Auf., Rosenheim, 2004 (zit.: *Müller/Lindner*)

Münchener Kommentar zum Aktiengesetz: Band 2, §§ 53a-75, 2. Aufl., 2003; (zit: MünchKommAktG/*Bearbeiter*)

Münchener Kommentar zum Bürgerlichen Gesetzbuch: Band 5; Schuldrecht – Besonderer Teil; §§ 705-853; Partnerschaftsgesellschaftsgesetz – Produkthaftungsgesetz; 5. Aufl.; München, 2009; (zit: MünchKommBGB/*Bearbeiter*)

Nowak, Eric: Eignung von Sachverhalten in Ad-hoc-Mitteilungen zur erheblichen Kursbeeinflussung, ZBB 2001, S. 449-465 (zit.: *Nowak* ZBB 2001)

Opfer, Heiko: Zeitvariable Asset-Pricing-Modelle für den deutschen Kapitalmarkt – empirische Untersuchung der Bedeutung makroökonomischer Eionflussfaktoren, Wiesbaden, 2004 (zit.: *Opfer*)

Palandt, Otto: Bürgerliches Gesetzbuch 68. Aufl., München 2009, (zit.: Palandt/*Bearbeiter*)

Park, Tido: Kapitalmarkt-Strafrecht. Handkommentar, Baden-Baden, 2004 (zit.: *Bearbeiter* in Park)

Peguera, Miquel: The DMCA Safe Harbors and Their European Counterparts: A Comparative Analysis of Some Common Problems; Columbia Journal of Law & the Arts, Vol. 32 (2009), S. 481-512; (zit.: *Peguera* Columbia Journal of Law & the Arts, Vol. 32 (2009))

Poddig, Thorsten /*Brinkmann,* Ulf /*Seiler,* Katharina: Portfoliomanagement: Konzepte und Strategien: Theorie und praxisorientierte Anwendungen mit Excel, Bad Soden, 2005; (zit.: *Podding/Brinkmann/Seiler)*

Putniņš, Tālis J.: Closing Price Manipulation and the Integrity of Stock Exchanges, Sydney, 2009 (zit.: *Putniņš)*

Qureshi, Yasin Sebastian/*Heiden,* Maria Katharina: Managed Futures, Berlin, Heidelberg, 2010, (zit.: *Qureshi/Heiden*)

Raisch, Peter: Juristische Methoden. Vom antiken Rom bis zur Gegenwart, Heidelberg, 1995 (zit.: *Raisch*)

Reinmann, Martin: Modellierung von Investorenverhalten, Wiesbaden, 2005 (zit.: *Reinmann*).

Roiger, Manuela: Gestaltung von Anreizsystemen und Unternehmensethik, Wiesbaden, 2007; (zit.: *Roiger*)

Roxin, Claus: Strafrecht Allgemeiner Teil – Band 1, 4. Aufl., München 2006 (zit.: *Roxin*)

Rückert, Susanne/*Kuthe,* Thorsten: Entwurf einer Verordnung zur Konkretisierung des Verbotes der Kurs- und Marktpreismanipulation, BKR 2003, S. 647-648 (zit.: *Rückert/Kuthe* BKR 2003)

Rudolph, Bernd: Unternehmensfinanzierung und Kapitalmarkt, Thübingen, 2006 (zit.: *Rudolph*)

Rützel, Stefan: Der aktuelle Stand der Rechtsprechung zur Haftung bei Ad-hoc-Mitteilungen, AG 2003, S. 69-79 (zit.: *Rützel* AG 2003)

Schäfer, Frank A./*Hamann,* Uwe: Kapitalmarktgesetze – Kommentar zu WpHG, BörsG, BörsenZulV, WpPG, VerkProspG, WpÜG; Stand 11/2009, 2. Aufl. (zit.: *Bearbeiter* in Schäfer/Hamann KMG)

Schäfer, Henry: Unternehmensfinanzen – Grundzüge in Theorie und Management, 2. Aufl., Heidelberg, 2002; (zit: *Schäfer*)

Schanz, Kay-Michael: Zur Zulässigkeit des Greenshoe-Verfahrens nach deutschem Aktienrecht, BKR 2002, S. 439-447; (zit.: *Schanz* BKR 2002)

Scheel, Jochen: Versicherbarkeit und Prävention, Heidelberg, 1998 (zit.: *Scheel*)

Schenke, Wolf-Rüdiger: Verwaltungsprozessrecht, 12. Aufl., Heidelberg, München, Landsberg, Frechen, Hamburg, 2009; (zit.: *Schenke*)

Schleifer, Andrei: Inefficient Markets, Oxford u.a., 2000 (zit.: *Schleifer*)

Schlitt, Michael/*Ries*, Christian: Preisbestimmungsverfahren bei Aktienemissionen; in: Unternehmensrecht zu Beginn des 21. Jahrhunderts; FS Schwark, 2009, S. 241-260 (zit.: *Schlitt/Ries* in FS Schwark, 2009)

Schlitt, Michael/*Schäfer*, Susanne:Quick to Market – Aktuelle Rechtsfragen im Zusammenhang mit Block-Trade-Transaktionen, AG 2004, S. 346-358 (zit.: *Schlitt/Schäfer* AG 2004)

–: Alte und neue Fragen im Zusammenhang mit 10%-Kapitalerhöhungen, AG 2005 S. 67-77; (zit.: *Schlitt/Schäfer* AG 2005)

–: Auswirkungen der Umsetzung der Transparenzrichtlinie und der Finanzmarktrichtlinie auf Aktien und Equity-Linked-Emissionen, AG 2007, S. 227-236 (zit.: *Schlitt/Schäfer* AG 2007)

Schlitt, Michael/*Singhof*, Bernd/*Schäfer*, Susanne: Aktuelle Rechtsfragen im Zusammenhang mit Börsengängen, BKR 2005, S. 251-264; (zit.: *Schlitt/Singhof/Schäfer* BKR 2005)

Schlüchter, Ellen: Zweites Gesetz zur Bekämpfung der Wirtschaftskriminalität. Kommentar mit einer kriminologischen Einführung, Heidelberg, 1987 (zit.: *Schlüchter*)

Schmidtbleicher, Roland/*Cordalis*, Anh-Duc: „Defensive bids" für Staatsanleihen – eine Marktmanipulation? ZBB 2007, S. 124-129 (zit.: *Schmidtbleicher/Cordalis* ZBB 2007)

Schmitz, Roland: Der strafrechtliche Schutz des Kapitalmarktes in Europa, ZStW 115 (2003), S. 501-538 (zit.: Schmitz ZStW 115 (2003))

Schmitz, Alexandra: Aktuelles zum Kursbetrug gemäß § 88 BörsG, wistra 2002. S. 208-213 (zit.: *Schmitz* wistra 2002)

Schönhöft, Andreas: Die Strafbarkeit der Marktmanipulation gemäß § 20a WpHG, Frankfurt am Main, 2006 (zit.: *Schönhöft*)

Scholes, Myron S.: The Market for Securities:Substitution Versus Price Pressure and the Effects of Information on Share Prices, Journal of Business 45 (1972), S. 179-211 (zit.: *Scholes* Journal of Business 45 (1972))

Schröder, Christian: Aktienhandel und Strafrecht. Börseneinführung und Handel von Aktien und Optionsrechten auf Aktien aus strafrechtlicher Sicht; Köln, Berlin, Bonn, München; 1994; (zit.: *Schröder*)

Schumpeter, Josef: Theorie der wirtschaftlichen Entwicklung, 4. Aufl., Berlin, 1934 (zit.: *Schumpeter*)

Schwark, Eberhard: Kurs- und Marktpreismanipulation, in: Ekkenga (Hrsg.), Bankrecht und Kapitalmarktrecht in der Entwicklung, FS Kümpel, 2003, S. 485-499 (zit.: *Schwark* in FS Kümpel 2003)

–: Kapitalmarktrechtskommentar. Börsengesetz mit Börsenzulassungsverordnung, Verkaufsprospektgesetz mit Verkaufsprospektverordnung, Wertpapierhandelsgesetz, Wertpapiererwerbs- und Übernahmegesetz, 3. Aufl., München, 2004 (zit.: *Bearbeiter* in Schwark)

–: Börsengesetz. Kommentar zum Börsengesetz und zu den börsenrechtlichen Nebenbestimmungen, 2. Aufl., München, 1994 (zit.: *Schwark* 2. Aufl.)

Schwarz, Christian: Derivative Finanzinstrumente und hedge accounting – Bilanzierung nach HGB und IAS 39, Berlin, 2006 (zit.: *Schwarz*).

Schwintek, Sebastian: Das Anlegerschutzverbesserungsgesetz: Neuregelungen im Wertpapierhandelsgesetz, Stuttgart, 2005 (zit.: *Schwintek*)

Seifert, Karl-Heinz/*Hömig,* Dieter: Grundgesetz für die Bundesrepublik Deutschland, 7. Aufl., Karlsruhe, Bonn, Berlin, 2003 (zit.: *Bearbeiter* in Seifert/Hömig GG)

Sernc, Istoc: Das Leerverkaufsverbot aus internationaler Perspektive, Norderstedt, 2009 (zit.: *Sernc*)

Singhof, Bernd/*Weber,* Christian: Neue kapitalmarktrechtliche Rahmenbedingungen für den Erwerb eigener Aktien, AG 2005, S. 549-567; (zit.: *Singhof/Weber* AG 2005)

Smith, Adam: The Wealth of Nations, Books I-III, New York, Penguin Classics, 1986; (zit. *A. Smith*)

Sorgenfrei, Ulrich: Zum Verbot der Kurs- oder Marktpreismanipulation nach dem 4. Finanzmarktforderungsgesetz, wistra 2002, S. 321-331 (zit.: *Sorgenfrei* wistra 2002)

Spindler, Gerald: Kapitalmarktreform in Permanenz – Das Anlegerschutzverbesserungsgesetz, NJW 2004, S. 3449-3455 (zit.: *Spindler* NJW 2004)

Spremann, Klaus: Portfoliomanagement, 2. Aufl., München, 2003 (zit.: *Spremann*)

Stark, Gunnar: Grundsätze der Privatfinanz, München, 2005 (zit.: *Stark*)

Stock, Wolfgang G.: Information Retrieval – Informationen suchen und finden, München, 2007 (zit.: *Stock*)

Stocker, Klaus: Management internationaler Finanz- und Währungsrisiken, 2. Aufl., Wiesbaden, 2006 (zit.: *Stocker*)

Streinz, Rudolf/*Ohler,* Christoph: § 20a WpHG in rechtsstaatlicher Perspektive – europa- und verfassungsrechtliche Anforderungen an das Verbot der Kurs- und Marktpreismanipulation (zit.:*Streinz/Ohler* WM 2004)

Svenson, Ola/*Maule,* John A.: Time Pressure and Stress in Human Judgement and Decision Making, New York, 1993 (zit.: *Svenson/Maule*)

Teweles, Richard./*Bradley,* Edward S.: The Stock Market, 7th ed., New York, Chichester, Weinheim, Brisbane, Singapore,

Toronto, 1998 (zit.: *Teweles/Bradley* 1998)

Thaler, Richard H.: Advances in Behavioral Finance, New York, 1993; (zit.: *Bearbeiter* in Thaler)

Thießen, Friedrich: Sekundärmarktaktivitäten von Investmentbanken, WiSt 2002, S. 522-525 (zit.: *Thießen* WiSt 2002)

*Thommen,*Jean-Paul/*Achleitner,* Ann-Kristin: Allgemeine Betriebswirtschaftslehre, 2. Aufl., Wiesbaden, 1998 (zit.: *Thommen/Achleitner*)

Tiedemann, Klaus: Tatbestandsfunktionen im Nebenstrafrecht. Untersuchungen zu einem rechtsstaatlichen Tatbestandsbegriff, entwickelt am Problem des Wirtschaftsstrafrechts, Tübingen, 1969 (zit.: *Tiedemann*)

Tolkmitt, Volker: Neue Bankbetriebslehre, 2. Auf., Wiesbaden, 2007 (zit.: *Tolkmitt*)

Trapp, Christoph: Erleichterter Bezugsrechtsausschluss nach § 186 Abs. 3 S. 4 AktG und Greenshoe, AG 1997, S. 115-123 (zit.: *Trapp* AG 1997)

Travis, Hannibal: Opting out of the internet in the United States and the European Union, Notre Dame Law Review 2008, S. 331-407 (zit.: *Travis* Notre Dame Law Review 2008)

Tripmaker, Stefan: Der subjektive Tatbestand des Kursbetrugs, wistra 2002, S. 288-292 (zit.: *Tripmaker* wistra 2002)

Trüstedt, Anna: Das Verbot von Börsenkursmanipulationen, Frankfurt a.M., Berlin, Bern, Bruxelles, New York, Oxford, Wien, 2004 (zit.: *Trüstedt*)

Steiner, Peter/*Uhlir,* Helmut: Wertpapieranalyse, 4. Aufl. Heidelberg, 2001, (zit.: *Steiner/Uhlir*)

Veil, Rüdiger: Der Schutz des verständigen Anlegers durch Publizität und Haftung im europäischen und nationalen Kapitalmarktrecht, ZBB 2006, S. 162-171 (zit.: *Veil* ZBB 2006)

Vila, Jean-Luc: Simple Games of Market Manipulation, Econ. Letters, 29 (1989), S. 21-26 (zit.: *Vila,* Econ. Letters, 29 (1989))

Vogel, Joachim: Kurspflege: Zulässige Kurs- und Marktpreisstabilisierung oder straf- bzw. ahndbare Kurs- und Marktpreismanipulation WM 2003, S. 2437-2445; (zit.: *Vogel* WM 2003)

–: Scalping als Kurs- und Marktpreismanipulation, NStZ 2004, S. 252-256 (zit.: *Vogel* NStZ 2004)

Voit, Johannes: The Statistical Mechanics of Financial Markets, 3th ed., Heidelberg, 2005 (zit.: *Voit*)

von Hayek, Friedrich August: Die Theorie komplexer Phänomene, Thübingen, 1972 (zit.: *v. Hayek*)

von Ilberg, Philipp/Neises, Michael: Die Richtlinienvorschläge der EU Kommission, WM 2002, S 635-647 (zit.: *v. Ilberg/Neises* WM 2002)

Von Rosen, Rüdiger/*Helm*, Leonard: Der Erwerb eigener Aktien durch die Gesellschaft – Plädoyer für ein neues Instrument der Unternehmensfinanzierung in Deutschland und einen wichtigen Impuls für den deutschen Kapitalmarkt, AG 1996, S. 434-442 (zit.: *von Rosen/Helm* AG 1996)

Wankel, Charles: Encyclopedia of Business in today's World, Vol. 1, 2009 (zit.: *Wankel*)

Walther, Susanne: Bilanzfäschung, Kurs- und Marktpreismanipulation sowie fehlerhafte Publizität: Hauptprobleme aus kriminalstrafrechtlicher Sicht, ZJapanR 16 (2003) S. 189-222 (zit.: *Walther* ZJapanR 16 (2003))

Waschkeit, Indre: Marktmanipulationen am Kapitalmarkt, Baden-Baden, 2007 (zit.: *Waschkeit*)

Weber, Martin: Konkretisierung des Verbotes der Kurs- und Marktpreismanipulation, NZG 2004, S. 23-28 (zit.: *Weber* NZG 2004)

–: Scalping – Erfindung und Folgen eines Insiderdelikts, NJW 2000, S. 562-564; (zit.: *Weber* NJW 2000)

Wieneke, Laurenz: Die Stellung des Inhabers von ADRs in der Hauptversammlung der Gesellschaft, AG 2001, S. 504-513; (zit.: *Wieneke* AG 2001)

Wirtz, Bernd W./*Salzer*, Eva: IPO-Management: Strukturen und Erfolgsfaktoren, Wiesbaden, 2001; (zit.: *Bearbeiter* in Wirtz/Salzer)

Windolf, Paul: Finanzmarktkapitalismus, Kölner Zeitschrift für Soziologie und Sozialpsychologie, Sonderheft 45, Wiesbaden, 2005 (zit.: *Windolf*)

Wittern, Andreas/*Baslsperger*, Maximilian: Verwaltungs- und Verwaltungsprozessrecht – Grundriss für Ausbildung und Praxis, 19. Aufl.; Stuttgart, 2007; (zit.: *Wittern/Baslsperger*)

Woll, Arthur: Allgemeine Volkswirtschaftslehre, 14. Aufl., München, 2003 (zit.: *Woll*)

–: Wirtschaftslexikon, 9. Aufl., Wien, München, Oldenburg, 2000 (zit.: *Woll* Wirtschaftslexikon)

Yadlin, Omri: Is Stock Manipulation Bad? A Theoretical Note with an Empirical Support. Berkeley Program in Law and Economics; Working Paper Series (1999); (zit.: *Yadlin,* Berkeley Program in Law and Economics, Working Paper Series (1999))

Ziouvias, Dimitris/*Walter,* Tonio: Das neue Börsenstrafrecht mit Blick auf das Europarecht, WM 2002, S. 1483-1488, (zit.: *Ziouvias/Walter* WM 2002)

Ziouvas, Dimitris: Das neue Recht gegen Kurs- und Marktpreismanipulation im 4. Finanzmarktförderungsgesetz, ZGR 2003, S. 112-146 (zit.: *Ziouvas* ZGR 2003)

Schriften zum Gesellschafts-, Bilanz- und Unternehmensteuerrecht

Herausgegeben von Joachim Hennrichs

Band 1 Moritz Pöschke: Eigenkapital mittelständischer Gesellschaften nach IAS/IFRS. 2009.

Band 2 Ulrike Lehmann: Gesellschaftsrechtliche Gestaltungen im Erbschaft- und Schenkungsteuerrecht. Eine Untersuchung der Erbschaft- und Schenkungsteuersubjektivität der Personengesellschaft sowie der mittelbaren Anteilsschenkung. 2009.

Band 3 Christian Graw: Das Konzept der Anteilseignerbesteuerung nach § 22 UmwStG 2006 – insbesondere im Vergleich zu § 21 UmwStG 1995. 2009.

Band 4 Christopher M. Picot: Die Rechte der Aktionäre beim Delisting börsennotierter Gesellschaften. 2009.

Band 5 Pascal Alexander Salomon: Regelungsaufträge in der Societas Privata Europea. Einführung in eine neue Rechtsform unter besonderer Berücksichtigung des Gesetzgebungsinstruments des Regelungsauftrages. 2010.

Band 6 Anna Sabrina Cryns: Gesellschafterfremdfinanzierung in Frankreich und Zinsschranke – ein Rechtsvergleich. 2011.

Band 7 Björn Karst: Das Marktmanipulationsverbot gem. § 20a WpHG. Unter besonderer Berücksichtigung der „Safe-Harbor“-Regelung. 2011.

www.peterlang.de